D0337410

ORPAILLEURS

CHARLOTTE GRAY

ORPAILLEURS

FAIRE FORTUNE AU KLONDIKE

Traduit de l'anglais par

CATHERINE HUOT

Presses de
l'Université Laval

Les Presses de l'Université Laval reçoivent chaque année du Conseil des Arts du Canada et de la Société de développement des entreprises culturelles du Québec une aide financière pour l'ensemble de leur programme de publication.

Nous reconnaissons l'aide financière du gouvernement du Canada par l'entremise du Fonds du livre du Canada pour nos activités d'édition.

Financé par le gouvernement du Canada
Funded by the Government of Canada | Canada

Nous reconnaissons l'aide du gouvernement du Canada par l'entremise du Programme national de traduction pour l'édition du livre, une initiative de la *Feuille de route pour les langues officielles du Canada 2013-2018 : éducation, immigration, communautés*, pour nos activités de traduction.

Conseil des Arts du Canada

Canada Council for the Arts

Mise en pages : In Situ

Maquette de couverture : Laurie Patry

Cet ouvrage a été publié en anglais en 2010 par HarperCollins Publishers Ltd (a Phyllis Bruce Book), sous le titre *Gold Diggers: striking it rich in the Klondike*.

ISBN 978-2-7637-2436-2

PDF 9782763724379

Dépôt légal 4e trimestre 2016

www.pulaval.com

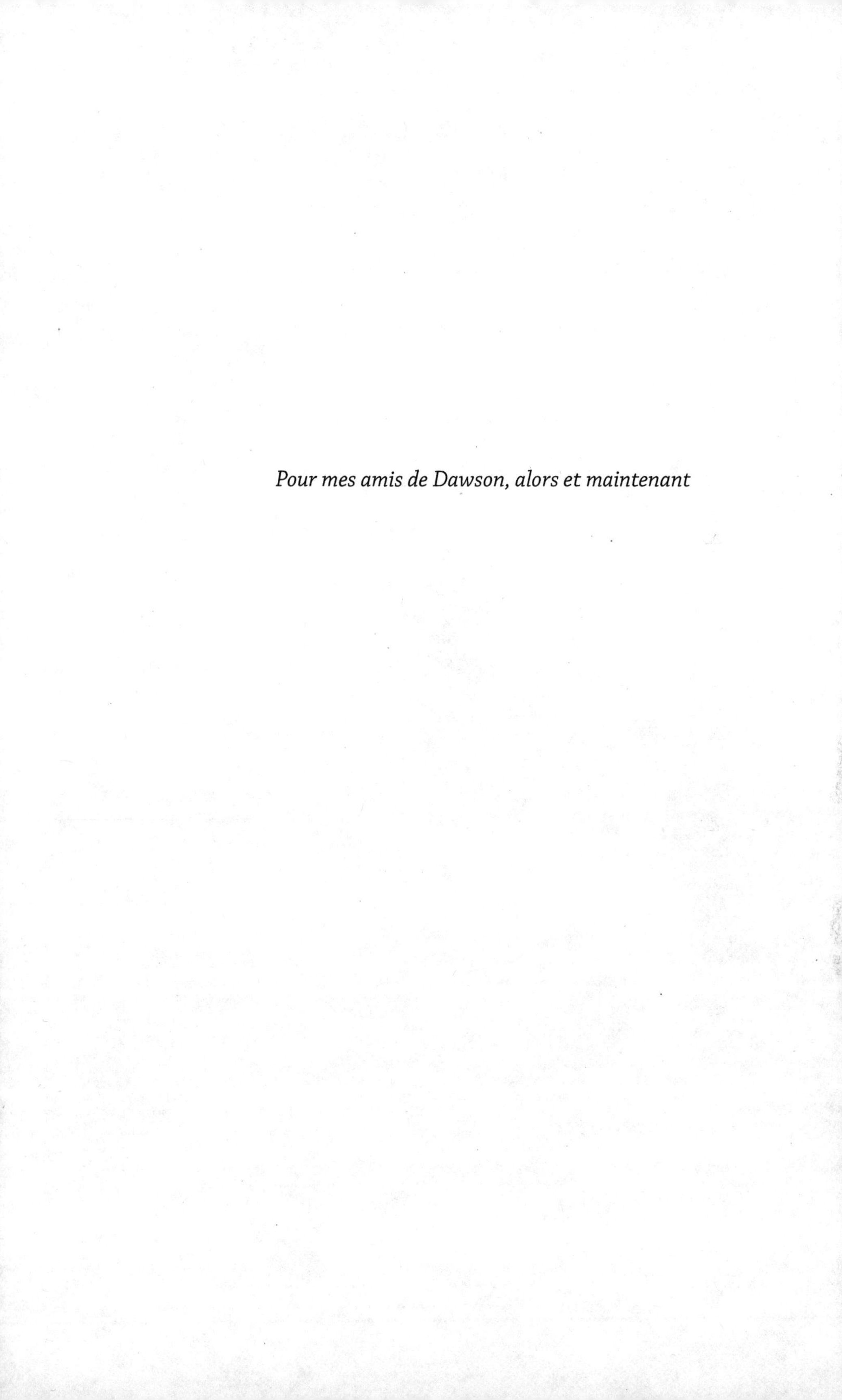

Pour mes amis de Dawson, alors et maintenant

Table des matières

PARTIE 4
ORDRE ET EXODE

Préface

En 2008, pendant quatre jours, trois de mes amis et moi avons descendu en radeau pneumatique une partie du vaste fleuve Yukon, sous le soleil sans fin du mois de juin. Le paysage était à couper le souffle – aucun signe de civilisation à l'horizon. Au loin, des montagnes encore couvertes de neige sous un ciel à perte de vue, ici un ours noir au bord de l'eau, et là deux orignaux immobiles dans un marais. En bordure du fleuve, on pouvait voir d'immenses amas de bois, comme des sculptures à l'épreuve du temps. J'ai eu l'occasion d'entendre le cri du corbeau, le frottement de notre embarcation pneumatique contre les sédiments au fond de l'eau et le hurlement des loups. J'ai pu voir une branche qui flottait dans l'eau, pour ensuite me rendre compte qu'il s'agissait d'un arbre entier, arraché de la rive par ce courant suffisamment puissant pour creuser de nouveaux canaux et former de dangereux bancs de gravier. J'ai pu sentir mes doigts s'engourdir lorsque je les ai plongés dans l'eau glacée.

Je n'ai affronté aucun des risques et n'ai connu que quelques-uns des désagréments auxquels ont dû faire face ceux et celles qui ont emprunté la même route que moi dans les années 1890, pendant la Ruée vers l'or du Klondike. Nous avions des gilets de sauvetage, un géonavigateur, des sacs de couchage en duvet d'oie, des matelas de sol, du chasse-moustiques, un réchaud au propane à quatre brûleurs, et tout l'équipement conçu pour les amateurs d'aventures extrêmes aujourd'hui. Même si je me sentais infiniment loin de ma famille, restée au sud du soixantième parallèle, je savais que je pouvais retourner à la maison en quelques heures, par avion.

J'ai ressenti la menace, cette impression que nous étions des intrus dans l'immense silence. En quatre jours, nous n'avons croisé que trois autres embarcations, dont deux étaient menées par des hommes du peuple han. Si moi-même, malgré tout le matériel de protection dont nous disposions, j'ai pu me sentir submergée par la beauté sauvage du paysage, on peut facilement imaginer à quel point ce sentiment fut intense pour ces aventuriers intrépides qui vécurent au cœur de la ruée vers l'or. À l'époque, si l'un d'entre eux se noyait, il fallait des mois avant que sa famille n'apprenne la nouvelle. Et si le malheur frappait un voyageur solitaire, son sort demeurait à jamais inconnu et son nom sombrait dans l'oubli.

Malgré tout, il y a cent dix ans, des dizaines de milliers de chercheurs d'or partirent vers le Nord pour prendre part à l'une des plus grandes quêtes du dix-neuvième siècle, d'abord des États-Unis, puis du Canada, de la Grande-Bretagne, de l'Australie, de la Suède, de la France, du Japon, de l'Italie et de dizaines d'autres pays. Tous, ils entreprirent le dur voyage vers l'Arctique. Ils étaient des parieurs et des rêveurs : la Ruée vers l'or du Klondike était l'occasion pour eux de se réinventer, d'échapper à une vie de misère et de se laisser porter par la poussée d'adrénaline nourrie par leurs rêves de richesse et d'aventures aux frontières de la civilisation. À une époque antérieure, une envie similaire avait poussé des Européens à prendre le large et à traverser des océans encore inexplorés. Et plus récemment, le même appétit pour la spéculation a motivé des gens à investir dans les actions de sociétés « point-com ».

Toutefois, mes raisons pour aller dans le Nord étaient quelque peu différentes. Mon périple le long du fleuve était le point culminant d'un séjour de trois mois au Yukon. Je rêvais depuis longtemps de passer un peu de temps dans la nature sauvage, immense et quasi impénétrable qui s'étend entre le soixantième parallèle et le pôle Nord, nature qui repose dans une solitude glaciale pendant plus de la moitié de l'année. De plus, mes trois fils adorent se mesurer aux eaux vives, aux montagnes escarpées et aux parois accidentées. Ils recherchent les aventures périlleuses, alors que je suis remplie de terreur face à l'inconnu. Chaque fois, ils reviennent de voyage grisés par leur propre force et leur courage, impressionnés par la puissance des forces de la nature et en paix avec eux-mêmes. Je voulais goûter, ne serait-ce qu'en partie, à cette euphorie.

Par-dessus tout, je voulais voir le Yukon de mes propres yeux. J'avais déjà lu des dizaines de livres écrits par des survivants de cette course à la fortune instantanée qui a eu lieu dans les années 1890. Et lorsque j'ai aperçu pour la première fois Moosehide Slide, surplombant le confluent de la rivière Klondike et du fleuve Yukon, j'ai pu ressentir le même soulagement mêlé d'excitation décrit par bon nombre de ces hommes et de ces femmes ayant pris part à la ruée vers les champs aurifères du Klondike. Tout comme moi, la plupart d'entre eux n'avaient aucune idée de ce à quoi le territoire ressemblait, ils n'avaient aucune aptitude à la vie en forêt et connaissaient à peine les rudiments du lavage de l'or à la batée.

Au sein de cette marée humaine ayant autrefois déferlé vers le Nord, quelques personnages particulièrement déterminés et téméraires avaient capté mon attention. J'avais entendu leur voix à travers leurs mémoires, leur correspondance, leurs récits. Il était maintenant temps pour moi de ressentir ce qu'ils avaient ressenti, de voir ce qu'ils avaient vu, afin de mieux comprendre ce qui les avait motivés à prendre de tels risques, à repousser les limites de l'horizon.

Ce livre raconte, avec leurs propres mots, l'histoire vraie de six personnages dont les chemins se sont croisés lors de la Ruée vers l'or du Klondike. Ces hommes et ces femmes ne se seraient jamais rencontrés s'ils n'avaient pas un jour entrepris ce voyage vers le Nord. Leurs récits enchevêtrés racontent la naissance d'une collectivité, et de quelle manière l'histoire s'est écrite. Les autobiographies ont une dimension psychologique trop souvent absente des grands récits historiques, dans lesquels la foule n'a pas de visage et les motifs personnels sont jugés non pertinents. Mes six personnages sont le père William Judge, un prêtre jésuite dévoué ; Belinda Mulrooney, une femme d'affaires audacieuse et impitoyable ; Jack London, un jeune homme cherchant désespérément à se démarquer aux yeux du monde ; l'impérieuse et impériale Flora Shaw, correspondante spéciale pour le

Times de Londres ; le surintendant de la Police à cheval du Nord-Ouest Sam Steele, puissant « lion du Nord », et le sympathique aventurier, Bill Haskell. Chacun d'entre eux cherchait la richesse et parvint à la trouver, bien que ce ne fût pas toujours sous la forme du fameux métal précieux. Bill Haskell fut le premier des six à faire le pénible trajet vers les champs aurifères. N'eût été d'hommes comme lui, dotés d'une ténacité à toute épreuve et d'une incroyable soif d'aventure, il est probable que la Ruée vers l'or du Klondike n'aurait jamais eu lieu.

PARTIE 1

PÉPITES ET PAGAILLE

Chapitre 1

Secrets arctiques, juin 1896

Le large fleuve aux eaux limoneuses les entraînait dans son courant. Il suffisait aux deux hommes de guider leur petite embarcation de manière à éviter les écueils – bancs de gravier, arbres déracinés, plaques de glace. Une grosse branche dépassant de la berge aurait eu tôt fait de renverser la barque artisanale. Malgré cela, Bill Haskell ne pouvait s'empêcher de lever les yeux de temps à autre.

« Mille après mille, le paysage majestueux défilait devant nous dans un panorama infini », se rappellera-t-il plus tard. On était au début du mois de juin, et les journées s'étiraient de plus en plus. La clarté persistait dans le ciel nordique jusqu'après minuit. Les falaises escarpées prenaient une teinte dorée sous le soleil de midi et devenaient d'un violet profond le soir venu. Les flancs des montagnes étaient recouverts de sombres forêts d'épinettes ou de blancs bouleaux chétifs. Au loin, on apercevait encore de la neige au sommet des montagnes.

Il y avait plusieurs jours que Bill et son compagnon, Joe Meeker, avaient vu une habitation, et l'immensité du paysage les intimidait. La beauté environnante avait quelque chose de menaçant. Le son que faisait la barque en frottant contre les sédiments au fond de la rivière et le croassement rauque des corbeaux accentuaient l'étrange silence, au lieu de le rompre. Parfois, ils apercevaient sur la rive un gros orignal qui les fixait du regard. En accostant, ils virent des excréments d'ours encore frais ainsi que les carcasses blanchies d'animaux dévorés par

Le bassin du fleuve Yukon et l'or
Océan Arctique
Nome
Kotlik
St. Michael
Nulato
Anvik
Mission Holy Cross
Fleuve Yukon
Akulurak
Tanana
R. Porcupine
Fort Yukon
Circle City
R. Tanana
Baie Bristol
R. Peel
Cercle Arctique
Forty Mile
Fort Reliance
Dawson
Sixty Mile
R. Klondike
R. Indian
R. Stewart
R. White
Fort Selkirk
R. Pelly
Fleuve Mackenzie
66°33'
Océan Pacifique
Montagnes St. Elias
Golfe de l'Alaska
Whitehorse
Col Chilkoot
Col White
Dyea
Skagway
Canal Lynn
Juneau
60°
km 0 100 200 300
milles 0 50 100 200
N
O
S
E
Découvertes d'or avant 1896 X

les loups, dont les hurlements nocturnes donnaient à Bill des frissons dans le dos. Une averse survint, et les gouttes de pluie dures et froides qui leur pinçaient la peau vinrent rappeler aux deux hommes que l'été, ici, était bref.

Ils se parlaient à peine, tandis que leur embarcation de fortune, attachée à un arbre, suivait le mouvement désordonné des tourbillons du canal. Bill, un jeune homme blond et costaud ayant grandi sur une ferme du Vermont, s'exclamait de temps à autre à la vue d'un aigle royal tournoyant au-dessus de leur tête ou d'un bosquet d'épilobes d'un fuchsia éclatant. Joe, un Irlandais de la Caroline du Sud, plutôt maigrichon et peu loquace de nature, regardait au loin en agrippant sa rame. Les deux Américains étaient fatigués et trop las l'un de l'autre pour faire la conversation. Il leur avait fallu trois mois pour se rendre jusqu'ici – un périple au cours duquel ils avaient dû composer avec des avalanches, des blizzards, une longue ascension pratiquement verticale, des rapides déchaînés, de périlleux remous, et des piqûres d'insectes si voraces que les deux hommes pouvaient à peine ouvrir les yeux tant leur visage était boursouflé. Maintenant, ils étaient loin, très loin de toute trace de civilisation. Il n'y avait ni ville, ni ferme, ni voie ferrée, ni lignes télégraphiques, et ce, sur des milles et des milles de distance. Ils étaient presque arrivés au cercle arctique.

Bill et Joe descendaient le fleuve Yukon, un cours d'eau de 2 000 milles de long qui serpente à travers les conifères, la toundra et la glace du Grand Nord. De sa source, au Yukon, à seulement 50 milles de la côte du Pacifique, le fleuve s'élance en direction du pôle Nord puis, à environ 120 milles de l'océan Arctique, il bifurque vers le sud-ouest et continue sa course sur une distance de 1200 milles à travers des forêts impénétrables et de sombres marais. Les moustiques sont insupportables ; le paysage, lui, est parfois spectaculaire, parfois ennuyeux et monotone. Finalement, après avoir tracé un arc immense à travers l'Alaska, le fleuve Yukon s'écoule à travers un delta vaste et peu profond pour se jeter dans l'eau salée de la mer de Béring, à l'extrémité nord-ouest du continent nord-américain. Recouvert de plusieurs mètres de glace pendant sept à huit mois chaque année, ce fleuve puissant est encore aujourd'hui à moitié inexploré.

Que faisaient-ils là, naviguant sur le fleuve dans cette contrée sauvage, morts de peur? Qu'est-ce qui poussait Bill Haskell et Joe Meeker à se rendre si loin et à affronter de tels dangers?

L'or, voilà ce qui les avait attirés dans le Nord. Dans les années 1890, l'or était l'équivalent du pétrole aujourd'hui: il faisait tourner le monde. Cette ressource était essentielle pour les gouvernements, parce que la valeur de la monnaie de chaque pays dépendait de ses avoirs en or. Pour qu'un pays puisse croître sur le plan économique, il lui fallait trouver le moyen d'augmenter ses réserves de ce métal précieux. Et comme c'est le cas pour le pétrole aujourd'hui, la diminution apparente des ressources en or dans la deuxième moitié du 19e siècle engendrait des pressions sur l'économie mondiale. Les banques faisaient faillite, et de plus en plus de gens vivaient dans l'indigence. L'or était également à l'origine de plusieurs fortunes personnelles; un prospecteur qui découvrait un filon important n'avait plus à travailler pour le reste de ses jours. Une once de poussière d'or pur (de quoi remplir une cuillère à café) valait – et vaut encore – beaucoup d'argent: environ 20 dollars en 1896, et plus de 1000 dollars aujourd'hui. Depuis une vingtaine d'années, de nombreux mineurs comme Bill et Joe exploraient le bassin du fleuve Yukon, attirés par les rumeurs voulant qu'on ait trouvé de la poussière d'or dans les bancs de gravier du fleuve et des pépites au fond de ses affluents. Ils arrivaient munis d'un pic, d'une pelle et d'une batée, pressés de faire fortune. Mais l'or n'était pas le seul attrait: il y avait aussi la chance de conquérir des territoires inexplorés, de repousser la frontière de la civilisation, d'échapper aux lois et aux règles des sociétés plus ordonnées. L'œil hagard, la peau tannée par les éléments, le corps musclé et l'esprit combatif, ils s'accrochaient à leur rêve comme des guerriers en croisade. En 1896, ils étaient environ un millier d'aventuriers à vivre dans le Nord-Ouest, en compagnie des Tutchones, des Tlingits, des Inuits, des Han et des Tagish, ces peuples autochtones qui habitaient cette région inhospitalière depuis des générations.

La recherche de l'or était ce qui unissait Bill et Joe. Si leur association leur permettait d'en trouver, cela marquerait assurément la fin d'une vie de pauvreté, de famine et de désespoir, et le début d'un brillant avenir. Joe s'accrochait à cette perspective avec une rage contenue, refusant d'envisager ce qu'il allait faire avec toute cette richesse avant d'avoir senti le poids de la poussière d'or dans sa main. Bill, au contraire, adorait s'imaginer ce qu'il allait faire avec ses précieuses pépites – faire comme les hommes riches et s'acheter une de ces carrioles sans chevaux, ou visiter des endroits exotiques comme Paris, qu'il n'aurait jamais la chance de voir autrement. Mais combien de temps leur faudrait-il avant de trouver ce qu'ils cherchaient ?

Chaque matin de leur long périple, Joe consultait une carte sommaire du fleuve Yukon afin d'évaluer leur progression. Il regardait au loin à la recherche de repères dans le paysage immense. Bill, pressé de continuer, entassait leurs maigres possessions dans la barque en chassant les moustiques de son visage bouffi et brûlé par le soleil. Ils avaient déjà franchi le lac Windy, le lac Marsh, les terrifiants rapides de White Horse, le lac Laberge, l'embouchure des rivières Pelly, White et Stewart et avaient dépassé Fort Selkirk, un ancien poste de traite de la Compagnie de la Baie d'Hudson. « Nous nous sommes arrêtés de temps à autre sur la rive, mais très peu, car les moustiques font de la vie de camp une expérience pénible et douloureuse », écrivait Bill. Quelques semaines après la mise à l'eau de leur embarcation rudimentaire, les deux hommes aperçurent devant eux, à flanc de coteau, une large tache blanchâtre, cicatrice laissée par un glissement de terrain. Selon la carte, cet endroit était surnommé Moosehide Slide, en raison de sa forme rappelant celle d'une peau d'orignal qu'on aurait étendue pour la faire sécher. Un peu plus bas, une rivière claire comme du gin se jetait dans les eaux turbides du fleuve Yukon. C'était la rivière Tr'ondëk, ou « Thron'diuk » selon les écrits de Bill. De chaque côté de cette rivière, on pouvait voir une mince bande de terrain plat, coincée entre les deux cours d'eau et une falaise abrupte. À part un petit village amérindien sur la rive gauche, il n'y avait rien d'autre sur les berges que des pousses d'aulne, visiblement rongées par les orignaux pendant l'hiver. Bill sentait son instinct de chasseur se réveiller à la vue de ce terrain de chasse exceptionnel.

La rivière Tr'ondëk était l'un des lieux de pêche favoris du peuple han. Son nom signifiait « pierres marteaux », parce que depuis des générations, les Han enfonçaient des pieux en travers de l'embouchure de la rivière à l'aide de marteaux, puis accrochaient des filets entre ceux-ci afin d'attraper les saumons qui remontaient en direction de leur aire de fraie. Le chef des Han, connu sous le nom de « chef Isaac », y venait chaque printemps en compagnie de sa famille, établissant son campement sur la rive sud de la rivière, afin de pêcher le saumon. D'où il était, Bill pouvait apercevoir un groupe de personnes se tenant à côté des huttes typiques du peuple han – une structure de bouleau peu élevée et recouverte d'une toile retenue au sol par de petits pieux également faits de bouleau. Un homme grand à la peau foncée les fixait du regard, tandis que leur embarcation continuait de suivre le fleuve. S'agissait-il du chef Isaac, bien connu des prospecteurs qui se frayaient un chemin sur son territoire ? Ce dernier avait appris l'anglais auprès des nouveaux venus, et avait même laissé un missionnaire américain le convertir au christianisme.

Si Bill et Joe avaient accosté et pris le temps de faire connaissance avec les familles han sur la rive, ils se seraient épargné bien des efforts. Mais ils étaient impatients et n'avaient pas de temps à accorder à ces gens qu'on leur avait appris à mépriser. Qu'importe que ces étrangers aient pêché et chassé sur ces terres hostiles depuis des siècles et connaissent les habitudes migratoires des caribous, les propriétés médicinales des plantes et la manière de survivre aux hivers sans merci. Qu'importe qu'ils aient été des commerçants astucieux, dominant la traite des fourrures de renard, d'ours et de lynx auprès de la Compagnie de la Baie d'Hudson pendant des années. Même la soif de compagnie de Bill ne pouvait le résoudre à fréquenter les Han. Lorsque l'un des pêcheurs leur cria quelques mots dans sa langue, Bill éclata d'un rire moqueur, car, à son oreille inexercée, la langue han sonnait comme si l'homme « était en train de s'étrangler ». Bill et Joe laissèrent le fleuve emporter leur embarcation au-delà du campement.

Bill ne découvrit donc jamais que les habitants de l'endroit savaient que la rivière avait quelque chose de spécial, que le gravier au fond de celle-ci contenait de petites roches brillantes jaune pâle. Il ne sut jamais que les enfants Han jouaient à qui trouverait la plus grosse de ces pierres magiques. L'or n'avait aucune valeur pour les Amérindiens ; et faire la conversation avec ces gens qui comprenaient ce territoire magnifique et mystérieux n'avait aucune valeur pour Bill.

De toute façon, les deux hommes étaient pressés : les dangers et la solitude du fleuve les avaient rendus nerveux. Bill avait hâte de retrouver la compagnie de ses semblables – les prospecteurs des camps miniers situés en aval, grisonnants, coriaces, mais néanmoins cordiaux, qui partageaient sa fièvre de l'or et son mépris pour tous ceux qui ne parlaient pas l'anglais. Joe voulait faire l'inventaire des provisions et de leur argent, qui diminuaient de plus en plus. Bill se dira, quelques années plus tard: « si nous n'avions pas été si pressés d'arriver à destination et de commencer à chercher de l'or, nous aurions pu nous arrêter l'espace d'une journée, histoire de voir combien d'orignaux nous aurions pu abattre dans ce pâturage de rêve ». Les deux hommes poursuivirent donc leur route sans s'arrêter à la rivière Tr'ondëk – que le monde connaîtra plus tard sous le nom de Klondike –, et ce, « sans la moindre idée de ce qui se cachait au fond des ruisseaux environnants ».

Chapitre 2

Les rêves dorés de Bill Haskell, 1889-1896

Les aventures de Bill Haskell dans le Klondike sont consignées dans son autobiographie, intitulée *Two Years in the Klondike and Alaskan Gold-Fields*, publiée tout juste deux ans après qu'il eut vu le fleuve Yukon pour la première fois. Son récit débute sur un ton sans prétention: «Voici l'histoire ordinaire d'un homme dont la vie a commencé dans une petite ville du Vermont il y a environ trente-deux ans, une vie qu'il a bien failli perdre à plusieurs reprises au cours des deux dernières années dans sa quête pour trouver de l'or le long des côtes bordées de glaciers de l'Alaska, dans les contrées glacées du Yukon, et dans les riches ravins du Klondike.»

Malgré ce qu'en dit Bill, son histoire n'a rien d'ordinaire. Cet homme s'est retrouvé au cœur de deux des phénomènes les plus marquants du 19e siècle en Amérique. Le premier: la migration massive des colons vers l'ouest du continent, repoussant les frontières de l'Amérique jusqu'à l'océan Pacifique. Le second: l'obsession pour l'or, perçu comme un moyen de s'extirper d'une vie de misère pour glisser dans un monde de rêves et de richesses sans limites. Comme l'indique le sous-titre de ses mémoires, il s'agit pour le moins d'un «récit fascinant». Élevé dans une ferme très peu prospère de la Nouvelle-Angleterre, Bill n'avait aucune notion de géographie ni de géologie. Bien que ses parents aient fait de grands sacrifices financiers afin de lui permettre de quitter la maison pour aller fréquenter une bonne école, son avenir semblait peu prometteur. Tout ce qu'il savait, c'était qu'il voulait faire autre chose de sa vie que de s'éreinter à travailler aux champs. Et cela n'était pas le résultat de simples frustrations d'adolescent : Bill avait de l'imagination, et un appétit insatiable pour les livres racontant des histoires de quêtes et d'exploration. Le récit de ses mois passés dans le Nord a le ton dramatique et la couleur des livres à succès de l'époque – qu'il avait probablement lus – le livre de W. L. Stevenson, par exemple, traitant des mers du sud, ou encore les nouvelles de Bret Harte portant sur la Ruée vers l'or de la Californie.

Mais d'abord, le jeune William Haskell avait dû s'arracher à l'inertie qui prévalait sur la côte est. En 1889, alors qu'il avait vingt-deux ans, Bill avait travaillé derrière le comptoir d'un grand magasin de Boston, les poings serrés de frustration, tant il s'ennuyait ferme. « Que faisais-je là, jeune homme costaud, musclé et coriace, à traîner derrière un comptoir de magasin ! J'étais pris dans un coin comme une plante en pot quand tout ce que je voulais, c'était sortir au grand air, dans le vent et la tempête. » Depuis un siècle, des Américains en quête d'aventure migraient vers l'Ouest. Horace Greeley, rédacteur en chef et fondateur du *New York Tribune*, avait rendu populaire le slogan « Go west, young man ! » en 1865. Bill était le premier à l'admettre : « Pour un esprit comme le mien, les possibilités qu'offrait l'Ouest avaient un attrait tout naturel. » Avec trente dollars en poche, il prit donc le train transcontinental.

La fièvre de l'or s'empara de lui lorsqu'il atteignit les montagnes Rocheuses. Un jour qu'il était assis dans un bar de Colorado Springs, le jeune homme entendit l'histoire de trois Français qui, ne connaissant rien de la prospection, avaient jalonné une concession minière en bordure du lit d'un ruisseau et, dans l'espace de « quelques jours, l'un d'eux avait trouvé une pépite valant plus de six mille dollars ». Bientôt, chacun autour de la table eut une anecdote semblable à raconter. Bill écouta attentivement l'histoire de « deux types qui marchaient le long de la côte » à la recherche de bois pour leur feu de camp et qui avaient découvert par hasard une pépite d'or. Cette pépite avait été vendue à Los Angeles pour deux mille sept cent cinquante dollars !

Pendant les jours qui suivirent, Bill entendit des tas d'histoires semblables. L'un de ses nouveaux amis était un vétéran de la Ruée vers l'or de la Californie en 1849, la première ruée vers les champs aurifères de toute l'histoire. Le vieil homme racontait, la larme à l'œil, comment la nouvelle de la première découverte d'or s'était répandue comme une traînée de poudre grâce au télégraphe, qui venait tout juste d'être inventé. Il avait été parmi les quelque 300 000 chercheurs d'or, ou « orpailleurs », qui avaient afflué dans la vallée Sacramento. D'autres débitaient toute une litanie de ruées vers l'or plus récentes : ils s'étaient joints à une armée de prospecteurs et avaient péniblement franchi la Cordillère de l'Ouest pour se rendre en territoire canadien. En 1871, certains avaient exploré le riche district Cariboo, en Colombie-Britannique ; en 1874, des champs aurifères avaient été découverts dans les montagnes Cassiar. Les vieux habitués aimaient ressasser leurs histoires devant ce jeunot au teint frais, au pantalon rapiécé et aux mains grosses comme des jambons. Inévitablement, au fur et à mesure que les bouteilles continuaient de circuler, les camarades de Bill se mettaient à spéculer au sujet de qui avait décidé de poursuivre sa route dans le bassin du fleuve Yukon, jusqu'aux affluents de rivières éloignées telles que la Lewes et la Stewart – nommées en l'honneur de deux explorateurs de la Compagnie de la Baie d'Hudson morts depuis belle lurette. Certains étaient revenus avec des histoires incroyables. Mais bien d'autres avaient disparu sans laisser de traces ; certains avaient péri en tentant de franchir le col d'une montagne éloignée, d'autres avaient été emportés par des torrents déchaînés ou étaient morts de froid pendant l'hiver glacial.

Bill Haskell écoutait les vieux habitués parler de l'éclat séduisant de l'or, tandis que leurs doigts raides et calleux se refermaient autour d'un verre de whisky bon marché. Ce n'était pas seulement l'obsession de l'or qui poussait ces hommes à continuer de faire de la prospection. La plupart étaient comme lui : des hommes sans attaches qui n'avaient pu se faire à l'idée de travailler pour un salaire de misère dans un bureau mal éclairé, une usine ou un magasin. Se joindre à la ruée vers l'Ouest était un pari au nom de la liberté, un geste de survie téméraire pour ces âmes solitaires qui tentaient d'échapper au conformisme étouffant du monde moderne. Leur vie était presque entièrement axée sur la recherche de l'or.

Au début des années 1890, après avoir connu la prospérité et l'expansion du milieu du siècle, l'Amérique du Nord vivait une profonde instabilité culturelle et économique. Au même moment où prenaient forme des avancées technologiques extraordinaires comme le chemin de fer transcontinental et le téléphone, le monde était frappé par le chômage et l'extrême pauvreté. L'argent se faisait rare, les banques déclaraient faillite les unes après les autres, on expulsait des familles de leur domicile, et quatre millions d'hommes erraient dans tout le continent à la recherche de travail. Bill avait vu les grands titres pessimistes qui tapissaient les journaux. Et tandis que les prospecteurs continuaient d'échanger des anecdotes, il ouvrait grand les oreilles. « On peut s'imaginer l'effet de telles conversations sur un jeune néophyte ne possédant rien d'autre que les quelques pièces d'argent qu'il avait en poche », commente-t-il dans ses mémoires. Joyeux et enthousiaste, il avait hâte de partir à l'aventure. Il n'était pas assez naïf pour s'imaginer que le succès était assuré. Même si tous parlaient de « fortunes fabuleuses » et de « prospérité instantanée », aucun de ses compagnons n'avait en réalité trouvé d'or. On ne mentionnait jamais les milliers de chercheurs d'or qui revenaient bredouilles. Néanmoins, Bill décida d'apprendre tout ce qu'il pouvait au sujet de la prospection, à la fois dans les livres et par la pratique. Dès le jour suivant, il partit en compagnie d'une dizaine d'autres hommes pour sa « première ruée vers les champs aurifères ».

Les prospecteurs les plus expérimentés du groupe contemplaient les chaînes de montagnes d'un air songeur, examinaient attentivement les pierres et prenaient parfois une poignée de gravier qu'ils laissaient filer entre leurs doigts. Bill les observait, puis les harcelait de questions jusqu'à ce qu'ils lui disent d'un ton bourru de les laisser tranquilles. Quelques-uns avaient dans leur sac des cartes déchirées et des manuels de géologie aux pages écornées, que Bill s'empressait d'emprunter. Il dut travailler beaucoup, plissant les yeux pour déchiffrer les petits caractères à la lueur du feu de camp, mais il parvint petit à petit à acquérir quelques notions de base. Ainsi, il apprit qu'il y avait deux types de gisements aurifères : les gisements en roche dure, qu'il faut extraire en concassant le roc, et l'or placérien, que l'on retrouve à l'état libre dans les bancs de gravier (appelés « placers »). Les compagnons de Bill ne s'intéressaient pas aux mines en roche dure parce qu'elles nécessitaient beaucoup de main-d'œuvre et de la machinerie lourde très coûteuse pour extraire et concasser la roche contenant le filon ou le gisement d'or. Ils étaient plutôt des orpailleurs, dont les outils se limitaient à un pic, une pelle et une batée (récipient en métal peu profond à fond plat et aux rebords évasés d'environ 30 cm de diamètre). Ils cherchaient de l'or dans le lit des cours d'eau, libéré du roc où il était enfoui sous l'effet du vent et par l'action de l'eau. Les pépites d'or placérien, traînant près de la surface comme si elles provenaient de sacs remplis de trésors qui se seraient éventrés, attendaient simplement qu'on se penche pour les ramasser. Bill entendit dire qu'un homme, même en travaillant seul, pouvait arriver à amasser une pleine batée d'or et, contre toute attente, devenir millionnaire.

Mais comme Bill l'apprit à ses dépens, il fallait d'abord savoir où chercher. En théorie, cela était assez simple : les champs aurifères placériens étaient situés en zone montagneuse, là où le roc emprisonnant le métal précieux avait été poussé vers la surface par les mouvements de la croûte terrestre, il y a de cela des milliers d'années. On pouvait trouver l'or placérien dans le lit asséché d'anciens cours d'eau, ou dans le gravier bordant les rivières, mais rien ne permettait de savoir exactement où le trouver, d'autant plus que les prospecteurs ne disposaient d'aucune carte géologique fiable. Le lit des ruisseaux ancestraux zigzaguait sous les ruisseaux actuels, comme un serpent qui s'enroule autour d'un bâton. Parfois, un habitué arrivait à deviner, d'instinct ou par expérience, quel ruisseau ou quel banc de gravier était le plus prometteur. En d'autres occasions, un parfait débutant, par le plus grand des hasards, tombait sur un gisement.

Dans les vallées du Colorado, Bill observait les prospecteurs qui, accroupis dans l'eau froide des ruisseaux, plongeaient leur batée remplie de gravier sous la surface de l'eau dans un mouvement circulaire continu. L'or est lourd : dix-neuf fois plus lourd que l'eau, et beaucoup plus lourd que tout autre minerai susceptible de se trouver dans la batée de l'orpailleur. Chacun priait pour que quelques traces de « couleur », ou paillettes d'or, se séparent des minerais plus légers tels que la silice, le schiste ou le granite. Les paillettes demeuraient au fond de la batée tandis que le gravier et les autres minerais étaient rejetés avec l'eau dans le ruisseau.

L'orpaillage était un travail éreintant qui exigeait de l'entraînement. Un orpailleur chevronné amassait plus d'or en une journée qu'un débutant pouvait en amasser en une semaine. Mais Bill était jeune, en bonne forme physique et il avait soif d'apprendre. Après une quarantaine d'essais, il avait acquis le rythme qu'il fallait pour que l'or descende au fond du récipient et que le sable en déborde naturellement. Il passa ainsi quelques années à errer dans les montagnes, le long des cours d'eau et dans les ravins, batée à la main. Il l'appelait sa « compagne inséparable ». Il apprit à reconnaître le mica, la galène, la chalcopyrite et l'or. Il s'exerça aussi à distinguer le granite, le grès, le calcaire, l'ardoise, la serpentine et le schiste, de même que le talc, la dolérite, la dolomite et le porphyre.

De temps à autre, il trouvait assez de « couleur » pour indiquer qu'il valait la peine de passer à l'étape suivante : creuser un puits à travers les couches de boue, de gravier et de sable de façon à se rapprocher du roc, là où se trouvaient habituellement les bonnes batées. Et qu'entendait-on par « bonne batée » ? La règle générale était la suivante : l'once d'or valant vingt dollars, obtenir l'équivalent de dix cents en une seule batée était considéré prometteur. Vingt batées semblables, soit une journée ou deux de travail, et on avait accumulé l'équivalent de deux dollars. Ce n'était pas beaucoup, mais il aurait fallu trois jours à Bill pour gagner une telle somme lorsqu'il travaillait derrière le comptoir d'un magasin de Boston.

« En général, c'était une vie plutôt agréable », Bill écrira-t-il plus tard. Mais cette vie avait son lot de frustrations : la quantité d'or amassée était suffisante pour se procurer de la nourriture, mais pas assez pour devenir riche. Et pourtant, il avait attrapé la maladie des prospecteurs. Il arrivait à se convaincre que la prochaine découverte serait la bonne, celle qui lui permettrait de faire fortune. « Chaque batée remplie de terre est un pari. Et c'est Dame Nature qui donne les cartes. Le joueur aura-t-il une main gagnante ou perdante ? »

Bill aurait pu passer le reste de sa jeunesse à brasser une batée dans les montagnes Rocheuses, n'eût été une rencontre qu'il fit à l'automne 1895. Joe Meeker, de quelques années son aîné, était un homme petit et maigre aux cheveux foncés qui avait en commun avec Bill une jeunesse passée à la campagne, une impatience manifeste à l'égard du travail de bureau et le goût de l'aventure. Pour Joe, l'or était bien plus qu'un rêve: c'était une véritable obsession. Il s'était déjà rendu dans le Grand Nord pour explorer le bassin inférieur du fleuve Yukon, dont il décrivait la beauté calme en été et la magnificence en hiver, et les bancs de sable scintillants qui bordaient ses affluents. La splendeur sauvage du Nord et les richesses qu'il recelait semblaient exercer sur Joe une étrange fascination.

Une nuit, les deux hommes étaient assis côte à côte près du feu dans un camp minier du Colorado, à regarder les flammes. Dans une cafetière cabossée, du café était en train d'infuser; les odeurs de sueur et de bois se mélangeaient dans l'air du soir, et les étoiles brillaient dans le ciel noir sans nuages. Joe détourna son regard des flammes pour regarder Bill droit dans les yeux et lui dit de but en blanc: «Désormais, le seul endroit pour trouver de l'or, c'est le bassin supérieur du fleuve Yukon. Je crois que c'est là que nous devrions aller. En mettant notre argent en commun, nous en aurons assez pour acheter tout le matériel nécessaire et nous rendre à destination.» Joe expliqua à Bill qu'il avait vu de ses propres yeux que le bassin du fleuve Yukon ressemblait beaucoup aux vallées fluviales de la Californie, du Colorado ou de la Colombie-Britannique – terrain accidenté, formations de roches ignées, ruisseaux rapides. Mais les chances de trouver de l'or étaient bien meilleures dans le Nord que dans les latitudes plus au sud, affirmait-il, parce que le sol y était gelé huit mois par année, de sorte que l'or était figé dans le pergélisol depuis des milliers d'années au lieu d'être dispersé par l'action de l'eau. L'or les attendait, insistait Joe, ses yeux sombres remplis de conviction. Il admettait qu'atteindre l'or gelé du Yukon n'était pas une mince affaire. «Mais prends la peine d'y penser», dit-il à son compagnon. Les gisements placériens du bassin du fleuve Yukon pourraient bien être plus denses, plus riches et plus purs que tous les gisements qui se trouvent davantage au sud. La «couleur», là-bas, ne serait pas que sous forme de paillettes ou de poussières, mais bien de véritables pépites d'or.

Bill hésita. Il ne connaissait rien du Nord. Il était vaguement au courant que les États-Unis avaient acquis l'immense territoire de l'Alaska auprès des Russes en 1867. Il ignorait cependant que la source du fleuve n'était pas en territoire américain, mais bien en territoire canadien. Joe était de plus en plus enthousiaste. «Il y a de l'or là-bas, je le sais», insistait-il. Sa propre connaissance de ce vaste territoire était plutôt vague, mais peu lui importait. L'hiver précédent, il avait entendu dire qu'on avait trouvé de l'or dans les ruisseaux se jetant dans le cours supérieur du fleuve Yukon, de sorte que plusieurs camps miniers de petite taille avaient été établis le long du fleuve – Rampart City, Circle City, Eagle, Forty Mile, Fort Reliance, Sixty Mile, et Fort Selkirk. Il savait que la vie y était incroyablement rude, mais aussi que l'Alaska Commercial Company y avait déjà eu des postes de traite. Les villages établis autrefois par les commerçants de fourrures fournissaient désormais des provisions aux prospecteurs. L'année que Joe avait passée en Alaska avait suffi à le convaincre, dit-il à Bill, que le bassin du fleuve Yukon était le prochain Eldorado.

À eux deux, les hommes pouvaient réunir environ 1 500 dollars. C'était une somme appréciable pour deux simples ouvriers, mais c'était à peine suffisant pour couvrir les frais du voyage, la nourriture et le matériel nécessaires pour se rendre dans le Nord. Cela semblait plutôt téméraire de laisser le confort des camps miniers du Colorado pour se lancer vers l'inconnu.

Tandis que le regard de Bill fixait les flammes du feu de camp, son imagination se remplissait d'images d'or étincelant dans la boue gelée. Il se rappelait d'autres histoires entendues à propos du Grand Nord – les mystérieuses aurores boréales, les majestueuses montagnes enneigées, le déplacement gracieux des hardes de caribous, et les griffes menaçantes des grizzlis. Bill était un orpailleur, mais il était également un jeune homme débrouillard ayant envie de voir le monde et ses merveilles. Le Colorado était peuplé de «vieux de la vieille»; le Yukon était le pays de demain, aux confins de la civilisation. De plus, Bill avait confiance en Joe. Son compagnon du sud, bien que bourru par moments, était expérimenté et honnête. Bill se pencha en arrière. «J'y vais», annonça-t-il avec bonne humeur.

Toute leur énergie et leurs économies furent dès lors consacrées à leur projet. Ils passèrent l'hiver 1895–1896 à San Francisco, rassemblant le matériel que Joe avait décrété absolument nécessaire pour leur expédition. «Au fur et à mesure que nos achats nous étaient livrés, je commençai à prendre conscience de ce qui nous attendait», écrira Bill plus tard. L'équipement comprenait non seulement de la nourriture pour une année (y compris 800 livres de farine, 50 livres d'abricots séchés, du bacon, des haricots en conserve, du riz, du sucre, de l'avoine, du café, du thé, du tabac, des bougies, du savon et du sel), mais aussi des articles divers (30 livres de clous, deux paires de lunettes de protection, des pelles, des couteaux, des gamelles et des casseroles), des vêtements (sous-vêtements ultra-chauds, bas de laine à talon de cuir, manteaux à doublure, chemises de flanelle à double boutonnage), des tentes, des sacs de couchage, du fil à pêche, une trousse de médicaments, deux boussoles, un poêle à bois, deux batées et une balance pour peser l'or. Bill perdit le compte des outils qu'achetait Joe (godendard, scie de travers, scie à refendre, hache, pelle à long manche, bêche, pic, vilebrequin et forêts, ciseaux à bois, hachette, ainsi que trois livres d'étoupe, cinq livres de goudron, 150 livres de corde). Il grimaçait en pensant au poids de tout cet équipement – plus d'une tonne et demie – et regardait son partenaire d'un air interrogateur. « Tu vas avoir l'impression que ça pèse cinq fois plus que ça avant même d'être rendu au fleuve Yukon », déclara Joe, « mais c'est tout un équipement et j'espère que nous parviendrons à l'apporter à destination sans trop de mal ». Bill fit taire ses appréhensions, mais le commentaire suivant de Joe n'avait rien pour le rassurer. « Ce sera la plus dure épreuve de ta vie. Mais tu as du cran, c'est déjà ça de pris. »

Le 15 mars 1896, les deux hommes quittèrent le port de San Francisco à destination du minuscule port de Dyea. Bill se sentait à la fois enthousiaste et anxieux : il n'était jamais allé en mer auparavant, et n'était jamais allé aussi loin vers le nord. Longeant la côte dont les arbres se dessinaient à travers le brouillard, le navire fendait l'eau grise et glaciale. Douze jours après avoir quitté la Californie, il s'engagea finalement dans le canal Lynn, un étroit bras de mer bordé de falaises abruptes et de montagnes en dents de scie. Tout au bout se trouvait la lugubre plage de Dyea, où les bagages des hommes furent jetés à la hâte. Ils durent déplacer leur équipement à toute vitesse pour le mettre à l'abri de la marée montante. Il neigeait à gros flocons, et Bill dut monter la tente les deux pieds dans la neige jusqu'aux mollets. Grâce à Joe, ils étaient bien mieux préparés que bon nombre de ceux qu'ils avaient rencontrés à bord du bateau à vapeur : « on pouvait voir le changement d'expression sur le visage de ceux qui étaient moins habitués à vivre à la dure ». Parmi eux se trouvaient des femmes qui, s'agrippant à leur bagage, regardaient ce lieu désert d'un air découragé.

Comme Bill et Joe purent s'en rendre compte, il fallait user d'ingéniosité pour dresser sa tente dans les pentes escarpées.

De l'entrée de leur tente, les deux hommes contemplaient les montagnes St. Elias, qu'ils auraient bientôt à franchir. Cette muraille montagneuse, abrupte et intimidante, surplombait leur campement. Bill cherchait du regard un passage à travers les sommets rocailleux couverts de glace, mais en vain. De temps à autre, le brouillard et la tempête de neige se dissipaient quelques instants pour lui permettre d'apercevoir un sentier montant presque verticalement vers un mince sillon qui s'étirait entre les sommets : la célèbre piste Chilkoot. C'était le premier tronçon – et de loin le plus ardu – de la route la plus connue pour se rendre aux champs aurifères. Joe, lisant la consternation sur le visage de Bill, s'empressa de mettre ce dernier au travail. Il n'était pas possible de tout transporter en une seule fois. C'est pourquoi, pendant qu'ils se trouvaient à Dyea, les deux hommes divisèrent méthodiquement leurs provisions en huit chargements pouvant être transportés par traîneau. Ils prirent ensuite la route, chacun tirant un traîneau de bois rempli au maximum de sa capacité. Il leur faudrait faire le même trajet aller-retour quatre fois, les dents serrées et le visage gelé, pour emporter leurs provisions un peu plus loin. Si Bill trouvait la route incroyablement difficile, d'autres, moins costauds, la jugeaient tout simplement épouvantable. « Ceux qui ne l'ont jamais essayé peuvent difficilement s'imaginer ce que c'est que de marcher 25 milles [sic] en traînant la moitié du temps 400 livres de matériel, à travers les tempêtes de neige intermittentes, et ce, sur un sentier qui, bien que relativement facile pour l'Alaska, serait considéré comme presque impraticable en Nouvelle-Angleterre. »

À la différence des récits de voyage écrits subséquemment par d'autres chercheurs d'or, les mémoires de Bill ne s'étendent pas sur les horreurs rencontrées. Bill n'était pas du genre à paniquer devant les difficultés. En réalité, il aimait mesurer sa force physique aux rigueurs de l'environnement, alors que le soleil cherchait à percer les nuages gris et que le vent du nord sifflait à ses oreilles. Il éprouvait devant ce défi un plaisir comparable à celui des jeunes hommes et femmes qui entreprennent de nos jours de naviguer autour du globe en solo, ou d'escalader les plus hauts sommets. Il était assez jeune pour se croire immortel ; il ne voyait pas le danger, voire la mort, qui se cachait derrière chaque rocher escarpé et chaque voile blanc. On sent d'ailleurs une note de fierté dans ses mémoires, lorsqu'il raconte cette aventure : « L'expérience était nouvelle et cela la rendait exaltante, de sorte que nous n'étions pas aussi épuisés que nous aurions pu l'être dans d'autres circonstances. »

Le premier jour fut relativement facile : dix milles de marche sur une pente douce ascendante, à travers les marais et le sable, dans une vallée peu boisée. Par la suite, la vraie ascension débuta et la piste devint une course à obstacles parsemée de rochers où il y avait très peu d'endroits pour s'arrêter. Après une distance de quelques milles, le sentier s'aplanissait à nouveau pour serpenter à travers une forêt de sapins si immenses qu'on voyait à peine le ciel. Ils eurent bientôt franchi la ligne des arbres, apercevant de temps à autre des mouflons et des chèvres de montagne au loin. Bill gardait les yeux fixés sur le sol devant lui tandis qu'il cherchait à reprendre son souffle.

Les deux hommes firent chacun quatre fois le trajet jusqu'à Sheep Camp, au-delà duquel il n'y avait rien d'autre que des rochers et des falaises escarpées. Bill avait déjà les muscles endoloris d'avoir tiré son lourd traîneau si encombrant, mais il savait que le pire était encore à

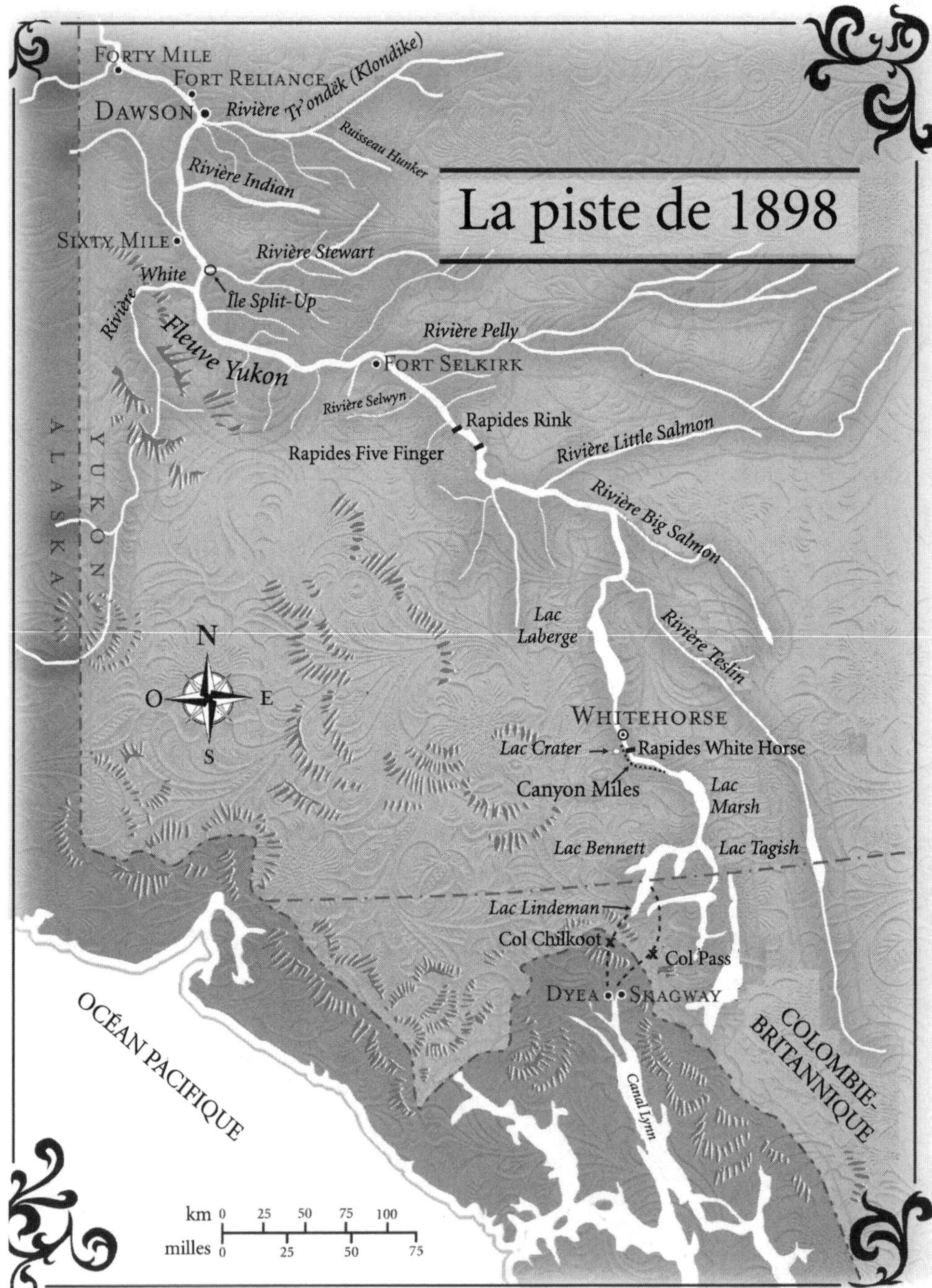
La piste de 1898
Forty Mile
Fort Reliance
Dawson
Rivière Tr'ondëk (Klondike)
Ruisseau Hunker
Rivière Indian
Sixty Mile
Rivière Stewart
Rivière White
Île Split-Up
Fleuve Yukon
Rivière Pelly
Fort Selkirk
Rivière Selwyn
Rapides Rink
Rapides Five Finger
Rivière Little Salmon
Rivière Big Salmon
Alaska
Yukon
Lac Laberge
Rivière Teslin
N
O
E
S
Whitehorse
Lac Crater
Rapides White Horse
Canyon Miles
Lac Marsh
Lac Bennett
Lac Tagish
Lac Lindeman
Col Chilkoot
Col Pass
Dyea
Skagway
Océan Pacifique
Colombie-Britannique
Canal Lynn
km 0 25 50 75 100
milles 0 25 50 75

venir. Les traîneaux leur seraient complètement inutiles pour les quatre derniers milles. D'abord il fallait gravir une pente d'environ 18 degrés jusqu'à un endroit connu sous le nom de Stone House (en français, « maison de pierre ») en raison de ses énormes rochers disposés de manière quasi symétrique. Ensuite venait une pente encore plus raide – 25 degrés – qui allait les mener jusqu'au poste de pesage. À cet endroit, des porteurs tlingits pesaient les sacs pour déterminer le prix du transport pour le reste de l'ascension, une dénivellation d'environ 45 degrés. Cette partie du trajet a été immortalisée grâce à des photos prises par le photographe Eric Hegg, de Seattle, en 1897. On y voit une mince file continue d'hommes et de femmes chargés de sacs et de ballots, la couleur sombre de leur manteau contrastant avec la blancheur de la neige, qui tentent d'escalader tant bien que mal la pente glissante. On aurait dit des ombres glacées tout droit sorties de l'*Enfer* de Dante. Toutefois, en 1896, il n'y avait jamais plus que quelques personnes à la fois sur la piste : Bill et Joe purent donc avancer à leur propre rythme. Malgré leur force physique, les deux hommes durent néanmoins faire le trajet entre Sheep Camp et le sommet vingt fois au total, souffrant de crampes dans les jambes et à bout de souffle.

À Sheep Camp, ils avaient réorganisé leurs bagages en plus petites charges afin de pouvoir les porter sur leur dos, puis ils avaient dû attendre deux semaines interminables, emprisonnés dans leur tente, en raison d'une tempête de neige. Comment firent-ils pour passer le temps, dans cet abri de toile, à écouter le vent qui souffle ? « La vie fut très monotone durant ces deux semaines », écrit Bill. Escalader les montagnes n'avait rien de facile, mais attendre dans la crainte de l'épreuve à venir était encore pire. « Il n'y a rien de plus difficile que d'essayer de demeurer en place dans ces contrées, surtout lorsque le mercure est bien au-dessous de zéro. » Lorsque le blizzard se calma enfin, ils reprirent leur chemin. À maintes reprises, ils durent s'agripper à des rochers instables et poursuivre leur montée à quatre pattes. Le vent hurlait, et le son des avalanches venait parfois d'un peu trop près. Bill n'osait pas regarder derrière lui. Les deux hommes avaient le visage complètement brûlé par le soleil. « Mon visage devint si enflé que j'avais peine à y voir », se rappelle Bill. En guise de protection, ils se noircissaient le visage avec du liège brûlé ou du charbon.

« Nous faisions peur à voir avec nos visages noirs et nos lunettes de protection », raconte-t-il.

Finalement, ayant transporté son dernier sac, Bill Haskell se laissa tomber par terre au col Chilkoot, un sommet nuageux et balayé par le vent s'élevant à 3 500 pieds au-dessus du niveau de la mer. Après un effort aussi surhumain, il était envahi par le sentiment d'avoir remporté une grande victoire. Il leur avait fallu vingt-trois jours pour franchir les dix-sept milles séparant Dyea et le col Chilkoot. Son dos le faisait souffrir et ses jambes étaient faibles après autant d'effort, mais maintenant qu'il avait réussi cet exploit, il n'y avait plus rien à son épreuve. Le paysage devant lui, territoire à peine habité, était éblouissant de magnificence. « Quelle vue ! On aurait dit un paysage d'un autre monde : à la fois étrange et exceptionnel. Des pics enneigés et des glaciers étincelants ! » Il passa son bras autour des épaules de Joe en lui disant que cette expédition n'était rien d'autre qu'un « lent, et parfois agréable, suicide prémédité ». Il tentait de cacher, par son ton désinvolte, à quel point il était impressionné par la difficulté de l'ascension qu'ils venaient de faire et par tout le chemin qu'il leur restait à parcourir. À cet instant, Bill décréta que n'importe quel type qui arrivait à se rendre jusqu'au bassin du fleuve était forcément quelqu'un de bien.

De l'autre côté du col Chilkoot se trouvait une descente à pic de 500 pieds vers les lacs gelés situés en contrebas. La différence de personnalité entre les deux compagnons était manifeste dans leur manière d'aborder la descente. Joe prit le temps de vérifier que tout le matériel était bien fixé au traîneau, puis commença à faire glisser celui-ci tranquillement. Bill, quant à lui, monta à califourchon sur un ballot de provisions et dévala la pente à toute vitesse en hurlant.

De manière générale, Bill Haskell affrontait les rigueurs du périple avec calme et bonne humeur, mais un autre aspect de sa personnalité apparut au fil de ses rencontres avec les porteurs tlingits. Les Tlingits étaient un peuple côtier fier et agressif qui gardait les routes traversant les montagnes St. Elias depuis des centaines d'années. C'étaient eux qui avaient empêché les Russes de pénétrer à l'intérieur des terres au début du 19e siècle. En 1880, Washington avait envoyé dans la région un navire de la Marine sous le commandement du capitaine Lester A. Beardslee parce que, selon le gouvernement américain, les

Des dizaines de personnes ont perdu la vie dans les rapides White Horse lors de la Ruée vers l'or du Klondike.

actions des Tlingits constituaient une menace pour les intérêts de la nation. Le capitaine Beardslee avait alors escorté un groupe de chercheurs d'or sur le canal Lynn et avait menacé les chefs tlingits de les attaquer avec des fusils, à moins que ces derniers n'ouvrent le passage aux prospecteurs américains. En échange, il accepta que les Tlingits locaux soient embauchés comme porteurs et promit qu'il n'y aurait aucune traite. L'entente permit aux prospecteurs de franchir les montagnes jusqu'à la source du fleuve Yukon et de se disperser ensuite à la recherche de l'or.

Mais ce marché n'avait pas que des bons côtés. Au cours de la décennie précédente, les commerçants et les prospecteurs avaient envahi les territoires des Tlingits, ravagé leurs villages côtiers et leurs camps de pêche, et bouleversé la vie de leurs communautés en prenant des Tlingites pour femmes. Bien sûr, les nouveaux venus constituaient également une source de prospérité, puisqu'ils embauchaient des porteurs. Dans ce rôle, les Tlingits faisaient preuve d'une force extraordinaire : alors que les gens du sud avaient du mal à transporter une charge de 80 livres, les hommes et les femmes ayant grandi dans les montagnes des environs pouvaient porter sur leur dos des fardeaux excédant les 100 livres. De plus, ils comprenaient les conditions météorologiques côtières mieux que personne. Ils refusaient de prendre la route lorsqu'ils sentaient qu'un blizzard approchait ou qu'il y avait un risque d'avalanche. Mais les nouveaux arrivants ne portaient pas attention à la sagesse tlingite parce qu'ils étaient convaincus de la supériorité de leur propre race, comme c'était souvent le cas chez les non-Amérindiens à cette époque. Bill ne faisait pas exception. « Ces gens présentent peut-être un intérêt quelconque pour les ethnologues et les missionnaires en quête d'âmes à convertir », déclare-t-il, « mais pour un homme pressé d'atteindre les champs aurifères, ils sont plus gênants qu'utiles ».

Après avoir franchi les montagnes St. Elias, Bill et Joe durent traverser quatre lacs. À l'extrémité du col Chilkoot, les lacs Creter et Lindeman étaient encore tous deux gelés. Les deux hommes poursuivirent donc leur route à pied, tirant derrière eux leurs traîneaux surchargés. Ils découvrirent que le meilleur moyen de s'assurer que ceux-ci glissent facilement sur la glace était de faire geler de l'eau sur les patins de bois avant de partir. Le vent glacial soufflait d'un bout à l'autre du lac Lindeman, long d'environ 6 milles. Bill avait fixé aux traîneaux une sorte de voile faite à l'aide d'une pièce de toile. Tandis qu'ils avançaient à toute vitesse, il s'écria : « Ça c'est du sport ! » Cependant, d'autres épreuves les attendaient – portage jusqu'au lac Bennett, puis 34 milles de marche sur un lac gelé pour se rendre jusqu'à l'autre rive. Il fallait ensuite traverser Caribou Crossing jusqu'au lac Tagish. On était maintenant le 1er mai et la neige avait commencé à fondre. « J'imagine que le pire est derrière nous, du moins pour l'instant », dit Joe, et il décida que les deux hommes passeraient les semaines à venir à construire un bateau qui leur permettrait de poursuivre leur route.

Bon nombre d'autres voyageurs avaient décidé de faire de même, de sorte que le campement au bord du lac avait l'air d'un véritable petit village. « Nous ne manquions pas de compagnie », écrit Bill. Au début, il essaya d'aider Joe à construire leur embarcation, mais ce dernier perdit vite patience face à sa maladresse et sa conversation incessante. Il préféra se débrouiller seul. Bill passa donc les dix jours qui suivirent à chasser le lièvre et le lagopède en compagnie d'autres prospecteurs. Il se promenait à travers les tourbières spongieuses et enjambait les ruisseaux glacials à la recherche d'oiseaux ayant encore leur plumage d'hiver et de lièvres en manque de nourriture. « Nous aurions mangé comme des rois, si mes expériences culinaires n'avait pas été aussi désastreuses », disait-il en blaguant. Bientôt, les tiges duveteuses des anémones commencèrent à percer la neige, et les versants des montagnes se couvrirent de myosotis, de dicentres, de becs-de-grue et de campanules. La température se fit plus clémente et les journées, de plus en plus longues. L'air se remplit du son des bernaches volant vers le Nord, et l'eau se mit à gargouiller sous la mousse et à serpenter en cascades le long des pics dénudés. Joe continuait à jouer du marteau sur son robuste petit bateau à la proue effilée et à la poupe carrée, peu intéressé par les histoires abracadabrantes de Bill au sujet des ours et des orignaux qu'il avait aperçus. Puis vint le moment du départ.

Il y avait encore un bon bout de chemin à faire jusqu'à leur destination, Circle City. Située à 600 milles plus au nord, tout près de l'endroit où le fleuve Yukon franchit le cercle arctique, Circle City était le centre de l'orpaillage au printemps de 1896. Les deux hommes laissèrent leur bateau suivre le courant jusqu'au cours supérieur du fleuve. (Dans un élan de patriotisme, Joe avait baptisé l'embarcation *Tar Stater*, en l'honneur de son État d'origine, la Caroline du Nord, connu pour sa production de goudron.) Les obstacles étaient nombreux : il fallait d'abord traverser les fameux rapides White Horse, où l'écume blanche qui tourbillonnait à la crête des imposantes vagues n'était pas sans rappeler la crinière d'un cheval blanc. Puis venait le canyon Miles, étroit et bordé de falaises de granite, où l'eau se déversait des rapides avec une telle force que cela s'entendait à des milles de distance. À de nombreuses reprises, le *Tar Stater* faillit être inondé, et dans les rapides Squaw, les hommes perdirent une grande partie de leurs provisions. Même Bill commençait à perdre courage lorsque le torrent impétueux les emporta. « Joe, nous n'allons pas nous en sortir », criat-il à son partenaire alors que leur embarcation faisait une chute abrupte de neuf pieds et qu'ils étaient projetés dans les vagues immenses. Mais, tant bien que mal, ils survécurent, contrairement à bien d'autres. Une fois ce dur moment passé, les deux partenaires se serrèrent mutuellement en silence, fébriles de soulagement. Puis, avec la résilience de la jeunesse, Bill oublia sa terreur. « Une fois qu'on est debout sur la berge, en sécurité, on ne peut s'empêcher d'être charmé par la vue des flots qui tourbillonnent et écument autour des rochers colorés. L'œil ne se lasse pas de ce spectacle et, même après des heures, il s'en détourne avec regret. »

C'était la crue du printemps. Joe et Bill purent donc traverser rapidement les 31 milles de longueur du lac Laberge. Ils croisèrent de nombreuses rivières à saumon, traversèrent les rapides Five Finger et Rink. Au confluent de la rivière Pelly et du fleuve Yukon, ils aperçurent les vestiges de Fort Selkirk, un ancien poste de traite de la Compagnie de la Baie d'Hudson. De là, le fleuve s'écoulait très rapidement et il ne leur fallut qu'une journée pour couvrir les 100 milles de distance qui les séparaient de la rivière Stewart où se trouvait, sur une île, un autre poste de traite abandonné. Puis à la hauteur de la rivière Sixtymile, ils virent une ancienne scierie. Quelques milles plus loin, ils remarquèrent sur la droite la trace d'un glissement de terrain ainsi que l'embouchure d'une rivière qui, à ce qu'on leur avait dit, s'appelait « Tr'ondëk ». Ne faisant aucun cas du village de pêche han qui s'y trouvait, ils continuèrent à ramer vers Forty Mile, un poste de traite à l'intention des trappeurs, des prospecteurs et des communautés amérindiennes des environs, situé du côté canadien de la frontière entre l'Alaska et le Yukon. L'endroit devait son nom au fait qu'il était situé à 40 milles au nord de Fort Reliance, un ancien poste de traite situé à six milles en aval de l'embouchure de la rivière Tr'ondëk.

Depuis des semaines, Joe et Bill n'avaient vu d'autres habitations que des huttes de bois et des tentes malpropres. Bill s'attendait à ce que Forty Mile ressemble à Fort Selkirk : des bâtiments décrépits et quelques prospecteurs au chapeau sale en train de fumer la pipe sur un banc devant le magasin. Mais lorsqu'à la sortie d'un tournant, il aperçut enfin le poste de traite, il fut très étonné. Un village s'y était établi dès la découverte des premières pépites d'or dans la rivière Fortymile en 1886, et il y avait désormais près d'une centaine de bâtiments en rondins, y compris une scierie, quelques boulangeries, plusieurs forges, des restaurants, des salles de billard, des saloons, des cabarets et même une immense grange à fausse façade sur laquelle était écrit *Opéra*. Le cœur de Bill fit un bond. Il était persuadé d'avoir devant lui le « carrefour de la civilisation non amérindienne dans le Yukon ».

Forty Mile représentait le premier contact de Bill avec la culture minière du Nord. Certains aspects lui étaient familiers – les camps miniers du Colorado avaient eux aussi des rues boueuses bordées de saloons et de bars aux fausses façades d'où s'échappait le son des violons et des pianos mécaniques. Cependant, la plupart des habitants de Forty Mile avaient quitté l'« extérieur » – comme on appelait tout ce qui se trouvait au sud du Yukon – il y a des mois, voire des années, et ils étaient beaucoup, beaucoup plus endurcis que ceux du Colorado. À l'opéra, Bill vit des femmes en robes de satin usées effectuer leur numéro avec des gestes mécaniques, l'air exténué. Les orpailleurs au menton hirsute qui passaient des mois dans les camps miniers isolés des environs les adoraient – et payaient cher leur compagnie. « Une des particularités des régions minières », se dit Bill, « c'est qu'une grande partie de l'or se retrouve dans la bourse de ceux qui n'ont pas eu à l'extraire ».

Derrière l'opéra, Bill découvrit avec étonnement une petite chapelle en bois. Devant la porte se trouvait un homme âgé, grand, le dos voûté, le visage rasé de près, portant des lunettes à monture métallique. Il était enveloppé d'un imposant parka et il y avait une croix de bois suspendue à son cou. Cet étrange personnage vêtu de bottes en peau de phoque et d'un capuchon bordé de fourrure était beaucoup trop frêle pour être un prospecteur. Quelqu'un apprit à Bill qu'il s'agissait du père Judge, un prêtre jésuite qui vivait dans le Nord depuis des années. Le prêtre souriait rarement, et pourtant, il émanait de lui une bonté et une douceur qui faisaient contraste avec l'air renfrogné qu'affichaient la plupart de ceux qui habitaient le Nord puis longtemps. Bill, qui avait hérité de ses parents presbytériens une certaine méfiance à l'égard des papistes, salua le prêtre poliment de la tête et poursuivit rapidement son chemin.

On était à la fin du mois de juin, et les champs aurifères des environs de Forty Mile étaient surpeuplés de mineurs. Joe avait entendu les rumeurs au sujet de nouvelles découvertes d'or près de Circle City, en Alaska, à 170 milles plus au nord. Les prospecteurs se ruaient au poste de traite situé en aval, tels des corbeaux sur la charogne. Joe voulait se joindre à la course. Son compagnon et lui remplacèrent donc rapidement les provisions qu'ils avaient perdues dans les rapides, puis quittèrent le quai boueux de Forty Mile à bord du *Tar Stater* pour retrouver le courant rapide du fleuve Yukon.

Circle City avait encore plus de quoi étonner que Forty Mile. Étant la plus grande ville en rondins au monde, en 1896, ses habitants la surnommaient le « Paris du Nord ». Avec ses vingt-huit saloons et ses huit cabarets, elle faisait passer Forty Mile pour un petit village. En accostant au quai de Circle City, Bill et Joe furent accueillis par « une foule cosmopolite d'hommes et de femmes venus de partout en Amérique du Nord, une poignée d'Amérindiens malpropres, et une meute de chiens qui hurlaient ». Pour passer le temps, sous le soleil de minuit, les hommes se racontaient des histoires, jouaient aux cartes ou assistaient à des spectacles de burlesque au saloon. Dans cet endroit le plus reculé de l'Amérique du Nord se trouvait un village prospère de plus de 1000 habitants, y compris, au plus grand étonnement de Bill, « des familles respectables... Les gens s'attendaient à ce que l'endroit devienne la future métropole du Yukon ».

Deux ans plus tard, Bill se rappellera Circle City avec nostalgie. « Personne n'aurait pu s'imaginer un endroit aussi animé pour sa taille. Et aucun de ses habitants n'aurait pu croire que moins d'un an plus tard, la ville serait presque complètement déserte. »

Chapitre 3

Justice populaire et chiens errants, septembre 1896

Au cours de son premier été passé dans le Nord, Bill Haskell se rendit vite compte que la vie y était très différente – rien à voir avec la prévisibilité monotone de sa vie jusqu'alors. Dans ces contrées vivaient un nombre inconnu d'Amérindiens, dispersés ici et là, et environ un millier de prospecteurs, et pourtant, on n'y trouvait encore ni forces de l'ordre, ni tribunaux, ni avocats.

Bill put observer les effets de cette situation lorsqu'il assista pour la première fois à une « assemblée de mineurs », une instance non officielle chargée de rendre la justice. Depuis des années, les prospecteurs des camps miniers de l'Alaska organisaient ces rassemblements chaque fois qu'une querelle éclatait. Les habitants de ces coins reculés de l'Amérique du Nord parlaient des assemblées en des termes tels que *justice brute* ou *Confrérie du Nord*. N'importe qui pouvait y participer, entendre les différentes versions des faits, et voter sur l'issue de la querelle. Cependant, l'assemblée jouissait de pouvoirs redoutables : elle pouvait, selon le cas, faire pendre un homme, lui accorder le divorce, le condamner à la prison, le bannir ou encore, le faire fouetter.

Bill assista, sans le faire exprès, à l'une de ces assemblées alors qu'il était à Forty Mile. Dans ses mémoires, il décrit le saloon mal éclairé où la réunion avait lieu, de même que la manière brutale dont les hommes s'adressaient les uns aux autres. La plupart des participants avalaient du tord-boyaux au goût de phénol, et l'air empestait la fumée de tabac et la sueur. Ce jour-là, la cause était celle d'un Canadien français surnommé French Joe. Une fois, alors qu'il se rendait de sa concession minière au bord d'un ruisseau isolé jusqu'au poste de traite, Joe avait accepté de rendre service à un voisin en livrant pour lui de la poussière d'or à un dénommé Dick Robinson. Mais lorsque French Joe arriva à Forty Mile et remit à Robinson deux onces d'or, ce dernier affirma qu'on lui en devait trois. French Joe avait répliqué avec indignation: «Je n'en sais rien. On m'a donné deux onces, les voici. C'est tout ce que je sais.» Robinson avait donc fait appel à l'assemblée de mineurs, sachant très bien que ses costauds compatriotes seraient certainement plus nombreux que tous les autres. Sans grande surprise, la majorité décida que French Joe avait fort probablement volé l'once manquante et que, par conséquent, il devait rembourser l'or, payer les frais de l'assemblée et offrir la tournée générale.

French Joe était-il un menteur? Avait-il vraiment volé l'or? Bill Haskell avait un sens aiguisé de l'équité, et une aversion innée pour la justice populaire. Les résidents de Forty Mile avaient déjà fait pendre au moins deux Amérindiens soupçonnés d'avoir commis un meurtre. Lorsque le Canadien français quitta le saloon, découragé et les poches vides, Bill se hâta de le rejoindre afin d'entendre une fois de plus sa version des faits. À ses yeux, French Joe semblait être un homme honnête qui avait seulement voulu rendre service à un ami. Leur conversation ne fit que confirmer ses soupçons et le laissa avec un sentiment de dégoût. Il en conclut que les décisions des assemblées de mineurs étaient beaucoup trop facilement influencées.

Bill eut droit à une autre leçon au sujet de la vie dans le Nord quelques jours plus tard, lorsque Joe et lui accostèrent à Circle City. Il avait remarqué auparavant les dizaines de chiens affamés qui erraient dans les camps miniers nordiques en jappant et en hurlant, et il s'était souvent demandé pourquoi personne ne les abattait. Cette fois, il eut l'occasion de voir à quel point ces bêtes étaient rusées. Après une longue soirée au saloon à écouter les rumeurs de ce qui se passait dans les champs aurifères, Joe et lui retournèrent à leur embarcation. «Pendant notre absence, les chiens avaient nagé jusqu'au bateau, et après avoir rongé la corde qui le retenait au quai, ils avaient tiré celui-ci jusque sur la rive. Ils avaient ensuite déchiré tous les sacs à provisions... et avaient même rongé des sacs de farine ainsi que le torchon à vaisselle, au goût sans doute très agréable pour eux», écrit-il. Les deux hommes constatèrent les dégâts et calculèrent leurs pertes avec mauvaise humeur.

Les vieux habitués de l'endroit n'eurent aucune sympathie pour Bill et Joe. Tout cela était de leur faute: ils n'avaient qu'à être plus futés. Ils auraient dû faire comme les autres et mettre leurs provisions dans une cache suspendue, hors d'atteinte des chiens. *Tout le monde* savait bien que les chiens de traîneaux, qui n'étaient nourris de poisson séché qu'une seule fois par jour, mangeaient à peu près tout ce qui était à leur portée – leur propre harnais de cuir, un morceau de bacon dans une casserole de fèves au lard fumante, un chapeau – et personne ne leur en tenait rigueur. Deux bons chiens de traîneau pouvaient tirer jusqu'à 600 livres et parcourir une distance de 25 milles en six heures. Certes, ils hurlaient toute la nuit et volaient de la nourriture, mais ils pouvaient aussi vous sauver la vie. Ils étaient si précieux que certains maîtres allaient même jusqu'à mettre à leurs fidèles compagnons des mocassins en peau d'orignal afin de protéger leurs pattes des engelures. Bill constata qu'en Alaska, «pour s'en tirer, il faut bien connaître les chiens».

Joe Meeker ne voulait pas perdre un instant à traîner dans les saloons de Circle City. Le ruisseau Birch et ses affluents, à quelque distance de là, étaient des plus prometteurs. Selon lui, les champs aurifères allaient continuer à rapporter pendant cinq ans, au plus. Mais Bill était intrigué par cette ville en plein essor. Il décida d'y demeurer un peu plus longtemps et de faire de l'argent en construisant des cabanes en rondins. Il se disait en lui-même que quelques semaines sans Joe lui feraient le plus grand bien: son partenaire était un chic type, mais il était un peu trop sérieux. Circle City était un endroit divertissant, avec son heureux mélange de Norvégiens, de Suisses, de Canadiens français et anglais, d'Allemands, d'Irlandais, d'Écossais, de Français, de Russes et d'Américains. Malgré leurs origines différentes, ces hommes avaient certains traits en commun: indépendants et incapables de demeurer au même endroit, ils croyaient en la chance et souffraient d'une crédulité incurable. L'espoir et la privation les soudaient ensemble, et bien qu'il reconnût que c'était un milieu rude, Bill s'y sentait chez lui.

Une cabane en rondins était un véritable palace après avoir vécu pendant des mois dans une tente à essayer tant bien que mal de maintenir un certain niveau de propreté malgré la terre et la boue.

Les deux partenaires se séparèrent donc. Joe emballa sa tente, son fusil et ses provisions et quitta la ville. Bill, quant à lui, se fit engager à la scierie et apprit à construire des cabanes capables de protéger leurs habitants contre le froid en hiver et contre les moustiques en été. En peu de temps, il sut comment dépouiller, entailler et empiler les rondins pour former des murs d'une hauteur de six pieds, enfoncer des chevilles de bois dans les rondins soutenant le toit de manière à supporter le pignon de quatre pieds de haut, construire un toit en bois fendu et le couvrir d'une épaisse couche de terre à titre d'isolant. Une telle cabane nécessitait 48 billes de bois ainsi que plusieurs sacs de mousse, pour boucher les interstices. Avec une finition adéquate, « une telle habitation est un vrai palace, dans le Yukon », disait Bill avec fierté.

Vers la fin du mois d'août, Bill Haskell décida d'aller voir Joe pour prendre de ses nouvelles et lui apporter des provisions. Il dut marcher près de 100 milles, demandant à tous les mineurs qu'il rencontrait s'ils savaient où se trouvait la concession de Joe Meeker, avant de finalement trouver le ruisseau en bordure duquel ce dernier avait érigé sa tente. Sur sa route, il croisa des ruisseaux aux noms tels que Birch, Deadwood Gulch, Miller, Eagle, Greenhorn, Preacher et Mastodon (nommé ainsi en raison des ossements de mastodonte qu'on avait trouvés à proximité). Le chemin était ardu : le sol était tantôt boueux, tantôt poussiéreux, tantôt rocailleux. Le paysage était parmi les plus monotones de tout le cours du fleuve : marécageux, plat et sans relief. Bill traversa avec difficulté les tourbières, tentant d'éloigner le nuage de moustiques qui entraient dans sa bouche et ses narines. Il refusait de se laisser ralentir par quoi que ce soit et était plutôt fier du peu de temps qu'il lui avait fallu pour couvrir tout ce chemin.

En cours de route, Bill s'était rendu compte qu'une nouvelle méthode d'extraction de l'or avait vu le jour dans les placers de ces contrées arctiques. Ici, les rivières et les ruisseaux étaient gelés pendant au moins la moitié de l'année, et sous la surface du sol se trouvait une couche de terre gelée en permanence. Les gisements exploitables, ceux contenant de l'or, étaient enfouis sous d'épaisses couches de boue gelée, laquelle était formée notamment de mousse, de végétation décomposée, d'argile et de sable. Comment un prospecteur pouvait-il même envisager de laver l'or à la batée alors que, comme Bill le décrit lui-même, le sol ne formait « qu'une masse adamantine, solide et compacte » ?

Les premiers prospecteurs à atteindre la vallée du fleuve Yukon avaient tenté de creuser le sol à l'aide de pics, puis de dynamite, mais en vain. Ils avaient ensuite essayé de faire ramollir le sol en allumant des feux, puis d'enlever les cendres et la terre dégelée à l'aide de pelles une fois le feu consumé, en espérant que le soleil ferait fondre la couche suivante. Toutefois, ce procédé prenait énormément de temps, et même durant l'été arctique, il était rare que les rayons du soleil soient suffisamment intenses pour que la chaleur pénètre sous la surface. Refusant de s'avouer vaincus, les mineurs avaient continué leurs tentatives. À l'époque où Bill marcha pour la première fois à travers les déblais entourant Circle City, les chercheurs d'or avaient fini par mettre au point une technique nécessitant l'entretien de feux à ciel ouvert toute l'année durant. Ils empilaient des bûches de bois à

Dans les mines du Yukon, nul besoin de renforcer les puits avec des poutres et des piliers parce que le sol gelé était dur comme du granite.

l'endroit où ils comptaient creuser un puits de mine et y allumaient un grand feu, qu'ils laissaient brûler toute la nuit. Le jour suivant, les prospecteurs enlevaient à la pelle les cendres, ainsi qu'une couche de boue dégelée d'une épaisseur d'environ un pied. Ils installaient un treuil au-dessus de chaque puits, afin de pouvoir remonter plus facilement à la surface les seaux de gravier et de boue. À force de creuser, ils espéraient atteindre une couche de gravier renfermant peut-être un gisement d'or. Une fois cette couche atteinte, ils en prélevaient quelques pelletées qu'ils lavaient à la batée pour en extraire d'éventuelles pépites ou de la poussière d'or. S'ils ne trouvaient rien, il leur fallait tout recommencer et creuser un nouveau puits de mine ailleurs. Dans le cas contraire, ils se mettaient à creuser une galerie horizontale dans la direction où, selon eux, se trouvait le filon. La plupart des hommes travaillaient en équipe de deux : un homme à l'extérieur de la mine et un sous la surface.

Si la chance lui souriait, un mineur pouvait espérer accumuler au cours de l'hiver deux immenses monticules près de la sortie de son puits de mine : un de morts-terrains sans intérêt, l'autre de gravier aurifère. C'était un dur labeur, très risqué, et qui signifiait beaucoup plus que de simplement creuser le sol et laver l'or à la batée. Il arrivait qu'un homme se casse un membre en tombant dans un trou ou qu'il se blesse au dos en soulevant de lourdes charges. Ceux qui travaillaient à l'extérieur des mines, pour remonter les seaux à la surface, s'exposaient au vent, au froid et à la neige et risquaient de souffrir d'engelures ou d'éblouissements par la neige. Pour ceux qui s'affairaient sous la surface, il y avait le risque qu'une galerie horizontale s'effondre et les enterre vivants ainsi que la menace constante d'asphyxie par la fumée et le méthane qui s'accumulaient dans les passages souterrains. De plus, durant le long hiver, les mineurs étaient souvent affligés de toutes sortes de maux associés au froid et à la malnutrition : bronchite, pneumonie, gastro-entérite, scorbut, diarrhée, maux de dents, fièvre et pleurésie.

Pendant tout l'hiver, l'air glacial était chargé d'une épaisse fumée. Lorsque les mineurs n'étaient pas occupés à creuser ou à remonter des seaux, ils coupaient du bois de chauffage. À l'arrivée du printemps, dès que les ruisseaux recommençaient à couler, les mineurs se mettaient à laver le gravier aurifère extrait du sol durant l'hiver. Tels des oiseaux de proie, ils étaient à l'affût de toute pépite ou même poussière d'or, espérant désespérément que tous leurs efforts allaient leur permettre de devenir riches. Dans le cas contraire, leur avenir était des plus incertains.

Bill s'arrêta un moment à la hauteur du ruisseau Birch pour regarder les mineurs en train de laver le gravier. Certains utilisaient un berceau, sorte de boîte en bois dont le dessous était muni de deux filtres. Le premier filtre consistait en une feuille de métal percée de trous d'environ six millimètres et servait à éliminer tout sauf les pépites et la poussière d'or ainsi que le gravier le plus fin. Le deuxième filtre consistait en une épaisse couverture de laine qui servait à retenir l'or tout en laissant l'eau s'échapper. « Après y avoir déposé un peu de gravier aurifère, le mineur fait osciller le berceau d'une main tandis que de l'autre, il verse de l'eau. Puis, à intervalles réguliers, il lave le contenu de la couverture », décrit Bill. Cette technique, il s'en rendait bien compte, était certes la plus économique pour extraire l'or, mais c'était également la plus laborieuse.

Toutefois, il y avait une autre méthode, plus rapide. Les mineurs qui avaient les moyens d'acheter du bois d'œuvre se construisaient des rampes de lavage (en anglais *sluice boxes*), qui consistaient en une série de boîtes de bois s'insérant les unes dans les autres de manière télescopique et dont le fond était muni de barres transversales. On positionnait la rampe de façon à ce qu'un torrent alimenté par la fonte des neiges s'écoule directement à travers celle-ci. Au Yukon, cela ne pouvait se faire que de la fin juin à la mi-septembre, mais comme Bill put le voir sur son passage, l'action ne manquait pas. Les mineurs devaient continuellement verser des pelletées de gravier dans la rampe de lavage afin que l'eau emporte la boue stérile et que les particules d'or, plus lourdes, s'accumulent au fond de la rampe, entre les barres de bois.

Lorsqu'il y avait suffisamment de matière accumulée, les mineurs arrêtaient la circulation de l'eau pour procéder au « nettoyage ». Deux vieux habitués, à qui la chance semblait sourire, affirmaient trouver l'équivalent de 1000 dollars en or chaque jour. À les écouter, on aurait dit que c'était un jeu d'enfant, mais Bill pouvait voir à leurs traits tirés, à leurs yeux rougis et à leur dos courbé que ce n'était pas le cas. Les mineurs ne disposaient que de dix semaines pour récolter leur précieux butin, après neuf mois de dur labeur dans le froid intense. Pendant de longues années et jusqu'à tout récemment, ces deux mineurs avaient pu récolter à peine de quoi survivre, allant d'une concession peu productive à une autre. À présent, leur prospérité nouvellement acquise allait profiter aux saloons et aux maisons de jeu de Circle City, où ils entendaient se payer du bon temps. Bill se disait qu'il y avait de fortes chances pour qu'ils soient redevenus des hommes pauvres avant l'hiver.

Bill parvint finalement à livrer les provisions à Joe. Ce dernier avait fini de débroussailler sa concession et était maintenant déterminé à creuser tout l'hiver. Il dit à Bill qu'il entendait avoir son propre monticule de gravier aurifère, prêt à laver, d'ici le printemps 1897. Mais Bill avait de la difficulté à faire preuve d'enthousiasme face à cette idée. Tout ce dont parlait Joe, c'était de creuser le sol, creuser des puits, creuser des galeries. Mais il ne pouvait s'empêcher de remarquer que son ami avait déjà les épaules voûtées de fatigue et les plis du

Le maniement de la rampe de lavage exigeait un effort moins intense que le lavage à la batée ou au berceau, mais c'était tout de même un travail éreintant, et il fallait d'abord construire la rampe.

visage marqués par la poussière. Le courage de Bill faiblit. Il regarda le campement de Joe, à quelques mètres du ruisseau : une tente minuscule, une cache contenant de la nourriture séchée suspendue à un arbre, des boîtes de conserve vides jonchant le sol, les cendres d'un feu de camp éteint. D'où il se tenait, Bill ne voyait qu'une seule autre tente dans les environs ; il se dit qu'il n'y avait probablement personne d'autre entre lui et le pôle Nord. En ce beau soir d'été, les épinettes et les bouleaux des collines environnantes avaient des reflets de vert et d'or. Avant longtemps, le gel aurait soin d'essuyer toute couleur de ce paysage.

Les deux partenaires ne pouvaient pas faire grand-chose tant que la terre n'était pas à nouveau gelée. S'ils commençaient à creuser trop tôt, les trous allaient se remplir d'eau. Bien qu'il avait la fièvre de l'or, Bill voulait continuer d'explorer ces terres mystérieuses, et si vastes que les quelques postes de traite et les villages amérindiens n'en paraissaient que plus minuscules. Il ne se sentait pas encore tout à fait prêt à s'installer pour de bon. Il décida plutôt de se faire engager comme matelot à bord de l'un des rares bateaux à aubes qui naviguaient sur le fleuve Yukon en été. Au printemps, ces navires partaient du petit port isolé de St. Michael, avec son odeur de poisson pourri et son vieux canon russe, tout près de l'endroit où le fleuve Yukon se jette dans la mer de Béring. Les bateaux à vapeur transportaient de l'alcool, des provisions, des commerçants et des mineurs en devenir vers les camps miniers situés en amont, puis ramenaient vers la côte les prospecteurs épuisés et l'or que ces derniers avaient. La saison était si courte que la plupart des bateaux n'effectuaient que deux ou trois allers-retours par an.

Bill Haskell fit le voyage de 2000 milles aller-retour entre Circle City et St. Michael, puis il décida de demeurer à bord tandis que le bateau à aubes continuait sa route en amont jusqu'à Forty Mile. Arrivé à destination, à la mi-septembre, il eut du mal à en croire ses yeux. Au lieu de dizaines d'embarcations entassées les unes sur les autres le long de la rive, comme c'était le cas dix semaines plus tôt, il n'y avait plus que quelques vieux radeaux de bois. Personne ne vint accueillir les nouveaux venus. Aucune fumée ne sortait des cheminées des saloons en rondins, et aucune musique ne s'échappait des murs du cabaret. Le village, presque abandonné, paraissait plutôt triste sous le ciel gris et la pluie. Déjà, l'air se faisait plus frais et le gel nocturne avait transformé les quelques rares potagers en amas de plantes fanées et noircies. La plupart des cabanes étaient non seulement abandonnées, mais il leur manquait des portes et des murs, comme si on les avait arrachés à la hâte. L'endroit, que Bill avait décrit comme « le carrefour de la civilisation non amérindienne dans le Yukon », était devenu un village fantôme.

Bill et le capitaine du navire balayèrent les environs du regard et remarquèrent un saloon, où une lampe à huile près de la fenêtre crasseuse et une faible fumée s'échappant de la cheminée laissaient supposer qu'il y avait quelqu'un. Ils débarquèrent donc du navire et marchèrent dans cette direction. En ouvrant la porte, ils se retrouvèrent devant quelques buveurs à l'air revêche et aux joues rougies dans une salle enfumée. On ne pouvait pas dire qu'il s'agissait de la crème des prospecteurs. Plusieurs avaient à leurs côtés des béquilles artisanales, d'autres avaient les yeux bouffis, et tous avaient l'air sinistre des mineurs qui ont perdu la foi en leur bonne étoile. Harry Ash, le propriétaire, les salua brièvement. « Que s'est-il passé ? », lui demanda Bill. Harry se fit un plaisir de lui raconter l'histoire d'un Canadien solitaire à l'air sérieux, nommé Robert Henderson, et d'un Californien jovial nommé George Carmack.

Bien que Bill n'eût jamais rencontré Robert Henderson, il avait souvent entendu parler de l'homme grand et mince au nez crochu et au regard perçant. Ce fils d'un gardien de phare de la Nouvelle-Écosse était arrivé en Alaska en 1894, après de nombreuses années passées à chercher de l'or dans les hémisphères nord et sud, sans succès. Pendant les deux années qui suivirent, il passa au peigne fin le fleuve Yukon et ses affluents, à la recherche de pépites d'or. Tandis que Bill Haskell se familiarisait avec la région de Circle City, en Alaska, à l'été 1896, Henderson était occupé à explorer les affluents du fleuve Yukon, à proximité de sa source. Les activités de prospection de Henderson étaient financées par un autre personnage bien connu dans le Nord, un commerçant du nom de Joseph Ladue. En l'entendant, Bill Haskell reconnut tout de suite le nom de Joe Ladue et se rappela que l'homme avait la réputation « d'avoir du cran et d'être travaillant, honnête et déterminé ». Ladue était un entrepreneur futé qui exploitait une scierie en bordure de la rivière Sixtymile. Là, il faisait également le commerce de tous les produits dont les mineurs avaient besoin : rampes de lavage, pics, batées et provisions. Si qui que ce soit trouvait de l'or à proximité de son moulin, c'était pour lui la fortune assurée. C'est pourquoi il lui tardait de voir augmenter les activités de prospection dans le cours supérieur du fleuve. Financer les activités d'Henderson pourrait s'avérer une très bonne affaire pour lui.

Avec le soutien de Ladue, Henderson avait passé des mois à se frayer des chemins à travers les marais, les touffus pâturages d'orignaux, les hautes herbes et les éboulements, dans les environs de la rivière Indian. Il avait enjambé des torrents, franchi des ruisseaux,

Difficile de passer l'hiver à creuser le gravier aurifère, surtout lorsque le lavage à la batée ne révélait aucune trace d'or.

traversé des rivières et escaladé des ravins. Il avait passé deux hivers dans des cabanes où le froid pénétrait de partout et avait dû s'enduire de graisse d'ours pour se protéger des insectes deux printemps de suite. Ses recherches autour de la rivière Indian n'avaient pas donné grand-chose, et un autre affluent, le ruisseau Dominion, avait été tout aussi décevant. Dans les environs se trouvait une immense colline qu'on appelait King Solomon. Un jour Henderson décida de monter au sommet de celle-ci. Juste avant d'y parvenir, il remarqua un ruisseau s'écoulant dans la direction opposée qui n'apparaissait pas sur les cartes. Il marcha un peu plus loin le long de ce dernier, puis il se pencha pour ramasser une pleine batée d'eau qu'il fit tourner, et il y vit de l'or. Cela lui sembla de si bon augure qu'il nomma le ruisseau *Gold Bottom* (en français, *fond d'or*) parce qu'il s'imaginait qu'une fois descendu dans son puits de mine jusqu'au roc, « ce pourrait bien être comme les rues de la Nouvelle Jérusalem ». En quelques semaines, il avait réussi à trouver l'équivalent de 750 dollars en or – une petite fortune.

Assis au bar de ce saloon de Forty Mile, Bill Haskell n'en croyait pas ses oreilles. Vers la fin du mois de juillet, poursuivit Harry Ash, Henderson avait commencé à manquer de provisions et avait dû aller se réapprovisionner à Forty Mile. Une fois rendu au fleuve Yukon, il avait suivi le courant, et au sortir d'un tournant, il avait aperçu le camp de pêche han sur la rive, à l'endroit où la rivière Tr'ondëk se jette dans le fleuve Yukon. Henderson s'y était arrêté et y avait rencontré un ancien camarade qu'il avait connu du temps où il cherchait de l'or en Californie : George Washington Carmack. Carmack était ce que les prospecteurs américains appelaient un « squawman ». Il s'était attaché à une femme du peuple Tagish et passait plus de temps avec la famille de cette dernière qu'avec ses compatriotes. Carmack pêchait le saumon à l'embouchure de la rivière Tr'ondëk en compagnie de sa femme, Shaaw Tláa, qu'il appelait Kate, du frère de celle-ci, Keish, que Carmack aimait appeler Skookum Jim et du neveu de Keish, Káa Goox, surnommé Tagish Charlie. Ils avaient suspendu leurs prises au-dessus d'un feu, et l'odeur de poisson fumé, qu'on destinait aux chiens, envahit les narines d'Henderson tandis qu'il accostait.

La version de la découverte de l'or à la rivière Tr'ondëk que Bill entendit dans un bar de Forty Mile est celle qui devint rapidement une légende du Klondike. « Un des articles du code des mineurs stipule qu'on est tenu de signaler toute nouvelle découverte dans les meilleurs délais », écrivit Bill plus tard dans ses mémoires. La collaboration entre mineurs était souvent leur seule garantie de survie – et de compagnie. Henderson fit donc part à Carmack de ce qu'il avait observé au ruisseau Gold Bottom. Puis avec un commentaire de dédain à l'égard des compagnons tagish de ce dernier, Henderson poursuivit sa route en direction de Forty Mile. La pêche était plutôt au ralenti ce jour-là, Carmack et ses compagnons décidèrent d'aller vérifier si Henderson disait vrai. Ils remontèrent péniblement un des ruisseaux qui se jetait dans la rivière Tr'ondëk, puis ils bifurquèrent en travers d'une crête qui, croyaient-ils, séparait ce ruisseau du ruisseau Gold Bottom dont avait parlé Henderson. Il n'y avait pas de sentier. Le groupe se fraya un chemin à travers les arbres morts qui jonchaient le sol, le sous-bois touffu et les fourrés de framboisiers sauvages. « C'était un trajet atroce », aux dires de Bill, « mais Carmack et ses Amérindiens étaient habitués à ce genre de conditions ». Les moustiques et les pentes abruptes ne les dérangeaient pas et ils avaient l'habitude de marcher dans l'eau glaciale jusqu'aux genoux. Cependant, Carmack ne fut pas impressionné par le ruisseau Gold Bottom, et il préféra retourner pêcher.

Sur le chemin du retour, Carmack et ses compagnons passèrent à côté d'un ruisseau nommé Rabbit. D'après ce qu'on raconta à Bill, Carmack sortit sa batée et décida de tester une cavité rocheuse en surface. Il espérait y trouver l'équivalent d'environ 10 cents d'or. Contre toute attente, la première batée lui en donna pour environ quatre dollars, c'est-à-dire près d'un quart d'once. Non seulement il s'agissait d'une trouvaille miraculeuse, mais l'or était aussi incroyablement facile d'accès. Il se trouvait entre deux couches de schiste friable, comme une tranche de fromage dans un sandwich. « En quelques instants », dit-on à Bill, Carmack avait « récolté l'équivalent de douze dollars et soixante-quinze cents », y compris quelques pépites de bonne taille. Carmack avait mis l'or dans une cartouche de balle de fusil vide, qu'il avait scellée avec un morceau de bois taillé au couteau. Puis il avait jalonné sa concession minière selon les règles, que tous les prospecteurs connaissaient par cœur, enfonçant des jalons de façon à borner un carré de 500 pieds sur 500 pieds. Il y fixa ensuite un avis indiquant son nom, le numéro de la concession, et la date : le 10 août 1896. Celle de Carmack étant la première sur ce ruisseau, elle devint la « concession de la découverte ». En tant que découvreur, il avait le droit de jalonner une autre concession à son nom ; il se réserva donc la concession n° 1 en aval. Puis, il attribua la concession n° 2 en aval à Charlie et la concession n° 1 en amont à Jim. Les trois hommes devaient maintenant se rendre au bureau du registraire minier le plus proche, c'est-à-dire le nouveau poste de police de Forty Mile, dans les meilleurs délais et payer les droits de 2,50 dollars chacun, afin d'enregistrer leurs concessions.

À peine deux mois plus tard, dans ce bar minable à moitié désert de Forty Mile, on raconta à Bill Haskell de quelle manière Carmack et ses compagnons avaient fait irruption au poste de traite pour montrer joyeusement le contenu de la cartouche. Ils furent d'abord accueillis avec scepticisme : Carmack n'avait pas particulièrement bonne réputation en tant que prospecteur, et bien des Américains avaient tendance à se méfier d'un homme qui frayait avec les Amérindiens.

Mais les pépites étaient tout ce qu'il y a de plus vrai; certains des hommes du bar étaient même en mesure de décrire la taille et le poids de celles-ci. De plus, les mineurs chevronnés pouvaient dire de quel cours d'eau provenait une pépite simplement par sa forme, sa couleur et son degré de pureté, et l'or de Carmack ne provenait d'aucun cours d'eau connu. Les hommes qui assistaient à la scène cessèrent donc de se moquer de Carmack et se mirent d'accord pour dire que ces pépites venaient certainement d'ailleurs.

Est-ce vraiment de cette façon que débuta la grande Ruée vers l'or du Yukon? George Carmack fut-il vraiment le premier à découvrir de l'or dans l'un des affluents de la rivière Klondike? Bien des versions différentes ont circulé depuis ce soir où, dans un saloon de Forty Mile, Bill Haskell entendit l'histoire qui allait rapidement faire partie du folklore du Yukon. Bon nombre de personnes ont prétendu que George Carmack faisait la sieste lorsque l'or a été découvert. Chez les Amérindiens, on raconte que ce sont des Tagish de la famille de Carmack qui, ayant tué un orignal dans les environs, auraient découvert l'or dans un ruisseau tout près de l'animal. Il y a également la version répandue par Patsy Henderson, le jeune frère de Káa Goox qui, bien des années après l'événement, raconta dans une entrevue que Skookum Jim s'était rendu au ruisseau pour boire de l'eau et qu'en voyant l'or, il avait crié: « George! Viens ici. Et apporte une batée et une pelle. » Une autre version veut que ce soit la femme de Carmack, Shaaw Tláa, qui ait probablement fait la découverte en se rendant au ruisseau pour y rincer la vaisselle. Le thème récurrent de toutes ces versions est que vraisemblablement, Carmack était bien trop paresseux pour avoir trouvé l'or lui-même, mais qu'il s'était attribué la découverte parce que, comme il le dit alors à son beau-frère, personne n'aurait cru un Tagish. Shaaw Tláa, ayant à la fois le défaut d'être une Tagish et celui d'être une femme, n'avait aucune chance de passer à la postérité. On raconte également que Carmack et ses amis auraient omis d'envoyer un message à Henderson pour lui faire part de la découverte parce que, dit-on, le Néo-Écossais avait manqué de respect envers les Tagish.

Tout ce que Bill savait, c'était que la rumeur de la poignée de pépites de George s'était répandue dans le petit village comme une traînée de poudre, quelques jours à peine après les faits. Et la fièvre de l'or avait sévi. Les hommes s'étaient entassés dans les embarcations de toutes sortes qui étaient amarrées sur la rive et s'étaient mis à remonter le fleuve en pagayant, en ramant ou en se poussant à la perche de toutes leurs forces. « Des hommes qui étaient ivres depuis des semaines furent jetés dans des bateaux sans même qu'ils en aient connaissance. L'un d'eux était si ivre, paraît-il, qu'il avait déjà les deux tiers du chemin de parcouru lorsqu'il se rendit compte qu'il n'était plus à Forty Mile. Ce même homme s'était retrouvé avec l'une des meilleures concessions. » Les bateaux trop délabrés avaient été réparés à la hâte à l'aide des matériaux arrachés aux cabanes. Trois jours plus tard, il ne restait plus une seule embarcation à Forty Mile.

Bill Haskell écoutait l'histoire en se grattant la barbe. Son premier réflexe était de résister à l'envie de se laisser emporter par la ruée. Il savait qu'il ne fallait pas grand-chose pour qu'une foule de prospecteurs se précipitent vers l'inconnu, surtout à l'approche de l'hiver, alors que leur moral était au plus bas parce qu'ils avaient travaillé dur tout l'été sans trouver un seul filon. De plus, Joe travaillait d'arrache-pied sur leur concession près de Circle City, et Bill commençait à se sentir coupable de l'avoir abandonné. Mais quelques jours après son arrivée à Forty Mile, un des hommes qui s'était rendu en amont lors de la première vague revint. « C'est du sérieux », dit-il joyeusement avant d'avaler un whisky double d'un seul trait. « Tout le monde trouve de l'or à pleine batée. » Un autre prospecteur revint, tout aussi optimiste. Les gisements de surface étaient si riches que, disait-il, « si c'est la même chose en dessous, cela pourrait bien être le plus gros gisement au monde ». Les mineurs avaient déjà rebaptisé la rivière Tr'ondëk pour lui donner le nom de « Klondike » parce qu'ils n'arrivaient pas à prononcer son nom han correctement. Ils donnèrent au ruisseau Rabbit le nom de *Bonanza*, qui signifie *riche filon*, étant convaincus que celui-ci leur apporterait la fortune.

Cependant, l'enthousiasme n'était pas unanime : quelques vétérans des mines du Yukon revinrent désabusés, convaincus que toute cette excitation était grandement exagérée. « La vallée était trop large, les saules n'étaient pas inclinés du bon côté, [ou] l'eau n'avait pas le goût qu'il fallait. » Mais les objections des sceptiques furent rapidement étouffées par l'arrivée massive de mineurs à Forty Mile. Ces derniers venaient s'y procurer des provisions pour l'hiver avant de retourner aussitôt vers les ruisseaux tributaires de la rivière Klondike. Bill sentit un frisson lui parcourir le dos. Peut-être que pour une fois, il ne s'agissait pas de l'hystérie collective habituelle. Il sentait la frénésie le gagner. Avait-il les moyens de manquer cette chance de faire fortune ? « Je décidai d'aller voir ce qui se passait de mes propres yeux », raconte-t-il. Et cette décision fit de lui l'un des premiers à se joindre à la Ruée vers l'or du Yukon – la dernière grande ruée vers l'or de toute l'histoire.

Chapitre 4

« Cinq dollars la batée ! », octobre 1896 à avril 1897

Une fois décidé, Bill ne perdit pas un instant. Avec l'argent qu'il avait gagné comme matelot, il acheta un petit bateau et des provisions, recruta trois mineurs sans le sou qui avaient hâte d'atteindre le nouveau filon, et partit vers la rivière Klondike. Il fallut aux hommes toutes leurs forces pour remonter le fleuve. Le bateau de Bill était plein à ras bord, et le courant était trop fort pour qu'ils puissent pagayer, sauf à quelques rares endroits. La plupart du temps, deux hommes devaient marcher à travers la boue et les broussailles le long de la berge, tirant le bateau contre le courant, tandis que les deux autres tentaient de maintenir l'embarcation au milieu du fleuve. Même Bill, d'ordinaire persévérant, trouva le dur voyage sous la bruine automnale incessante plutôt démoralisant : « nous mangions à la hâte, dormions peu, et heure après heure il nous fallait remorquer le bateau, qui traînait comme un poids mort derrière nous, en marchant péniblement le long de la berge accidentée ». À force de glisser et de s'affaler sur les pierres le long du fleuve, ils avaient les pieds et les mains couverts de cloques. Les nouveaux camarades de Bill n'avaient malheureusement ni la force, ni l'endurance, ni l'inlassable détermination de Joe. De plus, Bill était maintenant le chef d'expédition, un rôle qu'il avait toujours cédé à Joe auparavant. Il devait composer avec les plaintes incessantes de ses nouveaux partenaires, alors que lui-même se demandait si se joindre à cette ruée n'était pas pure folie. Mais il continua d'avancer, motivé par la vue des bateaux qui revenaient dans l'autre sens, remplis de mineurs pressés d'enregistrer leurs nouvelles concessions à Forty Mile. « Dépêchez-vous les gars ! » criaient-ils à Bill et aux autres. « C'est du sérieux ! Cinq dollars la batée ! »

Après trois jours de marche, les quatre hommes purent enfin apercevoir l'embouchure de la rivière Klondike à la sortie d'un tournant. Bill, qui avait été occupé à escalader les rochers en bordure du fleuve, la corde de remorquage sur son épaule, se redressa et regarda la scène avec stupéfaction. Lorsque Joe et lui étaient passés par là, à la mi-mai, il n'y avait que quelques huttes typiques du peuple han sur le rivage, au confluent de la rivière Klondike et du fleuve Yukon. Désormais, on aurait dit qu'une foire avait débarqué en ville – sauf qu'il n'y avait pas de ville, seulement une cinquantaine de tentes sales sur un bout de grève coincé entre la rivière et une colline escarpée.

Bill et sa troupe étaient trop fatigués et avaient les pieds trop endoloris pour partir vers les ruisseaux aurifères ce soir-là. Ils amarrèrent donc le bateau sur la plage et dressèrent quelques tentes minuscules. « Nous avons pris un peu de nourriture et de café, puis une pipe, et nous nous sommes assis pour écouter le récit de ceux qui s'étaient rendus sur le terrain », dit-il dans ses mémoires. Les hommes mirent également une bonne partie de leurs provisions dans une cache suspendue, à l'abri des chiens, pour ne pas avoir à les transporter le long du chemin.

La nuit était tombée, froide et humide. Les nuages voilaient les étoiles, et Bill pouvait entendre le murmure du fleuve, le grognement des chiens et le hurlement occasionnel des loups. La seule lumière dans les environs était celle des feux de camp autour desquels des inconnus solitaires s'étaient rassemblés. En théorie, ils étaient tous des concurrents pour arriver le premier à la concession la plus payante, mais dans les faits, ils étaient solidaires et comptaient les uns sur les autres en cas d'urgence. À des milliers de kilomètres de la moindre ville digne de ce nom, chacun se demandait si tout cela n'était qu'un rêve. Ceux qui se reconnaissaient pour s'être croisés à Circle City ou à Forty Mile émettaient un grognement en guise de salutation. Lorsqu'un étranger arrivait, on lui faisait une place autour du feu. Les odeurs d'haleine fétide, de sueur et de vêtements humides se mélangeaient à celles de la fumée et du café. Certains hommes restaient silencieux, d'autres ne se taisaient jamais.

Bill resserra son épais manteau de laine autour de ses épaules, enfila une paire de mitaines tricotées et regarda les flammes d'un air sombre. En écoutant les autres hommes qui s'apprêtaient à retourner à Forty Mile pour y enregistrer leur concession, il commença à perdre courage. Tout le monde disait avoir trouvé de l'or en grande quantité, mais on en avait vu très peu. La plupart des prospecteurs avaient jalonné des concessions le long du ruisseau sans même savoir s'il y avait de l'or. D'autres prévoyaient de revendre la concession qu'ils venaient de jalonner avant l'hiver. À les entendre, Bill avait compris qu'il s'agissait d'arnaqueurs ayant flairé la bonne affaire ; ils ne savaient même pas faire la différence entre un berceau et une rampe de lavage. Il se mit à penser qu'il aurait mieux fait de retourner à Circle City et de rejoindre Joe, plutôt que de se laisser emporter par cette folie collective.

Soudain il y eut un grand cri, suivi par d'autres et par le son des pierres dévalant la colline. Les hommes assis près du feu se levèrent en sursaut. « Sommes-nous en train de nous faire attaquer par des Amérindiens ? », se demanda Bill. « Ou est-ce plutôt une avalanche ? »

Il s'agissait d'un groupe d'hommes revenant du ruisseau Bonanza. Bill cria au premier qu'il aperçut : « Comment est-ce ? » Une vague d'excitation gagna les hommes attroupés lorsqu'ils entendirent la réponse : « Dix dollars la batée, juste au bord du ruisseau ! » L'un d'entre eux ajouta une bûche dans le feu et mit du bacon à frire tandis que les nouveaux arrivants se faisaient bombarder de questions sur ce qui se passait dans les collines des environs. Bill sentit son courage revenir en entendant que trois hommes avaient récolté l'équivalent de soixante-quinze dollars en à peine quatre heures, dont une pépite valant à elle seule douze dollars. Quelques hommes avaient déjà installé deux rampes de lavage et avaient réussi à récolter quatre mille dollars. Encore une fois, ce n'était que des paroles, mais comme Bill put s'en rendre compte, « cela était suffisant pour rendre les mineurs complètement fous ! »

Sous la tente, parmi les éléments essentiels, on trouvait une bouteille de whisky, des couvertures de fourrure et une balance pour peser l'or.

En quelques minutes, les hommes commencèrent à s'éloigner du feu en douce pour aller préparer leur sac et prendre immédiatement la route vers le ruisseau. Ils s'agrippaient aux buissons pour tenter d'escalader la pente abrupte dans le noir. «Ils étaient incapables d'attendre un instant de plus, après avoir entendu parler de découvertes aussi extraordinaires.» Mais Bill remarqua de quelle manière les mineurs qui venaient juste d'arriver se ruaient sur le bacon et le café, comme s'ils mouraient de faim. De toute évidence, le périple pour atteindre le fameux or n'était pas de tout repos. Bill, qui avait peu confiance en la capacité physique de ses camarades, décida qu'il valait mieux partir à l'aube. Il se glissa à l'intérieur de sa tente, s'enroula dans une couverture et s'endormit. À maintes reprises pendant la nuit, il se réveilla au bruit des embarcations accostant sur la grève. Les passagers débarquaient, se faisaient rapidement de quoi manger, puis tentaient tant bien que mal de s'engager sur le sentier escarpé.

La première partie du sentier menant au ruisseau Bonanza n'était pas aussi difficile que Bill se l'était imaginé. Bien sûr, lui et ses trois compagnons durent se frayer un chemin à travers un marais, et il n'y

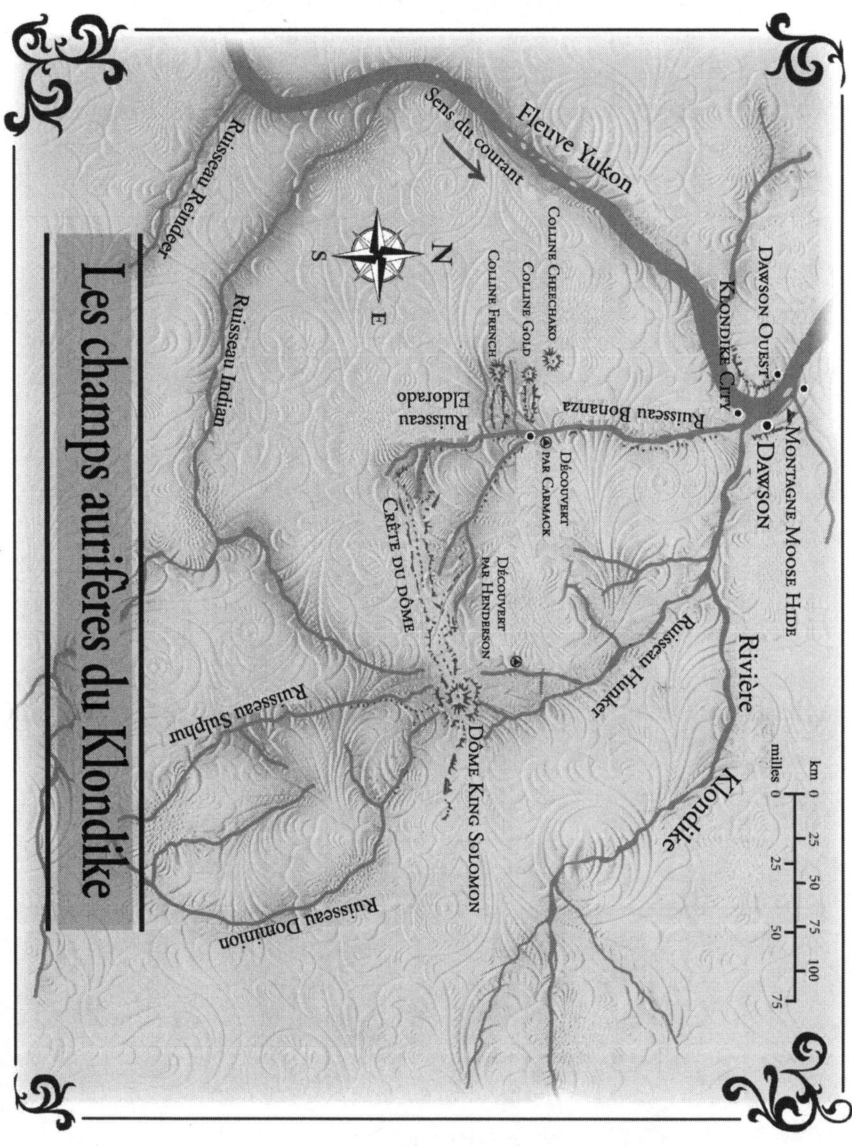
Les champs aurifères du Klondike
Fleuve Yukon
Sens du courant
N
S
E
Colline Cheechako
Colline Gold
Colline French
Ruisseau Eldorado
Ruisseau Bonanza
Klondike City
Dawson Ouest
Montagne Moose Hide
Dawson
Découvert par Carmack
Découvert par Henderson
Crête du dôme
Dôme King Solomon
Ruisseau Hunker
Rivière Klondike
Ruisseau Reindeer
Ruisseau Indian
Ruisseau Sulphur
Ruisseau Dominion
km 0 25 50 75 100
milles 0 25 50 75

avait pas d'eau assez propre pour boire, mais les buissons des environs regorgeaient de canneberges sauvages, de sorte qu'ils purent étancher quelque peu leur soif. De temps à autre, ils croisaient des mineurs marchant en sens inverse. Certains disaient que le ruisseau était prometteur, d'autres disaient que toute cette histoire n'était qu'une arnaque. Mais Bill avait à nouveau la fièvre de l'or et il faisait peu de cas des pessimistes qui, selon lui, avaient toujours l'air « complètement exténués... Je savais qu'ils n'avaient pas mangé de petit déjeuner », racontera-t-il plus tard.

Les quatre hommes atteignirent enfin le sommet de la première colline et ils en profitèrent pour s'abreuver à une source d'eau douce. Bill regarda autour de lui. La bruine de la nuit précédente s'était estompée. Dans l'air frais de l'automne se dressait devant lui une magnifique tapisserie de collines verdoyantes, de granite sombre, d'arbres au feuillage teinté de rouge et de hautes falaises sablonneuses. Il pouvait voir le fil d'argent de l'eau qui s'écoulait sur une cinquantaine de milles de même que les pics enneigés de montagnes lointaines. Tous les ravins à distance cachaient un glacier miroitant de petite taille convergeant vers le glacier principal, comme les branches d'un arbre se rattachent au tronc. Cette vue grandiose lui rappelait « le dessin tracé à la craie d'un arbre sans feuilles ».

Bill aurait pu demeurer là pendant des heures, à contempler le paysage spectaculaire que peu, hormis ceux qui étaient nés sur ces terres, auraient la chance de voir un jour. « Oublie les montagnes », lui lancèrent ses compagnons, tandis qu'ils marchaient péniblement le long de la crête avant de descendre une pente escarpée. Puis la pluie se mit à tomber, incessante, les trempant jusqu'aux os, et rendant le sentier boueux, glissant et difficile à distinguer. « Et ce n'est même pas un sentier battu », se dit Bill, découragé : même son expédition dans les collines entourant Circle City n'avait pas été aussi difficile. Les membres du petit groupe continuèrent leur chemin, trébuchant et glissant. Ils passèrent bon nombre de ruisseaux encore inexplorés, puis traversèrent un marais peu profond et couvert de ce que les mineurs appelaient des « têtes de nègres », des mottes couvertes d'herbe qui donnaient l'impression qu'on pouvait y poser le pied sans heurt, mais qui s'avéraient la cause la plus fréquente d'entorses à la cheville et de chutes dans tout le Klondike. Lorsque les hommes parvinrent enfin à la première concession jalonnée sur le ruisseau Bonanza, soit la concession numéro 64 en aval de celle de la Découverte, ils étaient exténués, trempés et crasseux. L'euphorie que Bill avait ressentie au début avait complètement disparu, et à la vue des rives boueuses et des pierres de quartz bordant le ruisseau, son moral baissa encore davantage.

Il y avait dix concessions et demie par mille, ce qui signifiait qu'ils étaient encore à bonne distance de la première concession jalonnée par Carmack – « Six milles de distance sur la carte », calcula Bill, « mais bien davantage à pied. » Allaient-ils jamais y parvenir ? Est-ce que le ruisseau Bonanza offrait vraiment « tout l'or du monde », comme le leur avait dit un Irlandais qu'ils avaient croisé sur la route ? Ou cet homme s'était-il laissé emporter, comme les autres, par la frénésie entourant toute ruée vers l'or ?

Les quatre hommes continuaient d'avancer avec peine entre les rochers et les arbres morts, se demandant s'ils parviendraient un jour à une clairière. Deux milles avant la concession de Carmack, l'un deux s'arrêta net, laissa tomber son lourd sac par terre et décréta que ça y était : il ne pouvait pas faire un pas de plus. La nuit tombait et Bill avait mal aux épaules. Il fit un feu et prépara du thé, puis s'assit par terre, l'air sombre. Il se demandait ce qu'il faisait là dans cet endroit minable, ce pâturage à orignaux. Personne ne disait mot. Le lendemain, Bill se réveilla glacé jusqu'aux os, le givre blanc s'accrochant à sa couverture. Une tasse de thé chaud et une bouchée de pain les aidèrent quelque peu, mais ce fut néanmoins une piteuse bande de voyageurs qui reprit le chemin en direction de la concession de la Découverte ce matin-là.

L'or peut opérer des miracles. La vue des paillettes d'or dans la rampe de lavage de Carmack leur redonna de l'énergie. Carmack lui-même leur donna à chacun une tape dans le dos, puis sortit fièrement trois pépites de sa poche. Le sourire aux lèvres, Bill remit son sac sur ses épaules et poursuivit sa route. Il dépassa un petit ruisseau se déversant dans le ruisseau Bonanza, puis des mineurs occupés à laver du gravier avec enthousiasme, puis des cabanes en rondins à moitié construites en prévision de l'hiver. Finalement, dix-huit heures après avoir quitté la concession de Carmack, Bill et ses hommes arrivèrent à la dernière concession en amont. Ils jalonnèrent chacun un carré de

500 pieds sur 500 pieds, affichèrent les avis requis, puis regardèrent autour d'eux avec appréhension. Ils n'avaient aucune idée de la valeur éventuelle de leur concession. Puisque leur mission était d'abord d'établir leur concession respective, et non de chercher de l'or, ils n'avaient pas apporté de batées. Et il ne leur restait pas assez d'énergie pour aller fouiller le gravier le long du ruisseau. « Ce n'est rien d'autre que de la chance », se dit Bill en lui-même tandis qu'il s'accroupissait au bord du ruisseau pour regarder dans l'eau. « Peut-être qu'il y a de l'or, peut-être qu'il n'y en a pas. Rien n'y paraît au premier coup d'œil, en tout cas. » Au moins, ils avaient réussi à réserver leur concession sur ce ruisseau où il pourrait bien y avoir « tout l'or du monde ».

Le chemin du retour vers l'embouchure de la rivière Klondike se fit beaucoup plus aisément, maintenant que la pression était retombée. Ils rencontrèrent de nombreux hommes marchant en sens inverse. « Comment est-ce ? », leur demandaient ces derniers. Oubliant les doutes qui les avaient assaillis à peine quelques heures plus tôt, Bill et

La vue d'autres hommes amassant des pépites et de la poussière d'or au fond de leur rampe de lavage, en bordure du ruisseau Bonanza, redonna de l'énergie à Bill et à sa troupe.

sa troupe répondaient à l'unisson : « C'est du sérieux ! » Une fois le campement en vue, « ce fut notre tour de sauter et de crier comme des Comanches en dévalant la colline... ». Tant pis si au bout du compte ils ne trouvaient pas d'or ! Au moins ils étaient dans la course : ils possédaient maintenant tous la concession à laquelle ils avaient droit, selon la loi, pour un même ruisseau et ses affluents. Les nouveaux venus se pressaient autour de Bill et de ses compagnons, cherchant désespérément à savoir ce qui se passait dans les champs aurifères, parce qu'ils avaient eu « le privilège d'avoir réussi à jalonner [leur] concession ».

Une fois que Bill eut repris des forces, il retourna dans les collines pour voir si certains des affluents du ruisseau Bonanza étaient plus prometteurs que la concession qu'il avait déjà réservée. « Lorsqu'on transporte un lourd fardeau le long des sentiers, le fait d'être pressé ou non fait une énorme différence », constata-t-il en transportant un sac trois fois plus lourd que celui qu'il avait porté la première fois. Cette fois, il marchait beaucoup plus tranquillement, et maintenant que le sol commençait à geler, le sentier était beaucoup plus ferme. Aucun des autres ruisseaux rencontrés ne semblait valoir la peine d'échanger sa concession sur le ruisseau Bonanza. Puis les arbres se mirent à perdre leurs dernières feuilles ; le temps des canneberges sauvages était terminé, les flocons commençaient à tomber. Bill décida qu'il était temps de retourner à l'embouchure de la rivière Klondike.

Lorsqu'il franchit la dernière crête avant de redescendre vers le fleuve Yukon, Bill n'en crut pas ses yeux. Sur l'autre rive de la rivière Klondike, du côté opposé à l'aire surpeuplée où ils avaient campé quelques jours plus tôt, s'élevait maintenant un nombre encore plus grand de tentes sales, de même que quelques cabanes en construction. En face de l'ancien camp de pêche han, le rivage, jadis couvert d'aulnes et de saules rabougris s'était transformé, selon les mots de Bill, en « une nouvelle métropole ».

Des années plus tard, Bill se plaira à expliquer que « n'importe quel homme intelligent pouvait voir que cet endroit était le seul, dans cette région accidentée, où l'on pouvait établir une ville. Et il y eut effectivement un homme intelligent pour s'en rendre compte ». Cet homme s'appelait Joseph Ladue, le même homme qui avait financé les activités de prospection de Robert Henderson. La nouvelle de l'importante découverte d'or dans le ruisseau Bonanza s'était répandue tout le long du fleuve Yukon au mois d'août, et lorsqu'elle était venue aux oreilles de Ladue à Sixty Mile, il n'avait pas perdu une minute. Anticipant le besoin d'un poste de traite à proximité des champs aurifères, il s'était rapidement rendu au confluent du fleuve Yukon et de la rivière Klondike. Une fois sur les lieux, il avait examiné la rive nord de celle-ci et avait constaté que même si tous les ruisseaux aurifères s'écoulaient dans la rivière du côté sud, seule la rive nord offrait suffisamment d'espace pour accueillir une ville de taille moyenne de même qu'un quai pour les bateaux à vapeur. Il avait ensuite poursuivi sa route en aval jusqu'au poste de police de Forty Mile afin d'y déposer, pour approbation, des plans en vue de bâtir une ville sur un terrain de 160 acres. Le voyage de retour, d'une centaine de milles à contre-courant, fut laborieux et dura quelques semaines. Une fois revenu à Sixty Mile, Ladue construisit un radeau à l'aide de tout son bois d'œuvre, y embarqua son équipement de scierie, et redescendit le fleuve jusqu'à l'embouchure de la rivière Klondike.

Lorsque Bill revint du ruisseau Bonanza pour la seconde fois, Joe Ladue s'était confortablement installé du côté nord de la rivière. Il s'était procuré quelques concessions minières pour son propre compte, avait construit un entrepôt de même qu'une petite cabane servant de saloon, et sa scierie fonctionnait jour et nuit. Il avait à peine un pas d'avance sur tout le monde. À la fin du mois d'octobre, 600 concessions avaient déjà été jalonnées sur le ruisseau Bonanza et un de ses affluents, l'Eldorado. Il y avait maintenant plus d'un millier d'hommes dans la vallée du Klondike, tous réclamaient du bois pour construire des casernes et des cabanes. Il leur fallait traverser la rivière pour se rendre à la ville en devenir et à la scierie de Joe Ladue, mais les canoës et les bateaux ne manquaient pas pour traverser l'eau peu profonde. Et une fois la rivière gelée, on pouvait la traverser à pied.

Dans la future ville de Ladue, l'ambiance était chargée d'excitation. L'endroit allait servir de centre d'approvisionnement pour ce que les commerçants entrevoyaient comme le champ aurifère le plus prospère au monde. Les bateaux à vapeur pouvaient circuler sur le fleuve Yukon, mais non sur la rivière Klondike. Son emplacement stratégique à la jonction des deux cours d'eau faisait en sorte que cette ville allait assurément devenir la plaque tournante du commerce et du transport pour toute la région. Ladue, affirmant que sa future ville était comme San Francisco en 1849, avant la Ruée vers l'or de la Californie, commença à vendre des terrains prêts à construire au prix de cinq à vingt dollars chacun.

Et pourtant, Bill reconnaissait qu'il y avait encore des doutes quant à l'authenticité de la découverte d'or dans le Klondike. La moitié des prospecteurs endurcis qui avaient accosté sur le rivage et qui étaient partis vers Bonanza l'avaient fait par habitude. Pour eux, ce n'était qu'un autre coup de dés. Ils avaient jalonné des concessions lors des précédentes ruées vers l'or, et ils le feraient à nouveau. Une fois le rituel accompli, bon nombre d'entre eux se contentaient d'aller dans la cabane surpeuplée qui servait d'habitation et de bureau à Joe Ladue pour allumer leur pipe et tenter de vendre leur concession au premier venu. Bill Haskell pouvait voir que, désenchantés par des années de travail infructueux, ils voyaient le Klondike comme « une dernière chance, tout juste, et pas la meilleure. Mais ils n'avaient rien d'autre à faire, alors ils avaient sauté sur l'occasion ». Ils n'espéraient pas trouver « tout l'or du monde » : leur but était de dénicher des acheteurs naïfs et de revendre leurs concessions à profit. Bill vit que des « concessions qui avaient été acquises par dizaines en septembre ou en octobre pour une somme de cent à deux cents dollars étaient revendues pour des milliers de dollars quelques mois plus tard ».

Néanmoins, Bill était encore assez jeune pour s'accrocher à son rêve. Il était porté par l'enthousiasme contagieux de ceux qui croyaient fermement que ce champ aurifère allait éclipser tous les autres et faire d'eux des hommes riches. Dans la cabane de Joe Ladue, Bill était l'un des optimistes, insistant sur le fait qu'il n'avait jamais vu d'aussi bonnes perspectives de tout le temps qu'il avait passé au Colorado. Bill aimait ce sentiment d'assister au tout début d'une grande ruée vers l'or – de faire partie de ceux qui, assis au bar, disent aux jeunes novices que le chemin pour s'y rendre est infernal, mais que l'effort en vaut la peine. Comme Joe Ladue, il rêvait d'une ville qui allait éclipser toutes les autres villes minières dans le Nord. Il envoya un message à Joe Meeker, qui se trouvait encore à Circle City, pour lui dire de venir le rejoindre à la rivière Klondike.

À cette époque de l'année, une fois le soir tombé, la température chutait brutalement, et au début de novembre, il y avait déjà une mince couche de neige au sol. Le fleuve était maintenant gelé et Bill

Haskell devait faire un choix. Valait-il mieux rester aux abords de la rivière et faire un peu d'argent en travaillant à la scierie? Même George Carmack, qui avait découvert le ruisseau Bonanza, était contraint de travailler pour Ladue pour pouvoir se payer les provisions dont il avait besoin pour passer l'hiver sur sa concession. Peut-être devait-il plutôt utiliser le peu d'argent qui lui restait et retourner au plus vite à sa concession afin de préparer sa cabane et le terrain en vue de la longue saison froide qu'il allait passer à creuser?

Au début, Bill se disait qu'il allait attendre l'arrivée de son partenaire. Il était fasciné de voir à quel point le petit village croissait de jour en jour: on voyait apparaître quotidiennement de nouveaux visages dans les saloons, et chaque semaine, on voyait apparaître un nouveau saloon. Des tentes, la plupart de moins de six pieds sur six pieds, s'alignaient les unes à côté des autres le long de la 2e et de la 3e Avenue. Les rues y étaient encore en terre battue, mais une véritable ville était en train d'émerger en bordure du fleuve Yukon comme Forty Mile et Circle City avant elle.

Le fleuve Yukon était complètement gelé dès le début de novembre, coupant ainsi tout lien avec la civilisation au sud des monts St. Elias. Mais le Klondike attirait comme un aimant les centaines de prospecteurs qui se trouvaient dans le Nord-Ouest depuis des années, et ces derniers se dirigeaient désormais vers les terres de Joe Ladue, avant de se rendre dans les collines. Les ruisseaux Bonanza et Eldorado étaient déjà jalonnés sur toute leur longueur, mais les vétérans refusaient de travailler sur les concessions des autres, même au salaire appréciable de quinze dollars par jour – plus qu'ils n'auraient pu gagner où que ce soit ailleurs. Ils voulaient leur propre concession sur l'un des nombreux ruisseaux environnants qui, espéraient-ils, pourraient même s'avérer encore plus profitables.

Mais les prospecteurs ne furent pas les seuls à affluer vers le Klondike. Les tenanciers de bars, les commerçants, les tricheurs professionnels, les proxénètes et les prostituées quittèrent eux aussi les bars, bordels et commerces de Forty Mile, de Circle City et des autres postes de traite. L'emplacement de la future ville de Joe Ladue était désormais habité par plus de mille personnes, et l'anarchie y régnait toujours. La ligne entre ceux gagnant leur pain «honnêtement» et ceux dont le travail consistait à satisfaire de plus bas instincts était souvent plutôt mince. Par exemple, il y avait deux blanchisseries : une dans la rue Queen, qui faisait également office de boulangerie, et une sur la 2e Avenue, qui faisait également office de bordel. L'or était au cœur de toutes les conversations. Au bar de Joe Ladue, dans la rue Front, Bill et les nouveaux venus écoutaient avec attention le récit des diverses découvertes incroyables que rapportaient les mineurs tout juste revenus des champs aurifères : une batée valant soixante-cinq dollars à la concession n° 21 sur le ruisseau Bonanza, une batée de cinquante-sept dollars sur la concession n° 5 au ruisseau Eldorado, puis une de plus de quatre-vingts dollars tout près de là, puis une batée de deux cent douze dollars sur la concession n° 16 au ruisseau Eldorado. « Est-ce la vérité ? » se demandait Bill. Ou s'agissait-il simplement d'une stratégie de la part des prospecteurs pour faire augmenter la valeur de leur concession ?

Il y avait certes un profit à tirer de toute cette frénésie. À mesure que la population augmentait au poste de traite et dans les champs aurifères, le prix des marchandises comme la farine, la morue salée, le porc salé, les fruits secs, les chemises de flanelle, les bottes de caoutchouc, le bois, les tentes, et surtout le prix des terrains augmentait lui aussi, jusqu'à atteindre des sommets sans précédent. Bill se félicitait d'avoir fait des provisions avant la cohue, même s'il savait qu'il devrait tout transporter jusqu'au ruisseau lui-même parce qu'il n'avait pas les moyens de s'acheter un chien.

Finalement, Bill en eut assez d'attendre. Il n'avait jamais entendu de choses comparables aux quantités d'or récoltées dans les environs. « On n'a jamais rien vu de tel dans toute l'histoire du monde », disait-il à ses camarades de beuverie. Il lui *fallait* savoir une fois pour toutes s'il allait devenir riche. Laissant des indications à l'intention de son ami Joe, Bill remplit son sac et son traîneau autant qu'il croyait possible puis traversa la rivière gelée et commença l'ascension vers les champs aurifères. Il transportait et tirait tout le nécessaire pour se construire un abri, se garder au chaud, se nourrir et se vêtir pendant plusieurs semaines. Il apportait avec lui un petit poêle à bois, des gamelles, du saumon en conserve, de la farine, du bacon, d'épaisses mitaines, un lourd manteau de fourrure, une tente, des haches, des scies et un gros sac de clous. Avant même qu'il ait atteint le premier sommet, ses épaules le faisaient déjà souffrir, mais il serra les dents et poursuivit sa route.

« Une fois rendu à la concession », écrit-il, « je me mis à construire une habitation qui me permettrait de passer à travers le rude hiver ». Les rondins étaient encore verts et le sol était complètement gelé, mais Bill se dit qu'il avait fait du bon travail pour ce qui est de boucher les fentes entre les rondins avec de la mousse et de la boue.

Rien n'avait préparé le jeune homme de vingt-neuf ans aux rigueurs d'un hiver solitaire tout près du cercle arctique. « Il neigeait presque tous les jours, le manteau blanc recouvrant entièrement les collines à l'air menaçant. C'était un endroit solitaire, et une période de profond silence, que seul le hurlement du vent venait rompre de temps à autre. » Parfois, Bill voyait passer le long du ruisseau une silhouette, emmitouflée dans de lourds vêtements d'hiver et tirant derrière elle un traîneau. Il y avait quelques autres mineurs travaillant sur leur concession à moins d'un demi-mille de là, mais Bill n'avait pas de temps ni de prétexte pour socialiser. Les jours se faisaient de plus en plus courts et la routine quotidienne était infernale.

Chaque matin, Bill s'extirpait à contrecœur de sous sa couverture de fourrure, fabriquée à partir de peaux de lynx qu'il avait achetées l'été précédent. Il allumait le poêle à l'aide du bois qu'il avait minutieusement préparé. Ensuite, il mettait l'eau à bouillir pour le thé. Une fois son thé avalé, il enfilait ses mitaines, son chapeau, des bas en laine épaisse longs jusqu'aux genoux, des bas de fourrure, des mocassins et un parka amérindien en peau de carcajou par-dessus le caleçon long, le maillot de corps, la chemise, le pantalon de laine et le manteau qu'il n'enlevait presque jamais, avant de s'aventurer dehors. Il passait la journée à couper des pins et à les fendre afin d'avoir suffisamment de bois pour lui et Joe tout au long de l'hiver. Ils en auraient besoin pour chauffer leur cabane ainsi que pour alimenter les feux nocturnes qui allaient leur permettre de creuser un puits de mine dans le sol gelé. Il devait s'assurer de garder ses vêtements et ses provisions au sec et protéger son visage et ses mains des engelures – il avait déjà vu trop d'hommes à qui il manquait des doigts, un orteil ou encore le nez. Tous les soirs, Bill préparait quelques éclisses de bois d'allumage qu'il faisait sécher sur le poêle en prévision du matin suivant. Chaque jour, il faisait fondre suffisamment de glace pour pouvoir cuisiner, étancher sa soif et se laver. La plupart du temps, il ne faisait que passer un linge humide sur son visage. Il n'enlevait ses vêtements et ne se lavait le reste du corps que lorsque la température se réchauffait quelque peu, ou lorsque les poux, les démangeaisons ou son odeur lui devenaient insupportables, soit une ou deux fois par mois. Une vieille boîte de conserve lui servait de toilettes, et il lui fallait se souvenir de la vider avant que son contenu ne soit complètement gelé.

Son monde se limitait désormais au carré de 500 pieds sur 500 pieds que couvrait sa concession. Il n'avait aucune idée de ce qui se passait chez son voisin, et encore moins sur les terres de Ladue ou à l'extérieur du Yukon. Certains soirs, il jouait au solitaire avec un vieux jeu de cartes crasseux, à la lumière d'une lanterne faite d'une vieille boîte de viande remplie de graisse de bacon, dans laquelle il avait enfoncé une mèche ; les bougies étaient trop précieuses pour qu'on les gaspille à des activités aussi futiles. Parfois, il se permettait de rêver éveillé à certains livres qu'il avait lus. Autrefois, les récits de voyage, d'aventures et les livres sur l'histoire et la mythologie avaient nourri son imagination. À présent, la lecture lui manquait cruellement. « Dans une telle solitude, même un nom de marque sur le manche d'une pelle devient éloquent tout à coup », dira-t-il plus tard.

La vie de Bill devint un peu plus supportable à l'arrivée de Joe. Joe n'était pas le type le plus bavard, mais au moins il lui tenait compagnie. Les deux hommes se mirent au travail à l'endroit qui leur semblait le plus prometteur. Chaque soir, ils allumaient un feu. Chaque matin, lorsque le sol était dégelé et plus meuble, ils enlevaient les cendres et retiraient la terre dégelée à l'aide de pelles pour l'entasser en un monticule à côté du puits de mine. Tous les deux jours, ils faisaient fondre une batée d'eau pour tester la terre amassée afin de voir s'il y avait de l'or. Les jours passaient et il n'y avait toujours rien. À mesure que le mois de décembre avançait, les rayons du soleil se faisaient de plus en plus présents, mais les deux hommes en avaient de plus en plus assez de leur régime de bacon, de fèves au lard, de gruau, d'aliments en conserve et de viande salée. Ils avaient du mal à persévérer.

Joe travaillait la terre avec une détermination à toute épreuve, tandis que Bill s'occupait de la cuisine et était plutôt fier de ses réalisations. « Ma technique était simple. Je prenais quatre tasses de farine auxquelles j'ajoutais quelques cuillerées de poudre à lever et environ une demi-cuillerée de sel, et je mélangeais le tout avec de l'eau jusqu'à la formation d'une pâte ferme. Puis je graissais un moule avec la meilleure graisse que je pouvais obtenir et je mettais le moule au fourneau. En une demi-heure on obtenait une miche de pain qui, étant donné notre état de famine perpétuelle, était suffisante pour nous donner les larmes aux yeux. La seule difficulté c'était que nous mangions une miche entière à tous les repas, c'est-à-dire que tant que nos provisions de farine duraient, j'étais contraint de faire du pain de deux à trois fois par jour », et ces derniers disparaissaient aussitôt, tant les deux hommes étaient affamés. Le pain était pourtant lourd et indigeste. Bill disait en blaguant que son pain avait souvent une densité plus élevée que celle de l'or. « Un hiver dans l'Arctique à creuser dans la terre gelée est le meilleur remède que j'aie jamais connu contre la dyspepsie », raconte-t-il.

À l'approche de Noël, ils commencèrent à avoir du mal à se supporter mutuellement. Dans une petite cabane comme la leur, on pouvait difficilement échapper à la présence de l'autre, à ses toussotements, ses odeurs, ses habitudes, ses ronflements, ses opinions. La situation finit par dégénérer au point où ils pouvaient à peine communiquer. Joe était censé pouvoir trouver de l'or, mais il n'avait pas encore trouvé de gravier aurifère. Cela le rendait de mauvaise humeur, et Bill commençait à perdre patience. Ils avaient entendu parler d'autres cabanes où les occupants en étaient venus aux coups, tant ils étaient frustrés et désespérés. Bill se rendait compte qu'ils avaient besoin de changer d'air. Il proposa à Joe de chausser tous deux leurs raquettes et de retourner à l'embouchure de la rivière Klondike pour voir ce qui s'y passait : « n'importe quoi pour briser la routine ». Bill omit de dire à Joe qu'il avait particulièrement hâte d'entendre le son d'une voix féminine. Il n'avait vu qu'en de rares occasions les deux seules femmes qui avaient accompagné leur mari dans les champs aurifères. Il n'aspirait pas tant à assouvir un besoin sexuel (bien qu'il ne s'y serait pas opposé) qu'à changer de type de conversation. L'absence de compagnie féminine commençait à le rendre fou.

Le sentier pour se rendre au site de la future ville de Ladue serpentait à travers un paysage d'une blancheur et d'un silence tels qu'il aurait pu tout aussi bien avoir été sculpté dans le marbre blanc. Des silhouettes noires d'hommes et de treuils se détachaient sur le fond pâle de l'horizon. Tandis qu'ils marchaient, les deux hommes remarquèrent quelles concessions étaient en activité, combien de puits de

Bill enviait les mineurs qui avaient les moyens d'acheter un équipage de chiens de traîneau pour transporter les lourdes charges de la scierie jusqu'aux champs aurifères.

mine avaient été creusés et de quelle taille étaient les monticules de terre stérile. Il faisait clair pendant moins de quatre heures par jour, mais lorsque le ciel était dégagé, la lune se reflétant sur la neige offrait suffisamment de lumière pour pouvoir suivre le sentier même le soir. Lorsque le ciel se couvrait, cependant, les deux hommes devaient trouver refuge dans la cabane d'un prospecteur, pour ne pas risquer de se perdre. Ils en profitaient pour vérifier l'authenticité des rumeurs qu'ils avaient entendues en s'informant auprès d'hommes en qui ils avaient confiance. Ils évitaient la compagnie de ceux qui étaient connus pour avoir tendance à exagérer l'ampleur de leur succès. Et lorsqu'on leur demandait ce qu'il en était d'eux, Bill murmurait : « pas encore ». Cela n'allait pas très bien pour eux.

Il se passait très peu de choses au poste de traite en ce jour de Noël 1896. Les hommes assis au bar demandèrent avec espoir à Bill et Joe : « Et puis ? Vous avez trouvé quelque chose ? » Mais leur visage s'allongeait en entendant la triste réponse. Les deux compagnons fêtèrent Noël dans une cabane de bois délabrée dont la partie avant faisait office de restaurant et la partie arrière servait de cuisine ainsi que de logis au couple qui faisait le service. Puisqu'il était impossible de se procurer de la dinde ou tout autre aliment traditionnel du temps des fêtes, que ce soit contre de l'argent ou autrement, le repas de Noël était essentiellement composé de viande d'orignal. Il n'y avait aucune église, toutes dénominations confondues. La plupart des gens étaient occupés à travailler ou à tenter de se garder au chaud, c'est pourquoi la scierie de Joe Ladue continuait ses activités, même le jour de Noël. « Dehors », nota Bill, « il faisait froid, très froid. Le vent hurlait et la neige tombait... Le thermomètre extérieur indiquait une température de 50 degrés sous zéro ». Les chances qu'une vraie ville apparaisse un jour sur ces terres broussailleuses en bordure du fleuve semblaient encore minces. Tout dépendait de ce qu'on allait trouver dans le sol gelé. La découverte d'or au Klondike n'était-elle qu'une autre illusion nourrie à la fois par l'espoir et le désespoir ? Ou s'agissait-il d'un nouvel eldorado, comme Joe Ladue et Bill Haskell en avaient fait le pari ? Bill commença à se demander combien de temps il arriverait à demeurer au Yukon. « C'est un endroit splendide qu'on a peine à quitter, et ce, qu'on y ait trouvé de l'or ou pas. »

De retour à leur concession, en janvier, les deux hommes décidèrent de ne plus habiter dans leur cabane en rondins parce que, disaient-ils, il y avait beaucoup trop de courants d'air. Ils dressèrent plutôt leur tente juste devant celle-ci et y installèrent le poêle à bois qu'ils équipèrent d'une cheminée en tôle passant à travers le toit de toile. La cabane servirait désormais à entreposer les outils et les provisions. La neige, poussée par le vent, s'accumula autour de la tente pour former une barrière de protection contre le vent glacial (ce qui n'empêchait pas celui-ci de pénétrer à l'intérieur chaque fois qu'on soulevait le rabat de la tente). En février 1897, le mercure monta au-dessus de zéro pendant quatre jours de suite, puis chuta progressivement pour atteindre soixante-douze degrés sous le point de congélation, par un jour de mars particulièrement glacial. Pas un seul flocon de neige ne fondit jusqu'en avril cette année-là. Le vent du nord, souvent accompagné de neige, soufflait sans relâche. Lorsque le froid était à son comble, les deux hommes se voyaient forcés d'abandonner les activités de creusage et de consacrer toute leur énergie à demeurer en vie. Ces jours-là, Bill pouvait littéralement entendre son souffle lorsqu'il se levait pour aller allumer le poêle. « On entendait une sorte de craquement lorsque le souffle chaud entrait en contact avec l'air glacial, et les premières inspirations matinales donnaient mal aux poumons. » Lorsqu'il sortait pour aller chercher quelques bûches, Bill raconte : « mes paupières n'arrêtaient pas de se souder à cause du froid et je devais faire très attention si je retirais mes mitaines pour tenter de les rouvrir avec mes doigts ». À de nombreuses reprises, ses mains faillirent geler complètement avant même qu'il ait le temps de remettre ses mitaines en fourrure.

L'hiver était interminable, et les deux comparses avaient tant de mal à se supporter qu'ils étaient passés à l'étape au-delà de la dispute. La communication entre eux se limitait désormais la plupart du temps à des grognements, même s'il leur arrivait à l'occasion de raviver leur ancienne amitié en discutant à la nuit tombée, chacun dans leur lit, des divers personnages colorés qu'il leur avait été donné de rencontrer. Ils étaient fatigués : las de manger le même pain fait par Bill tous les jours, las de remonter le gravier à l'aide du treuil pour ensuite le verser sur le monticule, las de voir leurs espoirs déçus chaque fois qu'ils décidaient de laver un peu de gravier pour n'y trouver que l'équivalent d'à peine quelques cents d'or. Depuis la mi-mars, tout ce qu'il leur restait à manger était des haricots secs. « Nous mourions de faim, ou du moins c'est ce qu'il nous semblait. Nous avions plus de chances de trouver l'équivalent d'un million de dollars en poussière d'or le long du ruisseau que nous en avions de manger un bon repas complet », raconte Bill.

Le froid et la noirceur rendaient Joe presque catatonique : seule la curiosité inlassable de Bill pour le monde qui l'entourait permettait à ce dernier de ne pas se décourager. Le hurlement des loups, le soir venu, le faisait encore frissonner, et il lui arrivait encore de sortir du lit la nuit pour aller admirer les aurores boréales. Les mineurs plus âgés hochaient la tête en voyant le jeune Américain chausser ses raquettes et escalader les collines pour mieux voir ces bandes vaporeuses aux teintes de rouge, de vert et de violet danser dans le ciel nordique. Romantique dans l'âme, Bill était totalement envoûté : « Plus je repense à ces moments passés dans le nord et à ceux qui ont suivi, plus je doute que l'or qu'on y trouve en vaille vraiment la peine. Cependant, les aurores boréales… valent la peine d'être vues, même si cela signifie qu'il faut survivre en rationnant les haricots et le bacon pendant trois mois et qu'on ne trouvera jamais d'or. »

Petit à petit, les jours commencèrent à rallonger. À la fin du mois d'avril 1897, il faisait clair jusqu'après vingt-deux heures et les monticules à proximité des puits de mine croissaient à une vitesse impressionnante. Les mineurs se préparaient pour le « nettoyage du printemps », c'est-à-dire le lavage du gravier aurifère à l'aide d'eau pour en retirer tout l'or qui s'y trouvait. C'était une période marquée par des rires optimistes. Les hommes dont la concession se trouvait à proximité de celle de la Découverte étaient sûrs de leur succès, car, comme Bill le remarqua avec une pointe d'amertume, « l'or se trouvait à la surface même du sol ». Bill et Joe entendirent parler de batées spectaculaires tout le long du ruisseau. « Clarence Berry a trouvé plus de trois cents dollars d'or la batée, James MacLanie, plus de deux cents dollars, et Frank Phiscater, plus de cent trente dollars. » Des mineurs dont la concession se trouvait aux abords du ruisseau Eldorado avaient récolté plus de huit cents dollars en une seule batée. Mais plus on s'éloignait de la concession de la Découverte, et moins le puits de mine était profond, moins on avait de chances de faire bonne récolte. Et il fallait d'abord construire une rampe de lavage. Puisque les collines environnantes avaient déjà été dépouillées de tout le bois qui s'y trouvait, cela supposait un voyage jusqu'à la scierie de Joe Ladue pour s'y procurer des planches désormais hors de prix.

Joe Meeker continua à creuser et Bill Haskell emprunta le sentier rendu boueux par la fonte des neiges pour aller se procurer le bois dont ils avaient besoin. Sur la route, il entendit des tas d'histoires d'hommes sans le sou à l'automne précédent maintenant devenus millionnaires. Mais il vit également bon nombre d'autres, visiblement affamés, qui avaient travaillé sur leur concession tout l'hiver, en vain. « Les aptitudes d'un homme en tant que mineur ont peu à voir avec ses chances de succès. La chance lui sourit, c'est tout », se dit Bill. Il ne savait toujours pas s'il était du nombre des chanceux. Lui et Joe avaient-ils tapé dans le mille ou avaient-ils visé à côté ?

Bill Haskell arriva au sommet de la colline surplombant la rivière Klondike. En regardant plus bas en direction du fleuve Yukon, il s'arrêta net : il ne reconnaissait pas le paysage qu'il avait sous les yeux.

Chapitre 5

Le succès du *sourdough*, avril-mai 1897

Bill Haskell n'avait pas souvent eu l'occasion d'échapper à l'isolement glacé qui prévalait dans les champs aurifères cet hiver-là. « Joe et moi n'avons pas de chance », écrit-il à maintes reprises en racontant ces mois pénibles et ennuyeux dans ses mémoires. Il ne donne à ses lecteurs que peu de détails sur ce qui se passait dans le misérable camp minier installé à l'embouchure de la rivière Klondike. Pourtant, pendant l'absence de Joe, le poste de traite improvisé qui avait été le fief de Joe Ladue s'était transformé en véritable ville et avait maintenant un nouveau nom.

Ces changements découlaient de décisions prises à 3 000 milles de là. Les dirigeants politiques du jeune Dominion du Canada s'étaient rendu compte que quelque chose se passait dans le vaste arrière-pays nordique. Jusqu'à maintenant, le gouvernement national situé à Ottawa avait fait peu de cas de ces régions sauvages subarctiques. Le premier premier ministre du Canada, sir John A. Macdonal,d avait déjà eu suffisamment de mal à relier l'est et l'ouest du pays à l'aide d'un chemin de fer dans les années 1880 ; le nord présentait peu d'intérêt pour un pays si peu peuplé cherchant encore tant bien que mal à se définir en tant que nation. Cette région était isolée du reste du pays par la glace près de huit mois par an, et l'agriculture, sur laquelle l'ancienne colonie britannique appuyait son expansion, y était impossible. Aux dix-septième et dix-huitième siècles, l'engouement des Européens pour les chapeaux de fourrure de castor avait favorisé l'essor de deux importantes compagnies de traite : la Compagnie de la

Baie d'Hudson et la Compagnie du Nord-Ouest. Mais, au milieu du dix-neuvième siècle, les chapeaux de fourrure de castor n'étaient plus à la mode et ces compagnies avaient perdu leur mainmise sur le développement dans le Nord. Les activités de trappe avaient continué parce qu'il y avait encore un certain intérêt pour les peaux de renard arctique, d'orignal, de lynx, de loup et de castor. Mais les politiciens canadiens étaient occupés à coloniser les prairies et n'avaient pas envie de commencer à s'acquitter d'obligations en vertu des traités avec les peuples autochtones du Nord.

Cependant, hier comme aujourd'hui, rien de tel pour animer les passions chez les Canadiens que l'impression que les Américains sont en train d'empiéter sur leur territoire. Au début des années 1890, l'affluence de prospecteurs américains comme Bill et Joe dans un coin perdu du Canada finit par attirer l'attention du gouvernement canadien. Des missionnaires de Forty Mile s'étaient plaints auprès des politiciens d'Ottawa que les Amérindiens se faisaient entraîner dans la débauche par les mineurs. Et s'il y avait effectivement de l'or dans ces contrées maudites, c'était de l'or canadien et non américain ; le Canada devrait donc en tirer profit. Mais les fonctionnaires d'Ottawa savaient aussi que pour affirmer le droit de propriété du Canada sur les champs aurifères du Yukon, il leur faudrait joindre le geste à la parole. À cette époque, cela voulait dire y envoyer des *Mounties*[1] vêtus de leur célèbre tunique rouge. Fondée en 1873 par le premier ministre Macdonald, la Police à cheval du Nord-Ouest avait déjà eu à intervenir dans la lutte contre la contrebande de whisky américain et pour apaiser le soulèvement des Métis dans les Prairies. Ces forces de l'ordre étaient un curieux mélange – délibéré – de traditions liées à l'uniforme. Macdonald avait précisé qu'il s'agissait d'une force « civile et non militaire, avec un minimum de galons d'or et de fioritures : pas un régiment de cavalerie d'élite, mais une force policière efficace [...] pour faire respecter la loi et la justice ». Durant sa brève existence, elle avait déjà réussi à établir un impressionnant esprit de corps, attirant même des recrues originaires de Grande-Bretagne et des membres de familles aisées du Québec et de l'Ontario.

1. Surnom donné aux agents de la North-West Mounted Police (Police à cheval du Nord-Ouest), communément appelée la « police montée ».

En 1895, un détachement de vingt *Mounties* sous le commandement de l'inspecteur Charles Constantine fut dépêché dans les monts St. Elias et à Forty Mile. Constantine était un Britannique incorruptible et bourru, d'une rigidité et d'un manque d'imagination notoires, séquelles de ses vingt-quatre années en uniforme. Sa tâche était claire, mais aussi incroyablement vaste : affirmer l'autorité du Canada – ce qui, à cette époque de l'histoire du pays, signifiait entre autres ériger le drapeau britannique. Les rôles de magistrat, d'inspecteur des mines, d'agent des terres de la Couronne, d'agent des forêts et, par défaut, d'agent de liaison avec les Amérindiens lui incombaient d'office, puisque son détachement constituait la seule présence du gouvernement national dans la région. L'arrivée de Constantine et de sa troupe à Forty Mile marqua la fin des homicides, de la tricherie et de la justice populaire dans cette région. L'assemblée de mineurs à laquelle Bill avait assisté et qui s'était soldée par la condamnation de French Joe pour avoir soi-disant volé une once d'or fut l'une des dernières à avoir lieu sur le sol canadien, celles-ci étant désormais illégales.

William Ogilvie, un employé de la Commission géologique du Canada, se joignit à Constantine et à ses *Mounties* à Forty Mile. Connu pour ses talents de conteur, cet Écossais barbu était un vieil habitué du Nord. Il s'y était rendu pour la première fois en 1887 en compagnie de George Mercer Dawson, un des scientifiques les plus expérimentés de la Commission. Ogilvie avait supervisé la réalisation du premier relevé officiel de la piste Chilkoot ainsi que du fleuve Yukon et de la rivière Porcupine. Il était désormais le représentant du gouvernement auprès duquel les prospecteurs devaient enregistrer toute concession jalonnée en territoire canadien. À l'automne 1896, lorsque les hommes commencèrent à affluer par centaines vers son petit bureau en rondins pour y enregistrer leurs concessions sur les affluents de la rivière Klondike, il fut impressionné par la quantité et par la qualité des pépites qu'on lui présentait. Il envoya un message à Ottawa avisant le gouvernement que cette découverte était la première d'une telle importance sur le sol canadien et qu'elle allait surprendre le monde entier. En moins de deux ans, la population du territoire allait dépasser les dix mille habitants, prédisait-il, et le nouveau camp minier établi en bordure de la rivière Klondike serait de loin le plus important à ce jour dans le Nord canadien. À l'époque, on s'imaginait que les prédictions d'Ogilvie étaient un peu trop optimistes – une autre histoire destinée à captiver l'attention de son auditoire. Mais ses prédictions s'avérèrent justes. Chose étonnante, il fallut deux mois pour que son message parvienne à Ottawa, et plusieurs semaines de plus pour qu'il se rende jusqu'aux hauts fonctionnaires du gouvernement.

À Forty Mile, c'était le début de l'hiver. En voyant les orpailleurs, les tenanciers de saloons, les commerçants et autres intéressés disparaître en direction de la rivière Klondike, Charles Constantine et William Ogilvie savaient bien qu'ils ne pouvaient pas attendre que les politiciens d'Ottawa leur disent quoi faire. Ladue avait déjà mis la main sur 160 acres de terrain en vue d'y établir une ville et d'autres spéculateurs américains se préparaient à faire de même. Les deux agents du gouvernement devaient agir vite s'ils voulaient éviter qu'une poignée d'Américains prennent le contrôle du territoire canadien. L'inspecteur Constantine envoya donc une troupe de *Mounties* à l'embouchure de la rivière Klondike afin d'y établir un poste et de commencer à percevoir des redevances. Il réussit à convaincre Ogilvie, qui était responsable du registre des terres, de lui réserver un terrain d'une superficie de quarante acres à proximité de celui de Ladue pour la «police et d'autres fins gouvernementales». Il s'intéressait tout particulièrement à une certaine aire boisée située à proximité d'un marécage, prévoyant utiliser le bois pour la construction d'une caserne au printemps. Toute sa fibre anti-américaine vibra lorsqu'il apprit que l'Alaska Commercial Company, la plus puissante société commerciale dans le Yukon, avait déjà prévu de construire un entrepôt sur les terres de Ladue. Les dirigeants de cette compagnie avaient l'habitude de trouver des moyens d'éviter de payer les douanes canadiennes. C'en était trop. Il envoya une autre missive à Ottawa, dans laquelle il écrivit (sans aucune preuve à l'appui et dans une rage nourrie par les préjugés) que ces derniers étaient «tous des Juifs» et qu'«on ne pouvait leur faire confiance». Il insista pour que dorénavant, la Police à cheval du Nord-Ouest ne fasse affaire qu'avec la société concurrente, la North American Transportation and Trading Company.

William Ogilvie constata que lui aussi devait agir vite. Joe Ladue était peut-être propriétaire de son terrain de 160 acres, mais il fallait faire le levé officiel en bonne et due forme avant que les squatters envahissent la région. Les parcelles de terrain s'envolaient les unes après les autres, bien que les rues étaient encore approximatives et parsemées de souches d'arbres. De plus, le jalonnage le long des ruisseaux, y compris Bonanza et Eldorado, s'était fait de manière si précipitée qu'il y avait régulièrement des querelles entre voisins de concessions. De nombreux mineurs parmi les derniers arrivés tentaient de s'approprier les concessions désertées par leur propriétaire d'origine. En janvier 1897, Ogilvie arriva sur les terres de Ladue avec sa chaîne d'arpenteur et sa boussole et commença à prendre les mesures appropriées pour tracer une grille rectangulaire, comprenant des rues se croisant à angles droits. Les avenues, parallèles au fleuve Yukon, avaient la largeur d'une chaîne conventionnelle, soit soixante-six pieds, tandis que les rues transversales avaient une largeur de cinquante pieds. Ogilvie ne put délimiter que quelques parcelles de terrain, mesurant chacune cent pieds sur cinquante pieds, avant que la couverture de neige au sol ne l'empêche de continuer. Quiconque avait eu le malheur d'installer sa tente en plein cœur de l'une des rues tracées avec soin par Ogilvie fut forcé de déménager sur-le-champ.

Ogilvie en profita également pour rebaptiser l'endroit « Dawson City », d'après le nom de son patron, George Mercer Dawson, récemment nommé directeur de la Commission géologique du Canada. Il nomma les avenues selon la pratique courante dans l'Ouest : l'avenue faisant face au fleuve étant la rue Front, derrière celle-ci, on trouvait la 2e Avenue, puis la 3e, et ainsi de suite. Pour ce qui est des rues transversales, Ogilvie s'assura de leur donner des noms on ne peut moins américains : King, Queen, Princess, Albert, Duke et York. Il n'y avait pas de système de drainage à Dawson. Les commerçants et les restaurateurs jetaient donc leurs ordures sur le fleuve gelé, sachant que celles-ci allaient être emportées par le courant à la fonte des neiges. L'odeur fétide des latrines extérieures faisait un curieux contraste avec les noms de rues pompeux attribués par Ogilvie et les rumeurs de future grande métropole. Mais qui sait ? En à peine 50 ans, la ville de San Francisco, autrefois de taille modeste, était devenue une ville portuaire prospère comptant plus de 300 000 habitants. L'arpenteur canadien, ayant fait tout ce qu'il pouvait pour l'heure, partit vers les champs aurifères, à quinze milles de là, pour tenter d'y régler quelques différends.

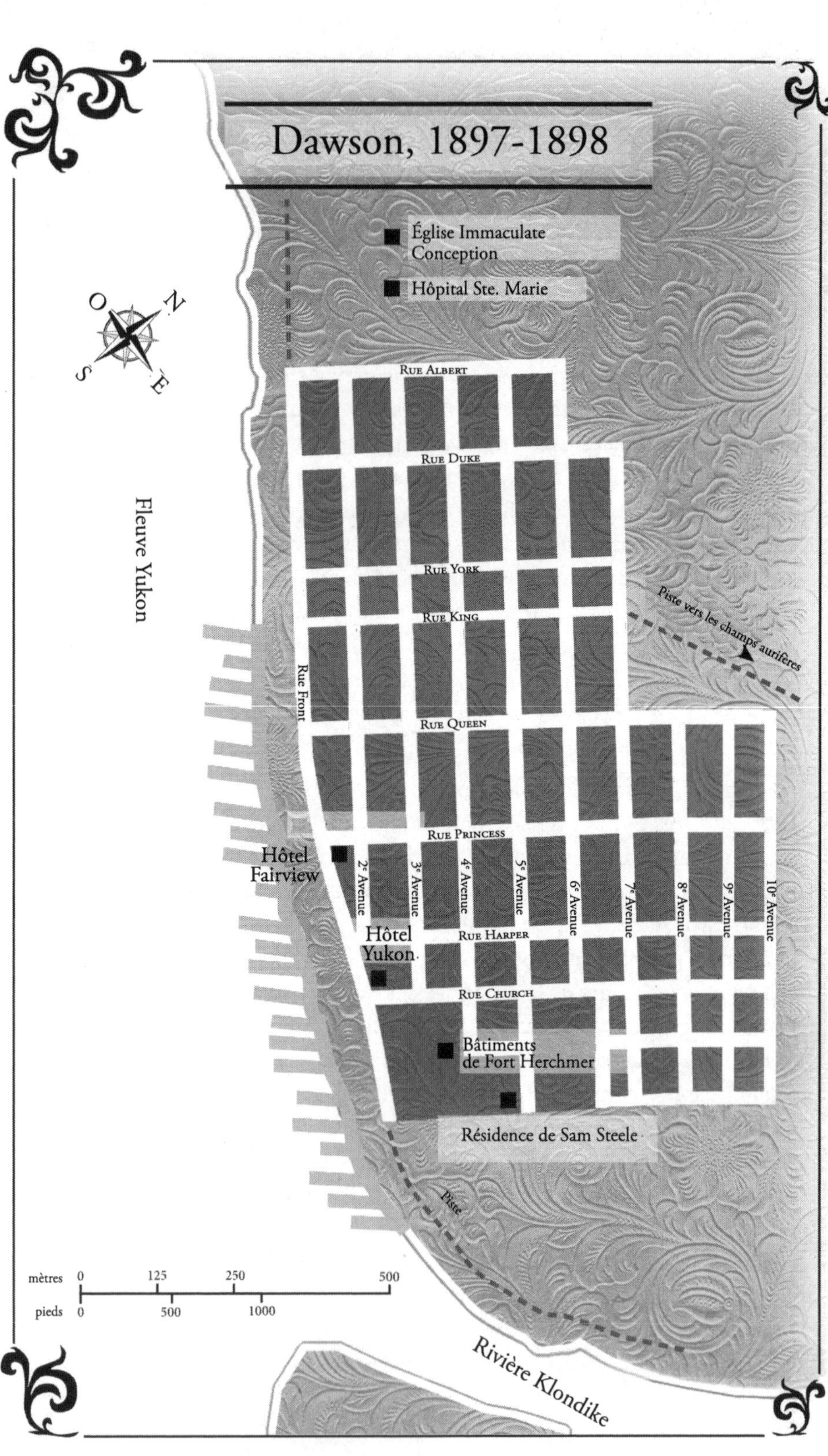

Dawson, 1897-1898
Église Immaculate Conception
Hôpital Ste. Marie
N
O
S
E
Fleuve Yukon
Rue Albert
Rue Duke
Rue York
Rue King
Rue Front
Piste vers les champs aurifères
Rue Queen
Rue Princess
Hôtel Fairview
2e Avenue
3e Avenue
4e Avenue
5e Avenue
6e Avenue
7e Avenue
8e Avenue
9e Avenue
10e Avenue
Hôtel Yukon
Rue Harper
Rue Church
Bâtiments de Fort Herchmer
Résidence de Sam Steele
Piste
mètres 0 125 250 500
pieds 0 500 1000
Rivière Klondike

La venue de représentants du gouvernement canadien contribua à assurer un peu de stabilité dans le camp minier. Toutefois, pour le chef Isaac et le peuple Han, ce fut une tout autre histoire. Avant même l'arrivée du printemps 1897, les mineurs avaient complètement envahi leur territoire de pêche sur la rive sud de la rivière Klondike. Ils avaient détruit tous les séchoirs à poissons et y avaient installé leurs tentes à la place. Le chef Isaac avait cru, à tort, que les nouveaux venus partageraient le territoire et ses ressources de la même manière que le faisaient la plupart des peuples autochtones, dans le respect mutuel. Il dut vite se rendre à l'évidence que les chercheurs d'or n'avaient aucune intention de négocier quoi que ce soit et qu'ils étaient en train d'anéantir le mode de vie traditionnel des Han. En plus d'évincer les pêcheurs han de leurs lieux de pêche, ils avaient apporté avec eux de nouvelles maladies, telles que la rougeole, la varicelle, la scarlatine, la diphtérie et la tuberculose, qui décimaient des villages entiers. Ils se procuraient des provisions en échange d'alcool, de sorte qu'on voyait maintenant des Aînés, autrefois respectés, tituber dans les rues boueuses de Dawson. Et par-dessus tout, ils traitaient les Han avec mépris et constituaient une menace pour leurs femmes et leurs enfants. De toute évidence, le racisme du sud était un obstacle à la cohabitation entre ces derniers et les mineurs.

Au début, les Han tentèrent de s'installer ailleurs, sur un petit lopin de terre situé de l'autre côté de la rivière, près de Dawson. Mais il s'agissait du terrain boisé que l'inspecteur Constantine avait réservé pour les quartiers de la police. Avec sa rudesse habituelle, Constantine avait clairement fait savoir qu'il n'avait aucune intention de partager l'endroit avec eux, même s'ils avaient habité ces contrées sans déranger personne pendant des siècles. Bien que n'ayant passé que très peu de temps dans le Nord, Constantine s'était approprié bon nombre des préjugés qui y circulaient à l'égard des peuples autochtones du Yukon. Dans une lettre officielle à l'intention du gouvernement à Ottawa, il les décrit comme suit : « ... des gens paresseux et apathiques, qui ne font que flâner autour des camps miniers. La plupart souffrent de troubles pulmonaires et meurent jeunes ». Finalement, le chef Isaac parvint à négocier une entente avec Constantine et le révérend William Bompas, évêque anglican de Forty Mile, représentant respectivement les deux plus puissantes institutions dans le Nord canadien.

Trente familles han furent donc déplacées en aval de Dawson, dans une réserve connue sous le nom de Moosehide Village d'une superficie de 160 acres, soit la même superficie que la terre qu'on attribuait à l'époque à une seule famille de fermiers dans les Prairies.

Les années qui suivirent furent pénibles pour les Han. Ils n'eurent plus jamais accès à leurs anciens camps de pêche en bordure de la rivière Klondike, et toutes leurs demandes de terres furent refusées, car on craignait que ces terres recèlent de l'or. Ils n'étaient pas les bienvenus à Dawson, sauf en hiver, car ils chassaient le gibier et fournissaient de la viande. Mais même le gibier se faisait rare à cause de la surchasse par les non autochtones. De plus, puisque Moosehide Village était situé en aval de Dawson, les eaux usées de la ville contaminaient l'eau potable, causant de nombreux cas de diarrhée et de dysenterie. En 1904, la maladie et la famine avaient pris une telle ampleur que les *Mounties* durent approvisionner le village en nourriture. Dans les années qui suivirent, on retira aux Han leurs enfants pour les envoyer dans des pensionnats, et petit à petit, leur langue et leur culture disparurent.

Tous ces bouleversements survenus en quelques semaines firent en sorte que Bill Haskell eut peine à reconnaître le village qui se dessinait sous ses yeux, lorsqu'il atteint le sommet de la colline qui surplombait l'embouchure de la rivière Klondike, au début d'avril 1897. Avant même de traverser la rivière, il remarqua que les habitations han avaient disparu et que de nouveaux bâtiments avaient été construits en dehors des limites des terres de Joe Ladue. Il vit, du côté sud du village, les quartiers de la police à cheval du Nord-Ouest, de simples bâtiments en bois organisés comme des casernes militaires, et il entendit un homme en uniforme qui criait des ordres. Du côté nord, à proximité d'une immense tente blanche, il vit la structure en rondins d'un nouveau bâtiment de deux étages qu'on était en train de construire. « Qu'est-ce que c'est ? », se demanda-t-il.

Bill dévala la colline à la hâte, traversa la rivière gelée, dépassa les casernes en construction des *Mounties* et se dirigea vers le Yukon Hotel, dans la rue Front. Une fois arrivé au saloon, il appuya son traîneau le long du mur, secoua la boue et la neige de ses bottes, puis ouvrit la porte. Il traversa le nuage de fumée de tabac jusqu'au bar. Là, les autres buveurs se firent un plaisir de répondre à toutes ses questions. Le village s'appelait maintenant Dawson City, lui dit-on, et les affaires de Joe Ladue se portaient très bien : les parcelles de terrain se vendaient jusqu'à trois cents dollars chacune. C'était un petit village sale, et la seule source d'eau potable était une source à flanc de colline, en contrebas de Moosehide Slide, mais on y trouvait déjà trois saloons – des bâtiments de toile improvisés où on buvait du tord-boyaux et où les tables de jeu étaient occupées jour et nuit. Et cette vaste structure de bois au nord du village ? Il s'agissait du futur premier hôpital de Dawson. En janvier, plusieurs mineurs remontant le fleuve avaient aperçu un homme d'âge mûr avançant avec difficulté dans la neige en tirant un traîneau, en compagnie de son chien. Il s'agissait du père William Judge, le prêtre jésuite que Bill avait vu à Forty Mile, qui se rendait au Klondike pour voir si ce qu'on en disait était vrai. Au premier coup d'œil sur la ville en plein essor, le prêtre s'était senti interpellé. Il avait acheté de Joe Ladue trois acres de terrain à l'extrémité nord de la ville pour une somme de trois cents dollars, puis il avait embauché des hommes afin de commencer le défrichage en

Dès avril 1897, le boom immobilier avait déjà commencé à Dawson. Les nouveaux venus peuplaient les rues en terre battue et les magasins poussaient comme des champignons en bordure de la rue Front.

vue de la construction de l'hôpital St. Mary et de l'église Immaculate Conception. L'hôpital serait, espérait-il, « un moyen de ramener les brebis... au sein du troupeau ».

On raconta à Bill comment le prêtre catholique à la voix douce et au regard intense s'était empressé de dresser sa tente afin d'offrir des soins médicaux à tous ceux qui en avaient besoin. En un rien de temps, disait-on, le maigre prêtre en soutane noire s'était mis à solliciter des dons pour la construction d'un hôpital permanent. Il avait déjà amassé mille quatre cents dollars pour l'hôpital, et il avait promis aux habitants de Dawson que les sœurs de St. Ann, des religieuses infirmières établies en Alaska, viendraient diriger l'établissement.

Mais les interlocuteurs de Bill s'intéressaient davantage à ce qui se passait au ruisseau Bonanza qu'aux lubies du nouveau prêtre. Est-ce qu'on y avait trouvé de l'or ? En quelle quantité ? Est-ce que les concessions rapportaient comme prévu ? Bien des parieurs étaient prêts à acheter des concessions sans même les voir, s'il y avait la moindre chance d'y trouver de l'or. Ils prévoyaient de les revendre aux nouveaux venus qui arriveraient dès que le fleuve serait dégelé. L'avenir de Dawson reposait sur la confirmation de l'existence de champs aurifères dans la région. Si les ruisseaux Eldorado et Bonanza s'avéraient mériter leur nom respectif, les prédictions de Joe Ladue pourraient bien se réaliser et Dawson deviendrait la San Francisco du Nord. Mais s'il s'agissait de fausses rumeurs, alors Dawson disparaîtrait aussi rapidement que Forty Mile et Circle City.

La croissance phénoménale de Dawson redonna espoir à Bill. Il se disait qu'il devait *certainement* y avoir un fond de vérité derrière tout cet optimisme. Il acheta le bois dont lui et Joe avaient besoin pour construire une rampe de lavage, le chargea dans son traîneau et reprit la route en direction de Bonanza en marchant dans la neige qui fondait peu à peu. Dès son arrivée à la concession, les deux hommes se mirent à construire la rampe, puis ils détournèrent le cours du ruisseau pour qu'il s'écoule à travers celle-ci. À intervalles de quelques jours, ils arrêtaient l'arrivée d'eau et examinaient les débris qui s'étaient accumulés entre les barres de bois au fond de la rampe. Dans ses mémoires, Bill écrit : « Le printemps était déjà presque arrivé lorsque nos batées commencèrent enfin à produire des résultats intéressants. » Enfin, à travers le sable et le gravier, les hommes virent le scintillement des paillettes d'or. Le long hiver glacial passé à chauffer et à creuser, à chauffer et à creuser, en avait valu la peine après tout. Bill ne dit pas à ses voisins que lui et Joe avaient trouvé pour environ cinquante mille dollars (plus de deux millions de dollars aujourd'hui) d'or sur leur concession. Bien des mineurs gardaient le silence au sujet de leurs découvertes pour ne pas avoir à payer les redevances canadiennes. Mais le succès redonna le sourire aux deux hommes, et renouvela leur amitié. Bientôt, tous les contenants qu'ils avaient sous la main – boîtes de café, boîte de tabac, sacs à monnaie en cuir – étaient remplis à ras bord de poussière et de pépites d'or et fermés avec soin.

À la mi-mai, Bill et Joe mirent leur trésor dans des sacs à dos en toile et partirent pour Dawson. Bien que croulant sous le poids de la poussière d'or, ils ne pouvaient s'empêcher de sourire chemin faisant. Ils se retrouvèrent bientôt parmi la foule d'autres mineurs qui marchaient en direction des saloons de la ville. Selon les estimations de Bill, il y avait environ quatre cents concessions payantes le long des ruisseaux Bonanza et Eldorado, et chaque forage révélait « une mine d'or fabuleuse… Des hommes qui avaient gravi le sentier avec peine au mois de septembre dernier, étant pauvres, découragés, dégoûtés de leur situation et las de ces contrées revenaient à la ville au printemps, riches à millions. Ils jetaient leur poussière d'or par les fenêtres, comme s'il s'agissait de simples grains de blé ». Les hommes se saluaient les uns les autres en tant que *sourdoughs*, surnom qu'on attribuait à ceux qui avaient survécu au moins une fois au rude hiver nordique, en se nourrissant principalement de pain fait à l'aide de levain naturel (qu'on appelle en anglais *sourdough*). Tout comme Bill, ces hommes maigres et endurcis portaient la tenue typique des prospecteurs : grosses bottes, pantalon de laine épais retenu par des bretelles, chemise de flanelle usée et chapeau de feutre déformé. On aurait dit un rassemblement de prophètes de l'Ancien Testament tant il y avait de moustaches négligées et de barbes emmêlées. Comme Bill, ils avaient les yeux rougis par la fumée et les éblouissements successifs. Et comme lui, ils affluaient vers Dawson dans l'espoir d'oublier le rude hiver qu'ils venaient de passer.

À Dawson, l'ambiance était à la fête et l'or coulait à flots dans les saloons, les hôtels, les restaurants et au cabaret qu'on venait tout juste de construire. C'est avec un mélange de soulagement et d'exubérance que Bill décrit dans ses mémoires combien sa mise sur Bonanza en valait le coup et quel plaisir il ressentit en retrouvant la compagnie d'autres prospecteurs chanceux. Les rumeurs circulaient d'un bout à l'autre de la rue Front à savoir quel prospecteur avait vendu sa concession un peu trop tôt, quel nouveau venu avait récupéré plus de vingt-quatre mille dollars d'or en une seule journée et quel ruisseau rapportait le plus. La femme de Clarence Berry, Ethel, avait réussi à trouver pour dix mille dollars de pépites d'or en fouillant les tas de mort-terrain sur la concession de son mari. Un jeune homme de Seattle qui avait acheté une part dans une concession située sur le ruisseau Eldorado au prix de 85 dollars, en novembre, avait revendu celle-ci pour 31 000 dollars cinq mois plus tard, et ce, sans jamais y être allé !

Les commérages allaient bon train et les prospecteurs qui circulaient dans la rue Front se faisaient pointer du doigt, certains à titre de « perdants », d'autres à titre de millionnaires. Un des premiers « rois du Klondike » à attirer l'attention de la population de Dawson fut un Néo-Écossais grand et corpulent dénommé Alex McDonald. Bill le décrit comme un homme « travaillant ayant bon cœur », bien qu'il fût aussi un habile homme d'affaires. Ce dernier ne manquait pas une occasion d'acheter des concessions, d'échanger des parts dans certaines mines ou encore de vendre des services tels que le transport de denrées à l'aide de son attelage de mules. Avec ses cheveux emmêlés, ses ongles sales, ses bottes pleines de boue et son pantalon rapiécé, Big Alex, comme on le surnommait, aurait pu passer pour un clochard aux yeux d'un étranger. Pieux pratiquant de la foi catholique romaine, il s'abstenait de boire de l'alcool et ne se vantait pas de sa richesse. En réalité, il était exceptionnellement taciturne, et lorsqu'il lui arrivait de se faire entendre, il murmurait plus qu'il ne parlait. Ce printemps-là, Alex se présenta à l'entrepôt de l'Alaska Commercial Company avec l'équivalent de 150 000 dollars en or, dont 12 000 dollars en pépites de bonne taille. Bill, qui était lui aussi à l'entrepôt ce jour-là, vit Alex étaler son trésor sous le regard on ne peut plus étonné d'une journaliste nommée Alice Henderson. Big Alex, qui s'intéressait plus aux affaires qu'il ne s'intéressait à l'or, dit à Alice, d'un ton sans prétention : « Servez-vous. Prenez quelques-unes des grosses pépites. » Voyant qu'elle hésitait, se demandant sans doute ce qu'il attendait d'elle en retour, il lui sourit avec bienveillance, se frotta le menton et murmura: «Ne vous en faites pas, elles ne valent rien pour moi, prenez tout ce que vous voulez. J'en ai des tas d'autres!» Alice choisit une pépite pesant dix onces, soit une valeur d'environ 200 dollars à l'époque, et de près de cinquante fois cette somme aujourd'hui.

Même au sommet de leur gloire, les villes de Circle City et Forty Mile n'avaient rien de comparable à celle de Dawson, à l'époque où celle-ci croulait sous la richesse débordante des ruisseaux environnants. La ville de Dawson était désormais plus grande, plus flamboyante, et plus riche que toute autre ville minière le long du fleuve Yukon. Il y avait des dizaines de cabanes en rondins, six cents tentes aux parois de bois, l'hôpital du père Judge en cours de construction, de même que les fondations de deux églises: l'une catholique et l'autre, presbytérienne. Le quartier des affaires croissait plus rapidement que le quartier résidentiel, et ce, malgré le coût incroyablement élevé de la main-d'œuvre et le fait que le seul matériau de construction dont on disposait fût le bois. Tout le reste – clous, verre pour les fenêtres, poêles à bois, meubles, outils – devait être commandé à l'extérieur du territoire et n'arriverait sur place qu'une fois le fleuve dégelé. La plupart des bâtiments reposaient sur des fondations plutôt instables en raison du sol gelé en permanence. Le pergélisol changeait de consistance avec les saisons. Sa haute teneur en eau faisait en sorte qu'il demeurait dur lorsqu'il faisait froid, mais lorsqu'il dégelait, il se transformait en une espèce de boue gluante ne ressemblant ni à de la terre ni à de l'eau. Bien souvent, les bâtiments chauffés reposant sur des piliers se déplaçaient sous l'effet de la fonte inégale du pergélisol et du poids de leur structure.

Malgré tout, l'Alaska Commercial Company avait complété la construction de son immense entrepôt, et la North American Transportation and Trading Company s'affairait à en construire un encore plus vaste, comportant deux étages et des fondations en béton, dont la superficie totale serait de près de 8000 pieds carrés. Selon Bill Haskell, «il n'y avait jamais eu un endroit où on pouvait faire de l'argent aussi rapidement. La poudre d'or volait dans toutes les directions». Le coût de la construction de l'entrepôt était, selon ses estimations, d'environ 93 500 dollars (soit plus de 2 millions de dollars aujourd'hui), alors qu'il aurait été d'environ 4 500 dollars seulement (120 000 dollars aujourd'hui) en Californie.

Le relais Magnet, près du ruisseau Bonanza, est un exemple typique du genre de commerce qui accueillait les mineurs solitaires et assoiffés.

« Il est impossible de décrire de manière satisfaisante les répercussions que l'ébruitement de la richesse des mines eut sur la ville de Dawson, une fois les rampes de lavage nettoyées », affirme Bill Haskell. Les lourds sacs d'or provenant des champs aurifères étaient empilés telles des cordes de bois, à l'abri dans l'entrepôt de l'Alaska Commercial Company, en attendant leur transfert à bord d'un navire à vapeur pour être acheminés à l'extérieur du territoire. Mais *quand*? Quand l'or serait-il expédié vers le sud et quand les tablettes de l'entrepôt seraient-elles enfin garnies de produits frais ? *Quand*? La rivière Klondike était déjà dégelée : à son embouchure, l'eau claire arrosait la glace qui recouvrait encore le fleuve Yukon, faisant peu à peu fondre la surface et creusant d'importantes crevasses. Mais la glace sur le fleuve avait encore près d'un mètre d'épaisseur, de sorte qu'on pouvait toujours traverser à pied. Il faudrait encore de nombreux jours de beau temps et une plus forte pression sous la surface avant que quoi que ce soit ne bouge. Et d'ici là, Dawson était complètement isolée du reste du monde. Tant que les bateaux à vapeur ne seraient pas en mesure de se frayer un chemin du port de St. Michael, dans la mer de Béring, jusqu'à la rivière Klondike – avec à leur bord bien plus de provisions qu'il n'était possible de transporter par quel qu'autre moyen à travers les montagnes – le régime alimentaire des habitants de Dawson continuerait de se limiter aux trois aliments habituels : pain, bacon et fèves au lard.

Le moment tant attendu arriva le 17 mai 1897. En ce lundi matin ensoleillé, la masse glacée qui recouvrait le fleuve se mit enfin à bouger. On se mit à crier : « C'est la débâcle ! » Bill courut au bord de l'eau pour assister au spectacle de l'hiver rendant enfin son dernier souffle. Tout d'abord, le puissant courant emporta la glace qui se trouvait sur son chemin le long de la rive opposée. Puis les plaques de glace qui tournoyaient dans le torrent glacé élargirent le passage en fracassant celles qui s'accrochaient encore au rivage.

Un des passages les plus fascinants des mémoires de Bill Haskell est sans contredit celui où il décrit son empressement à reprendre contact avec le monde extérieur. Il n'avait qu'une chose en tête : manger un vrai repas. De son propre aveu, la nourriture avait fini par remplacer le sexe dans ses fantasmes les plus érotiques. Bien sûr, il était également curieux de savoir ce qui se passait ailleurs dans le monde. Mais après un long hiver passé à manger du pain, du bacon et des fèves au lard, il s'ennuyait de l'abondance de lait, de viande et de légumes frais qu'il avait connue jadis à la ferme familiale. Parfois il se disait que la rudesse du climat au Yukon n'était rien comparée à la terrible rareté et à la monotonie désespérante de la nourriture qui, selon lui, nécessitait « un estomac bien accroché et la patience de Job ». La nuit, il rêvait qu'il était en train de manger un steak tendre et juteux, mais au matin, « le réveil était des plus douloureux », avoue-t-il. On s'imagine aisément cet homme costaud et en bonne santé, découragé par le manque de nourriture et le peu de résultats dans sa recherche d'or, rêver de poulets bien gras, de montagnes de pommes de terres rôties, de petits pains chauds tartinés de beurre, de tomates fraîches odorantes et de gâteau aux pommes. Il aurait donné tout l'or récolté par Joe et lui pour un plat de ragoût aux huîtres, un morceau de gâteau au chocolat ou encore une tranche de rôti d'agneau. Maintenant que le fleuve était à nouveau navigable, les bateaux à aubes ne tarderaient pas à remonter celui-ci pour leur apporter des produits frais. Bill regardait les plaques de glace qui tournoyaient tranquillement dans l'eau noire ; il pouvait presque sentir l'odeur de bœuf grillé.

À peine quelques semaines plus tard, de petites barques artisanales commencèrent à arriver par le sud, portées par le courant. En quelques heures, elles furent suivies d'environ deux cents autres embarcations rudimentaires qui accostèrent toutes sur la rive opposée à celle où se trouvait la cabane en rondins de Joe Ladue. Les bateaux continuèrent d'arriver et l'excitation entourant leur venue était accentuée par le son strident et incessant du sifflet à vapeur installé sur le toit de la scierie de Ladue et qu'on avait attaché pour qu'il siffle en continu afin de souligner l'arrivée des nouveaux venus. Les chiens de traîneau hurlaient en retour, telle une chorale discordante.

Mais ce n'étaient pas les bateaux que Bill attendait. Les passagers qui débarquaient étaient partis en direction du Yukon l'automne précédent, avant même que la nouvelle de la découverte faite par Carmack ne soit parvenue jusqu'à la côte. Ils avaient été attirés par les mêmes rumeurs de prospérité en Alaska qui avaient poussé Joe et Bill à se rendre dans le Nord : ce n'est qu'après avoir franchi les montagnes qu'ils avaient entendu parler de l'importante découverte du Klondike. Il leur avait fallu ensuite attendre le dégel des lacs situés à la source du fleuve Yukon dans un village improvisé formé de cabanes et de tentes, à l'extrémité sud du lac Bennett. Pour passer le temps, ils s'étaient fabriqué des embarcations. Leur arrivée doubla d'un seul coup la population de la ville. Cependant, la majorité de ces *cheechakos* – surnom donné par les Amérindiens aux nouveaux venus et que les habitants du Klondike leur avaient emprunté – étaient encore plus affamés que les gens de Dawson, puisqu'ils avaient épuisé toutes leurs réserves pendant le long hiver. Hommes et femmes débarquaient sur le rivage, épuisés, morts de froid, et n'attendant que l'occasion de pouvoir raconter toutes les horreurs de leur périple. Pourtant, aucune de ces histoires de cols de montagne escarpés, de torrents déchaînés, d'avalanches, d'engelures, de scorbut, d'attaques par des ours ou de famine n'avait quoi que ce soit de nouveau pour les vieux habitués de l'endroit. Ce que Bill trouvait étonnant, c'est que la plupart ignoraient tout de la prospection et de la vie dans le Nord. Les vétérans étaient bouche bée d'étonnement en voyant les articles inutiles que certains avaient apportés : l'un d'entre eux avait même une bicyclette ! Sans blague ! Une fois leurs bagages déchargés, les nouveaux venus demandaient : « Où faut-il creuser ? » Quelques femmes portaient des habits de ville pour homme. « Comment vont-elles survivre pendant des mois dans cette ville surpeuplée et malpropre, en compagnie d'hommes rudes et grossiers ? », se demandait-il. La plupart de ces novices étaient partis sous l'impulsion du moment. Bill se fit accoster par un homme qui « n'avait jamais vu une batée, et savait encore moins manier un pic dans les déblais. Nombreux étaient ceux qui n'avaient pas ce qu'il faut pour faire de l'exploitation minière... et encore plus nombreux étaient ceux qui ne savaient même pas ce qu'il leur fallait ». Il écoutait leur bavardage sans dire mot, sauf peut-être un « c'est vrai ? », de temps à autre. Son esprit était ailleurs. Au moins une fois par jour, il marmonnait à qui voulait l'entendre : « Je donnerais bien cent dollars en pépites d'or pour une tranche de steak ! »

Des dizaines d'embarcations artisanales quittaient le lac Bennett dès que le fleuve était dégelé.

Finalement, au début du mois de juin, une fois que le nombre d'embarcations artisanales descendant le fleuve Yukon eut commencé à diminuer, Bill entendit le son qu'il attendait se répercuter enfin dans la vallée du fleuve Yukon : celui du sifflet d'un bateau à aubes. Quelqu'un sur le rivage cria « Vapeur ! » En direction opposée, le petit navire *Alice* de l'Alaska Commercial Company dépassait tranquillement le ruisseau Moosehide et s'approchait à contre-courant de

Dawson. C'était un bateau à aubes à fond plat et à la proue carrée. Seule sa cheminée indiquait qu'il était plus qu'une simple grange montée sur un chaland. Il avait fait son chemin, remontant le fleuve sur des centaines de kilomètres, chargé de journaux, de whisky, de viande fraîche, de pommes de terre, d'oignons et de conserves comme Bill n'en avait vu depuis des mois (huîtres, tomates, pêches). Une foule de *sourdoughs* en pantalons de laine sale retenus par des bretelles se ruèrent vers le rivage en poussant des cris de joie. Deux jours plus tard, le navire *Portus B. Weare* de la North American Transportation and Trading Company, transportant d'autres denrées convoitées, vint s'amarrer juste à côté du *Alice*.

Ce soir-là, Bill se gava de bœuf en sauce et de tarte aux fruits comme il en avait rêvé tout l'hiver durant. Puis, il alluma un cigare et lut le journal pour la première fois en huit mois. Le plaisir de la lecture faillit l'emporter sur celui de manger enfin un steak. Il savoura avec avidité les nouvelles des derniers mois : l'élection du républicain William McKinley à titre de vingt-troisième président des États-Unis, la menace de guerre entre les États-Unis et l'Espagne au sujet de Cuba, la planification du jubilé d'or de la reine Victoria, l'issue du match de boxe de niveau mondial entre les poids lourds Bob Fitzsimmons et Gentleman Jim Corbett. Il sortit ensuite du restaurant et alla s'asseoir sur une souche pour sentir la chaleur du soleil du soir sur son visage et profiter de la rare satisfaction d'avoir le ventre plein.

Le souvenir pénible des six derniers mois passés à l'étroit dans une tente en compagnie de Joe à souffrir de faim, de froid, de découragement et d'ennui s'estompa d'un coup. Ils avaient survécu. Ils avaient trouvé de l'or. Bill vit d'autres passagers arriver, encore moins aptes et encore moins bien préparés que les précédents, et hocha la tête. Combien d'entre eux allaient réussir à trouver l'or qu'ils étaient venus chercher ? Combien auraient même les moyens de demeurer à Dawson ? Dans le temps qu'il fallut à Bill pour digérer son repas, le prix d'un terrain prêt à bâtir était passé de cinq cents à huit cents dollars et continuait de monter.

PARTIE 2

LES PROSPECTEURS, UNE VÉRITABLE MINE D'OR

Chapitre 6

Le père Judge et ses ouailles, mai-juin 1897

Dès qu'on eût confirmé qu'il y avait bel et bien de l'or au Klondike, la population de Dawson se mit à monter en flèche, les matériaux de construction commencèrent à arriver et le marché immobilier explosa. Joe Ladue ne se contentait plus de comparer sa ville à San Francisco ; il prétendait désormais que celle-ci allait devenir le plus important camp de toute l'histoire de l'exploitation minière. On entendait partout le son incessant des scies et des marteaux, et deux scieries devaient fonctionner jour et nuit afin de répondre à la demande de planches pour construire davantage de boutiques, d'hôtels, de saloons et d'habitations. Le long des rues boueuses, d'imposants bâtiments en rondins, dont plusieurs étaient ornés d'une fausse façade, apparaissaient en une seule nuit. La frénésie de l'or était omniprésente, tout comme les nombreuses cabanes et tentes crasseuses des prospecteurs. Bien des tentes ressemblaient à des tas de vêtements sales, et la moitié des cabanes avaient l'air d'avoir été construites par un enfant de dix ans. Des seaux, quelques latrines délabrées et le bosquet en bordure de la ville étaient les seules toilettes disponibles ; il n'y avait ni bain public, ni égouts, ni endroit où soigner les malades. De plus, avec la hausse du niveau du fleuve Yukon en raison de la crue du printemps, et le ramollissement du sol sous l'effet de la chaleur du soleil, la menace d'inondation était constante. Les terrains situés en bordure du cours d'eau étaient boueux, et les habitants, forcés de porter en permanence leurs bottes de caoutchouc dans les rues de la ville, laissaient derrière eux des traînées de boue dans tous les bâtiments.

Il y avait très peu de terrains vacants, et les nouveaux arrivants se voyaient contraints de s'installer sur une pente abrupte aux limites de la ville. Se frayant un chemin à travers les tentes de toile battant au vent et les tas de bois jonchant le sol, ils avaient l'impression d'être débarqués au beau milieu d'une fête de village ou encore d'un rassemblement de renouveau religieux. Pendant que bien des gens étaient occupés à bâtir, bien d'autres ne faisaient que flâner aux alentours et observer les nouveaux venus. Des mineurs barbus et mal habillés traînaient, assis sur des souches et des rondins ou attroupés autour des bars, à califourchon sur des chaises, fumant ou chiquant du tabac. Quelques femmes étaient sorties de leur tente et bavardaient avec les passants. Leurs cheveux étaient mal coiffés et leurs vêtements étaient sales et usés. Certaines avaient le visage marqué par la vie rude des prostituées du Nord, d'autres avaient l'air pétillant et transpiraient la bonne humeur. Dawson était une ville dure et dépravée, mais c'était également un endroit rempli de vie et d'excitation.

Au nord des terres de Ladue, le père William Judge était en train d'évaluer la situation. Le jésuite était un homme étrange – austère, profondément religieux, candide, mais loin d'être naïf. Ceux qui le rencontraient pouvaient voir qu'il s'agissait d'un homme de valeur. Ses contemporains le décriront comme un homme « aux yeux écartés et au regard exceptionnellement lumineux, au front haut, au menton volontaire et à la bouche droite, mais charnue – si on pouvait juger du caractère d'une personne par sa physionomie, alors la sienne serait on ne peut plus explicite ». Après le décès du père Judge, son frère Charles (lui aussi prêtre catholique) rassembla bon nombre de ses lettres afin d'écrire un livre à son sujet. La page frontispice du livre montre une photo en noir et blanc et un peu floue du prêtre, rasé de près et bien mis, mince et l'air solennel, portant des lunettes à monture métallique et une soutane boutonnée jusqu'au menton. Ses épaules sont voûtées et il porte un rosaire à la taille. Curieusement, il est trop intimidé par l'appareil photo pour laisser paraître son sens de l'humour et sa compassion, qui ont tant marqué ses contemporains. La photo date probablement de 1886, année où il fut ordonné prêtre. Trônait-elle sur le bureau de sa mère à Baltimore, tandis que le sérieux jeune homme s'éloignait du confort qu'il avait connu pour se consacrer à une vie de privations et d'abnégation, ses cheveux de plus en plus clairsemés et son visage de plus en plus ridé à chaque nouveau déménagement ? Nul ne le sait.

Le père Judge était différent des autres habitants de Dawson : il était le seul à ne pas avoir l'obsession de trouver, d'accumuler et de dépenser de l'or. Cependant, il n'était pas si différent de ses contemporains, ailleurs dans le monde. Au 19e siècle, une multitude de missionnaires ont pris d'assaut le monde entier afin d'évangéliser les habitants des bas quartiers industriels, des jungles indonésiennes, des villages d'Afrique, des îles du Pacifique et des montagnes sud-américaines. Quelque trois cent soixante organismes chrétiens, y compris des ordres catholiques prônant le célibat, comme celui des Jésuites, mais aussi des organismes protestants populaires tels que la Société pour la propagation de l'Évangile, envoyèrent environ douze mille missionnaires un peu partout. Les Jésuites étaient l'une des organisations les mieux établies ; dès 1542, François Xavier, un des fondateurs de l'ordre, avait débarqué aux Indes orientales. À la suite du succès de ce dernier aux Indes et en Chine, les Jésuites continuèrent à convertir les âmes sur tous les continents. Par conséquent, trois siècles et demi plus tard, il restait peu d'endroits dans le monde où la soutane noire, la calotte et la grande croix de bois des Jésuites ne

Le père William Judge était aussi déterminé que la plupart de ses ouailles. Toutefois, sa quête était pour les âmes, et non pour l'or.

soient pas chose familière. On peut donc difficilement s'étonner que l'un d'eux se soit retrouvé à Dawson alors que la ville était en plein essor.

Hormis son peu d'intérêt pour l'or, une autre chose faisait que le père Judge se distinguait du reste des habitants de Dawson : étant dans la fin quarantaine, il avait le double de l'âge de la plupart de ceux-ci. Comme Bill Haskell put s'en rendre compte durant le rude hiver qu'il passa au ruisseau Bonanza, la prospection dans le Nord n'était pas pour les faibles. La Ruée vers l'or du Klondike était une affaire de jeunes, surtout à une époque où la plupart des Américains de race blanche mouraient avant d'avoir atteint l'âge de cinquante ans. Pourtant, ce prêtre peu attaché aux choses de ce monde avait franchi les collines à la fin du mois de mars, alors que les seize milles de sentier étaient encore couverts de neige. Il avait été impressionné par la richesse de certaines concessions aux ruisseaux Bonanza et Eldorado. « J'ai vu, de mes propres yeux, pour cent vingt-trois dollars d'or en une seule pelletée de terre », écrivit-il à un confrère jésuite. Mais il était bien conscient qu'il y avait « bien plus d'hommes que de bonnes concessions minières. Les ouvriers salariés sont payés quinze dollars par jour tout l'hiver, ce qui n'est pas trop mal en ces temps difficiles ; mais si, comme nous le supposons, bien d'autres mineurs arrivent dès que le fleuve sera dégelé, les salaires diminueront à dix ou peut-être même six dollars, comme c'était le cas avant qu'on trouve de l'or dans ces ruisseaux ». Le père Judge savait que de voir des dizaines d'hommes déçus et sans emploi traîner dans les rues était une situation tout aussi inquiétante que l'absence d'installations sanitaires pour cette ville. La maladie et le désespoir allaient envahir Dawson, et il se sentait un instinct tout paternel de protéger ces pécheurs ignorants de leurs mauvais penchants. Mais le prêtre reconnaissait également que derrière les nuages gris, il y avait tout de même un peu de soleil ; maintenant que le fleuve était dégelé, les hommes allaient commencer à affluer vers le Nord et il lui serait beaucoup plus facile de trouver des ouvriers pour la construction de son église et de son hôpital.

Jusqu'à maintenant, les choses avançaient très lentement. Dans ses lettres, on constate que le prêtre adorait dessiner des plans de bâtiments et essayer de trouver des solutions aux divers problèmes qui surgissaient. Il était presque aussi excité à l'idée de déterminer l'emplacement des fenêtres qu'il l'était à celle de sauver des âmes. Il passa d'innombrables heures à sculpter l'ornementation de l'autel improvisé de sa nouvelle église. Heureusement qu'il débordait d'un tel enthousiasme, car à Dawson, il devait être à la fois son propre architecte, son maître d'œuvre et son principal charpentier. Les plans du prêtre étaient plutôt ambitieux pour cette ville de tentes et de cabanes entassées les unes sur les autres. Les deux bâtiments devaient mesurer cinquante pieds sur vingt-quatre et être munis de quatre fenêtres de chaque côté, dans le sens de la longueur. L'hôpital devait compter deux étages, et l'église serait munie d'un clocher hexagonal comportant une cloche de petite taille et coiffé d'une croix en bois. Amasser les fonds s'était avéré une tâche monumentale, tout comme celles de trouver neuf ouvriers (il en voulait vingt) et d'organiser l'achat des cinq mille pieds de planches nécessaires pour la construction. Il avait fallu transporter les rondins par radeau sur le fleuve ou encore par traîneau à chiens jusqu'à Dawson. Puisqu'il était encore impossible de se procurer des matériaux provenant d'ailleurs, le prêtre dut improviser à maintes reprises. Pour le revêtement des murs intérieurs, au lieu de plâtre, il utilisa de la mousseline recouverte de peinture au plomb blanche. En l'absence de verre, il construisit des fenêtres à l'aide de pièces de mousseline blanche encadrées de bois. Des boîtes de carton faisaient office de table de toilette et les lits étaient faits de planches équarries clouées ensemble. À la place du coton ou du crin, il utilisa de l'herbe séchée et du bran de scie pour rembourrer des matelas. Tous les matériaux étaient hors de prix, de sorte que le prêtre devait constamment chercher de nouveaux fonds. De manière générale, les prospecteurs traitaient le père Judge avec respect, mais peu d'entre eux avaient un quelconque intérêt pour la religion. La plupart considéraient le prêtre comme un excentrique. Il pouvait leur arriver de faire don d'un peu de poussière d'or, s'ils se sentaient particulièrement en moyens, mais ils n'avaient aucune intention de financer le gros du projet.

Le jésuite ne s'étonnait pas de l'attitude des mineurs ; il avait déjà passé six années en Alaska et avait vu tout ce que le Nord offrait de meilleur et de pire. Comme il le raconta à l'un de ses amis dans une lettre : « Si seulement les hommes pouvaient consacrer au royaume de Dieu ne serait-ce qu'une petite partie de cette énergie [qu'ils déploient dans les champs aurifères], quel serait le nombre des saints ! » Bien qu'il consacrât ses énergies ailleurs, le père Judge faisait preuve de la même détermination que ces derniers pour atteindre son but.

William Henry Judge était voué à une vie de piété avant même sa naissance. Issu d'une famille nombreuse d'origine irlandaise de la très catholique romaine ville de Baltimore (en plus de son frère Charles, le prêtre, trois de ses sœurs étaient également religieuses), il était un enfant si frêle que ses parents craignaient qu'il ne soit pas en mesure de suivre sa vocation. Il quitta l'école avant la fin de ses études pour travailler dans une scierie. Toutefois, à l'âge de trente-cinq ans, il n'en pouvait plus de résister à l'appel de la vie religieuse. En 1885, il entra chez les Jésuites. Son sens de la vocation était exigeant : malgré sa mauvaise santé, il se porta volontaire pour les missions les plus difficiles. C'est ainsi qu'il offrit d'aller rejoindre la mission jésuite nouvellement établie pour œuvrer auprès des peuples indigènes de l'Alaska, un nouveau territoire situé aux confins de la civilisation et de l'imaginaire américain. « Puisse Dieu me donner la grâce et la force d'accomplir son œuvre et de souffrir pour sa gloire », écrivit-il à son supérieur, le jour précédant son départ de San Francisco en direction de St. Michael, tout près du delta du fleuve Yukon.

La gloire se faisait rare, mais les occasions de souffrir ne manquaient pas. Bien que le père Judge soit frêle, il était loin d'être faible. Et il était aussi terre-à-terre que spirituel. À Holy Cross, le siège de la mission en Alaska, il construisit un système ingénieux reliant une chaudière au poêle de la cuisine, de manière à avoir toujours de l'eau chaude sous la main, même en plein hiver. Les sœurs de St. Ann, qui dirigeaient la mission, étaient fascinées par ce prêtre modeste qui alla même jusqu'à construire un fourneau et à prendre sur lui de faire la boulangerie pour tout l'établissement. Voyant que le scorbut sévissait tant chez les Amérindiens que chez les Blancs en raison du manque d'aliments frais, le père Judge mit au point un système de bains turcs afin de soulager les articulations douloureuses des personnes atteintes de la maladie. Pour guérir les maux fréquents, il faisait preuve d'un profond respect à l'égard des remèdes traditionnels amérindiens ; l'écorce d'épinette pour soigner le scorbut et les canneberges pour soigner les infections urinaires. Il obéissait également à la tradition des Jésuites voulant qu'il apprenne et traduise la langue locale, soit le koyukuk. Il établit ainsi un dictionnaire koyukukanglais. Les enfants qui étaient pensionnaires à la mission adoraient le prêtre à la voix douce qui jouait de la flûte et leur fabriquait des violons en bois de bouleau. Et il les aimait en retour. Il écrivit à un de ses confrères: «les Indiens... sont beaux, travailleurs, désireux d'apprendre et très agréables. Je crois qu'ils feraient de bons catholiques».

Pendant quatre années très enrichissantes, le père Judge fit la tournée des villages koyokuks et tananas de l'intérieur des terres en Alaska, disant la messe, enseignant des hymnes, des prières et le catéchisme, et baptisant des gens de tous âges. C'était un style de vie difficile et fatiguant. Un certain hiver, la seule viande disponible était le lièvre. Cette année-là, il fit rire ses ouailles en leur racontant qu'il se touchait les oreilles chaque matin à son réveil pour s'assurer qu'elles n'étaient pas en train d'allonger. Les habitants des villages dispersés faisaient bon accueil à l'homme de Dieu, dont les yeux bleus brillaient, croyaient-ils, d'une inspiration divine (il était en réalité très myope). Le père Judge écoutait attentivement les communiants raconter leurs espoirs et leurs peines. Il participait à leurs fêtes annuelles, bénissait leurs enfants et leur apprenait de nouveaux chants. Son attitude était bien différente de celle des commerçants de la côte, qui eux marchandaient de manière agressive et détruisaient des communautés entières avec leur alcool.

Puis un jour, les ordres de son supérieur à la mission de Holy Cross arrivèrent. Le cœur du père Judge fut grandement attristé lorsqu'il apprit qu'il devait quitter l'Alaska pour se rendre à Forty Mile, plusieurs centaines de milles à l'est de la région qu'il connaissait désormais si bien. Il allait désormais devoir faire face aux souffrances qu'il avait autrefois souhaitées en prière. Il allait être le seul prêtre dans un village peuplé d'hommes rudes et cyniques et serait privé de toute communication avec ses confrères pendant près de dix mois par année. Le gros de son travail se résumerait à célébrer la messe du dimanche et les funérailles. Les occasions d'officier dans le cadre d'événements heureux tels que des baptêmes et des mariages seraient extrêmement rares. Comme il le confia alors à sa sœur: «de manière générale [les mineurs] sont loin d'être des saints... j'aimerais beaucoup mieux demeurer avec mes Indiens, mais je sais que l'obéissance plaît davantage à Dieu». L'homme propose, et Dieu – ou l'ordre des Jésuites – dispose.

Le père Judge amassa donc ses quelques possessions et s'embarqua sur un navire à vapeur en direction de Forty Mile. Une fois rendu à destination, il lui fallut très peu de temps pour cerner la nature de ses nouvelles ouailles. Ces hommes travaillaient dur, buvaient à l'excès et avaient un profond mépris pour les Amérindiens, pourtant si chers au cœur du prêtre. «Une bonne partie d'entre eux semblent avoir passé leur vie à se déplacer pour tenter d'échapper à la civilisation au fur et à mesure qu'elle avance vers l'ouest des États-Unis. Mais à partir d'ici, il n'y a nulle part où aller, alors ils ont dû s'arrêter», dira-t-il. L'un d'entre eux en particulier s'était tenu si près de la frontière de toute civilisation, toute sa vie durant, qu'il n'avait jamais vu un chemin de fer. Le prêtre apprit rapidement que dans une collectivité comme celle-ci, le meilleur moyen d'amorcer la conversation était de demander: «Quelle est votre histoire?» Il rencontra des hommes qui avaient combattu lors de la Guerre civile américaine, des colons envoyés par le gouvernement britannique, des criminels en cavale et des femmes ayant fui leur mari. Tous, il les accueillait comme des enfants de Dieu, des brebis perdues à ramener au sein du troupeau. Même les plus endurcis ne pouvaient résister à la chaleur de cet homme qui les considérait tous comme des égaux, les écoutait avec empathie, ne cherchait pas le gain et allait même jusqu'à risquer sa santé, donnant son propre manteau, ses mitaines ou ses bottes à ceux qui en avaient besoin.

Il est étonnant que le prêtre ait réussi à survivre dans le Nord toutes ces années, malgré sa santé fragile. En janvier 1896, le père Judge prit la route avec son traîneau et son chien. Il faisait si froid que le mercure de son thermomètre était gelé. Après une distance d'environ trois milles, la glace céda sous le poids de son traîneau et il dût marcher près de deux cents verges dans l'eau glacée qui lui montait jusqu'aux genoux. «Je continuais d'avancer, tentant d'empêcher mes pieds de geler en marchant aussi vite que possible. Mais mon traîneau était alourdi par la glace et la neige qui le recouvraient après être passé dans l'eau, de sorte que je ne pouvais pas avancer aussi rapidement que j'aurais dû le faire», écrivit-il à sa sœur dans une lettre qui la remplît sûrement d'inquiétude. Il faisait noir. Le père Judge ne pouvait plus sentir ses pieds dans ses bottes détrempées, et il était complètement épuisé. Il envisagea de s'arrêter, de s'enrouler dans une couverture et d'attendre une intervention divine, fût-elle la mort, mais son chien se mit soudainement à aboyer et se rua en avant. À peine quelques minutes plus tard, ils atteignirent une cabane déserte au sommet d'une butte de neige. Il n'y avait ni plancher ni fenêtres et la porte n'avait pas de pentures, mais il y avait un poêle et du bois de chauffage.

Le père Judge n'était toutefois pas au bout de ses peines. Les bûches étaient si froides qu'il n'arrivait pas à allumer un feu. Il dut donc redescendre la butte pour aller chercher une bougie dans son traîneau. Il essaya de mettre ses mitaines, mais tout comme ses bottes, ces dernières avaient complètement gelé après avoir été mouillées dans l'eau glacée, et il n'arrivait pas à les enfiler. Il se traîna tant bien que mal jusqu'au bas de la butte, tentant de protéger ses mains du froid avec ses manches, trouva la bougie, et remonta comme il était descendu. Il parvint finalement à allumer un feu. « Dès que la glace qui recouvrait mes bottes commença à fondre, je sentis une vive douleur au pied droit. Je me dis qu'il était sûrement gelé. Je m'empressai donc de remplir de neige une boîte qui se trouvait dans la cabane. Je retirai ensuite ma botte et constatai que le dessus de mon pied était dur comme du roc... si bien que je n'arrivais même pas à y faire une marque avec mon ongle. Je m'éloignai donc du feu et commençai à frotter mon pied avec la neige glaciale, qui ressemblait plutôt à du verre broyé. Je continuai ainsi jusqu'à ce que la circulation sanguine reprenne à la surface de mon pied, c'est-à-dire pendant au moins une demi-heure », écrit-il. Finalement, il put s'accroupir auprès du feu, mais une autre heure s'écoula avant que son pied soit complètement dégelé. Le père Judge savait bien que lorsqu'on s'y prend comme il l'avait fait « l'engelure est sans conséquence. Mais si on demeure dans une pièce trop chaude, ou si on expose le membre gelé directement à la chaleur du feu avant de le frotter à l'aide de neige jusqu'à ce qu'il rougisse, il se met à se décomposer et on ne peut plus rien faire pour le sauver ». Selon le prêtre, de telles épreuves servaient à tester sa foi. Il remercia humblement Dieu pour son secours et poursuivit sa route.

À l'automne 1896, le père Judge assista à la transformation de Forty Mile de ville animée à ville fantôme dès l'instant où la nouvelle de la découverte d'or par George Carmack à la rivière Klondike se répandit le long du fleuve Yukon. Il sut dès lors qu'il n'avait d'autre choix que de suivre ses ouailles. « À voir avec quelle détermination les hommes le recherchent, même jusque dans ces contrées glaciales et de quelle manière ils sont prêts à se sacrifier corps et âme pour le trouver, on croirait que tout ce qu'il faut pour être heureux dans cette vie et celle d'après, c'est de l'or », écrivit-il. Après une expédition effectuée en janvier au confluent du fleuve Yukon et de la rivière Klondike, afin de voir de ses propres yeux le nouveau camp minier, il retourna à Forty Mile pour prendre sa soutane, sa calotte, sa flûte, son vin de messe et ses quelques remèdes traditionnels. Il remonta ensuite le fleuve jusqu'aux terres qu'il avait réservées pour son église et son hôpital et entreprit immédiatement de commencer la construction des bâtiments, de préparer de la nourriture pour les ouvriers et de se procurer toutes les provisions nécessaires.

Le 28 avril 1897, le père Judge avait 47 ans, et il se sentait vieux. Ses cheveux étaient gris et clairsemés, son corps était décharné, son dos était voûté, et son front était marqué de profondes rides. Lorsqu'il était dans la trentaine, malgré une faiblesse aux bronches et un corps plutôt frêle, il avait été capable de transporter de lourdes charges de bois et de manier la scie pendant des heures. Désormais, son dos le faisait souffrir lorsqu'il passait trop de temps penché au-dessus d'une lettre, de ses plans ou même de son poêle. « La vieillesse commence à se faire sentir », admit-il dans une lettre à sa famille, « mais seulement de temps à autre, et pas assez pour m'empêcher de vaquer à toutes mes occupations ». D'ailleurs, sa souffrance n'était-elle pas le gage de sa consécration à Dieu ?

À Dawson, on avait besoin de lui plus que jamais ; de sa foi, mais aussi de ses connaissances en médecine. Comme le remarqua Bill Haskell : « L'excitation causée par le lavage et l'accumulation de l'or était si grande que bien des hommes y passaient tout leur temps alors qu'ils auraient dû en garder un peu pour faire la cuisine, se laver, etc. Certains survivaient en ne mangeant presque rien, et le peu qu'ils avalaient n'était qu'à moitié cuit. » Le prêtre vit des dizaines de mineurs revenir des champs aurifères en boitant ; ils portaient des bouts de toile en guise de chaussures, ils avaient les cheveux longs jusqu'aux épaules et souffraient de pneumonie, de rhumatismes, de fractures ou de scorbut. Il vit des foules de nouveaux venus débarquer, ces derniers ne sachant pas comment traiter les engelures ou la gangrène. Il savait que la malnutrition était inévitable, puisque les aliments frais étaient presque introuvables. Et la ville était incroyablement malpropre. Comme un journaliste du *San Francisco Examiner* le remarqua avec consternation cet été-là, Dawson était un véritable piège de la mort avec « sa mousse dégoulinante, son eau putride, ses marais lugubres, son bran de scie pourri et son absence d'égouts ». Les malades faisaient la queue devant la tente du père Judge pour quémander de la nourriture et un toit, bien que l'hôpital St. Mary ne fût encore qu'à moitié construit et qu'il ne disposât que de très peu de médicaments ou de lits. Au début du mois de juin, le prêtre reconnut, chez cinq de ses patients, les symptômes de la fièvre typhoïde, conséquence directe des mauvaises conditions d'hygiène. Au départ, l'hôpital devait servir de moyen pour ramener les brebis égarées qui étaient de foi catholique romaine au sein du troupeau, mais le prêtre insistait à présent pour traiter tous les malades, quelle que soit leur religion. Il avait de plus en plus hâte que les sœurs de St. Ann, qui devaient arriver à fin de septembre, viennent le relever au chevet des malades.

Le père Judge n'était pas un homme orgueilleux, mais il aimait qu'on reconnaisse son esprit missionnaire. Au fur et à mesure que le printemps de 1897 avançait, l'homme, très affairé à superviser les ouvriers, à négocier l'achat de provisions et à célébrer la messe, se sentait de plus en plus épanoui. Les commerçants et les propriétaires de saloons de la rue Front saluaient désormais amicalement ce prêtre à la soutane couverte de boue lorsqu'ils le rencontraient. Les femmes, elles, le saluaient plus timidement. Bill Haskell constata que l'hôpital faisait « du bon travail en dépit de grandes difficultés ». Big Alex McDonald, un Néo-Écossais et l'un des « rois du Klondike » les plus prospères, se présenta au père Judge et l'assura qu'il était un bon catholique, qu'il pratiquait la tempérance et qu'on pouvait s'attendre à le voir assister à la messe chaque fois qu'il était dans les parages. Autrefois considéré comme un excentrique, le prêtre était maintenant vu comme la seule personne apte à offrir des conseils désintéressés et du soutien spirituel dans toute la région. Les gens admiraient la générosité de cet homme prêt à donner son propre manteau et à partager sa propre nourriture avec ceux qui semblaient en avoir plus besoin que lui. Il devint un symbole de la noblesse de cœur, dans cette ville où l'altruisme était une notion presque inexistante.

Les conditions de vie continuaient d'être difficiles. Le père Judge devait partager une tente qui laissait passer les courants d'air avec deux des ouvriers qui travaillaient à la construction de l'hôpital. Mais la souffrance faisait du bien à son âme, croyait-il, et une fois la construction complétée, il aurait « l'un des meilleurs logements en ville », avait-il dit à son frère. En constatant tout ce qu'il avait accompli, le prêtre dut réprimer une pointe de fierté afin de ne pas pécher. Il ne s'intéressait pas à l'or : son trésor était ailleurs.

Tandis que le père Judge était occupé à créer son petit coin de paradis à l'extrémité nord de Dawson, dans le centre de la ville, des entrepreneurs se tenaient avec insouciance aux portes de l'enfer. Ces rues remplies de musique tapageuse, de jeux de hasard et d'insouciance avaient valu à Dawson le surnom de « ville qui ne dort jamais ». Bill Haskell aimait bien cet aspect de l'endroit et s'empressait de passer les portes battantes d'un saloon dès son arrivée dans la rue Front. « En matière de corruption des mœurs, Dawson a su éclipser en un rien de temps toutes ses rivales dans le Yukon », observa-t-il. Au printemps, pendant les quelques heures que durait la noirceur, la petite ville isolée avait quelque chose de surréaliste. Les lampes allumées dans les tentes de toile les faisaient luire comme des diamants, et la musique se répandait dans l'air nordique. Dès l'été 1897, le campement était devenu « l'endroit le plus animé qu'on puisse imaginer… Avec la clarté incessante, tous les lieux de rassemblement étaient ouverts, quelle que soit l'heure ».

Harry Ash, qui avait vu la clientèle disparaître de son bar de Forty Mile l'année précédente, s'était installé dans un bâtiment de toile improvisé nommé le Northern Saloon. D'autres propriétaires d'établissements de Forty Mile et de Circle City avaient également décidé de s'installer à Dawson, dans des bâtiments similaires qui arboraient des noms tels que le « Pavilion » ou le « Monte Carlo ». Ces établissements étaient ouverts vingt-quatre heures sur vingt-quatre, tous les jours de la semaine. (Après l'arrivée des *Mounties*, ils durent fermer leurs portes le dimanche, mais la porte arrière était souvent ouverte.) Dans chacun de ces saloons bruyants, on trouvait, longeant un des murs, un long bar en bois aux tablettes remplies de bouteilles de prétendu whisky, qui était vraisemblablement un mélange d'alcool pur et de teinture de kérosène. Des images défraîchies de femmes en tenue légère étaient accrochées aux murs. Les soirs où il faisait particulièrement froid, les poêles à bois chauffaient à blanc, et les clients venaient se mettre au chaud pour jouer au poker, au faro, ou à la roulette. Selon Bill Haskell, bon nombre de tables étaient truquées: « Le donneur savait généralement à quel moment il était nécessaire de faire en sorte qu'une certaine carte gagne la mise. Celui qui s'asseyait à l'une de ces tables de poker douteuses était soit totalement inconscient, soit parfaitement imbécile... Les joueurs professionnels amassaient ainsi de jolies sommes aux dépens des nouveaux venus et des mineurs. » Et puisque les tenanciers de bars n'avaient pas à payer de frais de licence pour la vente d'alcool, leurs frais d'exploitation étaient très peu élevés, contrairement à leurs profits.

Bill n'était pas un joueur. Son argent avait été durement gagné en travaillant sur sa concession; pas question de le gaspiller. Il aimait cependant observer la scène: la franche camaraderie, l'air chargé de fumée bleue, les serveurs aux cheveux longs zigzaguant entre les tables avec des plateaux chargés de verres d'alcool, les verres de champagne à trente dollars la chopine goûtant plutôt le mousseux sucré, et des hommes comme Swiftwater Bill Gates, qui n'hésitait pas une seconde à perdre au jeu près de huit mille dollars de pépites d'or en une seule soirée. Bill Haskell vit un jour un dénommé Shorty tenter de quitter le saloon sans payer ses dettes. Shorty « longea le mur jusqu'à la porte et s'apprêtait à l'ouvrir quand le barman lui lança: « Hé, Shorty, tu n'oublies pas quelque chose par hasard? », raconte Bill dans son autobiographie, encore rempli d'excitation. Un coup de feu retentit dans la pièce enfumée au plafond bas, et la porte, qui était sur le point de se refermer, « s'arrêta net à mi-parcours, laissant entrer un courant d'air glacial... retenue par le corps d'un homme en train de mourir... Shorty fut enterré le jour suivant ». À peine quelques semaines plus tard, les *Mounties* décrétèrent qu'il était désormais illégal de porter une arme à feu dans les débits de boisson de Dawson. Mais ces derniers ne pouvaient rien faire pour arrêter les bagarres résultant de désaccords concernant les concessions minières, d'insultes lancées sous l'effet de l'alcool ou d'accusations de tricherie.

Quand Bill Haskell se lassait de regarder les mineurs dilapider leur fortune, il se dirigeait vers la rue Front et entrait dans l'un des cabarets. Le premier du genre avait ouvert ses portes à la suite de l'arrivée d'un piano à bord d'un des vapeurs qui remontait le fleuve au départ de Circle City. Il s'agissait d'un endroit plutôt délabré aux murs en rondins et au toit en toile. La concurrence ne se fit pas attendre. Dès la mi-mai on commença à entendre, à travers le bruit des marteaux et des scies et des chiens qui hurlaient, le grincement des violons, le tintement du piano et la voix rauque du meneur de danse : « tout le monde balance et tout le monde danse... les femmes au centre... changez de partenaire ! » Les portes des cabarets ouvraient aux alentours de dix-neuf heures et, comme le remarqua Bill, avant minuit ils étaient déjà « remplis de don Juan en habits de mineurs, avec leurs bottes à éperons et leur chapeau à large bord, un cigare entre les dents... Ils s'assoyaient sur les bancs qui longeaient les murs pour fumer et bavarder, appréciant grandement ce petit répit au milieu de la vie monotone qu'ils connaissaient dans les champs aurifères ». À travers le nuage de fumée, on pouvait voir de temps à autre les musiciens, qui jouaient du violon ou du piano de toutes leurs forces, tandis que les mineurs faisaient tournoyer leurs partenaires féminines, qu'ils payaient un dollar par danse. Chaque fois que les portes ouvraient, les passants pouvaient entendre la musique d'une valse ou d'une polka. Les filles des cabarets gardaient la moitié de l'argent qu'on leur versait ainsi que les pourboires et remettaient le reste au propriétaire de l'établissement. Elles pouvaient faire jusqu'à cent dollars par nuit, mais à l'aube, elles étaient « échevelées et complètement exténuées », aux dires de Bill.

Pour les hommes, Dawson était une ville aux possibilités sans limites. Mais la pruderie victorienne qui y régnait faisait en sorte que les femmes, bien qu'elles y soient en minorité (deux cents femmes sur un total de deux mille résidents en juin 1897), se retrouvaient coincées dans une hiérarchie très stricte. Bill Haskell pouvait distinguer d'un seul coup d'œil les femmes respectables de celles aux mœurs légères. Les plus respectables étaient les épouses des prospecteurs, et il les saluait toujours poliment, à moins qu'il s'agisse des femmes tagish ou tlingites de ceux qui habitaient le Nord depuis longtemps, auquel cas il les ignorait tout simplement. À un échelon plus bas se trouvaient les « artistes », qui chantaient des airs populaires sur des scènes improvisées au fond des saloons : Bill les saluait du chapeau, mais il ne se privait pas de leur lancer une remarque désinvolte de temps à autre. À un échelon encore un peu plus bas se trouvaient les filles qui se faisaient payer pour danser avec les mineurs dans les cabarets. Dans son autobiographie, Bill ne fait aucune mention des femmes qui se trouvaient tout au bas de l'échelle : les prostituées. Pourtant, on ne pouvait manquer de remarquer leur présence dans la rue Front, avec leur jupe en laine épaisse (suffisamment courte pour se faire envoyer en prison à Chicago), leur culotte bouffante et leurs bottes éculées. Ces femmes sentaient aussi fort que les hommes : personne à Dawson ne se lavait plus qu'une fois toutes les deux semaines ni ne prenait un bain plus que deux fois l'an. Leurs lèvres étaient gercées et leur peau était aussi rugueuse que celle des mineurs, et la plupart buvaient autant d'alcool que ces derniers, et ce, pour les mêmes raisons : afin de s'engourdir contre le froid et oublier leurs rêves brisés. Comme le racontera un vieux meneur de chiens bien des années plus tard : « les filles paraissaient suffisamment belles aux yeux des hommes qui avaient vécu isolés dans la nature sauvage depuis des mois, voire des années, mais j'imagine qu'elles auraient été plutôt affreuses si on les avait comparées à n'importe quelle femme ordinaire de chez nous ». Après que le Yukon devint accessible, en 1897, les prostituées de Dawson furent rejointes par d'autres femmes, aux vêtements plus propres et à l'avarice plus aiguisée, qui venaient de Seattle, de San Francisco et d'autres villes de la côte Ouest. À cette époque, l'inspecteur Constantine et ses *Mounties* en habit rouge étaient trop occupés à pourchasser les tricheurs aux cartes et les criminels violents pour s'inquiéter des femmes qui erraient dans les rues à la recherche de clients.

Bill accordait peut-être peu d'importance aux prostituées, mais cela ne l'empêchait pas de côtoyer les danseuses des cabarets, qu'il décrit comme étant « jeunes et jolies ». Après tout, il était un jeune homme et venait de passer un hiver long et pénible dans la solitude de sa concession minière avec son grincheux partenaire. Il avait envie de la présence d'une femme, et la vue d'un bas de satin ou d'un jupon de

À Dawson, les prostituées menaient leurs activités au grand jour et veillaient les unes sur les autres dans cette ville inhospitalière.

soie le rendait fou de désir. Mais il y avait tellement d'hommes et si peu de femmes (neuf pour une) qu'il se fit rapidement écarter du plancher de danse. Des querelles éclataient souvent dans les cabarets à l'approche de l'aube, mais de l'opinion de Bill, il s'agissait vraisemblablement de disputes entre deux hommes tentant « d'obtenir l'accord de la même femme pour la prochaine danse ». Romantique dans l'âme, il refusait de croire les rumeurs voulant que des mineurs ivres se soient fait vider les poches par des danseuses, ou encore que certaines femmes « respectables » offrant des services de repas ou de lessive contre rémunération se fissent un revenu supplémentaire grâce à des faveurs sexuelles.

Si Bill était capable d'ignorer les mauvais côtés de Dawson, c'est qu'il avait une vision un peu naïve de l'endroit, qu'il jugeait « moins brutal et plus ordonné » que les autres camps miniers qu'il avait fréquentés. Il s'accrochait à l'idée que les épreuves auxquelles il fallait faire face pour franchir le col Chilkoot et faire de la prospection dans le Nord suffisaient à tenir les hors-la-loi à distance. Il insistait pour dire que les hommes étaient « sobres et prévoyants » en raison des « terribles difficultés auxquelles ils doivent faire face pour devenir riches dans ces contrées, des dangers qu'il leur faut affronter et de toutes les privations qu'ils doivent subir pour se rendre aux nouveaux champs aurifères ». Il était encore plus impressionné de voir les épouses qui parvenaient à franchir les montagnes, entre autres parce qu'elles ne démontraient aucune trace de fragilité physique ou émotionnelle, qui était pourtant considérée comme l'apanage de la féminité dans la culture victorienne. Des femmes comme Ethel Berry, l'épouse de Clarence Berry, un des « rois du Klondike », ou encore Catherine Spencer, dont le mari était propriétaire d'un saloon, étaient à la fois sympathiques, fortes et aguerries. Pour un fils de fermier du Vermont, il s'agissait d'une « révélation, voire même un mystère ». En observant de quelle manière ces femmes retroussaient leurs jupons, abandonnaient leurs corsets et avaient du bon temps, Bill se rendit compte que le Nord offrait à toutes les femmes, et non seulement à celles aux mœurs légères, « une liberté enivrante, en quelque sorte ». Il mit même quelque peu de côté ses propres préjugés pour expliquer de quelle manière une telle femme « parvient à sortir du carcan imposé par la société et, tout en conservant sa féminité, devient plus qu'une simple femme... Elle sort de sa robe pour enfiler un pantalon, dans une région où personne n'en fait de cas ».

Tandis que Bill ajustait peu à peu sa vision de ce qui constituait un comportement « acceptable » pour une femme, les femmes, elles, bravaient toutes les convenances. Dans le monde éminemment masculin des camps miniers, les rigueurs de la grossesse, de l'accouchement et de la vie de mère et même la violence les rapprochaient, qu'elles soient épouses, filles de cabarets ou encore prostituées. Tout le monde connaissait et appréciait Esther Duffie, par exemple, une femme dans la quarantaine, maternelle et sympathique, qui habitait dans le Nord depuis déjà quelques années et qui y avait survécu grâce à son intelligence. Elle possédait des parts dans une concession sur l'un des affluents de l'Eldorado, mais elle n'était pas opposée à l'idée de faire une passe de temps en temps, pour éviter de mourir de faim. « Une des femmes les plus généreuses que la terre ait porté », a-t-on dit à son sujet. « Elle se montrait accueillante envers toutes les femmes. Elles étaient toutes ses amies. »

L'attitude chevaleresque de Bill Haskell et son enthousiasme débordant en firent rapidement le « chouchou », tant des femmes de prospecteurs qui passaient l'hiver dans les champs aurifères en compagnie de leur mari que de celles qui gagnaient leur vie en tant que boulangère, couturière ou cuisinière en ville. Elles le maternaient et faisaient une fournée supplémentaire de pain à son intention quand il quittait le ruisseau Bonanza pour se rendre à Dawson. Leurs petites attentions accentuaient sa solitude et son manque de compagnie féminine. « Une bonne femme vaut son pesant d'or », écrivit-il. « Tant que les mines sont productives et font quelques millionnaires chaque saison, les femmes qui ont le courage de braver les périls du voyage en Alaska et qui n'ont pas trop d'exigences particulières quant à la culture d'origine des candidats ont la possibilité d'épouser un homme riche. » Mais la nature prudente de Bill et son magot de vingt-cinq mille dollars n'étaient pas suffisants pour séduire les quelques femmes qu'il tenta de courtiser. « En réalité, la plupart des femmes de qualité ont certaines exigences quand vient le temps de choisir un époux. »

Lorsqu'il était de passage à Dawson, Bill descendait souvent au quai pour voir arriver les barques artisanales et leurs passagers affamés au menton hirsute. Il réfléchissait au genre de fille qu'il aimerait avoir à son bras – pas du genre de celles à la peau rugueuse et à la voix éraillée qu'il rencontrait à Dawson, mais plutôt de celles qu'il avait connues dans son coin de pays d'origine, une fille à la peau douce et au sourire timide. Il était déjà de retour sur sa concession lorsque le 15 juin, sous le soleil de minuit, une petite femme robuste débarqua sur le rivage. Il s'agissait de Belinda Mulrooney, qui connaissait tout ce qu'il y avait à savoir au chapitre du rejet des convenances. Elle était venue au Klondike pour faire fortune et avait bien l'intention de ne laisser personne se mettre en travers de son chemin. Elle secoua ses jupes, jeta un regard posé au bruyant camp minier puis se retourna et lança sa dernière pièce de monnaie dans le fleuve.

Chapitre 7

Belinda Mulrooney joue sa dernière carte, juin 1897

BELINDA MULROONEY, ÂGÉE DE 25 ANS, DUT CERTAINEment se demander ce qu'elle faisait là en regardant autour d'elle. Elle en avait vu, des campements minables, au cours de son périple qui avait duré dix semaines, et elle s'était montrée capable d'endurer bon nombre de désagréments. Mais tandis qu'elle franchissait à quatre pattes le col d'une montagne ou qu'elle se blottissait à l'abri des embruns dans un bateau, elle s'était accrochée à l'espoir que sa destination – la fameuse ville de Dawson – lui offrirait un peu plus de confort que son abri de toile rudimentaire posé sur un sol boueux. « Après avoir regardé autour, racontera-t-elle plus tard, je me suis rendu compte qu'on ne pouvait rien acheter avec une pièce de monnaie à Dawson. Je lançai donc ma dernière pièce dans le fleuve Yukon et me dis : "Repartons à neuf !" »

Le geste de Belinda attira l'attention de ceux qui avaient l'habitude de flâner près du quai. Ils fixèrent du regard cette intrigante jeune femme qui portait une jupe en serge à mi-mollet, des bottes de cuir et une chemise pour homme à manches longues. Sous son chapeau de feutre et ses cheveux rassemblés dans un chignon, son visage carré arborait un air de défi. À sa contenance assurée et à la déférence des autres passagers à son égard, on voyait tout de suite qu'elle n'était ni une prostituée ni une danseuse de cabaret. Sa voix était grave et rauque, ce qui la faisait paraître encore moins féminine, mais son rire faisait un son délicieux lorsqu'elle discutait avec ses amies. Que faisait-elle donc là, sans mari, ni père, ni frère pour garantir sa vertu ?

Cette femme d'origine irlandaise s'était rendue au Klondike pour les mêmes raisons que toutes les personnes qu'elle avait rencontrées : faire fortune. Son geste, lorsqu'elle lança sa dernière pièce de monnaie dans le fleuve, était certes théâtral, mais il était également trompeur. Elle avait raison : la monnaie ne valait rien à Dawson. Cependant, ses bagages étaient remplis de marchandises qui lui seraient bien plus utiles que l'argent pour démarrer son futur empire commercial dans cette ville isolée du Nord, où la poussière d'or coulait à flots. Mais il lui fallait d'abord trouver un endroit où habiter. Ses compagnons de voyage avaient hâte de se rendre aux champs aurifères, alors elle leur demanda s'ils accepteraient de lui vendre leur bateau. Pour quoi faire ? lui demanda-t-on. Et comment comptait-elle payer ?

« Soyez patients et je vous paierai plus tard », leur répondit-elle. « Il vous faut d'abord vous rendre aux champs aurifères et explorer les lieux. Je vais entreposer vos provisions pour vous si vous acceptez de travailler pour moi pendant trois jours. » Elle leur expliqua ensuite qu'elle avait besoin d'ouvriers afin de démolir le bateau et construire une charpente à l'aide du bois ainsi récupéré. « La vieille toile qui avait été ma tente servit de toit », racontera-t-elle bien des années plus tard. « Il n'y avait pas de plancher. C'est là que j'entreposais les marchandises que j'avais apportées pour les vendre, ainsi que les provisions des prospecteurs. » Ce marché fit l'affaire de tout le monde. Les hommes quittèrent Dawson pour aller jalonner leur concession l'esprit tranquille, sachant que leurs provisions étaient entre de bonnes mains. Les *cheechakos* comme eux devaient dorénavant s'installer ailleurs qu'aux ruisseaux Bonanza ou Eldorado, qui étaient entièrement jalonnés. Ils allèrent plutôt aux abords de ruisseaux tels que Last Chance, Dominion et Gold Bottom. Pendant ce temps, Belinda avait un abri et suffisamment d'espace pour démarrer sa nouvelle vie à Dawson.

La vie de Belinda au Yukon est racontée dans son autobiographie demeurée inédite, qu'elle dicta alors qu'elle était dans la fin cinquantaine. Elle y atténue quelque peu les difficultés liées à la vie au Klondike, exagère ses propres accomplissements et omet volontairement bon nombre d'éléments moins glorieux de ses aventures. On y

Belinda Mulrooney portait rarement de la dentelle ou des froufrous, mais elle connaissait la valeur de ceux-ci dans un endroit comme Dawson.

sent cependant toute la force de sa personnalité : le ton est abrupt, impitoyable et teinté d'humour, sans aucune trace de la douceâtre féminité typique de l'époque victorienne. Elle comprenait l'importance que les gens accordent aux apparences. Son geste de bravade consistant à lancer sa dernière pièce dans le fleuve aux yeux de tous (qu'elle racontera plus tard à maintes reprises à des journalistes) n'était qu'un avant-goût de sa future carrière à Dawson.

Belinda avait de cette ville où elle entendait faire du commerce une vision bien différente de celle de Bill Haskell. Chaque fois que Bill revenait des champs aurifères, il était impressionné de voir à quel point la petite ville prospérait. Un nouveau bar, un nouveau restaurant ou un nouveau saloon ouvrait ses portes tous les deux ou trois jours. Ces bâtiments avaient tous l'air de granges, avec leur plancher en terre battue et leur manque de lumière naturelle, mais Bill y trouvait la compagnie qui lui manquait si cruellement. Aux yeux de Belinda pourtant, le potentiel commercial de Dawson était considérablement sous-exploité. Alors qu'elle déambulait dans les rues pour la première fois, en tentant d'éviter les mares de boue, les excréments de chiens et les déchets d'emballages de tabac, elle remarqua la rareté des boutiques et l'absence d'animaux autres que les chiens. Le long du fleuve, les innombrables tentes en toile usée formaient un véritable labyrinthe, et des centaines d'embarcations amarrées sur la rive frappaient les unes contre les autres. Partout, il y avait des hommes visiblement très occupés à ne rien faire ; certains la dévisageaient avec curiosité, d'autres étaient affalés dans leur embarcation, ronflant bruyamment, sans aucune conscience de ce qui se passait autour d'eux. Elle salua brièvement les curieux de la tête et rabroua tous ceux qui lui adressèrent la parole. Elle vit que les endroits miteux qui s'affichaient comme des « restaurants » ne possédaient généralement que trois ou quatre tables et offraient tous la même nourriture infecte. Les cabanes qui servaient d'habitations n'étaient rien d'autre que des taudis. Les quelques rares femmes des environs étaient habillées comme des clochardes. Belinda s'intéressait peu aux établissements qui servaient de la boisson ou aux maisons de jeu, car c'étaient des commerces d'hommes, mais elle s'intéressait à tout le reste. Malgré sa jeunesse, elle était une femme d'affaires d'expérience qui savait très bien que les besoins insatisfaits étaient nombreux dans une ville comme Dawson.

Belinda Mulrooney, née en Irlande en 1872, avait passé sa petite enfance dans un village décrépit du comté de Sligo, sous les soins de ses grands-parents et de ses oncles. Ses propres parents avaient émigré aux États-Unis peu après sa naissance pour tenter d'échapper à la pauvreté. Elle ne les revit qu'à l'âge de treize ans. Entre-temps, elle dut participer aux corvées de la ferme familiale : traire les vaches, récolter les œufs, égorger les poulets pour le repas, couper du bois pour le feu. Ses oncles lui apprirent à ne jamais s'attendre à un traitement de faveur et, comme elle le disait elle-même, « qu'une femme vivant en compagnie d'hommes et qui n'était pas capable de faire sa part était un fardeau qu'on laissait derrière ». Belinda apprit à ne pas avoir froid aux yeux et grandit, déterminée à toujours demeurer un pas en avant.

De l'autre côté de l'Atlantique, John Mulrooney, le père de Belinda, travaillait dans les mines de charbon Archbald près de Scranton, en Pennsylvanie. Lui et sa femme Maria avaient eu deux autres enfants. Ayant soudain besoin d'une bonne d'enfants, ils firent venir Belinda.

Leur fille aînée ne voulait pas quitter les collines verdoyantes de son Irlande natale. Et pourtant, fidèle à elle-même, Belinda traversa l'océan et elle le raconte avec tout ce qu'il faut de théâtralité. « J'adorais la mer... J'adorais le vent qui soufflait et les embruns... Une fois, un poisson volant sauta et me frappa de plein fouet. Il y avait quelque chose dans mon sang, quelque chose dans la tempête qui m'attirait. »

Après cette grande aventure, son nouveau foyer, situé dans la sombre vallée de Lackawanna River et empestant l'anthracite, fut une terrible déception : « Le trou perdu le plus sale au monde [...] Je détestais [...] ma famille, la saleté et la poussière de charbon. » On attendait d'elle qu'elle s'occupe de la maison et des enfants, y compris deux jeunes sœurs qui s'ajoutèrent à la famille peu après son arrivée. À l'école, les autres enfants riaient de son fort accent irlandais, jusqu'au jour où, « bouillant de colère », elle assena un coup de poing sur le visage de l'un de ses camarades de classe. « Je n'avais qu'une seule idée en tête, amasser suffisamment d'argent pour pouvoir m'en aller de là », raconte-t-elle. Elle se rendit compte que ses parents l'avaient fait venir seulement pour pouvoir l'exploiter, et elle se jura que plus jamais elle ne laisserait qui que ce soit profiter d'elle.

Sa combativité naturelle, jumelée à sa détermination à s'enfuir, transforma Belinda en véritable pit-bull. Dans son autobiographie orale, elle se vante de la manière dont, dans sa jeunesse, elle dût faire face à ses peurs et défier les conventions afin d'amasser de l'argent pour ce qu'elle appelait son « fonds de fugue ». Lorsque les enfants des ouvriers des mines Archbald allaient cueillir des baies pour huit cents la chopine, elle s'aventurait dans les endroits infestés de serpents à sonnette parce qu'on y trouvait les meilleures baies. Si elle rencontrait un serpent, elle le tuait. « Les autres enfants avaient peur d'aller là où il y avait des serpents, ce qui me permettait de remplir mes seaux deux fois plus rapidement qu'eux », raconte-t-elle. Elle réussit également à convaincre le propriétaire d'un chariot à charbon de la laisser essayer de conduire son équipage de mules, bien que ce type de travail fût explicitement interdit aux filles par la loi. Avec sa voix grave et ses longs cheveux dissimulés sous une casquette, elle arrivait à se faire passer pour un garçon et elle était si habile que le charbonnier décida de l'embaucher en cachette. Elle dissimulait tout son argent dans un contenant à café enterré dans le jardin. « Je savais que ma famille ne serait pas d'accord », dit-elle.

Après quatre années passées à se priver, à se démener et à broyer du noir, Belinda s'enfuit enfin. Elle persuada sa mère de l'envoyer à Philadelphie pour visiter une de ses tantes, et dès qu'elle y fut, elle se mit immédiatement à chercher un gagne-pain. En un rien de temps, elle se retrouva dans le quartier huppé de Chestnut Hill, travaillant comme bonne d'enfants chez un riche industriel du nom de George King Cummings. La femme de ce dernier et mère du jeune Jack dont elle avait la garde, Belle Brown Cummings, la prit sous son aile. Madame Cummings admirait la verve et l'ambition de cette jeune irlandaise pleine d'énergie et de bonne humeur. Elle lui apprit à faire des transactions à la banque, l'encouragea à lire tous les livres qu'elle voulait dans l'impressionnante bibliothèque familiale, et discuta avec Belinda de ses plans d'avenir. « Je menais une vie des plus heureuses », racontera-t-elle plus tard. Mais cette vie prit rapidement un triste tournant lorsque la crise économique entraîna l'entreprise de George Cummings vers la faillite.

Alors âgée de vingt ans, Belinda décida de devenir son propre patron. Le fait qu'elle n'avait ni argent ni instruction ne freina nullement ses ambitions. Elle se rendit à Chicago, où elle construisit et exploita un restaurant situé très stratégiquement à proximité de l'entrée de la spectaculaire exposition universelle qui se tenait là en 1893. Lorsque l'exposition se termina et qu'elle vendit son entreprise, elle avait réussi à accumuler huit mille dollars. Bon nombre des entrepreneurs qu'elle avait rencontrés à Chicago se dirigeaient vers l'Ouest en prévision de la foire mondiale qui devait avoir lieu à San Francisco l'année suivante. Belinda décida de les accompagner et d'y construire un restaurant ainsi qu'une pension. Cependant, cette fois-ci, la malchance voulut qu'elle perdît tout dans un incendie.

Cela fut sans doute un revers difficile à essuyer pour cette jeune femme sans foyer ni famille. Mais selon ses propres dires, Belinda prit à peine le temps de souffler. Ses succès jusqu'à maintenant lui avaient permis d'acquérir une confiance à toute épreuve en sa capacité de survivre par elle-même, sans avoir à dépendre d'un homme ; cela était plutôt rare chez les jeunes femmes de sa génération. En réalité, Belinda semblait avoir réussi à se convaincre qu'elle se débrouillait mieux seule que la plupart des hommes de son âge. Observant ce qui se passait autour d'elle afin de déterminer dans quel domaine une jeune fille compétente pouvait trouver un emploi, elle décida de se lancer dans le transport de marchandises. Elle se planta devant le bureau de l'intendant du port de San Francisco et lui dit: «Je veux travailler à bord d'un navire. Je veux travailler à bord de celui qui s'en va en Alaska.» Elle avait vu une affiche au sujet de l'Alaska sur le quai et cela lui avait semblé «loin et exotique». Elle finit par obtenir un poste de steward à bord du *City of Topeka*, qui naviguait vers le Nord le long de la côte du Pacifique afin d'approvisionner les petites villes isolées de la côte sud-est de l'Alaska.

«Il n'y a rien comme de travailler en tant que steward pour aiguiser sa présence d'esprit lorsqu'on est juste un peu trop indépendante pour l'emploi», commenta-t-elle plus tard. «Je me rappelle un vieil Anglais qui voulait que je cire ses bottes. Je lui ai dit qu'il n'en était pas question et que si je retrouvais encore ses bottes sur le pas de la porte, j'allais y verser un pichet d'eau glacée.» Lorsqu'elle n'était pas occupée à remettre les passagers à leur place, elle s'affairait à mettre sur pied un petit commerce en tant qu'acheteuse pour les résidents de l'Alaska. Ces derniers lui passaient des commandes de marchandises disponibles à Seattle, et elle les leur apportait lors de son passage suivant. Selon les dires de Belinda, un certain magasin de Seattle «avait toujours hâte de voir arriver le *City of Topeka* [...] Ils me versaient une généreuse commission, mais je ne les laissais pas exiger des habitants de l'Alaska plus que ce qu'ils auraient payé à Seattle», raconte-t-elle. Elle apprit rapidement que malgré le climat rigoureux et les rudes conditions de vie, les femmes du Nord, qu'elles fussent autochtones ou blanches, appréciaient les petites gâteries telles qu'un joli chemisier ou une robe de nuit soyeuse. La rumeur voulait que Belinda transportât également du whisky, bien que l'alcool fût illégal en Alaska.

Malgré son jeune âge, Belinda Mulrooney savait beaucoup de choses. À la résidence des Cummings, elle avait pu observer la façon de vivre des gens riches et le fonctionnement du monde des affaires. À Chicago et à San Francisco, elle avait appris à saisir une occasion d'affaires lorsqu'elle se présentait, à lire des états financiers et à se faire respecter auprès de ses employés de sexe masculin. Par-dessus tout, elle avait acquis un sixième sens qui lui permettait d'anticiper les revirements de l'économie américaine. Elle voyait bien que les États-Unis étaient encore sous le coup de la dépression qui avait causé la faillite des industries Cummings et poussé Bill Haskell à partir vers le Nord. Mais elle avait également senti un certain enthousiasme entrepreneurial, plus particulièrement lors de l'exposition universelle. Vingt-deux millions de personnes s'étaient rendues à Chicago pour contempler ce nouveau phénomène qui allait révolutionner le monde moderne : l'électricité. Belinda avait été impressionnée par les démonstrations spectaculaires des possibilités qu'offrait l'exploitation de cette nouvelle source d'énergie : des fontaines illuminées, un chemin de fer surélevé, une grande roue munie de mille trois cent quarante ampoules multicolores, la « Tour de lumière » General Electric de soixante-dix pieds de hauteur, un trottoir mobile, des hors-bord, des fours électriques et des aspirateurs. Il était impossible de ne pas sentir l'optimisme dans l'air. C'est sûr, l'électricité allait générer une nouvelle vague d'innovation et relancer l'économie.

Entrepreneure avisée, Belinda savait bien que certains investissements étaient plus risqués que d'autres. Un commerce pouvait toujours faire faillite, un bâtiment pouvait être détruit par un incendie. Un seul investissement lui apparaissait comme une valeur sûre : l'or. Lorsque l'économie faiblissait, le prix de l'or lui, montait. Le précieux métal était toujours une bonne chose à avoir en sa possession, pourvu qu'on arrive à s'en procurer. Un des avantages des nombreux déplacements de Belinda en Alaska était qu'elle était au fait des rumeurs qui couraient au sujet de l'or qu'on y avait trouvé. Sa curiosité à l'égard de l'immense territoire au-delà des montagnes de la chaîne Côtière se mit à croître : « Je voulais voir ce qu'il y avait de l'autre côté de ces montagnes », racontera-t-elle plus tard. Elle était déjà déterminée à prendre le large lorsqu'elle entendit parler d'une importante découverte d'or aux abords d'un des affluents du fleuve Yukon, la rivière Klondike, en 1896. En avril 1897, elle était déjà sur la piste du col Chilkoot.

Un tailleur de Seattle lui avait confectionné des vêtements pratiques qu'elle avait elle-même dessinés. « J'ai laissé tomber les corsets... J'avais trois ensembles : un en velours côtelé, un en tweed et un en serge de couleur marine », raconte-t-elle. Elle apportait avec elle des fruits secs, du beurre en conserve, de la semoule de maïs, du café, de la farine, du bacon et un sac de couchage en fourrure muni d'une doublure en duvet de canard. Il y avait aussi plusieurs contenants métalliques de forme cylindrique dont elle refusait de divulguer le contenu. Son endurance physique fut mise à rude épreuve lors du long et pénible trajet à travers la chaîne St. Elias, qu'elle dut faire à vingt-trois reprises pour transporter tous ses effets par-delà le col Chilkoot. Lorsqu'elle effectua l'ascension verticale pour la dernière fois, elle dut serrer les dents et se concentrer sur chaque pas. Toutefois, son instinct d'entrepreneure, lui, ne flancha pas un seul instant. « Une si petite proportion [de gens] arrivait à se rendre au sommet... Ils faisaient l'ascension une fois, sachant qu'ils devraient la refaire s'ils voulaient avoir de quoi survivre toute une année. Avant même d'avoir fait un premier aller-retour, ils abandonnaient en se disant que c'était impossible. J'achetais donc leur matériel et leurs provisions. »

Peu de gens arrivaient à franchir le col Chilkoot seuls : Belinda faisait partie d'un groupe comptant dix-huit personnes. Une fois en route pour le lac Bennett, où il leur faudrait construire des embarcations pour poursuivre leur route sur le fleuve Yukon, Belinda décida de se rendre utile. Ayant vu beaucoup trop de femmes enfermées dans leur rôle de ménagère, elle détestait faire la cuisine, mais elle jugea qu'elle serait plus utile comme cuisinière que comme ouvrière. Elle choisit donc de préparer la nourriture pour tout le groupe, sans se plaindre. Le matin, elle se levait la première pour allumer le feu et nourrir les chiens avec du poisson séché et de la semoule de maïs. Elle préparait ensuite des crêpes et du bacon pour les hommes. Elle et deux des hommes étaient chargés de se procurer les aliments frais. « Les hommes étaient toujours en train de chasser l'orignal, mais n'en attrapaient aucun. Il y avait cependant du poisson en abondance. » Belinda était experte dans l'art de faire un trou dans la glace et d'y pêcher suffisamment de poisson pour nourrir tout le groupe. Elle faisait ensuite frire ses prises sur un poêle, dans du gras de bacon, puis les servait accompagnés de haricots.

Les hommes apprirent à respecter cette femme énergique, sérieuse et pleine de bon sens. « Je ne me montrai jamais amicale [...] Je ne me mêlais pas au groupe, mais j'étais agréable avec ceux qui avaient certaines connaissances », se rappellera-t-elle plus tard. Pourtant, elle avait à l'égard des animaux une affection à laquelle peu d'humains avaient droit. Elle avait adopté six chiens ayant appartenu à des prospecteurs qui avaient décidé de rebrousser chemin, et les avait affublés de « petits sacs de provisions qui pendaient de chaque côté de leur dos. Pauvres petits ! Ils avaient du mal à avancer sans glisser et leurs pattes se couvraient de glace. Ils étaient misérables et geignaient comme des enfants », raconte-t-elle. « Les morceaux de glace leur causaient des coupures sous les pieds, et je devais les enlever. Je fis faire par les Amérindiens de petites pantoufles en peaux d'animaux que nous attachions aux pattes des chiens. Je faisais tout ce que je pouvais pour les aider, mais tout ce que j'avais pour soulager les coupures, c'était du gras de bacon. L'effet du sel les faisait hurler. Ils faisaient mine de vouloir me mordre, puis se mettaient à me lécher la main [pour montrer] qu'ils ne m'en voulaient pas. »

Belinda était subjuguée par le soleil de minuit et les paysages sublimes du Nord. Elle assista à de « nombreux incidents tragiques » au canyon Miles et aux rapides de White Horse, mais le naufrage de nombreuses embarcations et la mort de plusieurs prospecteurs ne firent qu'accroître sa détermination. Cette femme brusque et coléreuse envers ses compagnons de voyage laissait entrevoir un léger côté romantique lorsqu'elle contemplait la nature : « La beauté… Il est impossible d'exagérer. On dirait que chaque journée, chaque nuit est différente. Un régal pour les yeux. On se sent devenir religieux tout à coup, on se sent inspiré. Ou peut-être est-ce l'électricité dans l'air. Elle nous envahit, nous pousse à avancer… Et on ne peut détacher son regard du ciel. » Après trois semaines à naviguer sur le fleuve, Belinda et ses compagnons de voyage aperçurent pour la première fois Moosehide Slide. Il était près de minuit, le 15 juin. Quelques heures plus tard, ils virent enfin les tentes et les saloons de Dawson. Belinda écouta le son de la musique qui émanait des cabarets, vit les mineurs qui entraient et sortaient par les portes battantes des saloons et décida qu'elle allait s'installer à deux pâtés de maisons au sud de la partie la plus achalandée de la rue Front. « Je voulais un endroit un peu à part des autres », expliquera-t-elle plus tard. Puis elle lança sa dernière pièce de monnaie dans l'eau.

Plusieurs observèrent ce geste de défi avec étonnement. Parmi eux se trouvait Esther Duffie, une femme au caractère maternel qui, depuis plusieurs années, survivait dans le Nord grâce à de petits boulots ici et là et à ses parts dans diverses concessions. Il lui arrivait aussi parfois de se faire payer pour des faveurs sexuelles. Esther vit tout de suite que cette femme qui venait d'arriver, et qui avait la moitié de son âge, était vraisemblablement une âme sœur : une femme qui n'était l'aide ni la victime de personne. Elle était également intriguée par le contenu de ces boîtes en métal cylindrique que transportait Belinda.

Le jour suivant, après s'être confortablement installée dans sa cabane nouvellement construite et avoir fait une courte promenade autour du camp, Belinda se sentit prête à se lancer en affaires. Elle avait déjà fait la connaissance d'Esther (elle n'avait pas vraiment eu le choix, puisque cette dernière s'était assise sur une souche pour observer ses moindres mouvements avec curiosité), ainsi que de deux autres femmes qui étaient passées devant sa demeure. Il s'agissait de deux sœurs : Catherine, l'épouse de Harry Spencer, copropriétaire du saloon Pioneer, et Lizzie, l'épouse de Julius Geise, un ferblantier. Tout comme Esther, les deux femmes se demandaient ce qu'il pouvait bien y avoir dans ces contenants cylindriques.

« J'en ouvris un pour leur permettre de voir ce qui s'y trouvait », aimait raconter Belinda. Elle en sortit un long rouleau de tissu soyeux qui s'ouvrit comme un papillon. Les trois femmes étaient muettes d'admiration devant la pile de robes légères, de jupons, de robes de nuit et de sous-vêtements : des objets de luxe dont Belinda avait l'habitude de faire le trafic en Alaska lorsqu'elle travaillait à bord du *City of Topeka*. Esther, Catherine et Lizzie caressèrent les magnifiques tissus et les frottèrent contre leur visage. Belinda était ravie. « Les filles, leur dit-elle, je vais ouvrir une boutique et vous allez m'aider. Vous connaissez les gens d'ici. Et vous savez comment fixer les prix en poudre d'or, moi je n'y connais rien. Tout cela est très nouveau pour moi. » Les femmes avaient hâte de se mettre au travail. Esther disparut et revint aussitôt avec une balance comme celles qu'on trouvait au bar de tous les saloons. Belinda la nomma donc responsable de la caisse et des ventes. En un rien de temps, Esther était déjà installée derrière le comptoir et criait : « Suivante ! Qui veut une magnifique robe de nuit ? » en direction de la file de plus en plus longue qui se formait devant la cabane de Belinda. Esther refusait d'ouvrir une nouvelle boîte, tant que le contenu des boîtes déjà ouvertes n'était pas totalement vendu, ce qui ajoutait à l'excitation.

Belinda riait sous cape en regardant faire Esther. « Bien des femmes ne savaient même pas comment porter ce qu'elles achetaient, mais elles avaient été privées de luxe depuis si longtemps qu'elles étaient satisfaites du seul fait de posséder de tels articles et de pouvoir les toucher », raconte Belinda dans son autobiographie orale. « Elles ne se souciaient pas non plus du prix. Et moi, je me contentais de regarder Esther mener mes affaires. » Les femmes tutchones et tlingites des prospecteurs s'intéressaient à la lingerie fine tout autant que les autres, au grand dam de leur mari. « Je me rappelle ces vieux prospecteurs, plantés là dans ma boutique, sales et moustachus, protestant : "Mais à quoi cela pourra-t-il bien servir ?" chaque fois qu'Esther dévoilait quelques articles en soie [...] Mais les femmes amérindiennes en étaient folles. Un jour, j'entendis un vieux prospecteur grincheux dire à sa femme qui revenait à la boutique pour s'acheter encore plus de lingerie, une robe de nuit cette fois : "Il n'y a pas à dire, ça va être pratique pour te protéger contre les moustiques !" Malgré tout, les articles de lingerie disparaissaient à mesure qu'Esther les sortait des boîtes. »

Le commerce de la camisole était en plein essor. Belinda voyait bien qu'Esther était une femme intelligente et travailleuse et qu'elle connaissait tout le monde. Elle en apprit beaucoup à regarder avec quelle dextérité cette dernière maniait la poudre d'or. « Elle utilisait sa petite balance, et je ne crois pas qu'elle n'eût jamais besoin de changer les poids, raconte Belinda. Après avoir versé la poudre sur le plateau vide, elle versait ma part dans un sac à l'aide d'un entonnoir. Elle ne se gênait pas pour les lessiver, ces vieux prospecteurs ! » Belinda avait déterminé que sa nouvelle amie lui rapportait un profit net d'environ six cents pour cent. Mais la familiarité avec laquelle les hommes s'adressaient à Esther et la rumeur voulant qu'elle ait « la cuisse légère » dérangeaient Belinda. Elle pouvait comprendre l'origine de cette familiarité : « Elle avait l'un des plus grands cœurs que la terre ait jamais porté, mais lorsqu'elle était ivre, Esther pouvait être une vraie terreur. » Belinda apprit à fermer les yeux sur les écarts d'Esther. Leur amitié la convainquit également d'insister pour que les hommes s'adressent à elle en tant que « Mademoiselle Mulrooney ». Pas question de laisser qui que ce soit l'exploiter.

Belinda profita des premières semaines suivant son arrivée pour explorer d'autres occasions d'affaires. Elle remarqua que bien des hommes, même ceux qui étaient riches en or, n'avaient pas souvent la chance de manger autre chose que du pain, des haricots et du bacon. Elle décida donc de convertir sa cabane en restaurant. (Elle avait déjà fini de rembourser le prix d'achat du bateau qui avait servi à la construction de celle-ci.) Elle suspendit donc une toile de manière à garder un coin un peu plus privé pour ses propres besoins. Comme elle n'aimait pas faire la cuisine, elle demanda à Julius Geise de lui fabriquer un poêle et embaucha Lizzie Geise comme cuisinière. Le restaurant était ouvert en tout temps. Les repas coûtaient toujours deux dollars, et il n'y avait qu'un seul choix de menu, qui changeait tous les jours. Belinda contourna les difficultés d'approvisionnement en achetant les aliments en vrac directement des bateaux qui accostaient ainsi que les provisions que les nouveaux venus apportaient avec eux. « J'allais voir les hommes nouvellement débarqués et je leur offrais de me vendre leurs provisions en échange d'un crédit au restaurant ou contre de l'argent. Ils ne se faisaient généralement pas prier. La plupart détestaient cuisiner pour eux-mêmes ; il fallait couper le bacon à la hache, déballer et remballer les provisions, sans compter tout le gaspillage. »

Les affaires allaient si rondement qu'elle dut bientôt embaucher une autre femme. Sadie O'Hara était une jeune Canadienne de bonne famille et au rire contagieux. « Les hommes venaient au restaurant juste pour la voir et l'entendre rire, tellement elle était jolie », raconte Belinda. Mais Belinda ne baissait pas la garde et elle ne fraternisait jamais avec la clientèle. Si on lui demandait d'où elle venait, elle répondait : « C'est une longue histoire, et je suis terriblement occupée. Je vous raconterai cela une fois l'hiver venu. » Elle s'habillait de manière sévère, avec un chemisier de couleur marine et une longue jupe noire, et avait toujours l'air sérieuse, si bien que Lizzie l'avait surnommée la « maîtresse d'école ». Un jour, un client du restaurant s'aventura à dire qu'elle demandait trop cher : elle le saisit par le collet en moins de temps qu'il n'en faut pour le dire et le poussa vers la porte si violemment que tout le bâtiment trembla. Elle lui cria : « Vous nous traitez d'escrocs ? » Le pauvre homme balbutia qu'il ne s'agissait que d'une plaisanterie, mais Belinda ne voulut rien entendre et insista pour qu'il aille dehors et qu'il y reste. Ce n'est qu'après que Lizzie Geise eût pris la défense de la victime et que son beau-frère, Harry McPhee, eût annoncé que ce dernier allait payer la tournée que Belinda finit par se calmer. Mais Belinda refusa catégoriquement de laisser l'homme entrer à nouveau dans son restaurant. Pour ce qui est de nourrir une vieille rancune, personne ne lui arrivait à la cheville !

Esther, Lizzie et Sadie ayant pris les rênes du restaurant, Belinda était libre de se consacrer à une nouvelle entreprise. Avant la fin de juin, les habitants de Dawson savaient déjà que de nombreux prospecteurs étaient en route et allaient arriver sous peu. Belinda constata qu'il n'y avait nulle part où loger les nouveaux venus. De plus, bon nombre de ceux qui passaient l'été dans les champs aurifères souhaitaient aussi passer une partie de l'hiver à Dawson, et il n'y avait pas de logements pour eux non plus. Belinda décida donc de se lancer dans la construction immobilière. Elle acheta des terrains prêts à construire et embaucha des hommes pour couper du bois ainsi qu'un charpentier et deux ouvriers pour commencer la construction de cabanes. La première cabane fut vendue si rapidement pour cinq cents dollars, qu'elle doubla le prix pour la suivante. En peu de temps, le prix des cabanes de Belinda avait atteint les quatre mille dollars, grâce aux petits à-côtés qu'elles offraient. « Nous récupérions les bâches des voyageurs et les laissions traîner dans le fleuve, retenues par une corde pour les nettoyer. Puis nous les faisions sécher avant de les utiliser comme revêtement intérieur et pour créer des divisions dans les cabanes », raconte Belinda dans son autobiographie. Belinda avait toute une troupe de travailleurs à son service. Outre des ouvriers de construction, elle avait embauché une femme pour confectionner des rideaux, deux hommes pour fabriquer des meubles à l'aide de vieux barils et de branches de bouleau, et un représentant pour mousser les ventes. Elle pensait à toutes sortes de petits détails, comme des crochets pour suspendre les vêtements, ou une cache pour la nourriture. « Ce que les hommes appréciaient le plus », raconte-t-elle en riant « c'était une niche pour leur chien... Nous offrions aussi bon nombre d'autres services. Par exemple, dès la prise de possession de sa cabane, un mineur pouvait s'attendre à y trouver un baril rempli d'eau et à

Belinda (assise dans la voiture) s'imposa rapidement comme une entrepreneure impitoyable, et ce, aux commandes de plusieurs entreprises.

recevoir son premier souper, préparé par une cuisinière du restaurant : un steak d'orignal.

Belinda Mulrooney aimait se tenir au fait de tout ce qui se passait dans le domaine de la construction à Dawson. Elle avait grandi dans une famille catholique, mais avait peu de temps pour la religion. (Plus tard dans sa vie, elle aura pour habitude de dire aux catholiques qu'elle était presbytérienne et aux presbytériens qu'elle était catholique.) Cela ne l'empêcha pas de rendre visite au père Judge, parce qu'elle admirait son travail auprès des malades. Elle fit également la connaissance de l'inspecteur Constantine. Elle s'assura qu'on la présente aux citoyens les plus prospères de Dawson, puisqu'ils constituaient des cibles évidentes pour ses diverses entreprises. Sa meilleure prise fut sans contredit le flamboyant Swiftwater Bill Gates, dont les habitudes de jeu avaient déjà capté l'attention de Bill Haskell.

Gates était un des vieux habitués du Nord; il s'y trouvait déjà, bien avant la découverte d'or dans le Klondike puisqu'il avait travaillé comme laveur de vaisselle à Circle City le printemps précédent. Il ne tenait pas son surnom d'un passage héroïque à travers les rapides de Whitehorse, mais plutôt du fait qu'il avait eu trop peur pour demeurer sur son bateau. Il avait traversé les rapides à pied en trébuchant, en compagnie des femmes du groupe dont il faisait partie. Avant même le milieu de l'année 1897, il avait acquis une part équivalant à un septième d'une concession très productive le long du ruisseau Eldorado, était riche à craquer, et sa réputation de joueur n'était plus à faire. « Quand il se laissait aller, la poussière d'or volait partout », raconte Bill Haskell dans son autobiographie. Un soir, Bill le suivit dans un saloon. Gates s'assit à une table de jeu et en moins d'une heure, y perdit 7500 dollars en pépites d'or. Bill fut impressionné de l'insouciance de Gates devant cette situation. Ce dernier se leva, s'étira lentement et dit : « la chance ne semble pas être de mon côté ce soir. J'offre la tournée ! » Bill Haskell et tous les autres clients de l'endroit se précipitèrent au bar. Selon lui, « cette tournée coûta à Bill [Gates] 112 dollars ». Mais cela ne fit pas sourciller Gates. Il se contenta d'allumer un cigare à un dollar et demi et s'en alla comme il était venu.

Lorsque Belinda entendit parler du type d'homme qu'était Bill Gates, elle se mit aussitôt au travail. Elle avait recruté un vieil Allemand, autrefois peintre de paysages ; elle lui demanda de suivre Bill Gates et de faire une esquisse de lui en compagnie de son équipage de chiens. Puis elle suspendit la toile portant l'esquisse sur le mur d'une de ses cabanes qui venait juste d'être construite (« Mais nous n'avions qu'accroché la toile, de manière à pouvoir la retourner si jamais il n'achetait pas la cabane », raconte-t-elle). Cette cabane comportait également un lit avec literie complète, des chaises recouvertes de fourrure, un seau rempli d'eau propre et muni d'une louche. Connaissant le penchant de Swiftwater Bill pour les danseuses, Belinda ajouta la touche finale visant à séduire les femmes, soit des rideaux confectionnés à l'aide de robes de nuit en soie, pour la chambre à coucher. Lorsque Bill Gates revint de sa concession et qu'on lui montra la cabane, il rétorqua qu'il était capable d'en bâtir une lui-même en quatre jours, pourquoi payer six mille cinq cents dollars ? Mais Belinda était une femme intelligente, et Gates finit par mordre à l'hameçon.

Une semaine plus tard, il déclarait à qui voulait l'entendre qu'il ne vendrait pas sa nouvelle maison même si on lui en offrait dix mille dollars.

À Dawson depuis à peine quelques mois, Belinda avait déjà trois entreprises prospères : une boutique, un restaurant et une entreprise de construction. Elle suivait son instinct. « Les mineurs ignoraient à quel point je savais peu de choses, et je ne les laissais pas s'approcher suffisamment pour qu'ils s'en rendent compte », raconte-t-elle. Mais elle avait de la concurrence : d'autres entrepreneurs de Dawson avaient, comme elle, l'intention d'exploiter les prospecteurs. L'Alaska Commercial Company possédait déjà plusieurs entrepôts près du fleuve, de même qu'une scierie sur la rive nord de la rivière Klondike afin de produire du bois d'œuvre pour son magasin et ses entrepôts. La North American Transportation and Trading Company cherchait elle aussi à établir son propre empire. Les deux sociétés importaient et vendaient toutes sortes de marchandises, et puisqu'il n'y avait pas de banque à Dawson, elles acceptaient souvent de faire crédit à leur clientèle.

Les journées d'été étaient longues et chaudes, et la plupart des nouveaux prospecteurs qui arrivaient à Dawson n'y passaient que quelques jours avant de partir pour les champs aurifères. Dans son restaurant, Belinda avait pu entendre de précieux renseignements, à savoir quels nouveaux ruisseaux on commençait tout juste à exploiter et quelles vieilles concessions allaient changer de main. Elle détermina qu'il était temps qu'elle voie de ses propres yeux les possibilités qui s'offraient à elle dans les champs aurifères.

Le dernier groupe de prospecteurs nouvellement débarqués avait réussi à trouver de l'or là où les vieux habitués juraient qu'il ne pouvait pas y en avoir : dans les collines surplombant le ruisseau Bonanza, maintenant nommées les collines Gold, Cheechako et French. Ces bancs de gravier s'étaient formés dans le lit d'anciens ruisseaux asséchés depuis des millions d'années, et la quantité d'or qu'on y trouvait avait de quoi étonner. Les anciens cours d'eau, visibles aux traces de gravier blanc laissées dans leur sillage, dévalaient autrefois ces collines, déposant pépites et poussière d'or au passage. Au milieu de l'été, Belinda partit en compagnie d'Esther et suivit le sentier menant

L'hôtel Grand Forks était la mine d'or personnelle de Belinda. Elle pouvait y entendre toutes les rumeurs de filon prometteur en écoutant les mineurs discuter au bar.

au ruisseau Bonanza afin d'explorer les collines des alentours. Mais après avoir marché seize milles jusqu'à Grand Forks, à l'endroit où le ruisseau Eldorado se jette dans le ruisseau Bonanza, Belinda fut frappée non pas par le méli-mélo de boîtes à laver, de gravier aurifère, d'amas de boue stérile, de canaux de diversion et de cabanes délabrées, mais plutôt par le va-et-vient qu'il y avait à cet endroit. C'était l'emplacement parfait pour établir un relais.

La vue de deux femmes arpentant la pointe de terre située à la rencontre des deux ruisseaux ne fut pas sans éveiller la curiosité des passants. La plupart se moquèrent du petit bout de femme en jupe longue lorsqu'elle annonça avec un fort accent irlandais qu'elle avait l'intention d'y construire un hôtel plus grand que tout ce qu'on trouvait à Dawson. Quand les propriétaires de saloons de Dawson entendirent la nouvelle, ils s'esclaffèrent en disant qu'elle aurait pu tout aussi bien construire un hôtel au pôle Nord. Mais en peu de temps, Belinda se mit à transporter du bois vers Grand Forks à l'aide d'une vieille mule nommée Gerry, et ses ouvriers commencèrent la construction du bâtiment de deux étages comprenant un spacieux chenil à l'arrière. Belinda donna au relais le nom pompeux d'« hôtel » Grand Forks. Selon les dires d'un certain Frederick Palmer, qui travaillait à l'époque sur sa concession du ruisseau Eldorado, un mineur de l'endroit serait parti de sa concession pour aller dire à Belinda qu'elle ferait mieux de demeurer à Dawson. « C'est vraiment gentil de votre part », lui aurait-elle répondu, mais puis-je vous demander... aimeriez-vous que je vous offre quelque chose à boire ? » Le mineur fut étonné par ce qu'il interpréta comme une offre et lui répondit qu'il aimerait bien cela. Belinda répliqua sèchement qu'elle ne lui donnerait rien. « Vous me dites que si vous ou vos compagnons étiez assoiffés ou affamés, vous préféreriez marcher seize milles jusqu'à Dawson ? Et que les gars qui travaillent de l'autre côté, aux ruisseaux Dominion ou Sulphur préféreraient coucher dans un arbre plutôt que dans un hôtel lorsqu'ils s'arrêtent à Grand Forks pour se reposer en cours de route ? C'est cela ? » Le mineur l'aurait regardée droit dans les yeux et aurait dit en riant : « Vous allez vous en tirer, mademoiselle Mulrooney, vous allez vous en tirer. Les femmes comme vous sont bien capables de s'occuper d'elles-mêmes. Avec une tête comme la vôtre, vous allez posséder le Klondike en entier avant même d'avoir été ici aussi longtemps que moi. » Il ne croyait pas si bien dire.

La construction de l'hôtel Grand Forks fut complétée à la mi-août. Le bar se remplit rapidement d'hommes à grosses bottes et en chemises à carreaux. Le rez-de-chaussée était divisé en deux parties : d'un côté, le bar, de l'autre, la salle à manger. Il n'y avait pas de tables de jeu. À l'étage se trouvait une longue pièce remplie de lits superposés de bonne largeur, chacun muni d'une couverture et d'un rideau, mais non de draps, où quantité d'hommes épuisés pouvaient aller se reposer. Un visiteur de l'époque a raconté que les lits du bas étaient si larges qu'on pouvait s'attendre à se faire réveiller au beau milieu de la nuit par un autre client disant : « désolé de vous déranger, mais je crois que vous allez devoir vous pousser un peu pour faire une petite place ».

Belinda remplissait les verres et servait le bacon et les œufs (au prix exorbitant de un dollar l'œuf) et écoutait les mineurs bavarder. Elle dut bientôt faire venir Sadie O'Hara de Dawson pour lui donner un coup de main. Dans le but d'échapper à la frénésie qui régnait à l'hôtel, Belinda avait fait construire une cabane à l'écart pour Sadie, elle et son plus fidèle compagnon de l'époque, un immense chien très attachant appelé Nero. Il s'agissait d'un saint-bernard croisé, aux pattes et au museau blancs, et aux oreilles et à la tête brunes et soyeuses. Un mineur sans le sou venu d'Angleterre le lui avait laissé. Ayant perdu toutes ses provisions en descendant le fleuve, il n'avait plus les moyens de nourrir le petit chiot affamé qu'il avait apporté. Belinda et Nero formaient ensemble l'un des couples les plus célèbres du Klondike. Elle lui faisait tirer un traîneau pour faire le voyage entre Dawson et Grand Forks. Belinda couvrait ce chien de tout l'amour et de toute la chaleur qu'elle avait toujours refusée aux hommes.

Le coffre-fort en fer de l'hôtel se remplissait de pépites d'or, et sa propriétaire savait tout ce qu'il y avait à savoir au sujet des découvertes d'or et des prospecteurs à la recherche d'investisseurs avant même que la nouvelle ne se rende jusqu'aux entreprises de Dawson. Elle était déjà en train de préparer son prochain projet.

La même semaine où Belinda Mulrooney était arrivée en ville, environ quatre-vingts millionnaires boueux avaient quitté le Klondike en direction de Seattle et d'autres endroits plus au sud. Chacun portait avec lui de cinq mille à cinq cent mille dollars d'or. Clarence Berry était du nombre, de même que sa femme, Ethel, qui portait un collier en pépites d'or. Joe Ladue, qui n'avait pas quitté le Nord depuis treize ans, s'en allait à Plattsburgh, dans l'État de New York, pour demander la main de la petite amie qu'il avait laissée là-bas. « Professeur » Tom Lippy, qui avait été instructeur au YMCA avant de partir pour le Nord et d'acquérir la concession n° 16 aux abords du ruisseau Eldorado, transportait une valise remplie d'or qui pesait deux cents livres. Le jour où les « rois du Klondike » quittèrent Dawson à bord du premier bateau à vapeur de la saison, l'un des saloons enregistra à lui seul des recettes de l'ordre de six mille cinq cents dollars.

Ces personnes et leurs compagnons millionnaires entamèrent le long voyage en aval du fleuve Yukon à bord du *Portus B. Weare*, appartenant à la North American Transportation and Trading Company, et du *Alice*, propriété de l'Alaska Commercial Company. Les pépites et la poussière d'or, emmagasinés dans des pots de confiture, des boîtes de tabac, des sacs en cuir, des sacs en peau de caribou, des coffres, des ceintures et des bouteilles, pesaient en tout près de trois tonnes, et il fallut soulever les navires à vapeur à l'aide de billes de bois pour pouvoir les mettre à l'eau. Même une fois sur l'eau, ces derniers étaient si lourds qu'ils faillirent s'échouer plusieurs fois avant d'atteindre le port de St. Michael. De là, les prospecteurs et leurs trésors poursuivirent leur route à bord de deux navires à vapeur de plus grande taille, l'*Excelsior* et le *Portland* en direction de la côte Ouest américaine.

Belinda savait qu'une fois les « rois du Klondike » arrivés à destination, la ruée vers l'or du Yukon allait commencer pour de bon. Et elle avait bien l'intention d'être prête quand cela se produirait !

Chapitre 8

Jack London attrape la fièvre du Klondike, juillet à octobre 1897

« De l'or ! De l'or ! De l'or ! Soixante-huit riches prospecteurs à bord du vapeur *Portland*. Des tas de métal doré ! Certains rapportent cinq mille dollars, bon nombre en ont davantage, et quelques-uns rapportent cent mille dollars chacun... Le navire transporte au total sept cent mille dollars. »

À Seattle, un reporter audacieux du nom de Beriah Brown était sur le point de déclarer faillite. Lorsqu'il entendit la nouvelle de l'arrivée imminente du *Portland*, le 16 juillet 1897, il était bien déterminé à ce que son journal, le *Post-Intelligencer* de Seattle, soit le premier à couvrir l'événement. Le vapeur était encore au large ; il loua donc un bateau afin d'intercepter le *Portland* à son entrée dans le détroit Puget, grimpa l'échelle de corde qui menait jusqu'au pont et se hâta d'interviewer autant de passagers que possible avant que le navire entre au port. Tandis qu'on amarrait le *Portland* au quai, dans le port de Seattle, Brown était déjà en train de publier son article. Les lecteurs purent y lire que certains des passagers transportaient avec eux des pépites d'or de la taille d'un œuf et que la plupart de ceux qui avaient gagné le gros lot étaient des novices. Une foule s'amassa sur le quai pour voir arriver les « rois du Klondike ». Lorsqu'on vit descendre le premier mineur transportant un sac de cuir bien rempli sur son épaule, la foule s'écria : « Hourra pour le Klondike ! »

L'un après l'autre, les mineurs débarquèrent du *Portland* d'un pas chancelant. Ils étaient amaigris, épuisés, ils avaient le visage ravagé par les rides, la barbe en broussaille et ils regardaient la foule en plissant les yeux. Leur dos était courbé sous le poids des sacs en peau d'orignal et en toile. Seuls quelques-uns d'entre eux transportaient également quelques bagages ordinaires : la plupart ne possédaient rien d'autre que leur or.

Dans une édition subséquente, le *Post-Intelligencer* publia une carte de la vallée du fleuve Yukon portant la mention « La terre de l'or » ainsi que des projections voulant que près de dix millions de dollars d'or (près d'un demi-milliard aujourd'hui) seraient extraits des champs aurifères avant la fin de l'année. Au cours des semaines qui suivirent, les deux journaux de Seattle, le *Post-Intelligencer* et le *Seattle Times* firent tout ce qui était en leur pouvoir pour répandre la fièvre de l'or. Le Klondike était constamment à la une. À la fin du mois de juillet, le *Post-Intelligencer* publia une édition spéciale sur le Clondyke (les variantes orthographiques furent nombreuses au cours des mois qui suivirent). Le *Seattle Times*, quant à lui, décrivait le Klondike comme une terre enchantée débordant de richesses inimaginables. La ville de Seattle tout entière était transportée par l'enthousiasme. Quelques jours à peine après l'arrivée du *Portland*, les conducteurs de tramway de Seattle décidèrent en bloc de partir pour le Nord ; douze membres du corps de police local démissionnèrent pour les mêmes raisons. En un rien de temps, les deux journaux se mirent à déborder d'annonces d'entreprises locales offrant tout le matériel nécessaire pour quiconque voulait partir rapidement vers le Nord. L'entreprise Cooper and Levy annonçait sur toute une demi-page : « Klondyke ! Ne partez pas sans prendre le temps de vous préparer. Là où vous allez, la nourriture vaut plus que l'or et il est souvent impossible d'en acheter, même en payant le prix fort. Nous sommes capables de vous fournir ce dont vous avez besoin, mieux et plus rapidement que n'importe quelle autre entreprise en ville. Grâce à notre vaste expérience, nous savons exactement ce qu'il vous faut et comment le transporter. »

Les « rois du Klondike » et leur navire au trésor étaient une véritable mine d'or pour les grands titres des journaux. La plupart des journalistes de Seattle reconnaissaient, en privé, que l'arrivée du *Portland* n'était pas vraiment une primeur. En fait, on acheminait de l'or en provenance du bassin du fleuve Yukon depuis 1895, année où Bill Haskell entendit parler de l'existence d'or en Alaska pour la première fois. Belinda Mulrooney avait, pour sa part, entendu parler de la découverte d'or au Klondike à l'automne 1896, alors qu'elle faisait la navette entre Seattle et l'Alaska en bateau à vapeur. La presse locale avait fait état de l'arrivée des premières pépites d'or et des rumeurs concernant les richesses que renfermait le bassin du fleuve Yukon cinq mois auparavant. Ce qu'il y avait de différent avec l'arrivée du *Portland* en juillet 1897, ce n'était pas la quantité d'or à son bord, mais bien le fait que les journaux locaux avaient décidé collectivement de se servir de la nouvelle pour atteindre leurs propres fins. Ils voulaient vendre la couverture de cette histoire aux grands journaux de l'Est et stimuler l'économie de Seattle, qui stagnait depuis trop longtemps. Jusqu'alors, ils avaient été très frustrés de constater à quel point on accordait peu d'intérêt à leurs articles, quel qu'en soit le sujet, ailleurs que sur la côte du Pacifique. Beriah Brown s'était lui-même rendu compte à quel point «convaincre un rédacteur en chef d'un journal de l'Est de s'intéresser – ou de croire que ses lecteurs pourraient s'intéresser – à la découverte d'or dans une région aussi isolée que l'Alaska constituait un obstacle insurmontable». Mais l'arrivée du *Portland* était une chance unique pour les journalistes de Seattle de pouvoir enfin appâter les rédacteurs en chef des grands journaux de New York.

L'appât en question prit la forme d'un simple grand titre introduisant l'un des articles de Beriah Brown: «Une tonne d'or pur». En 1897, la dépression qui sévissait aux États-Unis s'était intensifiée et les réserves en or avaient diminué du même coup. Les gens préféraient conserver leurs capitaux et les investissements dans de nouvelles entreprises se faisaient rares. Lorsque Bill Haskell avait franchi le col Chilkoot, à l'été 1896, le politicien populiste William Jennings Bryan faisait campagne pour la présidence des États-Unis sous le slogan: «Vous ne crucifierez pas l'humanité sur une croix d'or». Il avait échoué, tant dans sa course à la présidence que dans sa tentative de libérer la valeur du dollar de son lien étroit avec les réserves en or du gouvernement. Au lieu de cela, la demande pour le précieux métal s'était accrue davantage, et on avait dû rechercher de nouvelles sources d'approvisionnement afin de relancer l'économie. Le monde était prêt à tout pour de l'or.

Brown et ses collègues comptaient bien profiter de cette situation. L'un d'entre eux avait eu connaissance qu'une vague d'excitation s'était emparée de Wall Street après qu'un certain journal de New York ait publié, au début de l'été 1897, un article sur l'acheminement de « dix tonnes d'argent » vers la France. Les spéculations quant à ce que le gouvernement français entendait faire de tout cet argent allaient bon train dans les banques de New York, jusqu'à ce que quelqu'un se rende compte que la cargaison ne valait en réalité que cent vingt mille dollars. Les journalistes de Seattle avaient compris le message : il fallait parler de l'or en termes de poids et non de valeur en dollars. C'est ainsi que les articles qu'ils envoyèrent aux journaux de l'Est au sujet de la cargaison du *Portland* firent état du poids de l'or que contenait le navire et non de sa valeur, qui était d'environ sept cent mille dollars. L'accueil qu'on réserva à ceux-ci fut encore meilleur que ce que leurs auteurs avaient espéré. Presque immédiatement, ils assistèrent à une hausse de la demande pour les mêmes articles qui avaient été refusés tout au long de l'hiver.

L'expression « une tonne d'or » se mit à apparaître dans les grands titres des journaux de partout au Canada et aux États-Unis, et les correspondants de Seattle se faisaient une joie de fournir au monde des milliers de mots au sujet de ce nouvel Eldorado. Les dépêches furent suivies d'un déluge d'articles, de télégrammes, de chroniques et de suppléments décrivant le potentiel incroyable du Klondike et vantant Seattle comme meilleur endroit pour acheter son matériel et se procurer un billet. Tout le continent était atteint de la fièvre du Klondike. À la fin de juillet 1897, mille cinq cents personnes s'étaient déjà embarquées à Seattle à destination du Nord, et neuf autres navires remplis de « Klondikers » étaient encore dans le port, prêts à lever l'ancre. Selon le *New York Herald*, la ville de Seattle avait attrapé « la folie de l'or », mais elle avait aussi réussi à s'imposer comme point d'embarquement à destination du Yukon. Quatre jours seulement après l'arrivée du *Portland*, le *Post-Intelligencer* avait déclaré avec triomphe : « La prospérité est arrivée. Pour Seattle, la dépression est terminée. »

Le navire jumeau du *Portland*, l'*Excelsior*, arrivé deux jours plus tôt, n'avait pas causé autant d'émoi. Le journal l'*Examiner* de San Francisco, propriété de William Randolph Hearst, avait plutôt porté son attention sur l'arrivée récente d'un autre navire, en provenance de Calcutta, le *Annie Maud*, avec à son bord plusieurs passagers atteints de la peste bubonique. Les passagers de l'*Excelsior* prirent donc d'assaut la ville et se mirent à dépenser sans compter. Un vieux prospecteur se rendit dans un restaurant et commanda neuf œufs frais pochés ; il laissa une pépite d'or à la serveuse en guise de pourboire. Un groupe de passagers nouvellement débarqués réquisitionnèrent un wagon à quatre chevaux pour transporter leur trésor jusqu'à la fonderie la plus proche. Selon un témoin de la scène, lorsque ceux-ci vidèrent le contenu de leurs sacs, pots de confiture et boîtes de conserve, l'or recouvrit le comptoir « tel un monticule de grains de maïs ». Au même moment, une vague d'hystérie s'emparait de Seattle et se répandait tout le long de la côte.

Des comptes rendus, rédigés non sans arrière-pensée, au sujet de la cargaison du *Portland* et de l'*Excelsior* suscitèrent un appétit insatiable pour toute information ayant trait à cette ville dont revenaient les rois du Klondike – cette métropole fantastique aux rues pavées d'or, disait-on. Des journalistes furent immédiatement dépêchés dans le Nord. Hearst était furieux que son journal de San Francisco ait raté la plus grande primeur de la dernière année et pour compenser, ordonna une couverture complète des événements dans tous ses journaux. Il chargea Joaquin Miller, un personnage flamboyant surnommé « le poète de la sierra », qui avait déjà couvert les ruées vers l'or précédentes dans les montagnes Rocheuses, de représenter l'ensemble de ses publications. À New York, le magazine *Harper* demanda à Tappan Adney de lui fournir des articles et des photos décrivant ce qui se passait à Dawson et dans les champs aurifères du Klondike. Puisqu'il faudrait plusieurs semaines à ces hommes pour se rendre dans le bassin du fleuve Yukon, certains journaux se mirent à publier des articles fabriqués de toutes pièces, afin de maintenir l'intérêt de leurs lecteurs et de gonfler les ventes. Dans un supplément consacré au Klondike, un des journaux new-yorkais appartenant à Hearst publia l'information surprenante voulant qu'on pouvait y voir « les traces du massacre en grand nombre des premiers colons et explorateurs. À proximité se trouvent les ruines de ce qui était jadis le plus grand poste de traite de la Compagnie de la Baie d'Hudson à l'ouest des montagnes Rocheuses ».

Tappan Adney, correspondant pour le magazine Harper, *s'était procuré des raquettes et une ceinture fléchée métisse à Winnipeg.*

À peine quelques semaines plus tard, des imprimeries de partout aux États-Unis, au Canada et en Angleterre se mirent à distribuer des guides de voyage sur le Klondike. Le gouvernement libéral canadien, à Ottawa, avisé plus tôt cette année-là de la ruée vers l'or imminente par Ogilvie, s'était empressé de publier toute une série de nouvelles lois sur les mines et d'envoyer des *Mounties* supplémentaires dans le Nord afin d'affermir son autorité dans les nouveaux champs aurifères. À présent, les guides de voyage, rédigés à la hâte, contenaient un méli-mélo d'extraits de la législation canadienne, d'articles plagiés, de listes de « matériel nécessaire avant de partir pour l'Alaska » reproduites à partir d'annonces, et de cartes douteuses. À Chicago, E. O. Crewe publia un ouvrage intitulé *Gold Fields of the Yukon and How to Get There* (Les champs aurifères du Yukon et la manière de s'y rendre). À Philadelphie, L. A. Coolidge publia le livre *Klondike and the Yukon Country* (Les contrées du Yukon et du Klondike) un livre dans lequel un des mineurs revenus à bord de l'*Excelsior* affirmait que Dawson comptait trois mille cinq cents habitants et possédait « tout le potentiel d'une future ville prospère ». Le naturaliste de renom Ernest Ingersoll, qui s'était rarement aventuré au-delà du quarante-neuvième parallèle, écrivit *Gold Fields of the Klondike and the Wonders of Alaska* (Les champs aurifères du Klondike et les merveilles de l'Alaska), livre dans lequel il décrit Dawson comme « la métropole du Klondike, et à défaut d'être la plus grande ville du monde, certainement la plus animée et la plus prospère ».

Au fur et à mesure que la fièvre de l'or se propageait, de plus en plus d'âmes désespérées envahissaient les rues et les quais des ports du Pacifique. On pouvait entendre une cacophonie de cris d'animaux : chevaux, bœufs, chiens, mules et chèvres qu'on entassait sur des navires à vapeur déjà surpeuplés. Selon Tappan Adney, bon nombre de ces chevaux n'étaient rien de plus que « des cimetières ambulants... des chevaux boiteux dont plusieurs ont les côtes saillantes comme un baril de whisky et les hanches assez pointues pour y suspendre un chapeau ». Les fournisseurs de matériel et les entreprises d'expédition faisaient des affaires en or. Les clients s'arrachaient tout ce qui portait la mention « Klondike » : soupe, verres, bottes, trousse de médicaments, etc. L'uniforme traditionnel du Klondike consistait en un chapeau à large bord, des bottes hautes, des bas de grosse laine, un long sous-vêtement chaud, une chemise en peau de daim, une veste, un manteau et un pantalon de laine à carreaux. Il fallait ensuite se procurer toutes les provisions et le matériel nécessaires pour se nourrir, se vêtir et s'abriter pendant une année complète, dans un endroit où on ne pouvait pas vraiment compter sur les services d'approvisionnement en raison de l'isolement et du climat. Et pourtant, bien des voyageurs transportaient des articles plutôt étranges. Selon Adney, « un des hommes avait avec lui... une boîte contenant trente-deux paires de mocassins, une caisse pleine de pipes, deux setters irlandais, un chiot bouledogue et un jeu de tennis ». Adney ne put s'empêcher de lui demander s'il prévoyait de vendre tout cela, ce à quoi l'homme répondit : « c'est seulement pour passer du bon temps, vous voyez ».

La ruée fut immédiate, intense – et soudainement, inquiétante. À Ottawa, les autorités canadiennes se rendirent compte subitement que l'été yukonnais était déjà si avancé que bien des chercheurs d'or n'arriveraient pas à se rendre à Dawson avant que le fleuve ne gèle. On publia donc un avis indiquant que dorénavant, toute personne qui prenait la route de Dawson courait le risque de mourir de faim et qu'il lui serait préférable d'attendre le printemps. Le 28 juillet, l'Office des colonies de Londres émit un bulletin avisant les Anglais d'attendre le printemps suivant avant de prendre la route pour l'eldorado. Mais il était trop tard pour renverser la vapeur; une folie collective s'était répandue. En route de New York vers la côte du Pacifique, Tappan Adney s'était arrêté au magasin de la Compagnie de la Baie d'Hudson à Winnipeg afin de se procurer le matériel nécessaire. Malheureusement, les manteaux et les chapeaux de fourrure y étaient déjà en rupture de stock. Il dut se contenter d'un anorak de la Baie d'Hudson et d'une ceinture fléchée métisse, ce qui ne l'empêcha pas d'avoir l'air superbe sur la photo de lui-même habillé en voyageur qu'il envoya à son employeur avec sa première dépêche.

À San Francisco, un fringant jeune homme, robuste et téméraire, sentait la frénésie le gagner. La ruée vers l'or était tout ce qu'il fallait à Jack London, qui n'avait que vingt et un ans. Avec sa démarche de marin et ses incisives manquantes (il les avait perdues lors d'une bagarre), Jack était déjà bien connu dans les environs des quais d'Oakland, de l'autre côté de la baie de San Francisco. Un de ses contemporains a dit de lui que ses yeux d'un bleu éclatant et ses chemises au col ouvert lui donnaient l'air « à la fois d'un marin scandinave et d'un dieu grec ». Jack avait la ferme intention de laisser sa marque, mais il n'avait pas encore déterminé de quelle manière. Il était rongé par l'insécurité et par ses rêves inassouvis. La ruée vers l'or allait changer tout cela. Elle allait permettre à Jack London de se faire connaître comme écrivain à l'échelle internationale et d'établir une réputation qui lui a survécu à ce jour.

Jusqu'alors, la vie n'avait pas été rose pour Jack. Sa frustration et son insécurité lui venaient du fait qu'il avait grandi dans un foyer plutôt instable. Sa mère, Flora Wellman, et son beau-père, John London, survivaient tant bien que mal d'une crise financière à l'autre

Jeune homme fringant aux cheveux en bataille, Jack London était prêt à tout pour échapper à ses boulots de misère et à sa vie dans une maison trop exiguë.

et devaient déménager constamment. Flora était une petite femme égocentrique, passionnée de spiritisme. John était un commerçant raté et un homme sans grande envergure. Le père biologique de Jack était William Chaney, un escroc plein d'arrogance qui avait abandonné la mère de celui-ci pendant sa grossesse et avait refusé d'admettre sa paternité lorsque Jack le lui avait demandé face à face. Ce rejet l'avait marqué pour la vie.

Jack avait dû quitter l'école à quatorze ans pour aider à subvenir aux besoins de sa famille, ce qui ne l'empêcha pas d'être un passionné de lecture. Il passa les sept années suivant son retrait de l'école à occuper de petits boulots à gauche et à droite, et à tout faire pour éviter de sombrer dans la routine. Véritable croisement entre Jack Kerouac et Ernest Hemingway, version 19e siècle, Jack London fut tour à tour pêcheur de saumon, ouvrier portuaire, ouvrier dans une conserverie et buveur excessif. Cherchant l'aventure tant à l'intérieur qu'à l'extérieur des limites de la légalité, il était devenu un marin chevronné et avait appris à se servir de sa petite embarcation pour aller piller les bancs d'huîtres commerciaux de la baie de San Francisco. À dix-sept ans, il se rendit jusqu'en Sibérie et au Japon avec une flottille de chasseurs de phoques. Son physique extrêmement viril et ses cheveux blonds bouclés le rendaient dangereusement irrésistible auprès des femmes.

À dix-neuf ans à peine, il décida de se joindre à une armée de chômeurs qui se dirigeaient vers Washington, en montant illégalement à bord des trains de la Southern Pacific Railroad. Il dira plus tard à un ami : « J'ai pris le train parce que je ne pouvais pas m'en empêcher [...] parce qu'il y avait cette vie en moi, cette envie de voyager dans mes veines que je ne pouvais réprimer [...] j'étais fait ainsi, je ne pouvais m'imaginer faire le même travail à la même heure toute ma vie. » Toutefois, sa grande aventure prit fin abruptement à Buffalo, lorsqu'il se retrouva emprisonné pendant un mois pour vagabondage. La prison fut une expérience très instructive pour Jack. Elle eut premièrement l'effet recherché encore aujourd'hui par les partisans des camps d'entraînement pour jeunes délinquants : la dissuasion par la peur. Mais son épopée vers l'est permit également à ce jeune homme influençable de constater l'extrême pauvreté et les conditions sociales déplorables qui régnaient aux côtés mêmes de la richesse et de l'abondance. Il écrira plus tard, dans un essai intitulé *What Life Mean to Me*[2] : « J'étais né dans la classe ouvrière [...] je me retrouvais plus bas qu'au départ. J'étais dans la cave de la société, dans les profondeurs souterraines de la misère dont il n'est ni convenable ni décent de parler. J'étais dans la fosse, l'abîme, le cloaque humain, le chaos et le charnier de notre civilisation[3]. » Jusqu'à la fin de sa vie, et en dépit de la prospérité dont il put jouir, Jack London ne cessa jamais de critiquer le capitalisme et de promouvoir des solutions socialistes aux problèmes sociaux.

De retour à San Francisco, Jack London décida de reprendre les études et d'obtenir son diplôme afin de pouvoir gagner sa vie comme

2. Titre français : *Ce que la vie signifie pour moi.*
3. Traduction de source inconnue.

écrivain. Il voulait tout d'abord s'extraire de la classe ouvrière, mais il souhaitait également sensibiliser la population aux conditions de vie misérables auxquelles celle-ci était soumise. Il fit rapidement la découverte des écrits de Karl Marx, et décida de se joindre à l'association de débats Henry Clay, un groupe d'Oakland qui trempait dans le socialisme fabien. Mû par ses insécurités personnelles, il se tourna vers l'analyse politique. Il décida de se présenter comme candidat ouvrier socialiste auprès de l'Oakland Board of Education, et récolta 552 votes (un nombre respectable, bien qu'insuffisant). Il n'y avait rien pour le faire taire. Il fit entre autres la une des journaux après s'être retrouvé au tribunal pour avoir contesté un arrêt municipal interdisant les discours politiques impromptus en public. Jack réussit finalement à se faire acquitter après avoir présenté une véhémente plaidoirie.

À l'été 1897, Jack London était fermement déterminé à se sortir de la pauvreté grâce à l'écriture. C'était un plan plutôt ambitieux pour un jeune homme ayant peu d'instruction, sans argent et sans contacts dans le monde de l'édition. Mais il en faisait une véritable obsession. Il se terra chez sa mère à Oakland et s'obligea à écrire jusqu'à quinze heures par jour. Il toucha à tout: roman, poésie, essais, vers humoristiques, etc. Il frappait si fort les touches de sa vieille machine à écrire de marque Blickensderfer qu'il en avait des ampoules aux doigts. Mais les choses n'allaient pas bien pour lui. Ses créations littéraires étaient affectées et peu convaincantes. Les lettres de refus s'accumulaient au même rythme que ses dettes. Il avait mis en gage tout ce qu'il possédait –ses livres, ses vêtements et son avenir – et il se sentait pris au piège. Il était prêt à tout pour se sortir de cette situation. C'est à ce moment précis que l'*Excelsior* entra au port de San Francisco. Prendre part à la ruée vers le Nord était un pari incroyablement risqué, mais l'occasion était trop belle. Il dit à un ami qu'il souhaitait « mettre sa carrière en suspens et [prendre] la route de l'aventure pour courir après la fortune ». Pour reprendre une expression du romancier E. L. Doctorow, Jack « bondit dans l'histoire de son époque comme on monte sur le dos d'un cheval ».

Jack n'a laissé derrière lui que quelques écrits personnels inédits au sujet de ses aventures dans le Klondike: quelques lettres et un journal relatant son voyage de retour. Il mentionne cependant ses années passées dans le Nord dans les deux versions publiées de son autobiographie: *John Barleycorn*[4] et *Martin Eden*. Une photo de lui prise pendant qu'il escaladait le col Chilkoot a par la suite refait surface. On y remarque un jeune homme court et mince à l'air timide, au milieu d'un groupe d'hommes qui semblent tous plus âgés, plus costauds et plus endurcis que lui. Pourtant, bon nombre de ceux qui ont fait sa connaissance dans le Nord ne l'oublièrent jamais et se firent une joie de parler des souvenirs qu'ils avaient de lui lorsque le jeune homme devint un écrivain célèbre quelques années plus tard. Jack lui-même fit maintes fois référence à son expérience dans le Nord dans ses nouvelles et ses romans, plus particulièrement dans ses œuvres les plus célèbres: *The Call of the Wild*[5] publié pour la première fois en 1903 et *White Fang*[6], publié en 1906.

À l'instar de Bill Haskell, Jack ne cherchait pas seulement à s'enfuir lorsqu'il s'embarqua sur un navire pour remonter la côte. Cet homme avait grandi en entendant des histoires d'aventures se déroulant aux confins de la civilisation. La Ruée vers l'or du Klondike nourrissait en lui un désir beaucoup plus profond que la simple recherche de l'or. Il en parle d'ailleurs dans son deuxième recueil de nouvelles intitulé *The God of His Fathers (and other stories)*[7]: «Sans doute les territoires nouveaux étaient-ils pour la plupart stériles, mais plusieurs centaines de milliers de milles carrés de terres glacées donnaient au moins la possibilité de respirer un air libre à ceux qui, autrement, auraient étouffé chez eux.» Jack voulait se sentir comme un homme et non comme le rouage d'une machine. La frontière sauvage était l'endroit où de jeunes hommes rebelles, las du peu de perspectives d'avenir pour eux-mêmes comme pour leur nation, pouvaient vivre une authenticité brute et des émotions véritables. C'est ce qu'il comptait faire.

Mais comment trouver l'argent nécessaire pour s'y rendre? Jack ne possédait plus rien d'autre que les vêtements qu'il portait. Quelques heures à peine après l'arrivée de l'*Excelsior*, il faisait la tournée des journaux locaux, les suppliant de l'envoyer dans le Nord comme jour-

4. Livre également publié en français sous les titres *Le cabaret de la dernière chance* et *Mémoires d'un buveur*.
5. Titre français: *L'appel de la forêt* [*sic*] ou *L'appel sauvage*.
6. Titre français: *Croc-Blanc*.
7. Titre français: *Le Dieu de ses pères*.

naliste. Mais des dizaines d'autres écrivains en herbe avaient eu la même idée, et plusieurs chroniqueurs de renom étaient déjà en route. Le poète Joaquin Miller, un ami de Jack, aimait raconter qu'il s'était embarqué à bord d'un navire « avec quarante livres de bagages sur le dos et les yeux tournés vers les étoiles ».

Heureusement pour Jack, son beau-frère s'était lui aussi laissé emporter par la frénésie générale. On pouvait difficilement imaginer un plus mauvais candidat pour prendre part à la ruée : le vieux capitaine James Shepard était un vétéran de la guerre civile et avait le cœur fragile. Il était le mari de la demi-sœur de Jack, Eliza. Shepard était si enthousiaste à l'idée de partir qu'il offrit à Jack de lui avancer l'argent nécessaire, s'il acceptait de l'accompagner. En échange, Jack devait se charger de transporter tout le matériel. Le plan du capitaine impliquait également qu'Eliza allait devoir hypothéquer leur maison. Pourquoi pas ? Les deux hommes s'encourageaient mutuellement dans leur empressement : il fallait risquer le tout pour le tout. Charmian London, la seconde épouse de Jack et l'auteure d'une biographie à son sujet[8], décrit ce qui se passa par la suite : « Jack n'avait jamais eu le plaisir de dépenser autant auparavant. L'argent d'Eliza s'écoulait comme de l'eau : manteaux doublés de fourrure, chapeaux de fourrure, bottes longues et chaudes, mitaines épaisses, chemises de flanelle rouges et sous-vêtements chauds de la plus haute qualité... Le nécessaire de voyage pour se rendre dans le Klondike comprenait également des provisions de nourriture pour un an, des outils pour l'exploration minière, des tentes, des couvertures, des poêles, tout ce qu'il fallait pour vivre et construire des embarcations et des habitations. À lui seul, Jack en avait pour près de deux mille livres de bagages. »

Jack passa quarante-huit heures à tout rassembler à la hâte. Sa mère fut horrifiée en entendant la « terrible nouvelle ». Elle lui écrivit pour le supplier « d'abandonner son projet, car [elle] était persuadée qu'il allait y trouver la mort et [qu'elle] ne le verrait plus jamais ». Mais il ne répondit pas à ses supplications. Le dimanche 25 juillet, onze jours seulement après l'arrivée de l'*Excelsior*, l'*Umatilla*, de la Pacific Steamship Company, quitta le port de San Francisco avec à son bord Jack London et James Shepard. Jack avait dans sa poche un guide sur

8. Biographie intitulée *The Book of Jack London*, parue en français sous le titre *Les aventures de Jack London*.

Skagway (ci-dessus) était un port en eau profonde muni d'un quai, mais ici comme à Dyea, les voyageurs transportaient eux-mêmes leurs bagages sur la plage boueuse pour éviter des frais supplémentaires.

le Nord dont l'information n'était malheureusement déjà plus d'actualité: *Miner Bruce's Alaska*. Le navire à vapeur qu'il occupait était conçu pour transporter deux cent quatre-vingt-dix passagers: il en transportait quatre cent soixante et onze. Plus d'un millier de personnes étaient présentes pour saluer le départ du navire.

Durant les huit jours que dura le périple pour remonter le long de la bande côtière de l'Alaska, Jack et Shepard décidèrent de former une équipe avec d'autres passagers en vue du long trajet qui les attendait. Deux d'entre eux possédaient des aptitudes manuelles qui leur seraient très précieuses. Merritt Sloper était un homme mince de quarante ans, toujours de bonne humeur, qui revenait tout juste d'Amérique du Sud et qui savait construire et manœuvrer des bateaux. Jim Goodman était costaud, il aimait la chasse et avait de l'expérience dans la prospection minière. L'autre, Fred Thompson, n'avait aucune expérience pour ce qui est de vivre à la dure, mais il tenait un journal de bord. C'est dans ce journal que Jack puisera l'information factuelle pour bon nombre de ses nouvelles, des mois et même des années plus tard, longtemps après que tous deux aient quitté le Klondike.

Le journal de Fred est rédigé de manière très succincte : la plupart du temps, il ne fait qu'y décrire les progrès réalisés par rapport à leur destination, d'abord en direction de Juneau, puis entre Juneau et le canal Lynn jusqu'au misérable et minuscule port naturel de Dyea, puis de là jusqu'au redoutable col Chilkoot : « 2 août : arrivée à Juneau... 6 août : toujours en route vers Dyea... 8 août : repos au campement toute la journée et achat d'un bateau pour dix dollars afin de transporter notre matériel jusqu'à la voie navigable, à six milles en amont de Dyea... 12 août : début du transport de nos provisions dans des sacs à dos pour établir notre cache à un mille en amont du fleuve ». Tandis que le petit groupe continue d'avancer vers le Nord, Fred se permet rarement d'admettre à quel point le voyage est éprouvant. Toutefois, il lui arrive de ne pouvoir faire autrement : « 19 août : il pleut en ce moment, mais il semble que nous devions poursuivre notre route... 23 août : la pluie... et que dire de la boue... le sentier est très difficile et nous nous rapprochons de la neige, il fait très froid ce soir ».

La piste Chilkoot grouillait de chercheurs d'or cet été-là. La plupart, provenant des grandes villes, étaient peu préparés pour ce genre d'aventure. Les diverses haltes le long du sentier de dix-sept milles de longueur étaient désormais aussi connues que les stations du chemin de croix. Peu importe la saison, le sentier était toujours ardu, mais Jack et ses compagnons l'entreprirent pendant la période la plus difficile de l'année. Bill Haskell et Belinda Mulrooney avaient fait le trajet au printemps, ce qui leur permettait d'utiliser des traîneaux sur la neige et la glace afin de transporter leur lourd chargement. Jack et sa troupe, quant à eux, durent faire face à la boue, aux glissements de terrain, à la pluie incessante, aux dangereux passages à gué, aux ponts en rondins d'une solidité douteuse, ainsi qu'à une foule de chercheurs d'or se bousculant sur l'étroit sentier. Aux alentours de Dyea se trouvaient également des centaines de porteurs amérindiens : des hommes, des femmes et des enfants des peuples chilkat, tlingit, stick et tagish des environs. Toutefois, le prix du transport par porteurs était désormais de plus de trente sous la livre, comparativement à moins de dix sous la livre par le passé. Cela revenait à six cents dollars la tonne, un prix que Jack et ses compagnons ne pouvaient se permettre de payer. Pour pouvoir poursuivre leur route, ils durent faire comme Bill Haskell et Belinda Mulrooney avant eux, c'est-à-dire diviser leur chargement en plus petites charges et les transporter par-delà le col Chilkoot en faisant plusieurs allers-retours. Pour transporter tout son matériel sur une distance d'un mille, un voyageur devait en marcher trente-neuf, dont vingt sur une pente ascendante avec un sac sur le dos. Des centaines de personnes abandonnèrent le projet en voyant ce qui les attendait ; ce fut le cas du capitaine Shepard. Après quelques jours à peine de marche, il décida de rebrousser chemin « en raison de ses rhumatismes très sévères », selon Fred. Jack, lui, était soulagé.

À partir de Dyea, Jack et ses compagnons purent traîner ou pousser leur matériel dans un bateau sur une distance d'environ cinq milles, le long de la rivière Taiya jusqu'à la pointe Finnegan. Pour les douze milles suivants, les hommes durent franchir des marécages couverts de débris ainsi qu'un sombre canyon bordé d'épinettes jusqu'à Sheep Camp, puis des glaciers en surplomb, jusqu'à la halte qu'on appelait « The Scales » (ce qui signifie « la balance »), et ce, toujours en transportant leur lourd chargement. Les hommes se trouvaient maintenant à tout juste un mille du sommet, mais comme Bill Haskell avait pu s'en rendre compte avant eux, il fallait y escalader un rocher glacé en pente très abrupte, la plupart du temps à quatre pattes. Lorsque Jack effectua cette partie du trajet, il se trouvait dans la file sombre qu'on peut voir sur les photos prises par Eric Hegg – une file dont personne n'osait s'écarter de peur de ne pouvoir y retrouver une place.

Selon ce que raconte Jack lui-même dans son récit autobiographique *John Barleycorn*, il était heureux. L'ascension de la piste Chilkoot puis la traversée du lac Lindeman, sept milles après avoir franchi le sommet, furent l'occasion pour lui de tester intensément sa force physique et sa virilité : de telles occasions se faisaient de plus en plus rares au tournant du siècle en Amérique. « Je venais d'atteindre mes vingt et un ans, et je débordais de vigueur », écrira-t-il. Il affirmera même qu'une fois arrivé au lac Lindeman, il arrivait encore à trans-

Sur cette photo prise à Sheep Camp, le long de la piste Chilkoot, Jack est le jeune homme qui se tient un peu en avant du groupe d'hommes au centre. À gauche de lui, on peut voir Jim Goodman et à droite, Fred Thompson (l'homme à demi assis).

porter plus de bagages que bien des Amérindiens. Animé par la discipline et la volonté nécessaires pour continuer, vêtu seulement de son sous-vêtement rouge, il avançait avec ses lourds sacs à dos retenus par des courroies autour de ses épaules et de sa tête. « La dernière étape jusqu'au lac Linderman [sic] était de trois milles. Tous les jours je faisais quatre voyages et chaque fois, à l'aller, je transportais cent cinquante livres sur mon dos. Autrement dit, je parcourais quotidiennement vingt-quatre milles de pistes impraticables, et pendant la moitié du trajet, cette énorme charge m'écrasait les épaules. » Son triomphe à la fin compensa largement la douleur qu'il sentait dans ses muscles et dans ses poumons de même que la brûlure de la sueur dans ses yeux.

La piste Chilkoot représentait pour Jack London plus qu'un défi sur le plan physique. Tandis que son corps s'activait sous une poussée d'adrénaline, ses yeux observaient le drame humain qui se jouait autour de lui. L'or était le but ultime qui le poussait à avancer, mais il n'avait pas abandonné ses ambitions littéraires et il avait devant lui la matière brute dont rêve tout écrivain. C'était exactement ce qui lui manquait lorsqu'il s'était fait des ampoules aux doigts à force de taper sur sa vieille machine à écrire : des expériences exceptionnelles qu'il pourrait polir quelque peu pour en faire des histoires d'aventures susceptibles d'intéresser les lecteurs américains. Il emmagasina donc dans son imagination autant de menus détails qu'il le put, pour s'assurer que ce qu'il écrirait plus tard, tout en comportant quelques exagérations nécessaires au chapitre des tensions et des drames, puisse demeurer exact en ce qui concerne les faits. Dans le roman *A Daughter of the Snows*[9], qui parut cinq ans plus tard, Jack décrit sa terrible épreuve dans les montagnes : « On se trouvait ramené des années en arrière, car les moyens de transport étaient des plus primitifs. Des hommes qui, de leur vie, n'avaient soulevé que de légers colis étaient devenus de véritables portefaix. Ils ne regardaient plus le ciel, mais demeuraient éternellement courbés vers la terre. Chaque dos se transformait en selle, et la blessure des courroies mordait les chairs. L'effort inaccoutumé faisait tituber les hommes comme des ivrognes jusqu'au coucher du soleil. »

Juste avant de parvenir au sommet du col Chilkoot, alors que Jack et son groupe étaient à leur campement, ils furent surpris par une rafale de neige précoce. Les conditions météorologiques extrêmes lui inspireront plus tard cette hyperbole : « La rafale assena, à ce moment même, une large claque sur la tente tandis que le grésil crépitait contre la toile légère [...] quelques tentes toutes trempées formaient un premier plan lamentable ; derrière, la pente fangeuse aboutissait à une gorge que balayait le torrent descendant de la montagne. Sur cette pente, quelques maigres sapins rabougris rampaient misérablement, avant-garde peureuse de la forêt voisine. Au loin, sur le versant opposé, on pouvait distinguer, à travers les hachures de la pluie, les contours blanc sale d'un glacier. À l'instant même, entraîné par quelque convulsion souterraine, le front massif du glacier s'effondra dans la vallée ; et le tonnerre de la chute domina la voix perçante de l'ouragan[10]. »

---

9. Titre français : *Une fille des neiges*.
10. Extrait de la nouvelle intitulée *Siwash* (traduction de Louis Postif et S. Joubert, Paris, Phébus, 2009).

Deux semaines à peine après le passage de Jack dans cette région, un glissement de terrain emporta une partie du sentier. Au moins un homme fut tué dans l'incident et plusieurs autres furent blessés, sans compter que des dizaines de tentes et une grande quantité de matériel se retrouvèrent engloutis sous des tonnes de roche et de boue.

Jack était tout particulièrement préoccupé par le sort épouvantable que subissaient la plupart des chevaux emmenés dans le Nord par les chercheurs d'or. À l'été 1897, bon nombre des groupes qui se dirigeaient vers le Klondike choisirent de traverser la chaîne St. Elias par un autre chemin, soit en passant par le col White. La nouvelle piste, qui débutait à Skagway, à proximité de Dyea, était plus longue que la piste Chilkoot, mais elle était moins élevée en altitude (2 900 pieds au-dessus du niveau de la mer). En théorie, les voyageurs étaient censés pouvoir transporter leur matériel à dos de cheval ou de mule. Dans les faits, la plupart de ces bêtes mouraient en cours de route. Bon nombre d'entre elles (comme l'avait remarqué Tappan Adney dans le port de Seattle) n'étaient déjà pas très en forme avant le départ. Leurs propriétaires ne savaient pas comment en prendre soin, et il n'y avait nulle part où trouver du fourrage en cours de route. Sur le versant nord, là où les pistes Chilkoot et White se chevauchaient, Jack London et ses amis entendirent d'autres voyageurs raconter comment, pour reprendre les paroles notées dans le journal personnel de Fred Thompson, « il y avait tellement de cadavres de chevaux et de mules que si on les mettait côte à côte, on marcherait sur de la chair animale tout le long de la piste, soit 50 milles ». Plus tard, les *Mounties* estimeront à trois mille le nombre de chevaux morts par suite de mauvais traitement, de malnutrition ou de surmenage le long de cette route.

Pour écrire la nouvelle « Which Make Men Remember[11] », publiée en 1901 dans le recueil intitulé *The God of His Fathers*[12], Jack London s'inspira des récits qu'il avait entendus concernant les horreurs de la piste White. « Les chevaux tombaient comme des mouches dès les premiers froids, [...] leurs cadavres pourrissaient par monceaux. Ils mouraient aux rochers, ils s'empoisonnaient au sommet et crevaient de faim aux lacs. Ils tombaient sur le bord de la piste, quand elle exis-

11. Titre français : « Quand un homme se souvient ».

12. Titre français : *Le Dieu de ses pères*.

tait, ou passaient à travers la glace de la rivière ; ils se noyaient avec leurs fardeaux ou s'écrasaient contre les rocs ; ils se rompaient les jambes dans les crevasses ou se cassaient les reins en tombant à la renverse avec leurs ballots ; ils disparaissaient dans les fondrières, s'enlisaient dans la vase, s'éventraient dans les marais où les rondins de bois s'enfonçaient à pic. Leurs maîtres les abattaient ou les faisaient trimer jusqu'à ce qu'ils tombent d'épuisement, puis revenaient à la côte et s'en procuraient d'autres. Certains ne prenaient même pas la peine de les achever : ils leur enlevaient leur harnachement, arrachaient leurs fers et les abandonnaient où ils étaient tombés. Ceux qui ne sombraient pas dans le désespoir avaient des cœurs de pierre : ils devenaient des bêtes, ces hommes de la piste du Cheval mort[13]. »

Le petit groupe dont faisait partie Jack London arriva au lac Lindeman le 8 septembre, six semaines après que Jack ait quitté San Francisco. En cours de route, lui et ses compagnons s'étaient joints à un autre groupe d'hommes ; ensemble, ils avaient construit deux bateaux : le *Yukon Belle* et le *Belle of the Yukon*, à bord desquels ils allaient naviguer – parfois à la voile, parfois à la rame – et qu'ils allaient quelquefois devoir tirer de la rive, le long des six cents milles de lacs, de rivières et de fleuve qui les séparaient de Dawson.

Les jours devenaient de plus en plus courts. Le vent soufflait du Nord. Il y avait du gel ou de la neige au sol tous les matins lorsque les hommes s'extirpaient de leur tente. Tous avaient la même crainte, que Jack décrit dans sa nouvelle intitulée « The One Thousand Dozen[14] », publiée en 1904. « Une grande anxiété planait sur le chantier où se construisaient les barques. Les hommes travaillaient frénétiquement du matin au soir jusqu'à l'épuisement, calfatant, clouant, déployant une hâte fébrile dont il était aisé de deviner la raison. Chaque jour la neige s'accumulait sur les pentes rocheuses exposées au vent, les tempêtes se succédaient, accompagnées de grésil et de neige, et dans les vallées abritées, les cours d'eau se couvraient d'une couche de glace qui s'épaississait d'heure en heure. Chaque matin, des hommes harassés par le labeur tournaient vers le lac leurs visages blêmes pour voir s'il n'était pas pris. Le gel du lac anéantirait, en effet, leur dernier

13. En anglais, la *Dead Horse Trail*.
14. Titre français : « Les mille douzaines d'œufs ».

espoir de descendre en bateau le courant rapide avant que toute navigation devînt impossible sur la chaîne des lacs. »

Vers la fin de septembre, Jack avait réussi à munir les bateaux de bômes et de voiles pour faire la traversée des lacs Lindeman et Bennett. « Il fait très froid », nota Fred dans son journal. Le seul sujet de conversation au campement était la pénurie de nourriture à Dawson à l'approche de l'hiver. Bien des voyageurs avaient conclu que l'aventure était pure folie et étaient repartis. Mais Jack et ses compagnons n'avaient pas l'intention de battre en retraite. Au lac Tagish, ils virent un drapeau britannique en loques : c'était le tout nouveau poste des douanes canadiennes. Les douaniers, appuyés par un détachement de *Mounties*, stoppaient tous les bateaux pour s'assurer que les passagers transportaient suffisamment de provisions, et pour percevoir les droits de douane sur les articles n'ayant pas été achetés en territoire canadien. Jack et sa troupe rusèrent pour passer sans trop de heurts. « Grâce à notre stratagème, nous avons réussi à ne payer que vingt-et-un dollar cinquante : d'autres, moins à leurs affaires, durent payer beaucoup plus, et certains, n'ayant pas l'argent pour payer, se virent confisquer leur matériel par les douaniers », nota Thompson.

Les hommes durent se hâter : le temps se refroidissait. « Neige, vent, froid toute la journée, impossible d'avancer », inscrivit Fred Thompson dans son journal, le 1er octobre. Ils allaient bientôt manquer de temps. Les centaines de voyageurs qui attendaient pour traverser le lac Marsh savaient tous très bien que le vent glacial annonçait le gel : il leur fallait absolument traverser au plus vite, sinon ils devraient passer l'hiver dans leur campement improvisé, en espérant que leurs provisions allaient durer. Il fallut six jours à Jack et ses compagnons pour effectuer la traversée à bord du *Yukon Belle,* mais ils parvinrent enfin au fleuve Yukon. Il leur fallait maintenant faire face à la partie la plus effrayante du voyage en bateau : le canyon Miles et les rapides White Horse. Bill Haskell et Joe Meeker avaient failli perdre la vie en franchissant ces rapides quinze mois auparavant, et presque tout leur matériel avait été emporté par le courant. Par la suite, Belinda Mulrooney avait réussi à traverser ces eaux vives avec leurs tourbillons, leurs rochers et leurs bancs de sable sans trop de problèmes, mais au moins dix-neuf bateaux de bonne taille y avaient chaviré et pas moins de deux cents chercheurs d'or s'y étaient noyés. On pouvait voir des dizaines de croix de bois le long de la rive.

Jack se prépara à diriger son bateau surchargé à travers les remous du canyon Miles, sous l'œil attentif de plus d'un millier de spectateurs qui le regardaient du haut de la falaise. Pendant quelques secondes, tout ce qu'il put voir fut des « murs de pierre qui filaient comme deux trains qui se passent à la vitesse de l'éclair ». Trois milles plus loin, et moins de deux minutes plus tard, apparaissaient les rapides White Horse. Grâce à son expérience de marin, Jack et le *Yukon Belle* s'en sortirent indemnes.

Les hommes pouvaient désormais traverser le lac Laberge, puis laisser leur embarcation suivre le courant du fleuve, tout en évitant les bancs de sable, pour se préparer ensuite à franchir les rapides Five Finger et Rink. Chaque jour, de plus en plus de glace se déversait dans le fleuve Yukon en provenance de ses affluents et le passage commençait à se rétrécir.

Le 8 octobre, à quinze heures, Jack London, Fred Thompson, Merritt Sloper et Jim Goodman virent une île sablonneuse et plate située à l'embouchure de la rivière Stewart, à environ quatre-vingts milles au sud de Dawson. Il s'y trouvait plusieurs bâtiments, vieux certes, mais habitables. Il s'agissait des vestiges d'un ancien poste de traite. Thompson nota dans son journal : « C'est un bon endroit, et nous pensons y établir notre quartier général. » Ils avaient entendu dire que la nourriture, le logement et le combustible se faisaient rares à Dawson, et ils se rendaient compte qu'une fois le fleuve gelé, il leur serait plus facile d'atteindre Dawson en se déplaçant sur la glace. De plus, la rivière Stewart était considérée comme un cours d'eau prometteur : on avait déjà trouvé de l'or dans quelques-uns de ses affluents et il y en avait encore bien d'autres à explorer. Les hommes déchargèrent donc leur bateau, déballèrent leurs provisions et commencèrent à étudier les renseignements sur la rivière Stewart dans le guide qu'avait apporté Jack.

Trois jours plus tard, Jack London s'en alla, avec quatre compagnons, explorer le ruisseau Henderson, qui se jetait dans le fleuve Yukon à quelques milles en aval. C'était la première expérience d'orpaillage de Jack, mais il lui fallut peu de temps pour maîtriser la technique, de même que le vocabulaire nécessaire pour décrire l'excitation que suscitait l'activité dans son roman *Burning Daylight*[15], publié en 1910 :

> Il semblait que le récipient ne contînt que terre et gravier. Dès qu'il lui eut appliqué du poignet un mouvement tournant, les particules plus légères, plus grossières, s'écartèrent sous l'effet de la force centrifuge. [...]Dans le pan[16], le contenu s'était sensiblement réduit, jusqu'à ne faire qu'une couche mince. Alors, voyant qu'il arrivait au fond [...] il accentua le mouvement tournant, ce qui vida le récipient de toute son eau. Et toute la couche du fond se montra, comme recouverte de beurre ; à mesure que l'eau boueuse s'éliminait, le métal jaune crachait des éclairs. C'était de l'or, sous forme de poussière, de minerai brut, de paillettes de plus ou moins grande taille. Il était tout seul. Il reposa la batée un moment pour se plonger dans une longue méditation. [...] Ses rêves les plus fous ne lui avaient pas donné à entrevoir tant.

En octobre 1897, Jack et ses compagnons ignoraient si le gravier étincelant au fond de leur batée était véritablement de l'or. Mais cela leur suffisait, et Jack avait la tête pleine de rêves et d'ambition – de l'or, de l'or, de l'or. Il était sûr que sa concession au ruisseau Henderson allait le rendre riche. La prochaine étape consistait à enregistrer cette dernière auprès du registraire minier canadien, ce qui signifiait un voyage de plusieurs jours à destination de cet endroit qu'il était si impatient de voir de ses propres yeux : Dawson.

---

15. Titre français : *Radieuse aurore* (traduction de Robert Sctrick, Phébus, Paris, 2005).
16. Autre nom qu'on donne à la batée.

Chapitre 9

Famine et rationnement, octobre à décembre 1897

Bill Haskell savait depuis des semaines que les habitants de Dawson n'étaient pas prêts à affronter l'hiver. Il n'avait que du mépris pour les *cheechakos* qui n'avaient rien fait pour se préparer. Selon lui, la plupart d'entre eux « auraient eu de la difficulté à s'occuper d'eux-mêmes, peu importe l'endroit ». À Dawson, pendant les longues journées d'été, alors que la construction battait son plein, il y avait du travail pour tout le monde. « Tout paraissait rose aux yeux des optimistes. » Les charpentiers nouvellement débarqués étaient on ne peut plus heureux de toucher vingt dollars l'heure, alors que le salaire moyen aux États-Unis était de deux dollars l'heure. Les ouvriers, qui avaient eu peine à se trouver du travail chez eux en raison de l'économie chancelante, se faisaient payer douze dollars l'heure, la plupart du temps sous la forme de trois quarts d'once de poussière d'or.

Les nouveaux s'imaginaient qu'il leur serait facile de passer à travers l'hiver, avec des salaires aussi élevés. Ils adoraient la vie dans ces contrées reculées : les danseuses, la pêche, les conteurs dans les bars, la chasse… Que demander de plus ? Ces hommes ne se doutaient pas que dans à peine quelques semaines, l'air glacial leur ferait mal aux poumons et l'or ne leur servirait à rien, parce qu'il n'y aurait plus rien à acheter. Les habitués, comme Bill, frissonnaient en pensant au son que faisait le vent soufflant dans les champs aurifères et à la morsure du froid chaque fois qu'ils s'aventuraient à l'extérieur.

Dès la mi-août, Bill commença à acheter des provisions pour lui et Joe, en prévision de l'hiver qu'ils allaient passer sur leur concession. Il avait entendu des rumeurs voulant que les deux centres d'approvisionnement aient tenté, de concert, d'évaluer ce dont les habitants de Dawson auraient besoin pour survivre jusqu'au printemps. La ville comptait maintenant près de cinq mille personnes, et il y en avait des centaines d'autres dans les champs aurifères. La plupart n'avaient aucune provision. De plus, une vingtaine de nouveaux chercheurs d'or arrivaient tous les jours, et il en serait ainsi jusqu'en septembre, sans compter ceux qui étaient encore en train de franchir la chaîne St. Elias et ceux qui remontaient le fleuve à partir de St. Michael. Il n'y avait pas assez de nourriture dans les entrepôts de Dawson pour tous les nourrir au cours des mois à venir. Toutefois, les gérants des dits entrepôts ne sentirent pas le besoin d'accroître leurs réserves pour faire face à la demande. Pas question de réduire les commandes d'alcool pour faire de la place aux réserves de nourriture : l'alcool rapportait deux fois plus que la farine ou les haricots. Les dernières commandes avant l'hiver comprenaient notamment trois mille gallons de whisky, de sorte qu'aucun saloon n'en manqua de tout l'hiver. Les commerçants haussèrent plutôt le prix du bacon, des haricots, de la farine et autres aliments de base et tentèrent d'instaurer un système informel de rationnement. Bill indique dans son autobiographie : « Lorsque les deux derniers navires à vapeur de la saison arrivèrent de St. Michael, transportant environ mille tonnes de provisions, cela généra une telle ruée qu'on aurait dit qu'on venait d'ouvrir la billetterie pour un grand spectacle. » Des centaines de personnes attendirent pendant des heures à l'entrée des centres d'approvisionnement, dans l'espoir de pouvoir acheter quelque chose. Un homme raconta à Bill qu'après avoir fait la file pendant trois heures, il avait finalement pu passer sa commande, mais que même après avoir payé, on ne lui avait rien donné. On lui avait simplement dit qu'un autre navire allait arriver bientôt et qu'il recevrait alors la marchandise demandée.

L'été tirait à sa fin, les bouleaux et les trembles se colorèrent de jaune vif. Tous les matins, les feuilles mortes étaient recouvertes de givre. Le soleil donnait de moins en moins de chaleur et les hommes, anxieux, s'emmitouflaient dans leur manteau et se rassemblaient au bord de l'eau. « Le son du sifflet d'un navire à vapeur aurait attiré tous les habitants sur la rive, tellement ils avaient hâte de voir arriver les provisions tant attendues », raconte Bill. Et pourtant, après la mi-septembre, les arbres avaient perdu leurs feuilles, et le son des sifflets se faisait rare. Bon nombre de bateaux lourdement chargés avaient quitté le port de St. Michael, à l'embouchure du fleuve Yukon, mais le niveau de l'eau étant exceptionnellement bas, ils étaient tous bloqués dans les bancs de sable en amont de Fort Yukon, en territoire américain. Au saloon Pioneer, Bill observait les prospecteurs qui tentaient de noyer leurs inquiétudes. « Des hommes qui, quelques semaines auparavant, se réjouissaient de leur succès et comptaient revenir [de leur concession] au printemps avec des sacs remplis d'or se rendaient soudainement compte que pour y arriver, ils couraient le risque de mourir de faim. » Bill et son partenaire, Joe, commencèrent à discuter de leurs propres plans pour l'hiver. Étaient-ils vraiment prêts à passer une autre saison à creuser le sol sur leur concession ? Avaient-ils suffisamment de nourriture ? Ou devraient-ils plutôt vendre leur concession et leurs provisions à profit et reprendre la route du Sud, dès que le fleuve serait gelé ?

À seize milles de la ville, à Grand Forks, Belinda Mulrooney savait bien, elle aussi, ce qui l'attendait. Comme Bill, elle avait fait des réserves de tout ce dont elle pouvait avoir besoin. La plupart de ses voisins n'avaient ni les moyens ni la prévoyance d'en faire autant, et Belinda s'attendait à ce qu'ils envahissent son auberge lorsque les temps deviendraient difficiles. Sadie et elle, accompagnées du fidèle Nero, descendirent à pied jusqu'à Dawson pour voir ce qu'il se passait. Il restait à peine un filet d'eau au ruisseau Bonanza, et lorsque Nero fit fuir un lagopède dans le sous-bois, les femmes remarquèrent que le plumage de ce dernier avait déjà commencé à blanchir. Une fois arrivée en ville, Belinda alla marcher le long de la rive pour observer les hommes qui y pêchaient l'omble arctique. Ce faisant, elle vit deux hommes tentant de remonter le fleuve à bord d'un petit bateau, à l'aide de perches. Elle les héla pour les questionner. Ils étaient exténués et frustrés, apprit-elle : le navire à vapeur appartenant à l'un d'eux ne leur avait causé que des problèmes pendant le voyage vers l'amont, et maintenant, il venait de tomber en panne pour de bon à proximité de Moosehide Slide. L'équipage refusait de reprendre la route à moins que le propriétaire ne leur paie le salaire qu'il leur devait, mais ce dernier n'avait pas d'argent.

Belinda flaira la bonne affaire; le navire transportait près de cinquante mille dollars de marchandises. Elle dit au propriétaire qu'elle achèterait le tout, s'il pouvait lui accorder quelques heures. « Je ne peux m'en occuper toute seule, mais je peux trouver quelques personnes pour m'aider », dit-elle. Puis elle se demanda lequel, parmi les « rois du Klondike », ferait un partenaire d'affaires fiable. Le choix était évident : Alex McDonald. « Big Alex, si honnête et si profondément pieux que tout le monde s'empressait de faire comme lui et le citait en exemple », racontera plus tard Belinda. À ce moment-là, Big Alex avait déjà des parts dans vingt-huit concessions (ce qui, selon Bill, voulait dire qu'il était plus riche que Crésus) et avait de nombreux employés qu'il lui faudrait nourrir tout l'hiver. Belinda envoya Sadie chercher le Néo-Écossais et en moins d'une heure, on put voir la courte et irascible Belinda et le grand Alex à la voix douce en grande négociation. « Je garde un tiers de profit », dit-elle à son nouveau partenaire. « Je ne suis pas capable de tout prendre alors nous allons diviser la marchandise. Tu restes ici pendant que je vais chercher l'argent pour le propriétaire. » En un rien de temps, elle avait rassemblé l'argent et rédigé un contrat sommaire. Elle avait conclu une entente supplémentaire avec le capitaine pour qu'il lui donne tous les matelas du navire. En échange, elle s'engageait à lui trouver suffisamment de passagers pour le voyage de retour, lesquels fourniraient leur propre literie.

Cela semblait une excellente aubaine. Tandis qu'on transférait la cargaison du navire dans un entrepôt, Belinda se hâta de retourner à Grand Forks pour faire construire plus de lits, maintenant qu'elle disposait de matelas. En revenant vers Dawson, elle croisa de nombreux hommes transportant de la farine et d'autres provisions en direction des concessions de Big Alex. Pourtant, ce n'est qu'une fois arrivée à l'entrepôt qu'elle comprit ce que son partenaire avait fait. Alex avait emporté toute la nourriture de base, c'est-à-dire les provisions sur lesquelles elle comptait pour nourrir les clients de son auberge au cours des six à huit mois à venir. Big Alex lui avait laissé les bottes de caoutchouc, le tabac, les sous-vêtements, les bas, des oignons déshydratés, quelques poches de haricots mouillées, des dizaines de bougies et cinquante barils d'alcool.

Belinda alla voir Big Alex. « Où est ma part de la nourriture ? », demanda-t-elle. Le mineur tiqua en entendant son ton irrité. « Tu as droit à tout le nécessaire pour toi et Sadie, et il y a quelques sacs de farine», répondit-il avec son accent du Cap Breton en se frottant le menton. «Bien sûr, si tu manques de quoi que ce soit, tu pourras toujours venir me voir, mais j'ai tellement d'hommes à nourrir...» Indignée, Belinda lui expliqua qu'elle avait besoin des provisions pour son auberge et que les bottes de caoutchouc lui seraient inutiles pour faire la cuisine. Mais Big Alex ne buvait pas d'alcool et n'avait donc jamais fréquenté l'auberge. Il avait probablement présumé que Belinda voulait la marchandise pour son magasin et qu'à ce compte, les bottes de caoutchouc ou des sous-vêtements lui seraient tout aussi utiles que les poches de haricots. De toute manière, il était beaucoup trop conservateur pour s'imaginer, et surtout pour admettre, qu'une femme puisse tenir une auberge. « Une auberge ? », dit-il avec surprise, « Tu ne peux pas tenir une auberge ! » Puis il se pencha à la hauteur de son visage, posa la main sur son épaule et lui dit doucement : « Tu n'es pas fâchée au moins ? »

Belinda Mulrooney le regarda froidement. Elle n'avait aucune intention de lui accorder le bénéfice du doute. Il l'avait trahie. « Non », dit-elle sèchement, «mais ne t'avise pas de croiser mon chemin une fois la nuit tombée». Elle s'en voulait autant à elle-même qu'elle en voulait à Alex. Elle se vantait d'avoir du flair en ce qui concerne les personnes dignes de confiance et se faisait une fierté de ne laisser personne profiter d'elle. Convaincue que le Néo-Écossais s'était joué d'elle, elle retourna à l'entrepôt presque vide et laissa éclater sa rage. Sadie regarda avec consternation sa patronne frapper le mur si fort qu'une planche se décrocha. «J'imagine que mon ange gardien a dû lâcher ma main pendant cinq minutes... Je me sens comme si on m'avait attrapée en train de nager toute nue.» Elle avait bien l'intention de se venger, mais tout d'abord, il lui fallait survivre à l'hiver.

La famine semblait inévitable. Et la peur de manquer de nourriture faisait ressortir le pire chez les individus. Les indigents commencèrent à dévaliser les caches personnelles et les centres d'approvisionnement. L'inspecteur Constantine décida qu'il était temps que le gouvernement canadien affirme son autorité et donc qu'il devait passer à l'action. Le 11 août, il avait déjà alerté Ottawa : «les perspectives en ce qui a trait à la nourriture ne sont pas rassurantes [étant donné] la taille de la population ici». Cela était d'autant plus vrai que selon ses propres estimations, la population de Dawson comptait « environ quatre mille hommes, soit fous soit paresseux, la plupart étant des mineurs américains et des durs à cuire venus des villes côtières ». À la fin de septembre, il avait réduit de moitié les rations des *Mounties* et il avait ensuite recruté des agents pour les affecter à la surveillance des stocks de provisions. Sam Steele, le surintendant responsable des postes de la Police à cheval du Nord-Ouest à l'entrée des cols Chilkoot et White avait déjà décrété que tous les voyageurs qui entraient en territoire canadien devaient avoir avec eux assez de nourriture pour survivre pendant toute une année. Le 30 septembre, Constantine et le commissaire de l'or, Thomas Fawcett, affichèrent dans la rue Front un avis annonçant la triste réalité : « Pour ceux qui n'ont pas en leur possession suffisamment de provisions pour passer l'hiver, rester ici signifie courir le risque de mourir de faim, ou du moins de souffrir de maladies telles que le scorbut et de toutes sortes d'autres maux. La famine nous guette tous. » Au même moment, un représentant de l'Alaska Commercial Company parcourait les rues de la ville en disant à tous ceux qu'il voyait traîner au coin des rues et dans les bars : « Partez ! Partez ! Fuyez si vous voulez demeurer en vie ! »

Les avertissements donnèrent quelques résultats. Au cours des derniers jours avant que le fleuve ne gèle pour de bon, quelques centaines d'hommes quittèrent Dawson à bord des mêmes embarcations de fortune qu'ils avaient utilisées pour s'y rendre, afin d'atteindre d'autres campements situés en aval. Constantine réussit également à chasser de Dawson cent soixante membres de ce qu'il appelait « la classe des bons à rien et des vagabonds », les mêmes pour lesquels Bill Haskell avant tant de mépris. Le capitaine du *Bella*, le navire à vapeur de l'Alaska Commercial Company, accepta de prendre ces derniers à bord, à deux conditions : qu'il reçoive une compensation de la part du gouvernement pour tout dommage causé à son navire par la glace et que les passagers se chargent de couper le bois nécessaire pour alimenter la chaudière du bateau à vapeur tout au long du voyage. Le 1er octobre, sous un ciel gris d'hiver, des dizaines d'hommes affamés, au menton hirsute et aux yeux hagards s'assemblèrent sur la passerelle. De gros morceaux de glace étaient emportés par le courant du fleuve, égratignant au passage la coque du *Bella*, l'un des derniers bateaux à quitter Dawson, qui partait en direction de Circle City et Fort Yukon. Tant de personnes avaient finalement quitté la ville que Constantine se mit à penser que la famine allait peut-être pouvoir être évitée.

Ceux qui restaient ne perdirent pas de temps. Il y avait déjà quelques centimètres de neige dans les rues et sur les toits. La fumée s'échappait des tuyaux de poêle émergeant des tentes et des cabanes. Partout à l'extérieur des bâtiments, des chiens étaient allongés et dormaient, ou encore étaient attelés, en groupes de deux à dix, à des traîneaux remplis de provisions jalousement gardées à l'intention des prospecteurs qui allaient passer l'hiver dans les champs aurifères. De nombreux hommes erraient encore dans les rues ou tentaient de se réchauffer près du poêle dans les saloons et les boutiques. On pouvait facilement distinguer les *sourdoughs* des *cheechakos* par leurs vêtements : les premiers portaient des parkas usés, des mitaines en peau d'orignal bordées de fourrure, des mukluks (bottes d'origine inuite) et des chapeaux en fourrure de lynx, les seconds portaient des vestes de laine à carreaux, des bottes de cuir et des chapeaux en tissus épais, comme on en voyait dans les annonces des commerçants de Seattle. Il ne restait plus rien sur les tablettes du magasin de l'Alaska Commercial Company, hormis quelques manches de hache et du sucre, et celles du magasin de la North American Transportation and Trading Company étaient complètement vides. Il n'y avait aucun moyen de se procurer de la farine. La rumeur voulait que les entrepôts des deux centres d'approvisionnement abritent encore quelques provisions ayant été mises de côté à l'intention de quelques clients privilégiés. La ville était envahie par la crainte.

Le gel du fleuve fut particulièrement éprouvant pour le père Judge. Après sept années passées dans le Nord, il avait heureusement appris à faire des provisions pour l'hiver avant qu'il ne soit trop tard. La construction de l'hôpital St. Mary était maintenant terminée et deux gros poêles étaient déjà installés dans l'église à moitié construite afin de garder ses ouailles au chaud. Il y avait bien assez de prospecteurs d'origine irlandaise catholique ou canadienne française pour remplir l'église tous les dimanches. L'assistance dépassait souvent la centaine de personnes. Le jésuite attendait avec impatience l'arrivée des trois sœurs de St. Ann qui devaient venir l'aider à soigner les

À l'arrivée de l'automne 1897, il ne restait presque plus rien dans les centres d'approvisionnement.

malades. L'ordre de St. Ann était bien établi en Alaska, ayant des missions à Holy Cross, à Akulurak, et à Nulato. L'aide pratique des religieuses serait extrêmement précieuse pour le père Judge, mais il avait surtout hâte d'avoir un peu de compagnie spirituelle. Il connaissait bien des gens à Dawson : Big Alex McDonald assistait régulièrement à la messe et même Belinda Mulrooney le saluait poliment lorsqu'elle le croisait dans la rue. Mais il n'avait pas d'âme sœur ni personne pour l'accompagner dans ses prières quotidiennes et dans ses tâches auprès des malades. Il avait même souvent du mal à trouver des volontaires pour creuser des tombes dans le sol dur à l'arrière de l'hôpital. Tous les soirs, il faisait ses prières seul, à genoux devant l'autel qu'il avait sculpté lui-même à l'aide de son canif. La venue des religieuses allait lui permettre de former une petite communauté de foi dans ce repaire de brigands.

Mais les religieuses ne vinrent jamais. Le niveau du fleuve Yukon était si bas que le navire qui les transportait resta pris à mi-chemin et elles durent retourner à Holy Cross. Le prêtre se retrouva donc à passer un autre hiver dans la solitude, entouré de voisins qui n'avaient qu'une seule obsession : l'or.

Le père Judge savait bien ce qu'on attendait de lui. À la mi-novembre, après sa ronde du soir auprès de la vingtaine de patients de l'hôpital, il se retira dans la petite cabane qui lui servait de résidence personnelle. Il ajouta une bûche dans le feu et déposa soigneusement un pot d'encre sur le poêle pour la faire dégeler. Il alluma une bougie, prit une feuille de papier, approcha une souche de sa table rudimentaire et plongea sa plume en acier dans l'encrier. C'était le moment de faire son rapport au révérend père J. B. René, préfet et supérieur de la Compagnie de Jésus en Alaska.

« Cher révérend et père supérieur : Pax Christi ! » écrivit-il. « J'ai tant de choses à vous dire que j'ai peur d'en oublier la moitié [...] Ce matin a été le plus froid jusqu'à maintenant, soit vingt degrés sous zéro ; mais la température s'est réchauffée durant la journée. La première chose que je dois vous dire, et la plus importante, c'est que les sœurs de St. Ann n'ont pas pu venir comme prévu [...] Quand j'ai appris qu'elles ne viendraient pas, je me suis organisé pour trouver du personnel afin de s'occuper des malades, de faire la cuisine, etc., et les choses vont aussi rondement que possible dans les circonstances. »

Le prêtre parla aussi du grand nombre de prospecteurs qui étaient arrivés durant l'été. Il s'en tint aux faits et garda un ton neutre : il était un fidèle serviteur du Christ. Le don de soi était sa raison d'être. Il décrivit de quelle manière, tous les dimanches, il célébrait la Grande Messe, donnait la Bénédiction du très saint sacrement et prêchait son sermon. Il assura à son patron terrestre qu'il supervisait le travail des soignants à l'hôpital et s'acquittait de la tenue des comptes. Il mentionna que « le seul sujet de conversation par les temps qui courent, c'est la nourriture », mais que néanmoins, il avait le peu qu'il lui fallait pour passer l'hiver. Il ne put toutefois s'empêcher de laisser quelque peu transparaître à quel point il était exténué : « Ces derniers temps, ma santé n'a pas toujours été aussi bonne que je l'aurais souhaité, mais je ne me plains pas. J'ai attrapé un léger coup de froid il y a quelques semaines, toutefois je n'ai pas eu besoin de demeurer alité. Je n'ai pas manqué la messe une seule journée, et n'ai failli à aucune de mes tâches. Il y a cependant trop de travail ici pour un prêtre seul. Je suis sûr que vous comprenez la situation et que vous faites tout votre possible pour m'envoyer de l'aide [...] Si Dieu me garde en vie, j'espère pouvoir continuer à m'acquitter de toutes mes tâches. Votre humble serviteur en Christ, Wm. H. Judge, S. J. »

Puis, le prêtre au corps décharné déposa sa plume et se prépara pour sa dernière ronde du soir à l'hôpital en rondins. Alors que ses mocassins foulaient la neige sèche, il regarda le ciel arctique rempli d'étoiles et y vit une magnifique aurore boréale aux teintes de vert. L'homme solitaire sentit un frisson le parcourir et se demanda si Dieu allait lui permettre de demeurer en vie.

Jack London, lui, était encore optimiste lorsqu'il arriva à Dawson à bord du *Yukon Belle*, juste avant que le fleuve ne gèle complètement, pour enregistrer sa concession en bordure du ruisseau Henderson. Pour lui, le Yukon était encore une grande aventure, une occasion de tester son endurance et d'échapper à sa triste vie et à ses créanciers d'Oakland. Lui, Thompson et deux autres avaient laissé leurs compagnons et la majeure partie de leur matériel sur l'île située à l'embouchure de la rivière Stewart et avaient apporté une tente ainsi que des provisions pour trois semaines jusqu'à l'embouchure de la rivière Klondike. Lorsqu'ils franchirent le dernier tournant du fleuve Yukon, ils furent vraisemblablement éblouis par la taille de ce camp minier isolé. De chaque côté de la rivière Klondike, de la rive jusqu'aux montagnes, une mosaïque de tentes, de cabanes et d'entrepôts s'étendait à perte de vue. Le long du rivage s'entassaient les radeaux, les bateaux, les canots et les barges. Jack avait hâte d'explorer les environs. Il abandonna Thompson et le bateau et partit à la recherche d'un endroit où les hommes pourraient s'installer. Il rencontra bientôt quelques-uns des hommes dont il avait fait la connaissance en chemin, y compris Marshall et Louis Bond, les fils d'un juge californien bien en vue qui avaient tous deux étudié à l'université Yale. Les frères Bond étaient arrivés à Dawson quelques semaines auparavant en compagnie de leur énorme chien et s'étaient installés dans une cabane. Jack décida de dresser sa tente à proximité.

Lors de cette première visite, Jack London passa six semaines à Dawson. Ni lui ni Thompson ne notèrent leurs impressions cette fois-là, mais on sait que Jack était occupé à s'imprégner de l'atmosphère et à écouter les histoires de l'endroit. Il explora ce qui était désormais le plus célèbre camp minier du monde en ayant soin de ne pas trop attirer l'attention; la ville était remplie d'hommes apeurés et souvent ivres, la plupart étant plus âgés et plus costauds que lui. «Son visage était dissimulé derrière une barbe touffue», racontera plus tard Marshall Bond. «Il lui suffisait de porter un chapeau bien enfoncé pour que sa tête et son visage soient complètement cachés. Ainsi, on ne pouvait plus voir aucun indice de son caractère dans sa physionomie, puisque tout était couvert, soit par la barbe, soit par le chapeau. Il paraissait aussi dur à cuire et antipathique que nous en avions nous-mêmes sans doute l'air à ses yeux.»

Jack avait toujours beaucoup aimé les animaux, et il appréciait grandement la compagnie du chien des frères Bond. La grosse bête noire et poilue, un croisement entre un saintbBernard et un berger d'Écosse, adorait ses maîtres. Cet hiver-là, les chiens étaient rois à Dawson. Puisqu'ils constituaient le principal moyen de transport, ceux qui étaient forts et en bonne santé étaient très précieux. Ils étaient intrépides, féroces et sans scrupules: on disait de plusieurs qu'ils avaient été croisés avec des loups. Regroupés en attelages puissants, avec des cloches qui tintaient autour de leur harnais, ils transportaient des rondins et du bois de chauffage d'un bout à l'autre de la ville et livraient des provisions et du matériel aux prospecteurs dans les mines. Mais beaucoup d'hommes avaient apporté de petits chiens chétifs qui étaient complètement inutiles. Ces chiens, maintenant errants et affamés étaient traités avec le plus grand mépris. Lorsqu'une bagarre éclatait, les rues se remplissaient du bruit des jappements, des hurlements et des mâchoires qui claquent. Jack observait tout cela. Les luttes entre chiens pour la dominance lui rappelaient le combat des hommes pour la suprématie. La dévotion d'un chien à l'endroit de son maître illustrait, il aimait à croire, la hiérarchie naturelle du pouvoir. Le hurlement des huskies, «ce chant qui date des premiers jours du monde», allait le hanter toutes les nuits jusqu'à la fin de sa vie.

Au Yukon, Jack London put voir des chiens sauver des vies, lutter pour survivre, et travailler plus fort que bon nombre de leurs maîtres.

Dawson était un endroit plutôt sinistre cet automne-là ; lorsque la ville n'était pas recouverte d'un brouillard glacial, de la neige ou de la pluie verglaçante tombait du ciel, qui était toujours d'un gris menaçant. Pourtant, les bars de la ville étaient tout aussi invitants que ceux que Jack avait l'habitude de fréquenter le long des quais d'Oakland et de plus, on y trouvait toutes sortes de personnages colorés comme Jack aimait en rencontrer. Il allait parfois faire un tour dans les cabarets dansants, comme l'Orpheum, ou encore dans les saloons, comme le Monte Carlo et l'Eldorado, regarder les tricheurs professionnels jouer aux cartes et les riches prospecteurs dilapider leur fortune. Il lui arrivait aussi d'aller se promener du côté des casernes de la Police à cheval du Nord-Ouest, à l'extrémité sud de la ville, ou du côté de l'hôpital et de l'église du père Judge, à l'extrémité nord. Son passe-temps favori était de discuter avec les vieux prospecteurs. Il était avide d'entendre les histoires d'hommes que le froid avait rendus fous, de cadavres gelés, d'échanges de coups de feu dans des cabines isolées, de nobles guerriers amérindiens protégeant les démunis. Les résidents de Dawson s'habituèrent rapidement à voir le jeune homme aux cheveux blonds déambuler dans les rues boueuses en s'arrêtant de temps à autre pour regarder une bagarre entre ivrognes ou entre chiens. « On aurait dit que chaque fois que je le voyais au bar, il était toujours en grande conversation avec un vieux prospecteur ou quelque personnalité locale », racontera plus tard Edward Morgan. Aucun doute, Jack aimait bavarder. Lui aussi faisait de la prospection, mais sa mine d'or à lui, c'était les bars de Dawson.

Jack aimait particulièrement les contrastes inattendus qu'il découvrait dans cette ville : l'étrange affrontement entre l'isolement et les conventions. Pour les habitants du Klondike comme Bill Haskell, ce même contraste était source d'une douloureuse nostalgie, mais Jack lui n'y voyait qu'une noblesse brute et un certain héroïsme américain. Il était d'avis que les prospecteurs endurcis qui avaient passé de nombreuses années dans le Nord étaient l'incarnation moderne du mâle primitif. Les aurores boréales étaient spectaculaires,,les filles étaient magnifiques et l'ambiance était fascinante :

> Dans la salle [de danse] bondée [de l'Opéra], l'atmosphère était empestée par la fumée de tabac. Une centaine d'hommes, habillés de fourrures et de lainage aux couleurs chaudes, étaient alignés le long des murs et regardaient. [...] Malgré son apparence bizarre, on eût dit la grande salle commune où tous les membres de la famille se retrouvent après avoir fini leur journée de travail. Des lampes à pétrole et des chandelles répandaient une faible lueur dans cette pièce sombre où ronflaient de gros poêles chauffés à blanc.
>
> Une vingtaine de couples tournoyaient au rythme d'une valse [...] Pas de chemises empesées ni d'habits de soirée : les hommes, coiffés de bonnets de fourrure en loup ou en castor dont les oreillettes ornées de glands battaient librement, étaient chaussés, à la mode du Nord, de mocassins en peau d'orignal. Quelques femmes portaient également des mocassins, mais la majorité des danseuses avaient aux pieds de fragiles escarpins de satin et de soie [...] À une extrémité de la salle, une grande porte laissait

entrevoir une autre pièce où la foule était encore plus dense : de là, quand la musique cessait, parvenait le bruit des bouteilles qu'on débouchait et des verres qui s'entrechoquaient. (*A Daughter of the Snow*[17], 1902)

Le 5 novembre, Jack se rendit à la cabane qui abritait le commissaire de l'or Thomas Fawcett, dans la rue Front. La cabane était sombre et crasseuse, comme tous les autres bâtiments de Dawson. Les piles de papiers en désordre recouvraient le bureau mal équarri de Fawcett et ce dernier semblait submergé par la paperasse. En août, le gouvernement canadien à Ottawa avait instauré un régime de redevances sur tout l'or extrait en territoire canadien dans le bassin du fleuve Yukon, afin de payer pour son administration. Sans aucun égard pour le coût des déplacements et de la vie dans le Nord, Ottawa avait fixé le taux des redevances à dix pour cent de la production brute, ou vingt pour cent pour les concessions qui rapportaient plus de cinq cents dollars par jour. Les mineurs étaient furieux et avaient bien fait savoir leur désaccord à l'homme chargé de percevoir lesdites redevances, tant à l'égard des règlements imposés par le gouvernement que de cette taxe totalement injuste. Fawcett avait fini par éprouver une grande aversion pour les Américains, qui n'avaient pas l'habitude de mâcher leurs mots. Et ne voilà-t-il pas qu'il en arrivait un autre, impoli, mal habillé et qui exigeait qu'on le serve immédiatement. Le bureaucrate canadien salua Jack sèchement et lui dit comment enregistrer sa concession. Jack fit la déclaration solennelle qu'il avait bel et bien découvert un gisement aurifère sur la concession n° 54, près du ruisseau Henderson, et dut payer vingt-cinq dollars de frais : dix dollars pour un permis d'exploitation minière et quinze dollars pour l'enregistrement de sa concession. Le fonctionnaire lui remit un certificat attestant qu'il était maintenant propriétaire.

Jack traversa ensuite la rivière pour aller voir de ses propres yeux le ruisseau Bonanza, là où la Ruée vers l'or du Klondike avait commencé. C'était également là où les hommes travaillaient comme des bêtes – entassés dans des cabanes humides et surpeuplées, creusant le sol gelé avec pour toute nourriture les éternels trois mêmes aliments : pain, haricots et bacon. Dans son roman *Burning Daylight*[18],

17. Titre français : *Une fille des neiges* (traduction de Louis Postif).
18. Titre français : *Radieuse Aurore*.

publié en 1910, Jack London s'inspire de l'existence dure et monotone des hommes qu'il a observés au ruisseau Bonanza :

> Les collines, entièrement déboisées, montraient sur leurs flancs nus de larges blessures que le manteau de neige ne pouvait pas masquer. En bas, dans toutes les directions, surgissaient des cabanes. Mais on ne voyait pas âme qui vive. Une chape de fumée pesait sur la vallée, transformant la grise lumière en lugubre crépuscule. Les mille trous dont était percée la neige semblaient des cheminées recrachant la fumée, et, loin là-bas sur la roche-mère, entre boue durcie par le gel et gravier, des hommes rampaient, grattaient, creusaient, allumant feu sur feu pour vaincre l'emprise de la glace. Par endroits montait une fumée rouge [...] Les épaves de la grande lessive du printemps hérissaient le tableau [...] : [amas de boîtes à laver], pans entiers de barrages, monstrueuses roues à aubes, bref tout ce qu'aurait laissé derrière elle une légion d'hommes à qui la fièvre de l'or eût ôté la raison[19].

Pourtant, Jack n'abandonna jamais l'idéal socialiste auquel il adhérait avant d'être frappé par la fièvre du Klondike. Parfois, lorsque les sujets de conversation au Yukon Hotel se tournaient vers la politique, il lui arrivait de se faire entendre. Un soir, il se tenait un peu à l'écart tandis qu'un groupe d'hommes, dont faisait partie Marshall Bond, débattaient de la différence entre socialisme et anarchisme. « Puis, du coin de l'ombre, une voix animée et sympathique se fit entendre. Jack commença par faire la petite histoire du sujet, puis un bref survol des points saillants. Nous étions tous fascinés par l'étendue de ses connaissances et la ferveur de son exposé. Sur le plan intellectuel, il était sans aucun doute le plus alerte de nous tous, et cela se sentait [...] C'était rafraîchissant. »

Les convictions politiques de Jack influencèrent fortement son attitude face à la grande aventure que représentait sa quête pour trouver de l'or dans le Grand Nord. Certes, l'atmosphère de frénésie et de franche camaraderie qui régnait à la frontière de la civilisation était enivrante. Mais au bout du compte, seule une poignée de prospecteurs arriveraient à faire fortune. Les autres, pour la plupart,

---

19. Traduction de Robert Sctrick, Paris, Phébus, 2005.

À l'époque où Jack vit pour la première fois les collines entourant le ruisseau Bonanza, celles-ci étaient déjà dépouillées de leurs arbres, ravagées par les puits de mine et parsemées de tas de graviers et de boîtes à laver.

n'arriveraient même pas à rembourser leurs frais. Dans *Burning Daylight*, que Jack écrira une décennie plus tard, l'auteur décrit à travers son personnage principal la vie dure et cruelle au ruisseau Bonanza: « On s'efforçait, et sur une grande échelle encore, de dissocier buts et moyens ! Chacun travaillait pour soi, ce qui engendrait un joli chaos. Le gisement où ils travaillaient était le plus riche, et leur méthode, fébrile, irréfléchie, était cause qu'irrémédiablement un dollar allait à vau-l'eau pour un autre d'extrait. Il ne leur donnait pas un an pour épuiser la majeure partie de ces concessions, et pour que, au bilan, la quantité d'or extraite ne dépassât pas celle qui restait dans le sol[20]. » Ce qu'il fallait, c'était un effort collectif, mais le Klondike n'était pas un lieu favorable pour la syndicalisation, bien au contraire. C'était plutôt un endroit où florissaient les hors-la-loi cherchant uniquement leur propre gain… et les écrivains avides de récits épiques.

20. Traduction de Robert Sctrick, Paris, Phébus, 2005.

Jack London fut séduit par la ville de Dawson telle qu'elle était à la fin de 1897. Il s'en souviendra comme de cette Cité dorée, où la poussière d'or abondait comme de l'eau et les cabarets résonnaient jour et nuit du son perpétuel des réjouissances. Mais au début du mois de décembre, il était temps pour Jack London et Fred Thompson de repartir. Le soleil ne pointait plus à l'horizon qu'à peine quatre heures par jour. Heureusement, la glace recouvrant le fleuve et la neige bien tassée sur les sentiers rendaient la randonnée plus aisée. La nature était gelée et silencieuse. Les hommes n'entendaient rien que le bruit de leurs pas et le craquement occasionnel d'une branche brisée au passage. La neige fraîche ne ressemblait à rien de ce que Jack avait connu ailleurs: «Elle était dure, fine, sèche, ressemblant à du sucre. Elle tombait avec un bruissement de sable; ses particules étaient sans cohésion [...] Elle était composée de très petits cristaux réguliers: c'était, en vérité, du grésil plutôt que de la neige.» On n'entendait même pas un oiseau dans ce paysage glacial qui s'étendait dans toute sa blancheur, à perte de vue. Après cinq jours, quel ne fut pas leur soulagement de voir enfin un petit nuage de fumée noire s'échappant de la cabane où ils avaient laissé leurs compagnons à la mi-octobre! Jack allait passer les cinq prochains mois en compagnie d'au moins trois hommes dans cette cabane minuscule d'à peine dix pieds sur douze. C'est là qu'ils allaient manger, dormir, fumer, jouer aux cartes, cuisine, bavarder et recevoir les visiteurs des cabanes environnantes. Il n'y aurait pas moyen d'être seul, même pour les besoins physiologiques de base, et cela occasionnerait parfois des problèmes.

Tandis que Jack, du haut de ses vingt et un ans, avait hâte d'affronter son premier hiver dans le Nord, Bill Haskell, lui, plus âgé de dix ans, se demandait s'il avait le courage de passer un autre hiver glacial à crever de faim dans les champs aurifères. Lui et son partenaire, Joe Meeker, se trouvaient face à un dilemme. Le gouvernement du Canada avait décrété que toute concession qui n'avait pas été exploitée au moins une fois au cours d'une période de six mois serait cédée à la Couronne. Les deux hommes ne voulaient pas perdre leur concession, mais ils craignaient que leurs provisions ne viennent à manquer. Devraient-ils courir le risque? Pourraient-ils trouver quelqu'un pour exploiter leur concession à leur place? Un soir, ils s'assirent au coin du feu, allumèrent leur pipe et se mirent à discuter des mois à venir. Les rondins que Bill avait utilisés pour construire la cabane avaient rétréci depuis la construction, de sorte qu'on pouvait sentir l'air froid s'infiltrer par les brèches. Joe se disait encore « qu'il pourrait bien y avoir des millions dans ces mines » et il était prêt à serrer les dents et à continuer de creuser. Mais Bill était moins optimiste. Il savait qu'il pouvait très bien n'y avoir que « de la boue, du gravier et beaucoup de travail » et les hommes qui auraient pu travailler pour eux n'avaient ni expérience ni provisions.

Puis, Bill eut une autre idée, qu'il osa proposer. La vente de leur concession pourrait leur rapporter environ cinquante mille dollars. Et il y avait encore des tas d'or en Alaska, et possiblement de meilleures perspectives que dans ces « pâturages à orignaux », surtout si le gouvernement canadien avait l'intention de prendre une large part des profits.

Petit à petit, Bill arriva à convaincre Joe qu'« un tien vaut mieux que deux tu l'auras » et qu'il était temps d'encaisser la valeur de leur investissement. Ils pourraient vendre, puis voyager vers le sud tandis que le fleuve était gelé pour revenir au printemps avec davantage de matériel et de provisions. Joe détestait l'idée d'abandonner la concession où il avait trimé si dur. Il ajouta quelques bûches dans le poêle et continua de fumer sa pipe en silence. Les deux hommes approchèrent leurs mains pour profiter de la poussée de chaleur momentanée. Puis, Joe hocha la tête. Il était temps de prendre la route vers le sud.

Les deux hommes quittèrent le Klondike en plein blizzard. Le mercure des bouteilles qui servaient de thermomètres était complètement gelé, ce qui indiquait que la température était inférieure à moins quarante degrés. La glace qui recouvrait le fleuve était parsemée de bosses et « le seul moyen d'éviter quelque peu les cahots était de zigzaguer d'une rive à l'autre. C'était une tâche ardue pour Joe et moi », raconte Bill. Chaque mille paraissait dix fois plus long que la normale. Les hommes virent en cours de route des dizaines d'embarcations qui s'étaient retrouvées prisonnières des glaces du fleuve quelques semaines auparavant. Ils rencontrèrent également des voyageurs aux joues, au nez, aux doigts et aux pieds gelés. Ils croisèrent des hommes blessés que leurs compagnons avaient abandonnés dans la neige et la poudrerie, tant ils étaient pressés de quitter cet endroit perdu. Bill et Joe détournèrent leur regard de ces victimes agonisantes d'un hiver sans merci. Ils savaient qu'il était trop tard pour faire quoi que ce soit et ils ne pouvaient se permettre de ralentir. Ils abandonnèrent donc ces hommes à leur sort.

«Joe et moi ayant déjà passé un hiver dans le Klondike, nous avions appris comment nous préparer à faire face au froid et à nous déplacer dans les sentiers ardus. C'est donc sans trop de difficultés que nous circulâmes sur le fleuve gelé.» Aux endroits où le fleuve était dégelé, ils avaient soin de ne pas se laisser emporter par le courant et de ne pas glisser sous la glace. Lorsqu'ils rencontraient un embâcle, ils l'escaladaient à quatre pattes en tirant leurs traîneaux derrière eux.

Chaque soir, les deux hommes dressaient leur tente, coupaient des branches d'épinette pour se faire un lit, allumaient un feu dans leur poêle et faisaient cuire des haricots et du bacon. Ils étaient devenus comme un vieux couple: chacun pouvait lire les pensées de l'autre sans qu'il ait besoin d'ouvrir la bouche. Cela faisait des années qu'ils travaillaient ensemble, souffraient ensemble, se disputaient et se chamaillaient. Ils avaient appris à se faire confiance mutuellement. Le manque d'imagination de Joe exaspérait Bill et l'optimisme puéril de Bill agaçait Joe. Et pourtant, ils s'étaient soutenus l'un l'autre pendant tout ce temps, malgré leurs caractères opposés, et avaient trouvé le moyen de s'entendre sur la plupart des questions importantes. Un soir, cependant, Bill eut toute une surprise. Joe lui dit tout à coup, en fixant le poêle chauffé à blanc: «La vie d'un homme ne vaut pas grand-chose, à moins qu'il ressorte d'un endroit comme celui-ci.» Bill le regarda d'un air curieux; Joe n'avait pas l'habitude de philosopher. Bill rappela à Joe ce qu'il avait dit lorsqu'ils avaient discuté pour la première fois de la possibilité d'aller faire fortune dans la vallée du fleuve Yukon. Joe ne quitta pas le poêle des yeux. «C'est vrai», dit-il, «il faut du courage, mais nous ne nous en tirons pas trop mal pour deux ans de vie à la dure, et je suis en train de me dire que si jamais je sors d'ici, je ne pense pas que je serai assez fou pour y revenir. Le Colorado fait bien mon affaire. Et la tienne aussi. Nous avons amassé une jolie petite somme, maintenant, tout ce qu'il nous faut, c'est sortir d'ici vivants.»

Bill ne s'était jamais attendu à voir Joe abandonner leur rêve. Qu'est-ce qui l'avait poussé à dire cela? Était-ce un présage? Il était tard et Joe n'avait plus envie de discuter. Le lendemain, il leur fallait escalader les blocs de glace qui longeaient les périlleux rapides White Horse. Ensuite, il leur faudrait franchir plusieurs lacs, puis la redoutable chaîne St. Elias. Ils comptaient arriver à Dyea d'ici quelques semaines. Une fois encore, Bill ne pouvait s'empêcher d'avoir l'eau à la bouche en pensant au goût d'un bon steak tendre et juteux. Il choisit d'oublier le commentaire de son compagnon pour l'instant. Si Joe ne voulait plus retourner dans le Klondike, il n'y avait aucune raison pour que leur partenariat ne marche pas aussi bien dans les Rocheuses, n'est-ce pas? Il ferma les yeux. On entendit bientôt les ronflements des deux hommes exténués.

Chapitre 10

Le spectacle des pionniers, janvier à mars 1898

Le 31 décembre 1897, les rayons du soleil ne dépassaient pas le sommet des montagnes entourant Dawson et les champs aurifères environnants, durant les quatre heures de clarté quotidienne. Depuis cinq sombres semaines, le soleil ne montait pas assez haut dans le ciel pour éclairer directement les vallées. Au début et à la fin de chacune de ses brèves apparitions s'étirait un long crépuscule, et lorsque la lune éclairait quelque peu la nuit arctique, la neige réfléchissait sa lumière suffisamment pour permettre aux habitants de distinguer leur cabane ou leur tente ; au-delà, c'était l'obscurité la plus complète.

Le froid était pire que tout ce que les nouveaux venus avaient pu imaginer. La température ne dépassa jamais les trente degrés sous zéro en cette veille du jour de l'An, et il était hasardeux de mettre le nez dehors. Des taches blanches, signes d'engelures, avaient tôt fait d'apparaître sur les joues et le nez de ceux qui s'y risquaient et des cristaux de glace soudaient immédiatement les paupières closes. Les écharpes emprisonnaient l'humidité à l'intérieur, puis gelaient et devenaient dures comme du bois. Des glaçons pendaient des toits de tous les bâtiments et la glace empêchait les portes de s'ouvrir. La plupart du temps, les habitants de Dawson étaient occupés à dormir, à boire, à travailler à la scierie ou à se presser autour d'un poêle pour se réchauffer, s'aventurant occasionnellement à l'extérieur pour couper du bois. Dans les champs aurifères, les mineurs s'affairaient à creuser, à vider les seaux remontés à l'aide du treuil, à couper du bois, et à demeurer en vie et en bonne santé. L'avantage d'un froid glacial comme celui-là était que le bois éclatait facilement, ce qui le rendait facile à fendre. Par contre, si on laissait la hache dehors, le manche éclatait lui aussi.

Cela faisait plus de seize mois que George Carmack et ses proches de la nation han avaient trouvé de l'or au ruisseau Bonanza, et plus de cinq mois que la nouvelle s'était répandue dans toute l'Amérique du Nord. Bien des prospecteurs professionnels, comme Bill Haskell et Joe Meeker, avaient amassé leur fortune et étaient repartis à la hâte. Ces premiers orpailleurs représentaient une minorité comparativement à la masse de parieurs et de rêveurs, des gens comme Belinda Mulrooney et Jack London, qui avait envahi la vallée du fleuve Yukon. La population de Dawson était passée de cinq cents personnes en mars 1897 à cinq mille en septembre de la même année. Grâce aux rumeurs de famine imminente, la taille de la population de la ville et des environs avait quelque peu diminué vers la fin de l'année. Ceux qui étaient restés pour l'hiver saisissaient toutes les occasions de se retrouver ensemble. La compagnie d'autres humains autour du poêle des saloons était la bienvenue pour ces hommes las de l'odeur rance de leurs compagnons de cabane, et de la conversation de ceux-ci, non moins rassie.

À seize milles de Dawson, on célébrait l'arrivée du Nouvel An en grande pompe à l'hôtel Grand Forks de Belinda Mulrooney. Dès midi, les mineurs en manque de compagnie commencèrent à se diriger vers le bâtiment en rondins de deux étages aux fenêtres éclairées par des lampes et dont la cheminée émettait une fumée qui demeurait à hauteur du toit en raison du froid. Une fois la porte refermée derrière eux, les hommes secouaient la neige de leurs bottes, essuyaient la morve gelée sous leur nez et se dirigeaient vers leurs camarades assemblés autour du poêle. Le bruit des voix s'élevait de plus en plus fort au fur et à mesure que les hommes entraient, et le barman employé par Belinda, un dénommé Andrew, toujours en chemise blanche et cravate, avait peine à répondre à la demande. Entre ces murs décorés de lithographies en couleur et d'annonces de cigarettes, l'air était chargé de la fumée de tabac et de l'odeur de cheveux en train de dégeler, des vêtements sales et de la sueur.

C'était un groupe de mineurs typique : plusieurs de ces hommes vivaient dans le Nord depuis plus d'une décennie et se saluaient par leurs surnoms : Tin Kettle George, Handshaker Bob, Windy Jim, Slobbery Tom, Montana Red, Happy Jack, Circle City Mickey, Long Shorty, French Curly, Hootchinoo Albert, ou Tom the Horse. Les riches prospecteurs comme Johnny Lind et George « Skiff » Mitchell payaient leurs verres avec de la poussière d'or et avaient une chaîne de montre en pépites d'or accrochée à leur chemise à carreaux crasseuse ou à leur veste de laine. Bon nombre de ces hommes avaient parfois failli s'entretuer dans des bagarres lorsqu'ils étaient ivres, mais ils s'étaient également sauvé la vie à plusieurs reprises dans des blizzards. Ils écoutaient les jeunes fanfarons parler de leur succès à venir l'été prochain et échangeaient des anecdotes au sujet des difficultés de l'hiver. Tout le monde éclata de rire lorsqu'un vieil habitué raconta la triste mésaventure d'un certain *cheechako*. La température extrêmement froide faisait en sorte que bien vite, un monticule d'excréments gelés se formait dans toutes les latrines, et il n'y avait aucun moyen de l'étendre ou de creuser un nouveau trou. Le *cheechako* en question eut la bonne idée de détruire la colonne brune, dure comme du béton, à coups de fusil… Le malheureux s'était évidemment retrouvé avec des éclaboussures plein le visage !

Lorsque minuit sonna, en ce dernier jour de 1897, chacun leva son verre pour porter un toast à ses compagnons et accueillir la nouvelle année. Belinda, vêtue de son habituelle blouse empesée et de sa jupe longue, s'arrêta une minute pour prendre part aux réjouissances, puis elle retourna s'occuper du poêle. Grâce à sa gestion efficace et à l'achat de provisions auprès des hommes qui avaient décidé de quitter le Nord, Belinda avait un garde-manger bien garni. Derrière le bar en bois d'épinette du Grand Forks, les tablettes étaient remplies de bouteilles. Dans la salle à manger, il y avait de longues tables couvertes de nappes propres où l'on servait des repas à toute heure du jour et de la nuit. Les clients payaient trois dollars cinquante pour un repas servi dans de la vaisselle de porcelaine. Il leur en coûtait douze dollars par jour pour les repas et l'hébergement. En plus des incontournables, comme les haricots et le bacon, on leur servait du bœuf, du mouton ou du jambon en conserve et sur chaque table, il y avait des pots de compote de pommes (faite de pommes séchées) que l'on remplissait régulièrement. Pour ces hommes en manque de sucre et de fruits, et pour qui le scorbut était une menace constante, la compote de pommes était un véritable nectar. De temps à autre, les clients avaient la possibilité d'acheter un œuf « à leurs propres risques ». Si le premier œuf s'avérait non comestible, le client pouvait en commander un autre, à condition de débourser un autre dollar. Lors des occasions spéciales, comme la veille du jour de l'An, les clients avaient droit à des aliments plus raffinés, comme du cœur d'orignal rôti au bacon, ou du museau d'orignal mariné.

Moins de trois mois après son ouverture, l'hôtel de Belinda était devenu un poste de traite, une banque de poussière d'or et une maison de courtage non officielle pour l'achat et la vente de concessions minières. Lorsque le temps était assez favorable pour permettre au père Judge de venir depuis Dawson, l'endroit se transformait même en église ! Les prospecteurs s'agenouillaient tranquillement à côté des bancs noueux tandis que le prêtre, sa croix de bois à la main, disait la messe et leur parlait de l'amour infini de Dieu. « Le père Judge disait aux mineurs que tout l'or et les richesses qu'ils avaient étaient une récompense pour leur fidélité dans les épreuves. C'était un don de Dieu qui devait être utilisé à bon escient. » Belinda était toujours étonnée de voir comment même les vieux mineurs les plus endurcis écoutaient le prêtre avec attention, puis débattaient du sermon, même bien longtemps après que le prêtre soit retourné d'où il venait.

Les règles étaient simples au Grand Forks : on ne crache pas, on ne jure pas, on laisse les chiens au chenil derrière le bâtiment, et on s'assure de toujours tenir la propriétaire au courant des dernières nouvelles. Le bar de l'hôtel était une véritable mine d'or pour Belinda. Elle était la personne la mieux informée de tout le secteur : elle entendait parler de toutes les nouvelles découvertes d'or plusieurs jours avant que la rumeur n'atteigne Dawson. « Nous étions en plein là où les hommes se ruaient pour jalonner leur concession. Ils étaient prêts à échanger des intérêts dans leur concession contre du matériel. » La femme d'affaires rusée leur fournissait des haches, des pelles, des pics, des vêtements et des scies qu'elle avait en stock. Elle possédait même une scierie portative et un attelage de chiens, ce qui lui permettait de livrer du bois directement sur les concessions. En peu de temps, elle avait acquis trois concessions au ruisseau Eldorado et dix concessions résultant de nouvelles découvertes d'or. Elle devint également partenaire, avec cinq autres propriétaires miniers, de l'Eldorado-Bonanza Quartz and Placer Mining Company, une société enregistrée au Missouri, dans le but d'amasser du capital pour l'achat de machinerie lourde. Il y avait quelques doutes quant à la valeur légale des parts d'une femme dans une mine, puisque l'industrie minière était typiquement dominée par les hommes et que sous le régime de la *Common Law*, une « personne » était encore définie comme étant « un homme ». Belinda faisait tout simplement fi des conventions, et personne n'osait la contrarier.

Belinda continuait de protéger sa vie privée en habitant dans sa petite cabane confortable située derrière l'hôtel, en compagnie de Sadie O-Hara et de Nero. En gardant ses distances avec les hommes, elle arrivait à se faire respecter d'eux, bien qu'il y ait quelques spéculations quant à la nature de sa relation avec Sadie. Dans sa cabane, le poêle chauffé à blanc de même que la pensée de sa petite fortune croissant presque aussi rapidement que celle de Big Alex McDonald suffisaient à la tenir au chaud. De temps à autre, lorsque le vent se calmait et que le temps se réchauffait un peu, elle attelait Nero et suivait les seize milles de sentier qui menaient à Dawson pour se mettre au courant des nouvelles et de tous les nouveaux développements. La plupart du temps toutefois, on pouvait la trouver au Grand Forks, accueillant de son air sévère habituel les silhouettes tout emmitouflées qui franchissaient la porte de l'hôtel dans un grand courant d'air.

La découverte de nouveaux ruisseaux aurifères causait toujours une ruée frénétique accompagnée de cris de joie et de jappements. Un jour, Belinda décida de prendre part à la fête. Sadie et elle s'habillèrent de parkas, de chemises épaisses, de jupes en daim, de sous-vêtements longs, de mitaines de fourrure et de mocassins afin de se protéger contre le froid. À l'aide d'un attelage de chiens et d'un traîneau, elles se joignirent à la foule qui se rendait au ruisseau Dominion, un périple de vingt milles dans la neige épaisse et par-delà une montagne. « Nous étions épuisées à notre retour ce soir-là, et décidâmes de dormir à l'hôtel. Ce fut la seule et unique fois. Mis à part le petit coin réservé aux femmes, l'endroit était complètement rempli de mineurs fatigués qui avaient fait l'aller-retour au ruisseau Dominion ce jour-là. Nous passâmes la nuit là pour éviter de devoir réchauffer notre propre cabane. »

Il fallut peu de temps à Belinda pour se rendre compte qu'elle était incapable de passer la nuit dans son propre hôtel. « Le bois utilisé pour la construction avait rétréci, de sorte qu'il y avait de grosses fentes entre les planches et on pouvait tout entendre. » Les hommes, d'origine et de type variés, étaient couchés en rangs d'oignons, et le mélange d'odeurs de saleté, de tabac et de mauvaise haleine était suffocant. Les couvertures étaient d'une saleté répugnante et grouillaient de poux. Un voyageur s'était d'ailleurs plaint que l'occupant précédent avait omis de retirer ses bottes boueuses avant de se coucher tête-bêche, de sorte que la tête du lit était maintenant « ornée de galettes de boue séchée, de taille et d'apparence variées, adhérant solidement à la couverture noire ». La nuit était un concert incessant de ronflements, de rots, de pets et de gémissements, accompagné des cris de terreurs occasionnels de ceux qui faisaient des cauchemars. Belinda se rendit compte que « tout le bâtiment était secoué par le bruit ». Après quelques heures, elle réveilla Sadie et lui dit : « De toute évidence, cet hôtel est pour les hommes. » Sadie se mit à rire de façon si incontrôlable que Belinda finit par lui lancer un seau d'eau au visage.

Le seul à ne pas être le bienvenu à l'hôtel Grand Forks était Alex McDonald. Lorsqu'il demanda à Belinda s'il pouvait utiliser l'hôtel comme quartier général pour son entreprise de transport de marchandises, elle refusa catégoriquement. « C'est notre maison, et nous n'avons pas assez de provisions. » Lorsqu'il offrit d'acheter l'endroit, elle lui dit qu'elle ne le vendrait que pour la somme exorbitante de cent mille dollars. Et lorsqu'il répliqua que ce n'était qu'une cabane en rondins, elle éclata de rire. Belinda savait mieux que personne que la richesse est éphémère. « C'est peut-être vrai, mais que dire alors de tes concessions ? Que ce ne sont que des amas de poussière ? Tout cela n'est qu'une question de perspective. » Big Alex finit par se rendre à l'évidence qu'il s'était fait une ennemie de taille. Pour la deuxième fois depuis qu'il faisait affaire avec cette Irlandaise querelleuse, il prit un air étonné, se gratta le menton puis se pencha vers elle et murmura : « Tu n'es pas fâchée au moins ? » Une fois de plus, Belinda fit semblant de ne pas lui en vouloir, mais elle n'en avait pas fini avec lui.

Les prospecteurs dont les mines étaient plus éloignées n'avaient pas le luxe d'avoir un hôtel à proximité. À quatre-vingts milles en aval, en bordure du fleuve Yukon complètement gelé, l'univers de Jack London se limitait aux quelques cabanes en rondins situées sur une petite île balayée par le vent qu'il surnommera plus tard dans ses livres «l'île de la Séparation[21]». En effet, bien des partenaires de voyages se séparaient en arrivant à cet endroit, incapables de supporter les blagues, le caractère ou les petites manies de l'un ou de l'autre une journée de plus! Une trentaine d'hommes se terraient à l'embouchure de la rivière Stewart, attendant avec impatience l'arrivée du printemps. Dans la cabane que Jack partageait avec Fred Thompson, Merritt Sloper et Jim Goodman, la plus importante de leurs tâches quotidiennes consistait à garder le poêle allumé. Même lorsque celui-ci était chauffé à blanc et que les hommes étaient massés autour, le visage en sueur, leurs pieds continuaient de picoter à cause du froid. Tout ce qui était à plus de deux pieds du poêle demeurait glacé. Les morceaux de bacon et de viande d'orignal posés sur une étagère près de la porte étaient durs comme le roc. Les murs étaient couverts d'environ un pouce de gelée blanche. Le givre scintillait dans les fentes entre les rondins et l'humidité produite par la respiration des hommes se transformait en frimas recouvrant la feuille de papier huilé qui leur servait de seule fenêtre. Tous les matins, il fallait enlever à la pelle la glace qui s'était accumulée sur le sol recouvert de branches pendant la nuit.

La plupart des habitants de l'île en étaient déjà venus à la conclusion qu'ils n'étaient pas faits pour la vie de mineur. Parmi eux, il y avait un juge, un joueur de cartes professionnel, un médecin, un professeur et un ingénieur, toutefois plusieurs d'entre eux avaient une réputation professionnelle un peu douteuse. Par exemple, un «vieux de la vieille» surnommé «Doc» Harvey, était un ivrogne réputé. La plupart de ces hommes étaient partis pour le Nord sur un coup de tête et ne présentaient aucune aptitude pour les travaux manuels. Ils préféraient passer leur temps à jouer aux cartes et aux échecs. Il n'y avait pas suffisamment de lumière (il fallait conserver les bougies) et de livres pour satisfaire l'appétit littéraire de Jack. Selon un de ses

21. Nom donné à l'île Split-Up dans les traductions françaises de l'œuvre de Jack London.

compagnons, il avait apporté avec lui toute une collection d'ouvrages : *La philosophie du style*, de Herbert Spencer, *Le Capital*, de Karl Marx, *L'Origine des espèces*, de Charles Darwin, *Les Énigmes de l'univers*, d'Ernst Haeckel et *Le paradis perdu*, de John Milton. Une fois, pour une lecture un peu plus divertissante, il avait marché sept milles pour emprunter *Les sept mers*, de Rudyard Kipling, auprès d'un homme qui habitait en amont de la rivière. Les deux seules activités qui s'offraient à lui pour passer le temps étaient la conversation et les débats, et il excellait aux deux. En un rien de temps, sa cabane devint l'endroit favori des voisins pour rompre la monotonie de l'hiver. Bert Hargraves, un autre mineur, fera plus tard le récit d'une de ses visites : « Je me rappelle bien la première fois où je suis entré dans la cabane. London était assis au bord d'un lit en train de rouler une cigarette. Il fumait sans arrêt. Nul besoin d'être Sherlock Holmes pour deviner d'où provenaient les taches qu'il avait sur les doigts. »

Goodman était occupé à préparer le repas et Sloper réparait des meubles rudimentaires de la cabane lorsque Hargraves arriva. Jack, balançant les jambes et fumant avec nonchalance, mettait en doute la foi de Goodman en insistant sur le fait qu'il n'y avait aucune preuve scientifique de l'existence de Dieu. Bien des années plus tard, Hargraves racontera à Charmian London, la deuxième femme et biographe de Jack, comment « Jack interrompit la conversation pour me souhaiter la bienvenue. Il était si accueillant, son sourire si cordial et son attitude de franche camaraderie si authentique que je baissai immédiatement la garde. Il m'invita à participer à la discussion, ce que je fis, avec pour résultat de me plonger dans l'embarras le plus complet. » Selon les dires de Bert Hargraves, la cabane de Jack semble avoir été le lieu d'une sorte de société des débats subarctique où Jack se faisait à tout coup l'avocat du diable. « Qu'il soit question de religion, d'économie ou de quoi que ce soit d'autre, il posait toujours les mêmes questions [...] Qu'est-ce que la vérité ? Qu'est-ce qui est juste ? C'est sous cet angle qu'il examinait la déroutante énigme de la vie. Il était un grand penseur. » Hargraves était impressionné : « On ne pouvait s'empêcher de sentir sa supériorité intellectuelle dès la première rencontre [...] Il avait le niveau d'un homme mature et je ne le considérai jamais comme le jeune blanc-bec qu'il était, même si au fond de lui se trouvait encore ce cœur pur, joyeux, tendre et sans amertume propre à la jeunesse. »

Un autre mineur, Emil Jensen, raconta à Charmian London que le jeune Jack « était toujours partant, que ce soit pour partir en quête de nouvelles lectures dans les campements des environs, pour aider quelqu'un à construire un traîneau de bois ou encore pour aller chercher une blague à tabac à deux jours de marche lorsqu'il sentait la mauvaise humeur monter chez ses camarades en manque de cigarettes ». Jack sacrifia même une bouteille de whisky qu'il avait précieusement gardée hors de portée de Doc Harvey afin de soulager la douleur d'un homme devant être opéré d'urgence à la cheville. « Le chirurgien et le patient vidèrent la bouteille avant de commencer », affirme-t-il dans *John Barleycorn,* un récit autobiographique racontant sa vie de buveur.

Jack était jeune et plein d'énergie : il détestait demeurer encabané pendant des semaines. On suppose qu'il dût se rendre au moins une fois à sa concession au ruisseau Henderson, à plusieurs milles de là, puisque le mur du fond d'une cabane ayant appartenu à un mineur du nom de Charles Taylor porte l'inscription « Jack London, mineur auteur, 27 janvier 1898 ». Il apprit tous les secrets pour survivre dans le Nord : comment se frayer une piste dans la neige à l'aide de raquettes, comment garder de la nourriture au chaud contre sa peau, comment faire du pain au levain, comment se faire un abri à l'aide d'une couverture, comment éviter les engelures. Tout comme Bill Haskell et Belinda Mulrooney, il éprouvait un mélange de crainte et d'admiration devant l'immensité du paysage et le silence glacial de l'hiver nordique. Il décrira cette impression d'insignifiance humaine dans sa nouvelle intitulée « The White Silence[22] », publiée en 1900 dans le recueil *The Son of the Wolf*[23] : « Tout mouvement cesse, le ciel s'éclaircit et se pare de tons cuivrés ; le moindre murmure devient sacrilège, l'homme perd tout courage et s'effraie du son de sa propre voix. Seule étincelle de vie mouvante parmi ces étendues désolées, il tremble de son audace, se rend compte qu'il n'est rien de plus qu'un ver de terre. D'étranges

22. Titre français : « Le silence blanc ».
23. Titre français : *Le fils du loup.*

pensées l'envahissent soudain et le mystère de toute chose tend à s'exprimer[24]. »

De l'autre côté du fleuve Yukon vivait un couple un peu curieux : un dénommé Stevens et une femme à la chevelure rousse. Un jour, le couple traversa le fleuve gelé pour se rendre à la cabane de Jack. Selon Emil Jensen, Stevens présenta la femme qui l'accompagnait comme « Madame Stevens », mais celle-ci s'empressa de préciser qu'ils n'étaient pas mariés. Stevens s'installa près du poêle et commença à raconter ses aventures dans la jungle sud-américaine, lesquelles mettaient en vedette des aborigènes farouches, des femmes dévergondées et des animaux féroces. Les histoires de Stevens étaient tirées par les cheveux, mais Jack les trouvait divertissantes.

L'air de la cabane était enfumé et étouffant, mais même dans la pénombre, Jensen pouvait voir que la femme était plus âgée que Jack d'au moins dix ans et « ternie par la cigarette ». C'était la première femme non amérindienne que les hommes voyaient depuis des semaines et « malgré [...] son apparence quelque peu négligée, elle n'était pas trop désagréable à regarder ; de plus, elle était franche et sans réserve, et avait une voix douce et caressante [...] et son rire était comme une musique ». Sa présence dans la cabane était enivrante et tous les yeux étaient rivés sur elle. Elle soutenait le regard des hommes sans broncher et ses yeux étaient pleins d'encouragement et de promesses. Et pourtant, on y voyait également un peu de moquerie, comme une sorte de défi. Sa présence était distrayante, troublante et l'odeur de sa sueur était perceptible à travers les émanations masculines. Les hommes la regardaient, subjugués à la vue de ses chevilles, et tentaient maladroitement de se rappeler les bonnes manières en lui servant le thé. Stevens continuait de parler, mais Jensen remarqua que le regard de la femme s'était posé avec insistance sur le jeune et beau visage de Jack. Puis elle prit exprès une pose provocatrice, rejetant la tête vers l'arrière et souriant tandis qu'elle soulevait ses épaisses boucles de cheveux pour exposer sa nuque, un geste profondément érotique. « On pouvait voir sa charmante et généreuse silhouette se dessiner dans sa robe usée et trop serrée. Je me rappelle très bien ses yeux bleu sombre, et son regard un peu enfantin, et ses

24. Traduction de George Berton, rév. Isabelle St Martin, Gallimard, 2007.

petites dents blanches étincelant entre ses lèvres rouges sensuelles. » Jack aussi remarqua ses lèvres... et sa poitrine. Lorsque Stevens se leva finalement pour enfiler son parka et se diriger vers la porte, la femme le suivit sans un mot. Puis, elle se retourna pour inviter tout le monde à venir leur rendre visite à leur cabane. « Venez bientôt ! », lança-t-elle en regardant Jack droit dans les yeux.

Jack ne put résister à l'invitation. « Des yeux d'enfant chez une femme de cet âge, ce n'est pas bon signe », dit Jensen au jeune Californien pour le mettre en garde. Mais Jack ne voulut rien entendre et il traversa le fleuve, seul. Une fois arrivé au taudis de Stevens, il s'assit pour une autre séance des incroyables aventures de Stevens. Cependant, Stevens se fit de moins en moins accueillant lorsqu'il réalisa que sa « femme » se rapprochait petit à petit de Jack. Il changea d'humeur. « Avez-vous déjà vu un bon tireur, M. London ? », demanda-t-il. Sans attendre de réponse, il prit son fusil Winchester qui était suspendu au-dessus du poêle et sortit de la cabane. Puis en quelques secondes, il tira dix balles sur une boîte de conserve clouée à un arbre, sans jamais rater sa cible. Jack comprit que Stevens était le genre d'homme qu'il valait mieux ne pas contrarier, surtout dans un endroit désert et glacé comme celui-ci où les voyageurs disparaissaient régulièrement sans laisser de trace. Sans même saluer la femme, Jack retourna à sa propre cabane de l'autre côté du fleuve. Il dut admettre, en racontant l'incident à Jensen, qu'il n'avait jamais vu meilleur tireur. « Cet homme n'a peur de rien, je t'assure, pas même de la vérité. » Jack ne retourna jamais chez les Stevens, mais le souvenir de la pièce enfumée, du visage de cette femme, de l'intrépidité de cet homme et de l'érotisme grisant de la rivalité masculine resta pour toujours gravé dans sa mémoire.

Parfois, on avait l'impression que le printemps ne viendrait jamais. La tension montait entre les habitants de l'île Split-Up, qui n'en pouvaient plus de vivre dans cet enfer de glace. Pendant combien de semaines leur faudrait-il continuer à transporter de lourds seaux d'eau glaciale puisée à même un trou dans la glace recouvrant le fleuve gelé ? Combien d'autres débats sur l'existence de Dieu seraient lancés par ce jeune fanfaron qui fumait trop, citait trop souvent Herbert Spencer et Karl Marx et demandait sans arrêt : « Qu'est-ce que la vérité ? Qu'est-ce qui est juste ? » Jack décrira la tension intolérable qui se crée inévitablement entre des hommes coincés ensemble qui n'ont rien d'autre à faire, dans sa nouvelle intitulée « In a Far Country[25] » parue en 1900 dans le recueil *The Son of the Wolf*[26] : « ... la petite cabane, où s'entassaient les couchettes, le poêle, la table et tout le reste, les bloquait dans un espace de dix pieds sur douze. La seule présence de l'un devenait pour l'autre une sorte d'injure continuelle, et ils se confinaient dans de mornes silences qui, de jour en jour, augmentaient en durée et en intensité. Parfois une lueur dans le regard ou un pli de la lèvre trahissait ce qu'il y avait de meilleur en eux, bien qu'ils s'efforçassent de s'ignorer entièrement l'un l'autre pendant ces périodes de mutisme[27]. » Dans cette nouvelle, les deux personnages finissent par s'entretuer. Dans la réalité, dont s'est inspiré Jack, une dispute avait éclaté entre voisins après qu'il ait emprunté la hache de Merritt Sloper une fois de trop et qu'il l'ait utilisée pour casser de la glace, ce qui en avait émoussé la lame. Jim Goodman aussi avait fini par en avoir assez de Jack, qui insistait toujours pour garder les visiteurs pour le repas, alors que les réserves de haricots et de fruits séchés s'amenuisaient. Jack finit donc par quitter Goodman, Sloper et Fred Thompson pour aller partager la cabane de Doc Harvey.

Jack London ne perdit jamais son sens de l'émerveillement devant l'immensité du ciel et du paysage nordique. Son ami Emil Jensen dira plus tard de lui qu'il « était toujours soit sur la pointe des pieds, dans l'expectative, soit bouche bée d'admiration, comme la nuit où nous avons vu la neige prendre la couleur des flammes sous un ciel des plus étrange, soit pris d'une excitation frénétique, comme lorsque nous regardions la marée monter ». Mais au fur et à mesure que les jours rallongeaient, on pouvait voir chez ces hommes au regard éteint et aux muscles atrophiés que l'hiver glacial passé en réclusion avait laissé une marque profonde. Jack était envahi par une grande lassitude : ses articulations le faisaient souffrir, ses dents étaient déchaussées et ses gencives saignaient. Lorsqu'il exerçait une pression sur ses jambes enflées, on pouvait voir la marque de ses doigts longtemps après. C'étaient les premiers symptômes du scorbut, causé par des mois d'un régime alimentaire dépourvu de tout légume frais. Les mineurs crai-

25. Titre français : « En pays lointain ».
26. Titre français : *Le fils du loup*.
27. Traduction : « En pays lointain » (Paris, Hachette, 1930).

gnaient grandement cette maladie parce qu'elle était attribuable au manque de vitamine C et que les remèdes les plus efficaces, soit les citrons, les pommes de terre crues et les feuilles de laitue, étaient introuvables dans ces contrées. Si Jack et ses compagnons avaient daigné faire confiance aux gens du peuple han, ils auraient appris les vertus du thé d'épinette, mais cela n'était malheureusement pas le cas.

Partout dans les champs aurifères, les hommes qui avaient survécu à l'hiver glacial dans leur cabane isolée en mangeant des haricots et du bacon étaient maintenant atteints de maladies comme la tuberculose, la bronchite ou le scorbut, cette dernière étant la pire de toutes. L'incroyable douleur qui envahissait tous leurs membres faisait en sorte qu'ils demeuraient alités, et ce, jusqu'à ce que leur corps devienne tout enflé, tourne tranquillement au noir et pourrisse sur place. Ceux qui avaient des amis auraient peut-être la chance d'être enterrés décemment dans le sol gelé, mais lorsque les tombes n'étaient pas assez profondes pour être hors d'atteinte des chiens et des loups, on pouvait voir, gisant çà et là, un bras ou une jambe appartenant à l'un des cadavres. Pendant la ruée vers l'or, le scorbut causera en définitive plus de décès que tous les accidents survenus au col Chilkoot et dans les mines. Doc Harvey savait qu'il était impératif d'emmener Jack à l'hôpital du père Judge à Dawson dès que possible.

Depuis des mois, les hommes affluaient péniblement des champs aurifères pour se rendre à l'hôpital. L'un d'entre eux, qu'on avait transporté sur un traîneau, était étendu sur le dos dans sa cabane depuis trente jours. Il avait survécu en se nourrissant d'une mixture de farine et de sucre à laquelle il ajoutait de l'eau provenant de la glace qui se formait sur les murs de sa cabane et qu'il faisait fondre à la chaleur de son corps. Lorsqu'un camarade l'avait découvert, son corps était déjà raide jusqu'aux hanches et ses gencives étaient si enflées qu'il ne pouvait plus fermer la bouche. « L'hôpital accueille jusqu'à cinquante patients à la fois, dont la moitié sont atteints de scorbut. Tous sont arrivés l'été dernier », écrivit le prêtre dans une lettre à son frère au mois de mars. Depuis l'ouverture de l'établissement, sept mois auparavant, cent soixante-huit patients y avaient été traités. On ne refusait personne, quelles que soient ses convictions religieuses. Le jésuite ne chômait pas : il fallait accompagner les mourants, enterrer les morts, superviser les travaux d'agrandissement du bâtiment, encourager les convalescents, convaincre les patients récalcitrants, prier avec les fidèles de foi catholique, planifier les repas malgré un garde-manger presque vide et célébrer la messe.

Le travail n'était jamais fini. Il n'y avait toujours pas de verre aux fenêtres et les couvertures étaient infestées de poux, mais le père Judge tenait bon. En réalité, il était de meilleure humeur que l'automne précédent. Ses craintes face à la venue de l'hiver s'étaient révélées non fondées. « Nous nous amusons follement à lire ce qui est publié dans les journaux concernant notre coin de pays. Tout est grandement exagéré, le bon comme le mauvais. » Il est vrai que la température extérieure était tombée sous les moins soixante degrés en février, mais il avait reçu de l'aide de plusieurs personnes, tant à l'hôpital qu'à l'église, et ses provisions s'étaient avérées suffisantes. On avait eu droit à de la musique à l'église ce Noël-là, et le prêtre trouvait régulièrement de la viande de caribou ou d'orignal sur le pas de sa porte, grâce à de généreux paroissiens. Sa propre santé tenait le coup. « Les journaux racontent que nous sommes tous morts ou en train de mourir de faim, et pourtant, en ce qui me concerne, je me sens comme si j'étais finalement revenu à la civilisation », écrit-il.

L'esprit de contentement du père Judge naissait de son indifférence à l'égard de son propre confort (les poux ne semblaient pas le déranger) et de sa profonde conviction de travailler à l'œuvre de Dieu. « Il y a un mois environ, nous avons assisté à une belle mort », raconta-t-il à son frère. « Un homme bien connu à l'extérieur du Yukon s'est converti à la foi pendant son séjour à l'hôpital, grâce à la lecture d'un livre sur la doctrine catholique. Il a reçu les sacrements avec la plus grande dévotion, puis s'est éteint, heureux. » Quelques jours après avoir scellé la lettre destinée à son frère, le prêtre en écrivit une semblable, cette fois à sa sœur. « L'hôpital s'avère un bon moyen de ramener les brebis perdues au sein du troupeau [...] Je suis heureux de pouvoir apporter une certaine consolation aux nombreux catholiques [...] et de pouvoir semer la bonne semence parmi les nombreux non catholiques. Je trouve un grand réconfort dans toutes mes tâches. »

Il y avait une autre cause, moins spirituelle, à la bonne humeur du prêtre. Plus que jamais, il était un modèle d'intégrité pour son prochain et par son dévouement, il faisait rayonner la compassion dans un monde cruel. Sa foi inébranlable et quelque peu naïve voulant que Dieu allait pourvoir à tous ses besoins était devenue une prédiction s'accomplissant d'elle-même, parce qu'il faisait ressortir le meilleur chez les autres. Un jour, il admit vingt patients de plus que le nombre de lits disponibles à l'hôpital. Avant le soir, trois ballots de couvertures furent déposés à sa porte par un donneur anonyme. Une autre fois, au beau milieu de l'hiver, il avait de la difficulté à creuser une tombe dans le sol gelé. Il allait abandonner l'idée lorsque deux étrangers costauds arrivèrent avec des pics et des pelles pour finir le travail.

Les mineurs endurcis disaient de lui que c'était un saint et ils appréciaient sa présence dans la communauté. Comme preuve de leur respect, ils décidèrent d'amasser les fonds dont le prêtre avait besoin pour terminer et meubler ses bâtiments. Bon nombre des citoyens les plus en vue de Dawson faisaient partie de l'Ordre des pionniers du Yukon, un club de bienfaisance mis sur pied quelques années auparavant à Circle City. Seuls les prospecteurs qui se trouvaient dans la vallée du fleuve Yukon avant la découverte d'or au Klondike en 1896 étaient admissibles. Ces derniers préservaient jalousement l'exclusivité de leur association, bien que leur devise soit : « Faites aux autres ce que vous voudriez qu'on vous fasse. » (Signe indéniable de la détermination de Belinda Mulrooney, cette dernière réussit à se faire admettre à titre de membre honoraire de l'Ordre, bien qu'elle soit une femme et ne soit arrivée au Yukon qu'en 1897. De toute évidence, personne n'osait lui dire non.) Au début du mois de mars, les membres de l'Ordre des pionniers organisèrent une activité-bénéfice pour l'hôpital afin de récompenser l'important travail du père Judge auprès des malades. Belinda Mulrooney descendit de Grand Forks à Dawson pour aider à l'organisation de l'activité à la salle des Pionniers, qui venait tout juste d'être construite. Il y avait entre autres des danseuses, un violoniste et un meneur de danse, tous rassemblés pour la bonne cause. Les mineurs, ravis d'avoir enfin la chance de dépenser leur fortune, amassèrent plus de cinquante mille dollars. « Après ce soir-là, je n'ai jamais pu m'empêcher de penser que les sommes amassées lors des kermesses d'église, à l'extérieur du Yukon, étaient petites en comparaison », dira plus tard Belinda.

Cette dernière appréciait plus particulièrement l'aspect un peu plus loufoque de la soirée-bénéfice, y compris le bruyant concours de danse et les amendes imposées à ceux qui dansaient ou parlaient trop. Dans la lumière vacillante des lampes à l'huile, les couples tournoyaient au son de la musique tandis que des dizaines d'hommes massés le long des murs leur criaient des injures. Selon Belinda, la foule s'amusait à critiquer le maître de cérémonie, le tenancier de saloon Bill McPhee « et avait beaucoup de plaisir à le faire ». Mais quelques rabat-joie étaient d'avis que les jurons et les moqueries n'avaient pas leur place dans une soirée-bénéfice au profit de l'église catholique romaine et allèrent se plaindre au père Judge. « Le père Judge vint voir ce qui se passait », raconte Belinda. Le prêtre, qui était plus âgé que la plupart des personnes présentes d'au moins une vingtaine d'années, les réprimanda doucement : « Des enfants, de vrais enfants », dit-il. Mais il ajouta candidement : « Il ne faut pas forcer les gens à donner de l'argent. » Cela n'empêcha pas Belinda de percevoir immédiatement les amendes dues en disant au père Judge de ne pas s'en faire, que ce n'étaient que des mineurs s'amusant entre eux. « C'est le spectacle des pionniers. Ils aiment rester debout à se disputer. »

Après la danse, il y eut une tombola. L'employée de Belinda, Sadie, avait fait don d'un oreiller de cuir qu'elle avait elle-même fabriqué et rempli de mousse végétale. Sadie et son rire contagieux étaient extrêmement populaires, et l'oreiller devint du coup l'objet le plus prisé au monde. Selon Belinda, les enchères furent des plus enlevantes. Dans l'espoir, peut-être, d'entrer dans les bonnes grâces de Belinda, Alex McDonald s'était mis en tête de remporter l'oreiller. « Aucun doute, il avait pris ses aises ce soir-là. C'était comme s'il s'amusait pour la première fois de sa vie. » La lutte de surenchère était si féroce que Belinda commençait à croire que « ce maudit bout de cuir et de mousse allait finir par se vendre cent mille dollars, ou qu'il faudrait le découper en morceaux ». C'est finalement Big Alex qui eut le dernier mot, pour cinq mille dollars.

La situation se fit un peu plus délicate pour Belinda lorsqu'Esther Duffie lui remit une lourde bourse contenant vingt mille dollars en pièces de monnaie ainsi qu'en poussières et en pépites d'or qu'elle avait récoltées auprès de ses amies, principalement des danseuses et des prostituées. Qu'est-ce que les saintes nitouches rabat-joie allaient

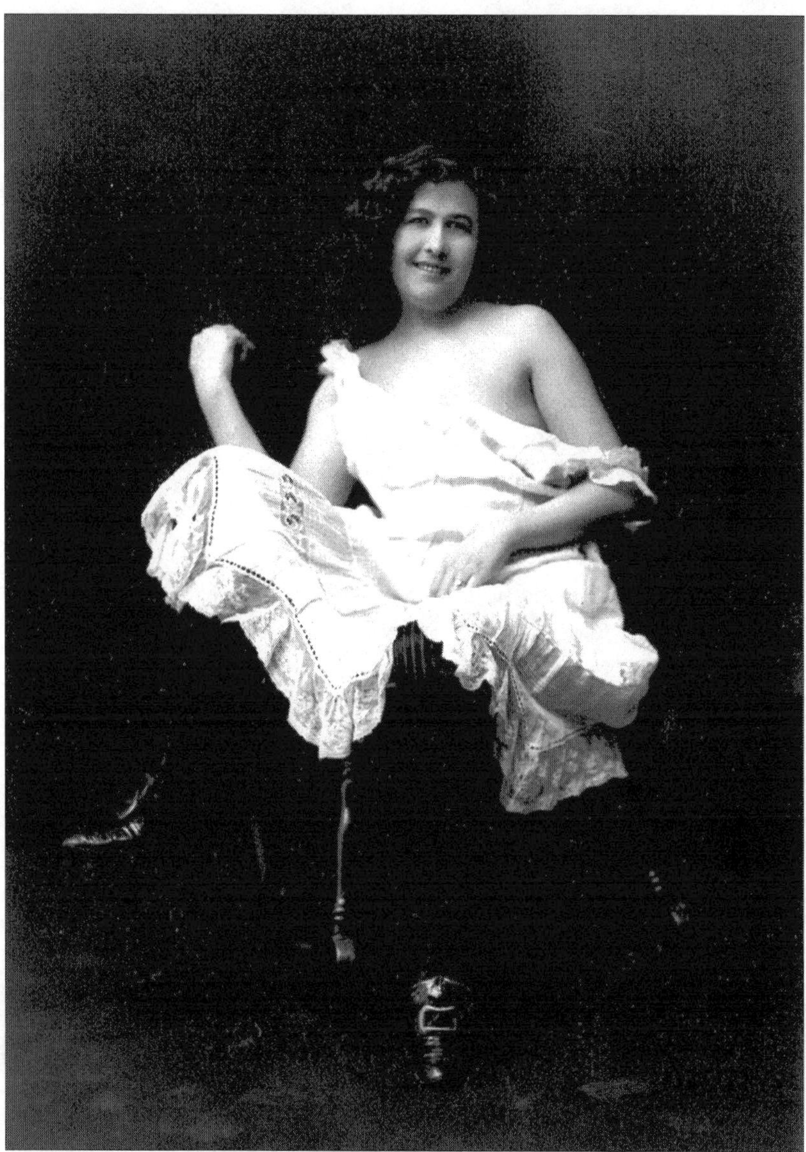

Belinda Mulrooney avait toujours fait preuve d'ouverture à l'égard des femmes d'affaires prospères, quel que soit leur gagne-pain. Des femmes comme celle apparaissant sur la photo, qu'on surnommait « la reine belge », ne manquaient pas de clients.

penser de cela? « Je suis très tentée de m'amuser un peu à leurs dépens... », confia Belinda à Joe Barrette, un meneur de chiens canadien français. « Ils vont penser que c'est de l'argent sale. » Joe proposa de substituer les pépites et les pièces de monnaie pour de la poussière d'or. « Ça fait plus propre », dit-il. Belinda rejeta l'idée. « Le problème, c'est la provenance de cet argent », dit-elle. Joe n'avait rien contre le rejet des conventions, au contraire. Il insista : « Ces femmes sont de bonnes femmes qui donnent de l'argent pour les églises. Aussi bonnes que n'importe qui. Je le sais bien, tu le sais bien... Fais en sorte que tout le monde le sache ! » Belinda le savait très bien, en effet, et elle n'avait généralement pas le temps de se prétendre supérieure en matière de moralité non plus. Il était hors de question de faire obstacle à un tel élan de générosité. Pour cette fois, cependant, Belinda préféra tenir sa langue et présenter la bourse comme un simple « don gracieux ».

La collecte de fonds ne servit pas qu'à montrer l'affection de la population pour le père Judge. Ceux qui habitaient depuis longtemps à Dawson en avaient assez du gouvernement canadien, qui n'hésitait pas une seconde à venir chercher de l'argent dans leurs poches et à imposer ses lois, mais qui n'investissait pas un sou dans les infrastructures locales. Ottawa n'avait rien fait pour établir la loi et l'ordre dans la ville, si ce n'est que de faire le tracé des rues et d'envoyer quelques *Mounties*. Il n'y avait aucun gouvernement local, aucune bibliothèque, aucune mesure pour améliorer les communications avec le reste du monde, comme le télégraphe ou des routes plus praticables. Les habitants de Dawson se rendaient bien compte que la ville avait besoin de s'organiser, surtout si la population continuait d'augmenter, et que c'était à eux de le faire. S'assurer que l'hôpital St. Mary disposait des fonds nécessaires pour continuer d'exister constituait une première étape.

Vers la mi-mars, on avait déjà droit à plus d'une douzaine d'heures de clarté chaque jour et la neige compacte sur les sentiers devenait jaunâtre et fondait chaque fois qu'il faisait un peu plus chaud. Les voyageurs apportaient des nouvelles de Whitehorse. La plupart parlaient de cette foule de chercheurs d'or enthousiastes qui attendaient de pouvoir enfin atteindre la « San Francisco du Nord » dont le monde entier avait entendu parler. Au moins trente mille personnes avaient franchi la chaîne St. Elias et attendaient le dégel du fleuve dans un campement au lac Bennett. Dès la première occasion, ces hommes et ces femmes mettraient leurs embarcations artisanales à l'eau et fileraient vers Dawson.

Mais la nouvelle la plus terrible pour les habitants de longue date de Dawson fut celle de la mort de Joe Meeker. Partenaire de Bill Haskell, Joe, qui était bien connu de tous ceux qui avaient exploré les ruisseaux Bonanza et Eldorado au tout début de la ruée vers l'or, s'était noyé pendant le voyage de retour à la civilisation. Dans les bars et les saloons de Dawson, on racontait comment il avait perdu pied en escaladant la glace en bordure des rapides White Horse. C'était un triste accident : Joe était tombé dans les eaux tumultueuses et avait été immédiatement emporté sous la glace par le courant, son précieux sac de poussière d'or avec lui. Il avait disparu avant que Bill ait pu faire quoi que ce soit. Pour les hommes qui avaient fréquenté Bill et Joe, il s'agissait d'un triste rappel du danger qui les guettait à chaque instant et de la fragilité de leur propre existence. Ils ne pouvaient que s'imaginer l'horrible sentiment d'impuissance de Bill tandis qu'il fixait du regard les remous, avait tenté de sauter lui-même à l'eau, et le courage qu'il lui avait fallu pour poursuivre sa route jusqu'à Dyea, malgré sa peine.

Lorsque la nouvelle de la mort de Joe parvint à Dawson, plusieurs se demandèrent si Bill arriverait à quitter le Nord en vie. Les *sourdoughs* spéculaient quant à son avenir. Allait-il revenir au Yukon comme prévu, maintenant qu'il avait perdu son partenaire ? Est-ce que la chance de faire fortune en valait la peine, étant donné les risques qu'ils couraient et les difficultés qu'ils devaient affronter ?

La débâcle était imminente. La population de Dawson allait bientôt monter en flèche, et la ville n'était pas du tout préparée à faire face à la situation. Belinda assista à une rencontre à l'entrepôt de l'Alaska Commercial Company au cours de laquelle les leaders de la ville exprimèrent leurs inquiétudes. Un des pionniers insistait pour dire qu'il fallait un système de drainage. Un autre voulait que l'on construise plus de cabanes. Belinda suggéra qu'on ajoute un deuxième étage à tous les bâtiments de la rue Front pour y installer des lits, mais les hommes rirent d'elle et tournèrent son idée en ridicule, ce qui la rendit furieuse. Relevant la tête et posant les poings sur ses hanches, elle annonça qu'elle avait l'intention de construire un hôtel de trois étages. « Cela souleva l'indignation générale. Tout le monde se mit à crier en même temps. Je bouillais de colère. J'étais déterminée à bluffer jusqu'au bout », raconta-t-elle plus tard. Un prospecteur du nom de Bill Leggett, qui possédait une concession très productive au ruisseau Eldorado, lui offrit de parier cinq mille dollars qu'elle n'arriverait pas à construire un hôtel de trois étages à temps pour l'été. « Et même si tu y arrives, tu seras incapable de chauffer le bâtiment par la suite », lui dit-il. Belinda regarda l'homme avec un air de défi et accepta le pari.

Le gouvernement canadien aussi commençait à se rendre compte à quel point la situation risquait de dégénérer lorsque la population de Dawson se mettrait à croître à une vitesse fulgurante, avec seulement quelques *Mounties* pour faire respecter la loi. En un rien de temps, le petit triangle de terre entouré de cours d'eau et de montagnes allait être envahi par toutes sortes de gens : *sourdoughs*, *cheechakos*, entrepreneurs, joueurs, danseuses, escrocs, prostituées, tricheurs, missionnaires, malades et estropiés, sans oublier les chiens de traîneau. Des représentants officiels du gouvernement furent dépêchés sur les lieux pour veiller à ce que l'aménagement de la ville la plus nordique du pays se fasse de manière ordonnée. Le premier bureaucrate à arriver sur les lieux fut Frederick Coates Wade, un procureur de la Couronne à qui Ottawa avait donné le mandat de clarifier les titres de propriété dans les camps miniers éloignés.

Wade était un homme arrogant et intimidant muni d'une grosse moustache et d'un ego non moins imposant. Il s'était fait une renommée comme journaliste militant au Manitoba et avait obtenu l'emploi à Dawson grâce à son amitié avec le politicien libéral bien en vue Clifford Sifton. Ce dernier était à la fois ministre de l'Intérieur, chargé de la colonisation des Prairies, et ministre des Affaires indiennes et du Nord. Il considérait le Nord comme un endroit offrant de bonnes occasions de récompenser la loyauté de ses amis. Fred Wade consacra d'abord ses efforts à débarrasser la ville de ceux qu'il appelait les « voleurs américains ». Il était horrifié de voir que des squatters vivaient le long de la rive sans payer de loyer, qu'il n'y avait aucune installation sanitaire et que partout, les titres de propriété étaient flous. Il prit unilatéralement la décision de recruter un entrepreneur local afin de lui céder la bande de terre qui bordait la rivière, à condition qu'il s'occupe du nettoyage, perçoive les loyers et y construise des bâtiments convenables, y compris trois toilettes publiques.

Étant à la fois une femme et d'origine américaine, Belinda Mulrooney était automatiquement disqualifiée pour ce contrat. Alex McDonald, par contre, était exactement le type d'homme que Wade recherchait. Il le décrivit à Sifton, son patron à Ottawa, comme « l'homme le plus responsable de la ville ». Wade fit à Big Alex une énorme faveur en lui vendant le terrain au prix ridicule de trente mille dollars, soit moins que la somme amassée en une seule soirée pour le père Judge. Wade omit de mentionner à Sifton qu'il avait une si haute opinion de Big Alex qu'il lui avait offert ses services comme notaire, empochant ainsi une partie de l'argent. Les conflits d'intérêts ne posaient jamais problème pour Frederick Coates Wade. On ne peut cependant en dire autant des résidents de Dawson d'origine américaine, qui étaient scandalisés de voir comment les fonctionnaires canadiens s'emplissaient les poches à leurs dépens, tout en prétendant être la vertu incarnée.

En mars de cette année-là, sur le sentier entre Grand Forks et Dawson, Belinda observa les premiers signes de l'arrivée du printemps. On entendait l'eau bouillonner sous la glace dans les ruisseaux, les amas de neige fondaient peu à peu, et on pouvait voir à l'occasion un lièvre arctique traverser la piste. Il faudrait attendre encore quelques semaines avant que les ours ne sortent de leur hibernation et que les milliers de chercheurs d'or attroupés au lac Bennett ne commencent le périple de six cents milles pour se rendre à Dawson. La ville était encore suffisamment petite pour que la plupart des habitants se connaissent de vue, sinon de nom, mais Belinda savait bien que tout cela allait bientôt changer. Dans peu de temps, il y aurait plus de règles, moins de liberté, plus de « civilisation » et moins de plaisir sans retenue. Cette pensée la rendait nostalgique. Elle décida de profiter au maximum de la fête organisée à l'entrepôt de l'Alaska Commercial Company, le 17 mars, pour célébrer la Saint-Patrick.

Le soleil brillait et l'air était frais ce jour-là. Chacun s'était fait beau pour l'occasion. Quelques femmes portaient même des chapeaux de paille ornés de ruban. « Avec leurs bottes, leurs mukluks en peau de phoque, leurs parkas ou leurs manteaux de fourrure et ces chapeaux ridicules sur la tête, c'était à mourir de rire», se rappellera Belinda bien des années plus tard. Quelqu'un cria: «Il faut faire une course de traîneau!», et en un rien de temps, on avait déterminé le parcours et préparé deux attelages. Le premier attelage appartenait aux *Mounties*, l'autre était celui de Joe Barrette, l'ami de Belinda. Le père Judge arriva juste à temps pour assister au spectacle. Un pistolet de départ se fit entendre et les deux équipages se mirent à courir le long de la rue Front. Les spectateurs criaient des encouragements à leur équipage favori tandis que toute la population canine de Dawson jappait et hurlait à pleins poumons. «C'était magnifique de voir ces superbes bêtes musclées lutter de toutes leurs forces pour avancer vers le fil d'arrivée», se rappellera Belinda. «Jusqu'au tout dernier instant, les deux attelages étaient côte à côte et il était impossible de savoir lequel allait gagner.» Puis l'équipage de Joe l'emporta de justesse sur celui appartenant à la Police à cheval du Nord-Ouest, et la foule lança des cris de joie.

Plus tard, les violons commencèrent à jouer des airs de valses, de gigues et de quadrilles. Selon Belinda, «c'était comme si nous étions tous une grande famille craignant un danger inconnu. Cela fut exprimé par un vieux prospecteur qui ne savait ni chanter ni danser, mais tenait à faire un discours. Il nous encouragea tous à passer du bon temps pendant que le pays nous appartenait encore. Il espérait que Dieu et les moustiques se chargeraient de renvoyer les nouveaux arrivants là d'où ils venaient pour que nous puissions continuer à vivre comme avant et être heureux dans ce pays». Les danses se poursuivirent jusqu'au matin, puis on servit des crêpes et du café. Après avoir nourri leurs chiens, les mineurs reprirent la route des champs aurifères.

Son envie de fêter n'avait évidemment pas empêché Belinda de faire des affaires tout au long de la soirée. Elle avait convaincu Joe Ladue de l'accompagner sur le plancher de danse afin de proposer de lui acheter un lopin de terre situé à deux coins de rue des saloons. Belinda dansait comme un pied et le vieux Joe Ladue était encore pire qu'elle, mais ils étaient parvenus à une entente. Elle était maintenant prête à construire son hôtel de trois étages: les critiques seraient confondus. Nul doute, 1898 allait être une grande année pour Dawson.

PARTIE 3
HISTOIRES D'ARGENT

Chapitre 11

Diplomatie en bottes de caoutchouc, avril à août 1898

Dès la mi-avril, la neige avait complètement disparu des rues de Dawson et le soleil se couchait bien après avoir jeté ses derniers rayons sur Toronto ou Boston. Le silence blanc de l'hiver avait été remplacé par le concert des oiseaux, le bruissement du vent dans les arbres, le craquement de la glace recouvrant encore les rivières, et le gargouillis des ruisseaux qui reprenaient vie après la fonte des neiges. Du jour au lendemain, les collines situées du côté nord de la rivière Klondike se couvrirent d'héliotropes, de stellaires, d'épilobes, de roses et autres fleurs sauvages.

Le printemps apporta un sourire sur le visage carré et habituellement sévère de Belinda. Le moment de prendre sa revanche sur Big Alex McDonald approchait à grands pas. Elle savait que d'ici quelques jours à peine, les rues, les planchers des cabanes, les puits de mines et les latrines se couvriraient de boue, et que tous les habitants des environs chercheraient désespérément à remplacer leurs bottes d'hiver par de longues bottes de caoutchouc. Elle en avait déjà un bon nombre en stock, grâce à la cargaison qu'elle et Big Alex avaient achetée l'automne précédent (celle dont il avait emporté pratiquement tout ce qu'il y avait de nourriture). Elle demanda donc à ses hommes d'acheter toutes les bottes de caoutchouc qu'ils pouvaient trouver, les vieilles comme les neuves. Elle insista pour qu'ils convainquent tous les employés de Big Alex de leur céder les leurs, peu importe ce qu'ils voulaient en échange : des bas de laine, un verre d'alcool : n'importe quoi pourvu qu'ils acceptent. Lorsqu'un de ses hommes lui demanda pourquoi elle voulait un tas de vieilles bottes, elle lui donna cette réponse ridicule : « Parce qu'elles sont ce qu'il y a de mieux au monde [...] pour allumer un feu. Si vous êtes seul en forêt et que vous devez faire un feu, un carré de caoutchouc de 5 pouces de diamètre suffit. » Elle acheta également toutes les bougies qu'elle put trouver à Dawson.

« Mes hommes se doutaient qu'il se tramait quelque chose, mais ils ignoraient quoi. En un rien de temps, j'avais en ma possession toutes les bottes ayant appartenu aux ouvriers d'Alex McDonald. » Alex lui-même ne se doutait de rien ; il continuait de penser qu'il pouvait se procurer tout ce dont il avait besoin lors de son prochain passage à Dawson. Mais lorsqu'il se rendit à l'un des centres d'approvisionnement, on lui dit qu'il n'y avait plus une seule paire de bottes de caoutchouc en ville et que la seule personne à en vendre était mademoiselle Mulrooney, à Grand Forks.

On peut s'imaginer à quel point Big Alex s'en voulait d'avoir sous-estimé Belinda Mulrooney, tandis qu'il remontait le sentier vers Grand Forks. Bien sûr, cette dernière l'attendait, le sourire fendu jusqu'aux oreilles, lorsqu'il vint lui demander combien elle vendait une paire de bottes. Alex savait que le prix courant était habituellement de quinze dollars, mais Belinda n'allait pas le laisser s'en tirer à si bon compte. « Trente dollars, lui dit-elle, et si tu veux acheter une seule paire de ces bottes, tu devras en acheter des caisses et des caisses. » Elle raconte dans son autobiographie qu'« Alex McDonald, cette morue néo-écossaise, fut forcé d'acheter jusqu'à la dernière paire ».

Ces bottes de caoutchouc n'étaient pas si chères, si on tient compte du fait que la ville de Dawson était construite dans une mare de boue sur un fond de pergélisol. Avec l'arrivée du printemps, les rues, qui avaient été sèches et dures à peine quelques mois auparavant, s'étaient transformées en bourbiers fangeux et puants. Dans la rue Front, l'effet combiné de l'eau qui montait et de la fonte du pergélisol faisait en sorte que quiconque tombait du trottoir en bois se retrouvait dans la gadoue jusqu'aux genoux et parfois même jusqu'à la taille. Tappan Adney, le correspondant spécial du magazine *Harper*, n'en revenait pas de voir que les bâtiments, « dont plusieurs, superbes, allaient devenir des magasins, des hôtels ou des théâtres [continuaient à] pousser comme des champignons » sur ce sol boueux.

La rumeur voulant qu'une foule de voyageurs avaient franchi les montagnes et étaient en train de construire des embarcations au lac Bennett poussait les spéculateurs comme Joe Ladue à accélérer la cadence pour compléter leurs projets de construction. Même en fonctionnant à plein rendement jour et nuit, les trois scieries n'arrivaient pas à répondre à la demande de bois de construction, lequel se vendait entre 150 et 200 dollars pour mille pieds de planche. Les hommes attendaient à la porte de la scierie avec leurs attelages de chiens, prêts à emporter le bois dès sa sortie de l'usine. Big Alex quant à lui pouvait se permettre d'acheter les bottes hors de prix de Belinda, puisqu'il louait le terrain riverain, qu'il avait obtenu du gouvernement pour un dollar seulement par pied carré, de huit à douze dollars par pied carré à ses locataires.

L'excitation était à son comble. Les constructeurs attendaient avec impatience l'arrivée des premiers prospecteurs à la recherche d'un logement et les orpailleurs se préparaient à laver le gravier qu'ils avaient entassé tout l'hiver pour en extraire l'or. Le 1er mai, le ruisseau Bonanza finit enfin de dégeler et le lavage de l'or put commencer. Mais le ruisseau se mit bientôt à couler beaucoup plus rapidement et abondamment qu'on s'y attendait, et bon nombre de cabanes situées à proximité furent inondées, y compris celle de Tappan Adney. Le correspondant spécial du magazine *Harper* découvrit qu'il n'était « pas très agréable de marcher dans la maison en bottes de caoutchouc, tout en chassant les moustiques, et tenter de se faire des crêpes ou une tasse de thé, ou encore monter dans un lit surélevé et en descendre, toujours avec les bottes aux pieds ». Il décida de repartir vers la ville. Arrivé au confluent du ruisseau Bonanza et de la rivière Klondike, il vit des blocs de glace à la dérive emporter un imposant pont de bois « comme s'il eût été fait de carton d'allumettes ». Dans un grand fracas, l'énorme masse de glace en mouvement détruisit cinq des sept piliers qui soutenaient la structure.

La population commença à s'inquiéter. L'année précédente, l'arrivée du printemps s'était passée sans trop de heurts. En 1897, le niveau de l'eau avait monté au-delà des quais, mais ce n'était rien comparé au gigantesque embâcle qui obstruait maintenant le fleuve Yukon. Des centaines d'hommes observaient avec inquiétude la rivière Klondike en train de se gonfler derrière une digue de glace. Certains demeuraient aux aguets toute la nuit, craignant que la rivière ne sorte de son lit et emporte la ville avec elle. L'inspecteur Constantine arpentait la rive en triturant sa moustache : il s'attendait au pire. Il vit un bloc de glace d'une quarantaine de pieds de largeur heurter la digue glacée, s'élever à moitié hors de l'eau, puis replonger. Un autre bloc tout aussi immense se trouvait non loin derrière. Ce dernier frappa la digue de glace dans un craquement sourd et resta coincé. De temps à autre, une embarcation vide arrivait à toute vitesse, se fracassait contre la glace et disparaissait, aspirée par le courant de la rivière. La scène rappelait à tous ceux qui en étaient témoins à quel point dans ces contrées, l'eau, le vent et les éléments en général avaient le pouvoir d'anéantir toute trace de présence humaine en quelques minutes.

Mais vers quatre heures, le matin du 8 mai, la digue de glace finit par céder dans un concert de craquements, et l'eau put enfin s'écouler librement. Les hommes poussèrent des cris de joie. En quelques minutes, la puissante rivière emporta et poussa sur les rives des blocs de glace aussi gros que les cabanes des prospecteurs. Malgré tout, le niveau de l'eau demeurait élevé, transformant les rues qui bordaient la rivière en véritable marécage.

Peu après la disparition de l'embâcle, quelques hommes arrivèrent à Dawson à bord d'une embarcation des plus rudimentaires. Il ne s'agissait pas encore des premiers spécimens de la prochaine vague de prospecteurs, mais bien de quelques-uns des habitants de l'île Split-Up. Parmi eux se trouvait Doc Harvey, ainsi qu'un Jack London très pâle et affaibli. Dès les premiers signes de la débâcle, Harvey et ses compagnons avaient détruit leur cabane pour s'en faire un radeau. Ils avaient ensuite entrepris la périlleuse descente de la rivière, sachant trop bien qu'ils risquaient de tomber à tout moment dans l'eau glacée si leur embarcation de fortune était entraînée par les remous ou si elle heurtait une plaque de glace. Puisqu'il était un marin expérimenté, Jack insista pour tenir l'aviron principal, bien que cette tâche lui soit des plus difficiles à accomplir avec ses mains affaiblies par le scorbut. Lorsque l'aviron lui tomba des mains et que le radeau faillit chavirer, Jack déploya toute la verve acquise lorsqu'il était pirate d'huîtres pour maudire l'eau, le froid, le courant et les bancs de graviers. Doc Harvey, prenant le relais, dirigea tant bien que mal la frêle embarcation jusqu'à Dawson. À peine avaient-ils accosté que les prospecteurs massés sur la rive les pressèrent de questions. La rivière Stewart était-elle complètement dégelée? Avaient-ils aperçu des bateaux en provenance du lac Bennett?

Jack débarqua d'un pas chancelant, la douleur qu'il ressentait dans les jambes le faisait grimacer. Ses genoux avaient des teintes de bleu et de noir, signe d'hémorragies internes aux articulations. Tandis qu'il attendait que Doc Harvey vienne lui prêter main-forte, il jeta autour de lui un regard consterné. La ville qu'il avait sous les yeux avait peu en commun avec la cité d'or qu'il avait vue l'automne précédent. C'était un endroit «lugubre, aux bâtiments inondés jusqu'au premier étage, peuplé de chiens, de moustiques et de prospecteurs».

Les journées s'allongeaient et le temps se réchauffait. Les hommes, eux, erraient, étourdis sous l'effet de la chaleur et du manque de sommeil. Une partie de la ville était ensevelie sous cinq pieds d'eau parfois. Une petite rivière s'était formée entre les casernes des *Mounties* et le centre de Dawson. Thomas Fawcett, le commissaire de l'or, dut quitter sa cabane de la rue Front pour s'installer dans une tente, en terrain plus élevé. Des ordures, des morceaux de bois, des excréments d'humains et d'animaux, de vieux vêtements et des boîtes de conserve flottaient un peu partout. L'odeur infecte était à la fois insupportable et omniprésente. Quelques hommes plus futés se faisaient payer cinquante sous par tête pour transporter des passagers entre les bâtiments de la rue principale. Certaines personnes avaient dû s'installer dans une tente sur le toit de leur propre cabane. La tente de Tappan Adney se trouvait sur une pente abrupte derrière la 10ᵉ Rue. Comme il le raconta à ses lecteurs du *Harper's*, de là, il lui arrivait de voir «par exemple, un homme arriver en radeau à sa cabane vers 23 heures, grimper sur le toit, enlever ses chaussures, marcher jusqu'à une pile de couvertures, les dérouler sur le toit, enlever son manteau pour s'en faire un oreiller et s'étendre pour dormir – tout cela à la clarté du jour. »

Jack London, lui, n'était pas en état de s'intéresser à tout cela. Il n'avait qu'une chose en tête : aller voir le père Judge. La réputation du jésuite à titre d'homme capable de guérir le scorbut et de sauver des vies s'était répandue le long de tous les ruisseaux jusque dans toutes les cabanes crasseuses de la vallée du Klondike. Il y avait quelques médecins à Dawson, mais ils demandaient tous qu'on leur paie deux onces d'or par consultation et la plupart étaient, aux dires d'un certain mineur, « de vrais vauriens ». Bon nombre d'entre eux étaient des charlatans n'ayant que peu de formation et ne connaissant ni les causes du scorbut ni les remèdes contre cette maladie. Pourtant, cette dernière était bien connue au sein de la profession médicale, même à l'époque. L'un prétendait que le scorbut était attribuable au manque de soleil, l'autre à la consommation d'aliments partiellement pourris, et un troisième jurait qu'il était causé par « l'épaississement et la viciation du sang ». Selon le même mineur, le père Judge avait sauvé « plus d'un millier [de vies]. C'était le seul d'entre nous qui avait du temps, ou qui n'était pas pris par la folie de l'or ». Il y avait bien longtemps que Jack London avait fini de dépenser tout l'argent qu'il avait apporté avec lui au Yukon, mais il en avait assez pour payer les médicaments que le prêtre allait lui donner : Harvey avait réussi à obtenir six cents dollars en vendant leur radeau à des ouvriers en manque de bois de construction.

L'hôpital St. Mary débordait de patients. Les scorbutiques avaient envahi les salles et les corridors de l'hôpital de même que la propre maison du père Judge. Des lits supplémentaires avaient été fabriqués à la hâte et alignés dans des annexes temporaires en toile. Lorsque Jack arriva en boitant au « bureau » d'accueil de l'hôpital, il n'y avait personne dans la pièce, qui ne contenait rien d'autre que quelques meubles simples. Il fit sonner une cloche qui se trouvait sur une table et un homme aux cheveux gris épars, aux traits tirés et à l'air soucieux apparut. Jack remarqua d'abord le long manteau sombre et défraîchi du prêtre ainsi que ses grosses bottes, puis leurs regards se croisèrent et il ne put s'empêcher de voir la lumière au fond des yeux de cet homme d'Église. Le père Judge, pour sa part, regarda son visiteur d'un air pensif, puis soupira. L'hôpital était presque à court de citrons, de pommes de terre crues et de tisane d'épinette, les seules sources de vitamine C dont il disposait. Mais le prêtre fit tout de même tout ce qu'il put pour le jeune Américain. Il lui donna de petites portions de pommes de terre râpées et de jus de citron et massa ses articulations endolories. Il n'était cependant pas en mesure de lui offrir un lit à l'hôpital. Heureusement, l'ami de Jack, Emil Jensen, également de l'île Split-Up, avait sa tente tout près de là et il offrit à Jack de demeurer chez lui.

Le père Judge était plus inquiet qu'il ne l'avait été depuis des mois. Jack était, il le savait, le premier de milliers d'hommes qui allaient bientôt affluer vers Dawson, maintenant que les cours d'eau étaient libres de glace. Il y avait en effet de quoi s'inquiéter: en 1898, la population du Klondike allait atteindre des sommets encore inégalés, voire inconcevables un siècle plus tard. Mûs à la fois par un grand désespoir et par l'espérance de la richesse instantanée, plus de cent mille personnes partirent cette année-là vers l'un des endroits les plus éloignés et inhospitaliers de la planète. Le père Judge se doutait bien qu'en plus des *sourdoughs* comme Jack, qui avaient passé l'hiver dans les champs aurifères, on verrait bientôt arriver tous ces gens qui s'étaient frayé un chemin à travers les montagnes au cours des derniers mois. Ces derniers, assemblés sur une distance d'environ soixante milles en bordure des lacs Lindeman, Bennett et Tagish, attendaient avec impatience la fonte de la glace.

Le père Judge n'avait en réalité aucune idée de la taille de la marée humaine qui allait bientôt engloutir Dawson. Les estimations croissaient de jour en jour – devait-on s'attendre à accueillir cinq mille personnes? Dix mille? Trente mille? Ce qu'il savait cependant, c'est que sa ville serait bientôt envahie par des hordes d'épouvantails maigres et barbus aux vêtements rapiécés. Et bon nombre d'entre eux, la peau flétrie et décolorée par la malnutrition, auraient besoin de soins. Le prêtre ne s'inquiétait pas seulement de la pénurie de remèdes et de fournitures médicales: l'hôpital était également profondément endetté. La gestion financière n'était généralement pas son fort et il avait l'habitude de faire confiance à Dieu pour répondre à ses besoins. Il avait tenté de mettre sur pied un système pour couvrir ses dépenses, lequel consistait à promettre un lit à l'hôpital St. Mary pendant un an, en cas de besoin, à tout homme qui acceptait de lui verser deux onces d'or. Mais ce stratagème avait eu peu de succès puisque tout le monde savait trop bien que le prêtre ne fermait jamais sa porte aux malades.

Le 8 juin 1898, le premier bateau annonçant l'arrivée de milliers de nouveaux venus accosta à Dawson. Pendant tout le mois qui suivit, les embarcations artisanales continuèrent d'arriver, jour et nuit, pour un total d'environ sept mille. Il y avait des barques, des chaloupes, des radeaux, des canots élancés de dix pieds de long, des chalands de quarante pieds de long pour transporter la marchandise, etc. La plupart avaient été construits à partir de bois encore vert par des constructeurs sans expérience et étaient destinés à un usage unique, soit l'aller simple de six cents milles jusqu'aux champs aurifères du Klondike. Les embarcations, alignées côte à côte en cinq ou six rangées le long de la rive, formaient une plateforme de près de deux milles de long.

Tous les matins, le père Judge se rendait au quai pour observer la foule hétéroclite de nouveaux venus, pour la plupart des gens épuisés par le voyage, sous le choc devant la misère qui régnait à Dawson et trop découragés pour faire quoi que ce soit d'autre que de s'observer les uns les autres. Selon les écrits de Tappan Adney, il y avait parmi eux « des Australiens, avec leurs manches retroussées et leur air arrogant, de jeunes Anglais avec leurs bas de golf et leurs vêtements en tweed, des aspirants-mineurs en veste à carreaux et bottes de caoutchouc ou en bottes lacées, des Japonais, des Noirs – et même des femmes, partout ! » Certains avaient dressé leur tente directement dans leur barque, d'autres dormaient sous un manteau ou une couverture, à la belle étoile. « La foule de nouveaux venus ne cesse de croître de jour en jour et notre petit village a maintenant des airs de grande ville, de sorte qu'il y a maintenant beaucoup trop de monde dans les rues... », écrivit le père Judge à son frère.

Le père Judge était au nombre de ceux qui tentaient de marchander des aliments frais. Au départ, il n'arrivait pas à voir les prix, tant la foule était dense. Les commerçants tentaient tous d'obtenir le plus d'argent possible pour leur marchandise. La première caisse de trente douzaines d'œufs frais se vendit trois cents dollars. Les pommes de terre se vendaient dix dollars la livre ; les oranges, les citrons et les pommes, cinq dollars la pièce. Les millionnaires de Dawson, qui

Au printemps de 1898, les embarcations artisanales formaient une plateforme flottante de près de deux milles de long aux abords de la ville de Dawson. La ville était si surpeuplée que les nouveaux venus étaient contraints de dresser leur tente directement dans leur bateau.

n'avaient eu aucune occasion de dépenser leur argent de tout l'hiver, étaient prêts à acheter n'importe quoi. Un entrepreneur échangea des chatons contre une once d'or chacun. Un autre obtint quinze dollars pour un vieux journal ayant servi à emballer de la nourriture. Belinda Mulrooney pouvait se permettre de payer un prix exorbitant pour la nourriture destinée à son hôtel, puisque ses clients allaient payer la facture. Mais la situation était différente pour les pauvres malades de l'hôpital St. Mary. Le père Judge se rendit vite compte qu'il n'aurait pas le choix de « mendier », comme disaient les mineurs, pour obtenir ce qu'il voulait.

Une de ses premières cibles fut un jeune Américain venu à l'hôpital parce qu'il avait entendu dire que son ami Henry y était, atteint du scorbut. Le prêtre fit sa connaissance et lui demanda, le regard pétillant : « Vous n'auriez pas avec vous des pommes de terre par hasard ? L'Américain fut étonné de la question. « Des pommes de terre ? », dit-il. « J'imagine que vous avez une grande envie de pommes de terre après la famine de l'hiver dernier.» Le prêtre, tout aussi étonné, répondit: «Ma foi non, je ne veux pas de pommes de terre. Mais j'ai ici un établissement rempli de malades souffrant du scorbut et cela fait des mois que je n'ai plus de médicaments. Des pommes de terre leur feraient le plus grand bien.» Le visiteur n'en avait pas, alors le prêtre lui dit simplement où trouver son ami Henry. Comme le jeune homme se préparait à monter à l'étage, le père Judge lui lança: «Essayez de lui remonter le moral en attendant que je puisse obtenir des médicaments ou des pommes de terre pour le soigner. Il faut leur donner un peu d'espoir pour les garder en vie, vous comprenez?»

Le frère du prêtre, Charles Judge, entendit cette histoire de la bouche même du jeune homme, bien que ce dernier ne mentionna jamais son nom. Il raconta cependant à Charles qu'il avait trouvé son ami Henry dans une petite pièce à l'étage, en compagnie de quinze autres patients scorbutiques. Les murs étaient faits de grossières planches de bois et les fentes avaient été remplies avec de la mousse et des chiffons. Les patients, vêtus de sous-vêtements miteux et tachés, reposaient sur des lits très rudimentaires munis de couvertures sales et rapiécées. La première question qu'Henry posa à son ami fut: «Tu n'as pas apporté de pommes de terre par hasard?» Une fois le sujet clos, les deux hommes se mirent à parler du prêtre. Le visiteur déclara que le prêtre semblait être plutôt populaire dans les environs. «Populaire!», protesta Henry, «il est pas mal plus que "populaire" ici. Il est le meilleur homme que Dieu ait mis sur terre. Je me demande bien ce que nous aurions fait cet hiver, sans lui. Il est en train de se faire mourir à vouloir prendre soin de tout le monde».

Le visiteur d'Henry, qui n'avait que peu d'intérêt pour l'Église catholique romain,e eut l'air sceptique, mais ses doutes furent bien vite balayés. Henry lui dit bien franchement que la religion n'avait rien à voir dans tout cela. «Nous sommes seize dans cette pièce, et il n'y a pas un seul catholique parmi nous. Mais, le père Judge n'a pas trop de difficultés à recruter de nouveaux fidèles. Il ne fait pas de sermons et ne parle pas de doctrine ou de foi, à moins qu'on le lui demande ou qu'on lui laisse entrevoir qu'on a des incertitudes à ce sujet. Non! Il fait seulement tout ce qu'un simple mortel peut faire pour aider son prochain, et il est évident qu'il voudrait pouvoir faire plus. Puis il vous dit quelques mots d'encouragement avant de partir pour l'église, et vous vous dites que vous seriez prêt à donner une de vos deux jambes inutiles pour pouvoir le suivre. Le voilà justement qui vient. »

Le jeune homme observa de quelle manière chaque patient se redressait et levait le visage lorsque le prêtre entrait dans la pièce. « Curieusement, il y avait un sourire sur tous ces visages malades ; seul le prêtre avait l'air fatigué et âgé. » Le père Judge se rendit immédiatement au centre de la pièce pour parler à un patient très malade qui était alité, le corps couvert d'œdèmes à cause du scorbut. Le visiteur vit le visage solennel du prêtre s'illuminer de l'intérieur tandis qu'il s'adressait doucement à son patient : « Je prie pour toi. Et si c'est la volonté de notre Bon Dieu, tu vas guérir. Les bateaux qui transportent les médicaments commencent à descendre le fleuve. Ta bonne mère aura la chance de te revoir, si les prières et les médicaments font leur effet. Fais tes prières, mon fils. Je retourne à la chapelle et je vais remettre ton sort entre bonnes mains. » Les yeux du malade se remplirent de larmes tandis que le prêtre lui caressait le front. Il agrippa la main du prêtre et la porta à ses lèvres avant d'enfouir son visage dans l'oreiller.

Le père Judge allait d'un lit à l'autre, replaçant l'oreiller de l'un, recouvrant les pieds de l'autre avec une mince couverture. « J'ai de bonnes nouvelles pour vous tous », déclara-t-il, « un plein chaland de pommes de terre vient tout juste d'arriver. Qu'est-ce que vous pensez de ça ! J'espère seulement que notre Bon Dieu ne m'obligera pas à les voler ». Il y eut d'abord un silence, puis tous les malades éclatèrent de rire. Le prêtre leur assura qu'il n'avait pas l'intention de voler quoi que ce soit. « Nous allons plutôt prier… c'est plus simple. » Après avoir fait le tour de la pièce une dernière fois, « en caressant le front de ces hommes matures comme s'ils étaient de grands enfants », il se prépara à partir. Mais juste avant, il leur dit d'un ton comique : « Ne vous découragez pas, mes braves, les navires arrivent par centaines et vous pouvez compter sur moi pour qu'on vous apporte ce dont vous avez besoin ! » Dès qu'il eut quitté la pièce, les malades, sachant bien que le prêtre était le seul obstacle entre eux et la mort, se mirent à raconter toutes sortes d'anecdotes à propos de cet homme de Dieu. Le visiteur racontera bien des années plus tard au frère du père Judge qu'il n'avait jamais entendu un tel concert de louanges à propos d'un homme vivant.

Les voyageurs et les marchandises continuèrent d'arriver, et par conséquent, le prix des provisions commença à baisser. Le père Judge put bientôt acheter du lait en poudre pour un dollar la boîte, des sacs de farine à trois dollars, des fruits à un dollar chacun, des pommes de terre à cinquante cents la livre, du mouton en conserve pour deux dollars cinquante la livre et des œufs à trois dollars la douzaine. Le secteur situé en bordure de la rivière avait des airs de foire avec tous ses stands où on vendait des légumes et autres aliments, des vêtements, des fourrures, des mocassins, des chaussures, de la viande et des bijoux. « Pendant un bref moment, on eut l'impression qu'on pouvait tout acheter à Dawson : raisins frais, lunettes d'opéra, épingles de sûreté et même une sorbetière », écrivit Tappan Adney.

Tout à coup, il y avait une ambiance de carnaval. Les rues inondées s'étaient asséchées tandis que dans les saloons, l'alcool coulait à flots. Des bordels firent leur apparition derrière la 2e Avenue. Dans les bars de la ville, les nouveaux venus qui entendaient les histoires au sujet des énormes quantités d'or qu'on avait trouvées dans les champs aurifères n'en revenaient tout simplement pas. Un peu plus loin, à l'hôtel Grand Forks, les prospecteurs arrivaient de leur concession l'air triomphant, croulant sous le poids des sacs de cuir, des tabatières et des pots de confiture remplis d'or. Malgré tous les efforts qu'ils avaient dû déployer pour l'obtenir, les mineurs étaient plus désinvoltes qu'on l'aurait cru en ce qui concerne leur or. Ils le confiaient sans inquiétude au gérant de l'hôtel, Walker Gilmer, pour qu'il le mette en sûreté. « Ces sacs d'or l'empêchaient de dormir la nuit », se rappelle Belinda. Walker refusait de s'en charger à moins que le mineur n'inscrive son nom sur chacun des sacs pour qu'il puisse les distinguer. « Je finis par me lasser de la poussière – j'en étais au point où j'aurais préféré voir une corde de bois plutôt que des sacs d'or. Ils étaient difficiles à transporter, à manipuler et à empiler. C'était comme transporter du plomb ; le poids nous écrasait les épaules et le dos », raconte-t-elle. L'or était habituellement acheminé à Dawson par lots, à dos de mule ou par attelage de chiens. Au début de la saison, il n'y avait pas de banque à Dawson, alors l'Alaska Commercial Company et la North American Transportation and Trading Company continuèrent d'accepter d'entreposer les sacs d'or jusqu'à ce qu'ils puissent tous être expédiés à l'extérieur du Yukon. Bien sûr, parfois certains mineurs décidaient qu'ils avaient bien mérité le droit de dépenser et décidaient de retirer leur sac du coffre-fort de l'une ou l'autre des deux sociétés. Dans la plupart des cas, le sac en question finissait par disparaître à une table de jeu.

Tôt le matin du 5 juin, la vie insouciante des habitants de Dawson fut soudainement interrompue. On entendit des gens crier: « au feu ! » Cela n'est jamais une bonne nouvelle dans une ville constituée de tentes et de cabanes en bois résineux. Les gens se ruèrent hors des salles de danse et des bars, et le son des rires et des violons fut remplacé par celui du crépitement des flammes. Une colonne de fumée s'élevait à l'extrémité nord de la ville : était-ce l'hôpital ? Des centaines d'hommes saisirent des seaux et des couvertures dans leur cabane et coururent en direction de St. Mary. Mais c'était l'église, et non l'hôpital qui était la proie des flammes. Les deux bâtiments étaient cependant si près l'un de l'autre que l'hôpital était sérieusement menacé. Tandis que certains étaient occupés à évacuer les malades sur des lits ou des civières, d'autres formèrent une file pour faire passer les seaux d'eau de la rivière jusqu'au toit de l'hôpital, où l'on arrosait les couvertures qu'on y avait étendues afin d'éteindre toute étincelle provenant du brasier.

Au début, le père Judge regardait les flammes, son visage déformé par la douleur à l'idée qu'il venait de perdre ce bâtiment qu'il avait mis tant de soin à construire, cet autel qu'il avait sculpté de ses propres mains et tout le nécessaire pour célébrer la messe. Pire encore, tout cela était sa faute. Tard la nuit précédente, il s'était rendu à l'église pour réciter les complies, le dernier office de la journée, et il avait déposé une bougie sur un support en bois. Alors qu'il était en prière, quelqu'un était venu le chercher de toute urgence pour qu'il aille donner l'extrême onction à un patient de l'hôpital en train de mourir. Dans sa hâte, le prêtre avait oublié d'éteindre la bougie. Tout ce qu'il restait de la première église catholique de Dawson, à présent, c'était un tas de cendres fumantes. « [Sa] belle église, dont [il était] si fier, tous les meubles de l'autel, les habits, les fleurs, les rideaux de dentelle et tous les articles de messe ont été détruits par le feu. »

Et pourtant, avant le retour de l'aube, le prêtre avait déjà l'air beaucoup moins soucieux. Un témoin de la scène raconta : « Imaginez ma surprise lorsque je remarquai en regardant le père Judge, que dans toute la foule, il était le seul dont le visage semblait ne pas être marqué par la consternation – on aurait même dit qu'il était plutôt joyeux. En effet, il semblait émaner de lui un certain optimisme. Il allait et venait entre les membres du personnel de l'hôpital qui eux, étaient au bord de la panique, en leur disant qu'ils s'en faisaient pour rien. »

Mais quelle était la source de ce soudain changement d'attitude ? Lorsqu'on lui posa la question, le père Judge répondit : « J'avais promis à notre Seigneur de lui construire un temple plus vaste. Il s'est probablement dit que je ne tiendrais jamais ma promesse à moins que l'ancien bâtiment, trop étroit, ne soit détruit. » Sa réputation de saint homme était si bien établie que personne ne douta de son explication. Cependant, le prêtre ne disait pas toute la vérité… Pendant que l'incendie battait encore son plein, à travers les cris, le crépitement des flammes et le bruit des poutres qui s'effondraient, Alex McDonald lui avait murmuré à l'oreille qu'il allait payer toutes les dépenses associées à la reconstruction de l'église. Comme il le dit lui-même dans une lettre à son frère : « je vais construire une nouvelle église qui aura trois fois la taille de la première, et c'est l'un de mes amis qui paiera la facture ».

Le succès de la mission jésuite à Dawson réjouissait le cœur du « vieux prêtre », comme on l'appelait souvent. Travaillant seul à l'œuvre de Dieu, il avait su gagner le respect des habitants de cette communauté de durs à cuire et de buveurs. Il accordait peu d'importance aux trésors terrestres dont ses ouailles faisaient don pour la nouvelle église, mais ce n'était pas le cas de tout le monde. Rien de tel qu'une mine d'or pour attiser l'intérêt de la concurrence. Au départ, lorsque la richesse des champs aurifères du Klondike avait été annoncée, plusieurs Américains avaient prétexté qu'ils devaient demeurer en territoire américain. Après que la fortune des habitants de Dawson fut bien établie, d'autres églises chrétiennes et d'autres ordres catholiques se mirent tout à coup à s'intéresser à cette région.

L'Église anglicane, qui était présente depuis plus de trente ans au Yukon, avait désormais six prêtres dans les environs, dont un à Forty Mile, le redoutable évêque William Bompas, arrivé dans le Nord en 1865. Il y avait également à Dawson une petite église anglicane dont les fenêtres de verre avaient été fixées avec de la pâte à pain. Malheureusement, lorsque le temps se réchauffa, la pâte se mit à lever et les fenêtres finirent par tomber. L'église presbytérienne s'affairait à établir des missions à Skagway, au lac Bennett, à Dawson même et dans les champs aurifères à proximité. Les presbytériens prévoyaient d'ouvrir un autre hôpital à Dawson en août 1898, le Good Samaritan. Les méthodistes et l'Armée du salut étaient également en route vers le Nord. Mais c'étaient toutes des organisations protestantes. À l'insu du père Judge, une guerre de clochers fomentait au sein de l'Église catholique romaine, dont la cause était tant financière que spirituelle.

La présence bien établie des Jésuites à Dawson commençait à irriter un autre ordre catholique romain plus petit, plus pauvre et francophone : les Oblats. Des missionnaires oblats œuvraient déjà depuis un certain temps auprès des peuples amérindiens du Nord canadien. Rome considérait l'Alaska comme le territoire des Jésuites et le Canada comme celui des Oblats. Lorsque le père Judge s'était aventuré pour la première fois à l'est du fleuve Yukon, du côté du Canada, personne n'en avait fait trop de cas parce qu'on croyait que cette région glaciale et isolée n'abritait que des Amérindiens et quelques centaines de prospecteurs. Mais la situation avait changé. Comme l'écrivit l'évêque Émile Grouard, oblat supérieur du district du fleuve Mackenzie dans le Nord-Ouest du Canada et vicaire apostolique de l'Athabasca-Mackenzie : « Nos missions dans la région du Mackenzie sont très pauvres ; les mines du Klondike nous donneront accès à une abondance de fonds. » Son supérieur, Monseigneur Louis-Philippe-Adélard Langevin, archevêque de Saint-Boniface, formula une remarque similaire dans une lettre adressée au supérieur général des Oblats : « Le Yukon peut procurer des ressources précieuses à nos chères missions du Nord si, comme je l'espère, vous voulez bien aller à leur secours. »

Le père Judge eut pour la première fois connaissance de rivalités entre les ordres ecclésiastiques lorsque le navire à vapeur *Portus B. Weare* arriva, sept jours seulement après l'incendie de son église. Il terminait tout juste sa tournée du matin à l'hôpital lorsqu'il vit venir de la rive un jeune homme en soutane noire marchant à sa rencontre d'un pas hésitant. Il s'agissait du père Joseph-Camille Lefebvre, un oblat dont les activités s'étaient jusqu'à maintenant concentrées aux confins du nord du Canada, au-delà du cercle arctique, dans la région du delta du fleuve Mackenzie. Le père Lefebvre avait été transféré à

Dawson par l'évêque Grouard parce que sa mission dans le Grand Nord avait été un échec total. Des baleiniers américains qui naviguaient sur la mer de Beaufort avaient anéanti tous ses efforts auprès des Inuits en leur apportant de l'alcool ainsi que des maladies contagieuses.

Aux yeux du père Judge, le père Lefebvre était littéralement un envoyé de Dieu. Ce dernier apportait avec lui une chapelle ambulante, y compris du vin de messe et des vêtements sacerdotaux, de sorte que Judge pouvait recommencer à dire la messe. Les offices du dimanche reprirent donc, dans une tente dressée en contrebas de Moosehide Slide. Trois semaines plus tard, trois autres oblats arrivèrent : le père Pierre Edmond Gendreau, le père Alphonse Marie Joseph Desmarais et le frère Marie Auguste Jude Dumas. Soudainement il y avait à Dawson, une ville à prédominance américaine où l'on trouvait très peu de francophones, cinq prêtres catholiques, dont quatre étaient des Canadiens français. La situation était à tout le moins gênante, surtout que le jésuite anglophone américain que les oblats canadiens tentaient de supplanter était considéré par tous comme un saint homme, ce qui n'aidait pas leur cause. « Vous ne sauriez croire combien la position était délicate, embarrassante et embarrassée », écrivit le père Gendreau à l'évêque Grouard.

Les mois suivants furent une suite de négociations financières déguisées en pourparlers ecclésiastiques. Le supérieur du père Judge, le révérend père J. B. René, fit le long voyage de Juneau, en Alaska, jusqu'à Rome pour demander aupPape de transférer le secteur du bassin du fleuve Yukon sous la préfecture apostolique jésuite de l'Alaska. Le pape refusa. Le père René envoya donc un message au père Judge pour lui dire de cesser toute activité de construction et parcourut ensuite onze mille milles pour retourner en Amérique du Nord, puis au Yukon, afin d'affirmer son autorité. Il arriva à Dawson le 28 juillet avec la ferme intention de régler les comptes et de ramener le père Judge en Alaska. Négociateur aguerri, le père René annonça aux oblats que les jésuites étaient prêts à quitter Dawson, dès que la mission des Oblats aurait assumé la responsabilité de toutes les dettes existantes, complété les projets de construction en cours et compensé la mission des Jésuites pour l'achat du terrain ainsi que les travaux déjà effectués. Les oblats lui firent remarquer que les jésuites n'avaient pas financé la mission du père Judge : la construction de l'hôpital et de l'église était le résultat de fonds recueillis localement, tant auprès de catholiques que de protestants, grâce au charisme exceptionnel du père Judge. Le père René refusa tout de même d'admettre que ces établissements appartenaient en propre aux citoyens de Dawson. Il fit remarquer que le père Judge avait payé trois cents dollars de la poche des Jésuites pour l'achat du terrain sur lequel étaient construits l'église et l'hôpital. Ce terrain valait à présent entre cinquante et soixante mille dollars. Les Oblats s'attendaient-ils vraiment à ce que les Jésuites le leur cèdent gratuitement ?

Pour compliquer la situation, les sœurs de St. Ann, que le père Judge attendait depuis si longtemps et qui devaient enfin alléger sa tâche à l'hôpital, choisirent ce moment pour arriver. L'extrémité nord de la ville fut soudainement envahie d'hommes en soutane, de femmes en habits de religieuses et de croix. Les religieuses ne pouvaient pas loger dans l'aile qui leur était réservée à l'hôpital parce que tous les lits étaient occupés par des malades. Elles emménagèrent donc dans le presbytère qui avait été désigné pour les oblats. Et le père Judge, avec toute son ardeur sereine, fit clairement savoir à son supérieur qu'il était peu disposé à abandonner ses ouailles. Dawson était sa *vocation*. Il n'avait pas tenu compte des instructions du père René voulant qu'il arrête tous les travaux de construction, prétextant le fait que ce dernier ignorait que l'église originale avait été détruite dans un incendie. À présent, le prêtre se demandait si Big Alex allait continuer de se montrer généreux, si lui-même venait à devoir partir.

Le père Gendreau avait une personnalité très différente de celle du père René. En plus d'avoir le pape (pour ne pas dire Dieu) de son côté, l'oblat était d'un naturel conciliant. Il régla la question de la compensation à l'endroit des Jésuites en contournant le problème. Il demanda que le vieux prêtre soit autorisé à demeurer à Dawson en tant qu'aumônier de l'hôpital, sous son autorité temporelle et spirituelle. Cela permit au père Judge de poursuivre son ministère auprès de ses paroissiens américains et d'assister à la fin des travaux de construction de la nouvelle église. Le père René était très vexé de s'être fait damer le pion par les oblats canadiens, mais il savait reconnaître quand il était vaincu. Il retourna donc au siège des Jésuites à

Juneau, non sans avoir d'abord donné au père Judge des instructions très strictes, soit de ne commencer aucun autre projet de construction, de régler toutes ses dettes et de quitter Dawson dès que le fleuve serait dégelé au printemps suivant.

À partir de ce moment-là, le père Judge prêcha et dit la messe tous les trois dimanches. Le père Gendreau l'accueillit en tant que collègue, en partie en raison du fait que les oblats éprouvaient quelques difficultés à communiquer avec leurs ouailles. D'après l'estimation quelque peu optimiste de ce dernier, la région de Dawson abritait quelque quinze mille fidèles de foi catholique, dont la moitié étaient des Canadiens français. Ces chiffres sont vraisemblablement exagérés, et les catholiques qui assistaient effectivement à la messe chaque dimanche étaient en général des anglophones qui ne comprenaient pas un mot aux sermons en français des oblats. Le statut du vieux prêtre en tant que représentant de l'église catholique romaine à Dawson demeura donc inchangé et son auditoire était deux fois plus large que celui de ses confrères francophones. Les prêtres plus jeunes passaient la plupart de leur temps dans les champs aurifères à administrer les sacrements aux mineurs canadiens français dans des cabanes en rondins bondées. Un cinquième oblat, arrivé plus tard, raconta qu'il avait dit la messe dans une cabane, en compagnie de « soixante mineurs entassés les uns contre les autres... ils durent se tenir debout ou allongés sur les lits pendant tout l'office parce qu'ils ne pouvaient pas bouger ».

Le 21 août 1898 fut probablement l'un des plus beaux jours de la vie du père Judge. Son supérieur le père René était reparti, son poste à Dawson était confirmé, il avait finalement l'aide qu'il avait tant souhaitée pour son hôpital et il prêchait pour la première fois dans sa belle grande église toute neuve. Plus de cinq cents personnes étaient assemblées et regardaient avec respect leur prêtre bien-aimé qui se tenait debout devant l'autel. Avec son visage ridé, ses joues creuses et ses cheveux gris épars, le jésuite était l'image même de la piété. Il croisait ses mains usées aux ongles cassés si fort qu'on pouvait voir les veines bleues à la surface. Sa voix calme et basse avait parfois des intonations irlandaises. Il était si maigre qu'il disparaissait presque sous sa soutane noire, et ses habits sacerdotaux pendaient mollement

Dès 1903, la spacieuse nouvelle église catholique romaine et le bâtiment de trois étages abritant l'hôpital dominaient la partie nord de la ville de Dawson.

par-dessus. Lorsqu'il prêcha, il se tint droit, les mains immobiles, et parla doucement de la volonté de Dieu. « Il a toujours dit qu'il n'était pas un prédicateur », raconta plus tard un des témoins de la scène, « mais chaque parole qui sortait de sa bouche touchait directement le cœur de ceux qui l'entendaient [...] Je ne pense pas que l'un de nous ait jamais vécu la Messe de cette façon, même dans l'une ou l'autre des grandes cathédrales des États-Unis. »

Ce jour-là, le père Judge avait choisi comme thème : « Rappelle-toi, Ô homme, du but dans lequel Dieu t'a créé ». Il savait qu'il avait été créé pour sauver des vies et des âmes dans le Yukon, et rien n'allait le faire déroger de ce but. Lorsque des cas de typhoïde firent leur apparition ce mois-là, il entreprit immédiatement la construction d'un troisième étage à l'hôpital St. Mary, allant ainsi à l'encontre des instructions du père René. Pour couvrir les frais, il décida de vendre une partie du terrain appartenant à l'église, bien que cette décision ne lui appartenait pas et aurait dû revenir aux oblats. Lorsque le père

Gendreau, inquiet de la dette croissante de l'église, proposa de faire payer les paroissiens pour leur banc, le père Judge était si outré que l'idée fut tout de suite abandonnée. Tous les autres habitants de Dawson n'avaient qu'une chose en tête : accumuler le plus de richesses possible ; le père Judge, lui, ne s'intéressait qu'aux trésors spirituels. Les problèmes d'argent de la mission continuaient de s'aggraver, toutefois tant que le saint homme était là, on ne pouvait y accorder trop d'importance. Mais cet homme âgé et frêle allait-il survivre à un autre hiver nordique ?

Chapitre 12

Jack fuit le Yukon, juin 1898

Jack London n'avait que 22 ans, et pourtant, il avait déjà perdu toute sa vigueur et une bonne partie de ses dents. Il marchait lentement, le dos courbé, comme les hommes qui avaient trois fois son âge, en raison du scorbut. Ses joues étaient creuses et sa peau était grisâtre à la fois à cause de la saleté et de la malnutrition. Il passa ses premiers jours à Dawson à proximité de l'hôpital St. Mary à discuter avec les autres patients et à regarder le père Judge faire sa tournée. À son grand soulagement, les pelures de pommes de terre et la bière d'épinette du jésuite réussirent à ralentir la progression de la maladie. Bientôt, son irrépressible énergie commença à resurgir et il reprit suffisamment de forces pour pouvoir gagner quinze dollars par jour en aidant Doc Harvey à récupérer les rondins qui flottaient sur le fleuve Yukon et à les amener à la scierie en les traînant derrière une chaloupe.

Il retrouva non seulement la santé, mais également sa curiosité. Il y avait plus d'une vingtaine de saloons dans la rue Front à cette époque. Le soir, le Californien aux yeux bleus aimait aller au Monte Carlo ou au M & M, pour y observer les artistes en spectacle et les croupiers. Six mois de célibat à l'île Split-Up avaient fait en sorte que Jack était impatient de retrouver la compagnie des femmes, aux mœurs légères de préférence ! « Quelle joie de contempler un visage féminin ! », raconte Charmian London dans la biographie de son mari.

Les femmes le payaient de retour en faisant tout un cas de ce jeune homme encore très charmant, malgré sa maladie. Qu'importe si ses mains tremblaient, que son nez saignait constamment, que son haleine était fétide et que ses dents étaient si branlantes qu'il pouvait à peine mâcher. Il savait écouter. Il faisait sentir à ces femmes habituées au mépris des hommes qu'elles étaient importantes à ses yeux. Les femmes le divertissaient tandis qu'il se tenait, courbé, à côté du bar, entouré d'hommes qu'il avait rencontrés au mois de novembre précédent ainsi que de nouvelles connaissances. Edward Morgan, un mineur et l'auteur du livre *God's Loaded Dice [Les dés pipés de Dieu],* le regardait « s'imprégner de l'esprit et des traditions de l'Arctique et des *sourdough*s, auprès de ses compagnons de beuverie ».

Belinda Mulrooney vit souvent le jeune homme pénétrer en boitant dans un bar, à la recherche de camarades avec qui prendre un verre. Elle ignorait tout de ses ambitions littéraires, puisqu'il ne côtoyait pas les journalistes. « London n'était pas considéré comme faisant partie de la catégorie des écrivains », raconte-t-elle dans son autobiographie. « Il faisait partie des épaves qui traînaient dans les saloons. » Lorsqu'il vivait à l'île Split-Up, Jack avait passé des semaines sans une goutte d'alcool, mais maintenant il était de retour dans ce milieu qui le fascinait : un monde d'« hommes à la poitrine large, qui vivent au grand air » comme il les décrit dans *John Barleycorn,* où « boire était une preuve de virilité ». La solitude étouffante de sa cabane enfouie sous la neige et la glace était chose du passé. Lorsqu'il était jeune, sur les quais d'Oakland, on lui avait appris les rituels de la vie d'alcoolique – payer la tournée à ses compagnons pour prouver qu'on est des leurs, payer un verre au barman, par courtoisie. Il connaissait les chansons à boire et avait l'habitude des envolées sentimentales des gros buveurs à la fin de la soirée. Belinda Mulrooney n'avait aucun intérêt pour un jeune buveur pratiquement sans le sou, et lui ne s'intéressait pas aux femmes qui s'habillaient comme des institutrices. Pour l'un comme pour l'autre, il y avait des compagnons bien plus attirants.

À l'été 1898, la ville de Dawson était à son apogée, c'est-à-dire qu'elle devint officiellement la plus bruyante, la plus dissipée et la plus dure de toutes les villes frontières, et ce, au cœur de l'un des paysages les plus désolés du continent américain. Un an plus tôt, Bill Haskell avait été étonné de voir avec quelle rapidité la population de la ville avait atteint les quatre mille habitants et les saloons avaient envahi la rue Front. À la fin de mai, l'ancienne vasière maintenant surpeuplée comptait déjà dix mille personnes, et leur nombre allait toujours croissant. Jack London regardait des centaines de personnes débarquer sur la rive chaque jour. Les terrains au bord de l'eau se vendaient près de vingt mille dollars et il était impossible de louer une chambre pour moins de cent dollars la semaine, soit près de vingt fois le prix normal à l'extérieur du territoire. La plupart des nouveaux venus n'avaient pas les moyens de se loger à l'un des tout nouveaux hôtels en rondins, dont les chambres minuscules et les installations rudimentaires se cachaient derrière de fausses façades arborant des noms prestigieux tels que le Criterion, le Pavilion, le Montreal Hotel, le Pacific, le Pioneer, ou encore Eldorado House. À leur arrivée, ces voyageurs exténués devaient donc se contenter de dormir dans leur embarcation ou dans une tente pendant qu'ils se construisaient une cabane soit de l'autre côté de la rivière Klondike, à l'emplacement de l'ancien camp de pêche Han (qu'on avait rebaptisé « Klondike City »), soit de l'autre côté du fleuve Yukon, dans un nouveau village en plein essor qu'on appelait Dawson Ouest. Entre les abris de types et de tailles des plus variés, allant d'appentis mal équarris à des chapiteaux de cirque en passant par des entrepôts, il y avait un peu partout d'énormes piles de matériel divers, d'équipement minier, de poêles et de planches de bois.

Maintenant que le niveau du fleuve Yukon était revenu à la normale, après la débâcle, l'eau s'était finalement retirée des rues de Dawson. La rue Front demeurait cependant extrêmement boueuse et les hommes, les femmes et les chiens avaient du mal à circuler sur les planches étroites qui servaient de trottoir sans tomber dans la boue. La rue principale était bordée de restaurants, de bars, de bordels, de maisons de jeu, de boutiques, de cabarets et de saloons. On s'affairait à construire le tout nouvel hôtel de trois étages de Belinda Mulrooney, le Fairview, à l'angle des rues Front et Princess. Tout était hors de prix dans le Nord: une coupe de cheveux coûtait un dollar cinquante, comparé à vingt-cinq cents à Chicago, et un café accompagné d'une gaufre, qu'on payait cinq cents à Seattle, en coûtait vingt-cinq.

Jack London se rendit vite compte que le demi-monde de Dawson avait connu une croissance égale à celle de la ville même. Il adorait fréquenter les maisons de plaisir comme le célèbre Monte Carlo. Il y avait depuis peu un nouveau duo de danseuses de cabaret, les populaires sœurs Jacqueline et Rosalinde, mieux connues sous les noms de Vaseline et Glycérine. Malgré l'affluence de boulevardiers et de filles de joie, l'étiquette n'avait aucunement évolué dans les cabarets depuis 1897. Les hommes continuaient d'aller danser en chemise à carreaux et en grosses bottes de caoutchouc. Selon Edward Morgan, les filles étaient quant à elles encore plus grossières que celles d'avant : « le visage rude et peinturluré, parlant fort, de vraies dévergondées ». Fils d'un riche homme d'affaires de New York, Morgan ne s'habitua jamais aux femmes du Nord, trop sûres d'elles, qui buvaient, se chamaillaient, et riaient de ses manières prétentieuses. « Elles étaient beaucoup trop fardées et bon nombre d'entre elles avaient les cheveux courts. Leurs jupes étaient trop courtes, leurs formes n'étaient pas corsetées et leurs vêtements étaient trop ajustés [...] De plus, elles fumaient sans gêne, elles avalaient leur whisky d'un trait aussi facilement qu'un *sourdough*, et avaient un estomac à toute épreuve. Leur badinage, leurs

Les rues de Dawson n'étaient pas pavées d'or, mais bien d'une épaisse boue.

réparties et les plaisanteries qu'elles échangeaient avec leurs compagnons de l'autre sexe étaient toutes grivoises. »

Les « grivoiseries » étaient comme de la musique aux oreilles de Jack London. Jack appréciait la compagnie des voyous. Il avait lui-même connu la pauvreté et l'insécurité ; il avait vu des femmes lutter pour survivre dans les quartiers pauvres et le long des quais de San Francisco. Charmian London, qui connaissait trop bien le penchant de son mari pour les fêtes bruyantes en compagnie d'autres bons vivants, décrivit après la mort de ce dernier son admiration pour « le courage de ces femmes qui [...] avaient osé affronter ce territoire glacial ». Il avait passé sa jeunesse à lutter contre la classe dominante, c'est pourquoi il admirait les femmes qui osaient défier les conventions – même si bon nombre d'entre elles étaient à la merci de leur proxénète. L'une des artistes à faire son apparition à Dawson ce printemps-là fut une femme excentrique nommée Freda Maloof, qui s'annonçait comme « danseuse turque ». Son spectacle consistait en une succession de mouvements de danse du ventre, de déhanchements érotiques et de poses suggestives dans un tourbillon de voiles et de chair nue. Elle disait s'inspirer du spectacle d'une danseuse exotique surnommée Little Egypt, présenté lors de l'exposition universelle de 1893 (la même où Belinda Mulrooney avait fait fortune pour la première fois). Selon la description d'un de ses contemporains, Little Egypt « se tortillait plus au lit que de l'eau sur une plaque chauffante et était capable de trémoussements propres à faire pleurer le plus viril des hommes », mais la rumeur voulait que la danse du ventre de Freda Maloof surpassât celle de Little Egypt. Son numéro était si scandaleux que même les *Mounties,* qui d'ordinaire ne faisaient pas de cas de ce genre de spectacle, lui ordonnèrent d'arrêter. Jack London adorait la manière de danser de Freda, de même que son côté pervers. Il la décrira à deux reprises dans ses romans comme « une certaine danseuse grecque qui jouait avec les hommes comme les enfants jouent avec des bulles de savon », et dans les deux cas, elle apparaît comme une « pute au grand cœur » qui fait preuve de plus de décence que bien des femmes de bonne société.

Comme l'avait remarqué Bill Haskell, les *Mounties* s'inquiétaient plus de ce qui se passait dans les maisons de jeu que dans les cabarets : il y avait apparemment plus de chances qu'une bagarre éclate entre joueurs qu'entre danseurs. Les propriétaires avaient ordre de ne laisser personne jouer en état d'ébriété, et les joueurs étaient bien avertis que s'ils étaient pris à tricher, ils recevraient une amende ou seraient expulsés de la ville. Cela n'empêchait pas les mineurs de perdre leur fortune durement gagnée en un seul coup de dé. De temps à autre, un joueur qui venait de gagner allait sonner la cloche du bar et annonçait : « C'est ma tournée ! » Des hommes se mettaient alors à arriver de partout. Dans les saloons, les mineurs qui venaient de remporter le magot lançaient quelques pépites dans le crachoir et s'amusaient à regarder les clochards tenter de les repêcher au milieu du mélange de salive et de tabac.

Jack n'avait pas d'argent pour les jeux de hasard, mais à l'instar de Bill Haskell avant lui, il aimait observer ce qui se passait autour des tables de cartes et de roulette. Et tout comme Bill, il se plut à regarder un soir l'insouciant Swiftwater Bill Gates jouer au billard pour cent dollars la partie. Gates n'avait aucune chance de gagner. Il jouait contre un redoutable adversaire qui, selon Edward Morgan, « avait la réputation de pouvoir ensorceler les boules de billard et en faire ce qu'il voulait ». Gates perdit une partie après l'autre et cela lui coûta plusieurs milliers de dollars. Cependant, il ne s'en formalisait pas : tous les yeux étaient rivés sur lui, et il adorait cela.

Tout au long du mois de mai, Jack s'imprégna de l'atmosphère de la ville. Il nota l'humour cru et ironique des grands costauds qui se tenaient au bar et qui considéraient les geignards avec mépris. Il observa les malamutes et les huskies qui se montraient les dents les uns aux autres : il n'y avait rien d'autre à faire maintenant que le printemps était arrivé. Il entendit des histoires de meurtres et de vols survenus dans les champs aurifères du Klondike. Il écouta le père Judge raconter l'histoire de la nuit où il dut faire un feu pour lutter contre les engelures au beau milieu de nulle part. À un certain moment, au cours de cette période, ses ambitions littéraires reprirent vie et Jack commença à emmagasiner dans sa mémoire des anecdotes qu'il transformerait plus tard en récits palpitants, grâce à quelques amplifications et exagérations.

Mais Jack n'arrivait pas à consommer suffisamment de vitamine C pour enrayer le scorbut. C'est pourquoi au début de juin, le père Judge lui conseilla vivement de quitter Dawson. Le cours inférieur du

À l'été de 1898, des danseuses comme « Snake Hips Lulu » contribuèrent à donner à Dawson sa réputation de « ville qui ne dort jamais ».

fleuve Yukon était entièrement dégelé et navigable, selon le jésuite, et Jack pourrait se laisser dériver pratiquement sans effort le long des mille quatre cents milles qui les séparaient de St. Michael, une ville côtière où il trouverait enfin les légumes frais dont son corps avait tant besoin.

Cela était exactement ce que Jack avait besoin d'entendre. Il n'avait pas trouvé d'or et avait hâte de se consacrer à nouveau à l'écriture. De plus, il se sentait isolé du reste du monde. Comme la plupart des Américains qui se trouvaient à Dawson, il s'était senti gonflé à bloc en apprenant que les États-Unis avaient déclaré la guerre à l'Espagne quelques mois auparavant en appui à la libération de Cuba. Où en était la guerre ? Et qu'était-il arrivé à Theo Durrant, l'étudiant en médecine de San Francisco accusé de deux meurtres crapuleux l'année précédente ? Avait-il été pendu ? Qui était le champion poids lourd de boxe de l'année 1898, Jim « Gentleman » Corbett, Tom « Sailor » Sharkey, ou Bob « Freckled Wonder » Fitzsimmons ? Jack n'était pas le seul à avoir hâte de connaître les dernières nouvelles, dans cette ville qui n'avait pas encore son propre journal. Un jour, il vit un homme en chemise rouge sale et en grosses bottes de caoutchouc debout sur un chariot en train de lire haut et fort la une d'un exemplaire du *Seattle Times,* vieux de plusieurs semaines, au sujet de la guerre entre les États-Unis et l'Espagne. La foule se mit à applaudir, et un Américain entonna « Marching through Georgia », un hymne de l'époque de la Guerre civile. L'homme qui lisait l'article annonça que le reste du journal serait lu à haute voix au Pioneers Hall – prix d'entrée : un dollar. En quinze minutes, la salle se remplit d'environ cinq cents hommes, qui demeurèrent tous patiemment debout tandis qu'on leur lisait d'autres nouvelles sur la guerre, des histoires de suicides, des annonces commerciales et même les petites annonces. Le spectacle fut si apprécié qu'il y eut un rappel le jour suivant. Cet événement, qui comme bien d'autres trouvera sa place dans les écrits fictifs de Jack, ne fit sur le coup qu'accentuer son désir de quitter les lieux.

Les navires à vapeur allaient bientôt arriver à Dawson puis repartir, chargés de passagers, en direction de St. Michael. Mais Jack ne pouvait pas attendre plus longtemps et il n'avait pas les cent cinquante dollars nécessaires pour monter à bord de l'un de ces bateaux. De plus, il avait toute l'expérience requise pour descendre le courant du fleuve dans une petite embarcation. Quelques jours à peine après l'incendie de l'église du père Judge, il quitta donc Dawson à bord d'une barque frêle et peu étanche, en compagnie de deux nouveaux amis, John Thorson et Charlie Taylor. Il ne rapportait pas d'or avec lui, mais il savait qu'il avait un trésor inestimable : une mine d'or d'histoires qui lui permettraient de réaliser son rêve de devenir écrivain. Pour la première fois, il se mit à prendre quelques notes tous les jours.

« Nous sommes partis à seize heures », dit la première ligne de son journal. « Dernières paroles–amis marins et mineurs–dernières recommandations : « va voir un tel et un tel autre »–messages d'amour et d'affaires à transmettre–jalousie exprimée avec franchise de la part de ceux qui ont décidé de rester–Dawson qui disparaît lentement de ma vue. Dressé la tente à vingt-deux heures–aucun lit dans le bateau–légère pluie... et le soleil ne se couche jamais. »

Le périple n'était pas très agréable dans les eaux glacées du fleuve Yukon. Pendant les premiers jours, le ciel était gris, puis le temps changea et la chaleur devint insupportable. Impossible d'acheter du sucre, du lait ou du beurre dans les quelques premiers campements qu'ils rencontrèrent. Mais Jack demeurait enthousiaste, car il avait un but : ses notes allaient servir à la rédaction d'un article qu'il terminerait dès son retour chez lui. Son récit de voyage sera effectivement publié deux ans plus tard dans le *Buffalo Express* sous le titre « From Dawson to the Sea » [De Dawson à la mer]. Selon cet article, Jack et ses compagnons s'étaient juré que ce serait un voyage d'agrément, au cours duquel tout travail serait accompli par la gravité, et qu'ils allaient profiter de tous les avantages qui s'offraient à eux. « Et quels avantages, pour nous qui étions habitués à transporter de lourdes charges sur notre dos ou à tirer péniblement des traîneaux toute la journée pour franchir à peine vingt-cinq ou trente milles ! Nous allions à la chasse, jouions aux cartes, fumions, mangions et dormions, assurés de couvrir une distance d'au moins six milles à l'heure, ou cent quarante-quatre milles par jour. » Charlie Taylor était le cuisinier désigné pour la durée du voyage, et Jack ainsi que John Thorson se partageaient la direction du bateau. Tous les trois partirent ensemble à la chasse le 9 juin. En apercevant un orignal au bord de l'eau, les hommes saisirent leurs armes dans l'espoir de s'offrir un peu de viande rouge. Mais puisque celles-ci consistaient en une hache et un vieux tromblon à balles de petit calibre, c'était peine perdue. Le coup de feu ne fit que faire fuir l'animal dans la forêt.

Des nuages de moustiques pourchassaient les voyageurs. Le journal de Jack est rempli de commentaires tels que : « les nuages de moustiques sont denses » ; « les moustiques font une démonstration de force » ; « nous avons mis un filet et déjoué les moustiques » ; « John s'est fait jeter hors du lit par les moustiques » ; « fumigation ce soir » (feu produisant beaucoup de fumée pour chasser les moustiques) ; « morsures d'insectes malgré ma salopette et mes sous-vêtements épais ». Les hommes s'enduisaient le visage d'argile pour se protéger. Dans son journal, on voit que Jack commençait à prendre plaisir à traduire ses expériences en récits : « Une nuit je me suis fait cruellement attaquer par les moustiques sous mon filet–je ne peux pas jurer que c'est vrai, mais John les a vus faire et il dit qu'ils se sont rués vers mon filet comme un nuage noir et la moitié d'entre eux tenaient un coin relevé tandis que les autres pénétraient dessous. Charlie jure qu'il a vu plusieurs gros moustiques étirer les mailles du filet pour laisser passer les plus petits. Je les ai vus, avec leur trompe tout écrasée et tordue après s'être attaqués au métal du poêle. »

Jack se chargeait souvent de la veille de nuit. À compter de minuit, il prenait le contrôle de la barque sous un ciel clair comme le jour, en écoutant le chant des merles, le tambourinage des perdrix, le croassement des corbeaux et le cri des huards ainsi que pluviers et autres oiseaux. Il prenait note des incidents qui avaient le potentiel de servir d'inspiration pour un article destiné à des magazines comme *Outing* ou *Youth's Companion.* Il s'exerçait à décrire le paysage et à identifier les oiseaux.

Presque tous les jours, les hommes voyaient des traces du passage d'autres humains. Le long du fleuve, il y avait des huttes de prospecteurs, des villes fantômes telles que Forty Mile et Circle City et, comme ils s'approchaient de la mer de Béring, d'anciens villages russes abandonnés. Il y avait plus de bateaux qu'on n'en avait jamais vu sur le fleuve Yukon. Tous avançaient en direction de Dawson avec à leur bord de nombreux chercheurs d'or, des matériaux de construction, des provisions et dans un cas, six tonnes de whisky. (« Par conséquent, il y aura du grabuge en ville », prédit Jack.) Quelques bateaux étaient partis en direction de Dawson l'automne précédent et s'étaient retrouvés prisonniers des glaces. Près de mille huit cents chercheurs d'or s'étaient laissés convaincre qu'il était possible de se rendre, entièrement par bateau, de Seattle jusqu'au Klondike en passant par St. Michael. Toutefois, en 1897, seulement une cinquantaine d'entre eux avaient réussi à atteindre leur destination avant le gel. Pour les autres, leur crédulité leur avait coûté un hiver de cauchemar. Incapables d'avancer plus loin, ils avaient dû s'arrêter en chemin pour attendre le printemps, complètement démunis et courant le risque de mourir de faim.

Le voyage semblait s'éterniser et il y avait peu à voir, sinon quelques tourbillons, des bouts de bois qui flottaient un peu partout et quelques collines lointaines. Pour un écrivain débutant désireux de transformer ses expériences en aventures littéraires, il y avait difficilement de quoi s'enthousiasmer. Le seul moment digne de mention fut lorsqu'ils aperçurent un village amérindien sur la rive. Le fleuve Yukon traversait les territoires des peuples gwich'in, tananas et koyukuk. Jack prit quelques notes : « Enfants qui jouent, jeunes garçons qui chahutent, "squaws" qui rigolent et flirtent, chiens qui se battent, etc. [...] Rivage bordé de canots d'écorce de bouleau, filets un

Jack London et deux de ses amis franchirent une distance de mille quatre cents milles le long du fleuve Yukon à bord d'une petite embarcation artisanale peu étanche à un seul mât qui avait été construite au lac Bennett.

peu partout, tout est prêt pour la pêche.» Les Amérindiens attrapaient des saumons pesant jusqu'à cent dix livres, qu'ils vidaient immédiatement avant de les suspendre au-dessus d'un feu fumant.

Pendant qu'ils étaient arrêtés à un campement tanana du nom de Muklukyeto, les trois hommes se frayèrent un chemin entre les bébés étendus par terre et les chiens qui se battaient, jusqu'à l'entrée d'un grand bâtiment en rondins où l'on célébrait l'arrivée des saumons. Comme Jack le décrira plus tard dans un article publié dans le *Buffalo Express*, «la longue pièce au plafond bas était remplie de danseurs. Il n'y avait ni lumière, ni aération, sinon le peu d'air qui entrait par l'unique porte, et dans la pénombre, de jeunes hommes costauds et des femmes au regard égaré suaient, hurlaient et dansaient une danse indescriptible, avec volupté». C'était une scène sur mesure pour un explorateur en quête d'exotisme. Jack se plaisait à s'imaginer qu'il était l'un des tout premiers étrangers à assister à ce spectacle. Mais à sa grande déception, ce n'était pas le cas. Au bout de quelques minutes, il aperçut au milieu de la fumée un autre intrus. Il nota dans son journal son irritation à la vue de cet homme « le visage pâle, la peau bronzée et la moustache blonde typique de ces Anglo-saxons qui se sentent toujours chez eux, peu importe où ils se trouvent ». Lorsqu'il décrivit l'incident dans son article pour le *Buffalo Express*, il admit sa « déception de constater que même à plus de mille milles de la frontière la plus reculée de la civilisation, l'homme blanc avait réussi à se faire un chemin... Il suffisait d'un coup d'œil pour constater à quel point cet homme était chez lui ». Ailleurs, Jack décrivit à quel point il était en effet évident que plusieurs des enfants du village étaient moitié Amérindiens, moitié Blancs.

Dans un village Koyukuk, Jack marchanda avec une jeune femme pour lui acheter quelques objets perlés. Dans son journal, il décrit la jeune femme comme suit : « squaw, Amérindienne seulement au trois-quart, accompagnée d'une petite fille blanche de deux ans, mignonne à faire fondre le cœur de n'importe quelle mère américaine. Semble tenir tout particulièrement à sa fille. A le visage triste. Parle bien l'anglais ». La jeune femme raconta à Jack que le père de l'enfant l'avait abandonnée ; Jack lui offrit d'un air de séducteur de remplacer ce dernier et de lui apporter de la farine, du bacon, des couvertures et des vêtements de St. Michael. La femme était plus honnête et plus réaliste que le jeune Californien en manque de compagnie féminine. Elle lui répondit catégoriquement : « Non, je vais épouser un Amérindien. L'homme blanc finit toujours par abandonner la femme amérindienne. » Jack laisse transparaître son peu de sensibilité devant ce genre de femme dans son article paru dans le *Buffalo Express*. Cherchant à adopter un ton solennel (un peu affecté), il note : « Au cours des échanges avec les Amérindiens, on est vite confronté à la maladie et à la misère qui enveloppent leur existence... Dans une brève étreinte, on se heurte à de petites notes pathétiques qui laissent deviner la trame sonore du mélodrame qu'est leur vie. »

Jack London, contrairement à Bill Haskell, ne détestait pas les Amérindiens. Il partageait toutefois la perception de supériorité des Anglo-saxons, si répandue chez ses contemporains. Pendant les longues semaines d'hiver passées dans sa cabane glaciale à l'île Split-Up, Jack avait lu avec plaisir les écrits de Rudyard Kipling au sujet de l'Empire britannique, ceux de Charles Darwin au sujet de l'évolution et ceux de Karl Marx concernant l'oppression de la classe ouvrière. À présent, pendant les longues soirées ensoleillées, tandis que son embarcation suivait le courant du fleuve, il tentait d'interpréter les expériences des douze derniers mois à la lumière de ce qu'il avait appris de ses lectures. Comme l'a dit E.L. Doctorow, Jack souffrait du penchant naturel de l'autodidacte pour « l'Idée qui explique tout ». Il avait réussi à adopter deux idéologies qui s'excluaient mutuellement : l'égalitarisme et la suprématie blanche. Dans son journal yukonnais, il gribouilla : « L'Amérindien semble incapable de comprendre qu'il ne l'emportera jamais sur l'homme blanc. » L'année suivante, il écrivit à un ami : « La race germanique domine le monde... Les races noires, les races bâtardes... ont le sang impur. » Et pourtant, il croyait à la noblesse de cœur des « sauvages » d'autrefois. Il avait remarqué que certains éléments de leur culture avaient permis aux peuples amérindiens de survivre dans ces contrées inhospitalières au climat des plus rigoureux, notamment le respect qu'ils avaient pour leurs aînés, leur instinct guerrier, leur force et leur résilience. Bien qu'il ne les considérât jamais comme ses pairs, Jack éprouvait de la sympathie pour ces gens qui avaient su affronter, depuis des siècles, les rigueurs de la vie nordique.

Onze jours après avoir quitté Dawson, les trois hommes arrivèrent dans une petite ville nommée Anvik. Jack London allait de mal en pis. « Jambe droite qui se recroqueville, je n'arrive plus à la déplier, même quand je marche, je dois supporter tout mon poids sur le bout de mes orteils... bas du corps presque complètement paralysé à partir de la ceinture. » Un marchand local lui offrit des pommes de terre fraîches et une boîte de tomates en conserve. Jack pleura presque en avalant ces aliments à toute vitesse. « En ce moment, ces quelques pommes de terre et ces tomates valent plus pour moi qu'une concession au ruisseau Eldorado. « Que sert-il à un homme d'amasser des richesses inestimables s'il perd sa vie ? » Il sentit ses forces lui revenir et la douleur dans ses articulations s'amenuiser. Il reconnaissait la générosité dont faisaient preuve ses hôtes en lui offrant des pommes de terre fraîches. « C'était tout un sacrifice de leur part. De belles pommes de terre toutes blanches. »

Le jour suivant, les trois voyageurs arrivèrent à la mission Holy Cross, le siège des Jésuites où le père Judge avait commencé sa mission en Alaska. Ils regardèrent un groupe de jeunes Amérindiennes en train de jouer dans la cour d'école, et d'autres en train de faire des filets, de tanner du cuir, de faire de la corde à l'aide d'écorce et de fabriquer des *mukluks*. « Les Amérindiens qu'on voit autour des missions ont meilleure apparence – c'est toujours comme ça », nota Jack. Le prochain défi consistait à trouver le bon passage dans la vaste étendue du delta du Yukon. Les hommes avaient choisi d'y aller sans guide, et s'ils avaient, par mégarde, choisi le mauvais canal pour circuler entre les milliers d'îles devant eux, ils auraient perdu des journées entières et auraient pu y laisser leur peau. « Nous traversons le labyrinthe en gardant la droite », écrivit Jack dans son journal tandis qu'il naviguait les cent vingt-six milles qui le séparait du bras de l'affluent le plus au nord du delta, à Kotlik. « Aucun signe de civilisation. Aucun homme blanc depuis la mission Holy Cross. » Il réussit à attraper un dernier « magnifique saumon quinnat, à la chair fraîche et ferme, dans les eaux glaciales du fleuve Yukon ». Enfin, les voyageurs retrouvèrent « le bon vieil océan » et purent se reposer.

Mais huit milles les séparaient encore de St. Michael. Pour se rendre au vieux port, d'où partaient les navires à vapeur en direction du Sud, Jack et ses compagnons devaient longer la côte de l'Alaska, sur l'océan, à bord de leur embarcation à la solidité douteuse. Cela leur prit cinq effrayantes journées. « Minuit–vent soufflant du sud-est–bourrasques, de plus en plus, un peu de pluie. Ciel sombre en direction sud. Pas facile de manœuvrer entre les vagues. »

Pour compliquer les choses, il y avait maintenant à bord une quatrième personne, un prêtre jésuite que les hommes avaient pris au passage lorsqu'ils l'avaient vu avancer de peine et de misère à bord d'un kayak trois places de construction douteuse. Jack était fasciné par le père Robeau, un homme solitaire, costaud et barbu, qui avait passé douze années en Alaska. Polyglotte et extrêmement débrouillard, le prêtre avait consacré beaucoup de son temps à la rédaction d'un dictionnaire et d'une grammaire de langue inuite. Tandis qu'ils étaient tous entassés dans leur petit esquif ballotté par les vagues, en tentant tant bien que mal de se protéger du vent, Jack questionnait le jésuite au sujet de sa vie et l'écoutait raconter en riant les histoires de ses échanges avec les peuples amérindiens. À la différence du père Judge, un Irlandais-Américain frêle, ascétique et plein de bonté, le père Robeau était «de sang italien, né en France et avait reçu son éducation en Espagne... toute sa vie était comme un long roman». Exubérant et énergique, «la peau tannée par les éléments et les yeux noirs brillants», il exprimait «ses émotions d'une manière qui tranchait avec l'attitude plus froide et terre-à-terre de l'anglo-saxon». Lorsque le jésuite quitta le bateau de Jack pour poursuivre sa route seul à bord de son kayak, Jack écrivit dans son journal: «Plus jamais entendu parler–vraisemblablement égaré quelque part.» Cependant, le dévouement des missionnaires catholiques du Nord continua de fasciner Jack, dont la passion pour l'écriture n'avait d'égal que celle d'un prêtre pour sa vocation. Le souvenir du père Robeau vivra à jamais, sous son véritable nom, comme l'un des principaux personnages de la nouvelle *The Son of the Wolf*[28], qui donne son titre au premier livre de Jack London.

«Notre voyage se termina comme il se doit dans la mer de Béring, vers minuit, avec le vent qui nous poussait en direction des rochers tandis qu'une tempête menaçante venait en direction opposée», écrivit Jack dans son article du *Buffalo Express*. Jack London, Charlie Taylor et John Thorson atteignirent enfin le port de St. Michael le mercredi 28 juin, soit vingt et un jours après leur départ de Dawson, et moins d'un an après que Jack se soit joint à la ruée vers l'or. Ils trouvèrent rapidement un navire à destination de Victoria, en Colombie-Britannique, d'où Jack avait l'intention de poursuivre sa route jusqu'à San Francisco. La dernière inscription dans son journal se lit comme suit: «Départ de St. Michael–moment que je ne vais pas regretter.» Jack paya vraisemblablement son voyage en pelletant du charbon pour alimenter la chaudière du navire: dans *John Barleycorn,* il décrit ses «huit jours d'enfer au cours desquels on nous gardait au travail, nous les pelleteurs de charbon, à coup de whisky. Nous étions à moitié ivres en permanence. Et sans le whisky, nous n'y serions certainement pas arrivés».

28. Titre français: *Le fils du loup.*

Le Klondike avait failli en finir avec lui, mais Jack n'en avait pas tout à fait fini avec le Klondike. La Ruée vers l'or lui avait permis de vivre des émotions – un mélange de force morale et d'exubérance – qui allaient faire sa renommée. Il retourna à San Francisco à la mi-juillet, emportant avec lui quelques paillettes d'or provenant de sa concession au ruisseau Henderson et un trésor de souvenirs. « C'est dans le Klondike que j'appris à me connaître », dira-t-il plus tard. « Là-bas, on a l'occasion de se mesurer à soi-même. »

Chapitre 13

Riches et pauvres, mai-juin 1898

Dawson avait connu une croissance fulgurante. Lorsque Bill Haskell était arrivé là, à la fin de 1896, à peine quelques centaines de personnes peuplaient l'ancienne vasière. En juin 1898, la population de la ville était cinquante fois plus nombreuse, c'est-à-dire que vingt mille personnes s'entassaient à présent au même endroit. Et ce n'était pas fini.

À l'été 1898, la Ruée vers l'or du Klondike était à son apogée. Les *Mounties* dénombrèrent sept mille embarcations traversant le lac Bennett, sans compter les centaines de personnes qui se rendirent à Dawson par d'autres moyens. Grâce à sa croissance extraordinaire, Dawson était désormais la plus grande ville à l'ouest de Winnipeg et au nord de Seattle. On y trouvait environ huit mille Américains et huit mille Canadiens ; les autres habitants venaient de partout dans le monde. Le ratio était de neuf hommes pour une femme. Il n'y avait encore pratiquement aucun service, sauf pour satisfaire les besoins élémentaires, comme la nourriture et l'hébergement. La ville était sale et dégageait une odeur nauséabonde. Et pourtant, des milliers de personnes avaient volontiers fait le pénible et épuisant voyage pour atteindre cette ville surpeuplée où régnait la misère, et des milliers d'autres étaient en route.

Belinda Mulrooney était capable d'endurer bien des privations, si cela lui permettait de faire plus d'argent. Déterminée à être prête à faire face à la marée humaine qui allait venir par le fleuve Yukon, elle supervisait la construction de son nouvel hôtel au bord de l'eau, le Fairview, dont elle disait qu'il rivaliserait avec les plus beaux hôtels de San Francisco, Chicago ou Seattle. Sans scrupules comme d'habitude, elle offrit un pot-de-vin au responsable de la scierie pour qu'il lui réserve du bois de construction, malgré la rareté de celui-ci, et elle promit des primes généreuses à ses ouvriers si ces derniers arrivaient à terminer la construction avant le milieu de l'été. Elle avait la ferme intention de faire perdre à Bill Leggett son pari de cinq mille dollars. Le contremaître qu'elle avait embauché, Harry Cribb, était si enthousiaste à l'idée de confondre les détracteurs de Belinda qu'il lui dit : « Je vais construire cet hôtel quand bien même je devrais le faire tenir avec des chevilles de bois pour y arriver. » Avant la fin du mois de juin, plus de trente mille personnes avaient déjà bravé la mort en passant par les montagnes, pressées qu'elles étaient de devenir riches. De son hôtel en construction, Belinda était aux premières loges pour voir les voyageurs arriver.

Même si la croissance rapide de Dawson était loin d'avoir pris Belinda par surprise et qu'elle connaissait bien l'incompétence humaine, elle ne pouvait s'empêcher de s'étonner de voir à quel point la plupart des nouveaux venus n'avaient aucune idée de ce qu'ils faisaient. Saisis par la fièvre de l'or, ils avaient entrepris le périple cauchemardesque sans le moindre plan de ce qu'ils allaient faire une fois qu'ils auraient atteint le Grand Nord. Ils débarquaient en titubant de leur bateau, tels des zombies. Une fois qu'ils se rendaient compte de la dure réalité, c'est-à-dire que les rues de Dawson n'étaient pas pavées d'or, que les ruisseaux les plus productifs étaient déjà jalonnés et que la vie de mineur dans le Nord était loin d'être facile, la majeure partie des nouveaux chercheurs d'or se mettaient à errer, l'air désemparé. Des centaines d'entre eux finirent par vendre leur équipement à n'importe quel prix et, sans jamais avoir vu une boîte à laver ou un berceau, retournèrent d'où ils étaient venus.

Parmi les nouveautés, il y avait à présent dans les rues des chevaux (de pauvres bêtes squelettiques qui avaient survécu à de terribles épreuves), des bouvillons (qu'on abattait dès leur arrivée pour les vendre aux restaurants locaux), une vache dont le lait se vendait trente dollars le seau, et même quelques enfants. Selon Belinda, « les enfants étaient si rares qu'ils étaient comme des [animaux] de zoo ou des œuvres d'art». Dans le lot des nouveaux venus, il y avait quelques personnages qui semblaient plutôt hors de leur élément dans cette ville éloignée de la civilisation: des hommes aux mains douces et aux manières citadines, qui n'en croyaient pas leurs yeux de voir un tel bidonville crasseux. Belinda se rendait bien compte que Dawson était en pleine évolution et que ces gens étaient ceux qui allaient lui permettre d'atteindre le statut de ville «semi-civilisée». Le Klondike avait déjà réussi à attirer l'attention des organisations religieuses, désireuses non seulement de sauver les âmes, mais aussi de remplir leurs coffres. D'autres institutions allaient faire leur apparition sous peu. En effet, grâce à ces jeunes citadins, Dawson compterait bientôt deux types d'institutions essentielles à toute ville digne de ce nom au dix-neuvième siècle en Amérique: des journaux et des banques. Belinda était aux anges: cela lui apporterait justement le type de clientèle qu'elle souhaitait accueillir au Fairview.

Les journaux arrivèrent les premiers. Jusqu'alors, les prospecteurs du Klondike avaient certes alimenté les nouvelles, mais ils avaient eu très peu l'occasion de les lire. Un journaliste de Seattle au corps mince et au visage anguleux, du nom d'Eugene C. Allen, était déterminé à être le premier à offrir à Dawson sa dose hebdomadaire d'information. Allen était un travailleur inlassable, qui considérait sa participation à la Ruée vers l'or à la fois comme une «aventure épatante» et une chance «d'amasser de l'or plus rapidement que ceux qui travaillaient pour l'extraire de la terre». Lui et trois de ses amis avaient réussi à franchir le col White en transportant avec eux une lourde presse à imprimer ainsi que du papier pour toute une année. L'enthousiasme initial d'Allen s'était quelque peu refroidi au cours du périple, qui avait duré trois mois. «On dirait que cela fait une éternité que nous avons quitté la maison», avait-il écrit dans son journal. «Notre ancienne vie est maintenant chose du passé, et nous avons l'impression que cela fait des siècles que nous suivons la piste enneigée, exposés à la morsure du vent glacial, à des températures de moins vingt-cinq à moins trente-cinq degrés.» Sa détresse ne fit que s'aggraver lorsqu'il apprit qu'il n'était pas le seul journaliste en route vers le Nord. En effet, G. B. Swinehart, le rédacteur en chef du *Mining Record* de Juneau, avait une longueur d'avance sur le groupe de Seattle, et disposait d'une presse de meilleure qualité. Soucieux de ne pas se faire damer le pion, Allen s'organisa pour prendre de l'avance sur le reste de son groupe afin de s'installer et de commencer à recueillir les dernières nouvelles au sein de la communauté minière avant même que l'une ou l'autre des presses ne soit prête à imprimer. Il arriva à destination à la mi-avril, avec à peine une pièce de monnaie en poche.

Eugene Allen dressa sa tente discrètement sur un petit terrain vacant à proximité de l'hôpital du père Judge, puis il partit en direction des ruisseaux Bonanza et Eldorado, pour observer ce qui se passait dans les champs aurifères, à seize milles de Dawson. Il y rencontra quelques-uns de ses anciennes connaissances de Seattle, toutes très heureuses de voir un visage familier. La plupart étaient des employés salariés travaillant pour des propriétaires de concession. Allen s'imprégnait des dernières nouvelles comme une éponge : qui avait trouvé du gravier riche en or ? qui s'était disputé ? qui avait probablement extrait beaucoup plus de métal jaune qu'il ne voulait l'admettre ? On lui apprit que certains bancs de gravier situés dans les collines environnantes s'étaient avérés aussi productifs que le fond des ruisseaux. Par chance, l'un de ses amis de Seattle dont la concession était prospère lui remit un petit sac de la taille d'un pouce environ, rempli de poudre d'or, qui valait à peu près cent dollars. De retour à Dawson, Allen put enfin se payer un bon repas, ainsi que sa première coupe de barbe et de cheveux depuis des mois, « afin d'éviter qu'on le prenne pour un homme singe », raconte-t-il en blaguant dans son autobiographie.

Eugene Allen avait hâte d'imprimer son premier journal, mais la presse était encore à des centaines de milles de Dawson. Ne se laissant pas abattre, il se procura suffisamment de planches à la scierie de Ladue pour construire un tableau d'affichage, qu'il dressa bien en vue dans la rue Front. Il se mit ensuite à rédiger le premier numéro du *Klondike Nugget* à l'aide d'une machine à écrire qu'il avait empruntée, en affichant les pages au fur et à mesure.

Voici un extrait de la première page :

THE KLONDIKE NUGGET

Vol. 1. n° 1, Dawson, Territoire du Nord-Ouest. 27 mai 1898

PREMIER JOURNAL PUBLIÉ À DAWSON

Jusqu'à ce que notre équipement arrive à destination, nous avons l'intention d'afficher ici toute nouvelle d'intérêt qui sera portée à notre attention au fil des jours. En tant qu'éditeurs, nous espérons ainsi apporter notre contribution au sein du plus important campement minier au monde, et du même coup, générer un maigre profit.

E. C. Allen, directeur commercial, G. E. Storey, chef du personnel.

(Allen avait rencontré à Dawson un ancien collègue d'un journal de Seattle, G. E. Storey, et l'avait immédiatement nommé responsable de la salle de presse, bien qu'il n'y avait encore ni salle ni presse.)

À ses propres yeux, Eugene Allen avait gagné le pari d'être le premier à publier un journal dans le «plus important campement minier au monde». Le style du *Nugget* fut très clair dès le départ : pour vendre, il fallait parler de sexe et de corruption. Le premier numéro faisait état de photographies « de nature obscène et immorale » confisquées par les *Mounties*, de disputes concernant la légitimité de certaines concessions au ruisseau Dominion, et d'une question dont Allen entendait faire ses choux gras pour les mois à venir : les redevances que le gouvernement canadien avait l'intention de percevoir sur l'or extrait dans son territoire. Le premier journal hebdomadaire de Dawson était peut-être un exemplaire unique, tapé maladroitement à la machine et renfermant plus de rumeurs et de ragots que de faits, mais peu importe. Comme l'avait prédit Allen, le succès fut instantané. Des foules de gens s'attroupaient devant les pages du journal pour prendre connaissance des derniers cancans et des plus récents scandales. Lors des inondations, cette année-là, certains se mirent à offrir de transporter les gens en bateau jusqu'au tableau d'affichage pour qu'ils puissent y lire les nouvelles. Allen exultait. « Nous n'avons rien à envier à Venise ! », disait-il. Il trouva rapidement des locaux pour accueillir le *Nugget*. Ces derniers étaient situés sur la 3e Avenue, tout près du secteur commercial de Dawson, mais un peu plus haut, à l'abri des inondations. Ensuite, il persuada un avocat de la ville de financer la construction d'une structure pour abriter la presse à imprimer.

Dix jours seulement après avoir affiché la première page de son journal, Allen, installé sous une toile posée sur une structure de bois, attendait avec impatience l'arrivée de ses compagnons de voyage. Il avait déjà vendu quatre cents abonnements, pour une once et demie de poudre d'or chacun. C'était plus que le double du prix d'un abonnement ailleurs en Amérique, mais Allen s'était vite rendu compte que l'économie de Dawson n'avait rien de commun avec celle des autres villes; apparemment l'offre et la demande d'or n'y connaissaient aucune limite. « L'argent ne valait pas grand-chose. Il était tout aussi facile d'obtenir une once et demie, soit vingt-quatre dollars par an, qu'il l'aurait été d'obtenir dix dollars. » Allen se mit également à recueillir les petites annonces (un dollar par ligne) et à prendre les commandes d'avance pour les annonces commerciales récurrentes (dix dollars par pouce) et les impressions diverses. Trois semaines seulement après son arrivée, tout le monde avait fait la connaissance de cet opportuniste aux yeux de fouine, à la démarche dynamique et pleine d'assurance comme si la ville lui appartenait. Il se promenait, la pipe au coin de la bouche, en posant sans cesse des questions et en faisant des blagues à droite et à gauche. Bien qu'il fût endetté de quatre mille dollars, Allen se disait qu'il avait pour environ quinze mille dollars de contrats devant lui.

À son grand désarroi, la presse de Juneau arriva avant celle de Seattle. Son rival, G. B. Swinehart, produisit le premier exemplaire en huit pages du *Yukon Midnight Sun* le 11 juin. Son éditorial d'ouverture est rempli de bonnes intentions : « C'est avec une joie non dissimulée que nous voyons notre promesse d'offrir à la population de Dawson son journal hebdomadaire se réaliser, grâce à ce premier exemplaire du *Yukon Midnight Sun* [...] Ce journal se veut propre, et libre de toute domination par quelque classe sociale, clique ou organisation que ce soit. Nous ferons un effort consciencieux pour offrir en tout temps une source d'information fiable, pour témoigner de la vie sociale et commerciale de cette ville, et pour promouvoir avec intelligence les intérêts, miniers et autres, des habitants de la vallée du fleuve Yukon. »

La presse du *Klondike Nugget* arriva peu après celle du *Yukon Midnight Sun*, Le premier exemplaire en quatre pages du *Nugget* annonçait lui aussi sa noble mission : « Le monde extérieur est à la recherche d'une source sûre d'information concernant les champs aurifères du Klondike. Les mineurs et les autres habitants de notre région désirent savoir ce qui se passe, tant à l'échelle locale qu'ailleurs dans le monde. C'est la raison d'être du *Klondike Nugget*. Notre seule ambition est de satisfaire nos lecteurs. »

Les deux journaux durent ensuite relever le défi d'offrir à leurs lecteurs toutes les histoires à relents de scandales, toutes les rumeurs concernant la découverte d'or, tous les détails sordides des meurtres et des vols, et toutes les annonces relatives à l'arrivée en ville de tel ou tel artiste que leur petite équipe de reporters parvenait à trouver – ou à inventer. Les histoires racontant la mort tragique de chercheurs d'or en route pour le Klondike étaient entrecoupées de poèmes, de blagues et de petites annonces.

La rivalité entre les deux journaux locaux était féroce. Allen considérait le *Yukon Midnight Sun* comme de la propagande pour le gouvernement canadien, surtout depuis que Swinehart avait promis de publier un guide de Dawson et du district minier du Yukon qui

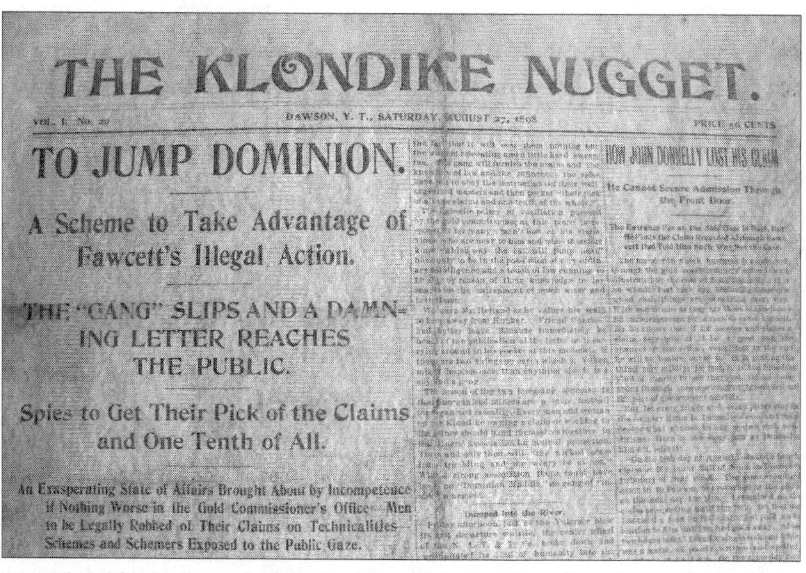

THE KLONDIKE NUGGET.

DAWSON, Y. T., SATURDAY, AUGUST 27, 1898

TO JUMP DOMINION.

A Scheme to Take Advantage of Fawcett's Illegal Action.

THE "GANG" SLIPS AND A DAMNING LETTER REACHES THE PUBLIC.

Spies to Get Their Pick of the Claims and One Tenth of All.

An Exasperating State of Affairs Brought About by Incompetence if Nothing Worse in the Gold Commissioner's Office—Men to be Legally Robbed of Their Claims on Technicalities—Schemes and Schemers Exposed to the Public Gaze.

HOW JOHN DONNELLY LOST HIS CLAIM

He Cannot Secure Admission Through the Front Door.

Dumped Into the River.

The Klondike Nugget, *le premier journal de Dawson, dont la « seule ambition [était] de satisfaire [ses] lecteurs. »*

comprendrait, entre autres, les règlements du gouvernement concernant les mines et le bois, ainsi qu'un tableau des équivalences pour la poussière d'or. Swinehart, quant à lui, jugeait que le *Nugget* n'était qu'un journal à scandales, puisqu'Allen attisait lui-même la fureur des mineurs contre le régime des redevances, sous le couvert de sa mission de « protéger leurs intérêts ».

Bien qu'ils se trouvaient dans une ville isolée aux confins de la civilisation, les deux hommes avaient adopté le style journalistique combatif et sans détour qui prévalait à New York à la fin du dix-neuvième siècle. Là-bas, des propriétaires de journaux comme Joseph Pulitzer et William Randolph Hearst, se livraient une lutte sans merci pour augmenter le volume des ventes, notamment grâce à des grands titres sensationnalistes, des campagnes messianiques et un manque de rigueur à l'égard des faits. Allen et Swinehart étaient tous deux de fervents disciples de ces barons de la presse à sensation, bien que l'absence de connexion télégraphique entre Dawson et le reste du monde fût un obstacle de taille. Les nouvelles de l'extérieur arrivaient en effet au compte-gouttes, à la vitesse des traîneaux à chiens. Mais Allen n'était pas homme à se laisser abattre pour si peu. « Nous allons exposer toutes les sales affaires entre le gouvernement et les prospecteurs », expliqua-t-il à son personnel qu'il venait de recruter. « Déterrez tout ce qui paraît louche [...] Assurez-vous d'avoir de bons tuyaux, puis jetez de la boue autant que vous le pouvez. » Faire du journalisme comme à New York pouvait s'avérer un peu extrême, mais le journal d'Allen était à tout le moins audacieux et divertissant.

La lutte, où tous les coups semblaient permis, entre les deux publications rivales faisait bien l'affaire des commerçants comme Belinda Mulrooney. Toutes deux rapportaient toutes les allées et venues le long des quais, de sorte qu'il était facile de savoir quels rois du Klondike quittaient la ville pour aller dépenser leur fortune ailleurs et quels nouveaux venus feraient de bons clients potentiels pour ses diverses entreprises. « Ellis Lewis, propriétaire de la moitié de la concession numéro 23 au ruisseau Eldorado [...] est parti hier à bord du *Bella* en direction de la Californie », lisait-on dans le *Yukon Midnight Sun* du 27 juin. « On croit qu'il transportait avec lui environ cinquante mille [dollars]. » Pendant ce temps, on pouvait lire ceci dans le *Klondike Nugget* : « Parmi les passagers à bord du vapeur *Columbian* se trouvaient messieurs W. H. Miller, David W. Jones, Wm. Neville et Jacob Edholm. Les deux premiers apportent une importante cargaison d'alcool, soit environ trois mille gallons. Ils ont loué une cabane sur la 1re Avenue et leur cargaison est entreposée pour l'instant. » Deux semaines plus tard, le *Nugget* rapportait ce qui suit : « Otis Beverstock, un homme de l'Ohio disposant d'importants capitaux est à la recherche d'investissements lucratifs. »

Tous les propriétaires de nouvelles entreprises se précipitèrent pour vanter leurs services. On annonçait des services de lessive, des médecins, des restaurants, des agents immobiliers, des hôtels (Le Dominion Hotel : les plus grandes marques de vin, de spiritueux et de cigares), et des boutiques vendant des « chapeaux de style Klondike » et des « chaussures pour hommes ». Certaines de ces annonces sont difficiles à déchiffrer aujourd'hui… « Marie Riedeselle, masseuse professionnelle de renom du 121, 111e Rue Ouest, à New York » annonçait régulièrement ses services : « Massages thérapeutiques et bains, nouvelle méthode de prévention et guérison du scorbut. Retrouvez votre vitalité. » Le *Klondike Nugget* avait un talent tout particulier pour le type de sensationnalisme à visage humain propre à alimenter les conversations dans les bars de la ville. Par exemple, un jeune homme de Seattle du nom de Billy Byrne avait dû passer l'hiver dans un campement en amont après que la glace ait cédé sous son poids, le faisant plonger dans l'eau glaciale. Il s'était retrouvé avec des engelures aux deux jambes. La gangrène s'était répandue, mais fort heureusement, il y avait un médecin qui campait à seulement vingt-cinq milles de là. Vu la gravité de l'état de Billy le médecin avait dû lui amputer les deux jambes, juste sous les genoux, et ce, bien sûr sans aucune anesthésie ni désinfectant. Bill avait survécu tant bien que mal à cette épreuve et on l'avait emmené à Dawson afin qu'il puisse s'embarquer, sans jambes et sans le sou, sur le prochain bateau en direction de St. Michael. « Le jeune Byrne récupère », annonçait le *Nugget* en grande pompe.

Les journaux ne faisaient pas que vendre des abonnements et de la publicité. Ils véhiculaient également une certaine notion de fierté locale, rappelant à leurs lecteurs tout ce qu'ils avaient dû traverser pour se rendre jusqu'à Dawson, ce qui faisait d'eux de courageux survivants. Il était sous-entendu que si vous étiez encore vivant après toutes les épreuves et les dangers affrontés sur la piste, vous étiez sûrement quelqu'un de bien – et la ville de Dawson était bien sûr remplie de gens très bien. À l'image des quotidiens à grand tirage de Hearst cherchant à plaire à la classe ouvrière des villes américaines prospères, le *Nugget* exploitait le sens de la fierté locale de Dawson. Allen savait bien que même les plus rustres des vieux prospecteurs éprouvaient de l'admiration pour un héros local comme le père Judge. C'étaient en moyenne sept nouveaux malades atteints de scorbut ou de dysenterie qui se présentaient à l'hôpital catholique chaque jour. Le *Nugget,* regrettant que « le bon père en ait tant sur les bras », lui témoignait « toute sa sympathie et ses encouragements ». Le journal prit également le parti du jésuite dans ses démarches discrètes pour demeurer à Dawson en dépit du désaccord des oblats. « La ville de Dawson pleurera à l'unisson le départ du père Judge, si cela devait s'avérer la meilleure décision. L'Alaska est peut-être le territoire qui lui revient, mais vu la petite taille du contingent canadien, il est venu et a accompli un travail immense. »

Parallèlement, Allen reconnaissait que la plupart des nouveaux arrivés avaient besoin qu'on les rassure à savoir que Dawson était plus qu'une ville dure et isolée. « Parmi les nouvelles acquisitions à Dawson, on compte un bateau à essence », lisait-on dans la section des « brèves locales » du *Nugget,* le 2 juillet. « Nous serons bientôt une métropole comparable à Victoria ou Seattle. » Mais Allen aimait également rappeler à ses lecteurs ce qui les avait d'abord attirés vers le Nord : « Aucune couleur ne vaut le brillant de l'or pur, aucune musique ne se compare au son des pépites qui tombent dans la balance, et il n'existe aucun endroit où les yeux et les oreilles peuvent trouver satisfaction comme dans les champs aurifères du Klondike. »

Les deux journaux se lancèrent dans une campagne pour exiger quelques améliorations à l'échelle locale. Ils s'entendaient pour viser certaines cibles faciles comme de meilleures installations sanitaires et une présence accrue des forces de l'ordre. Le *Sun* s'y prenait toutefois de manière plus subtile. Au début de l'été, deux prospecteurs travaillant à la rivière McClintock, près du lac Marsh, s'étaient fait tirer dessus et avaient été blessés, dont l'un mortellement, par des Tlingits. L'homme blessé avait réussi à se rendre jusqu'au poste de police le plus près pour signaler le meurtre. Par la suite, quatre hommes de la nation tlingite avaient été arrêtés et accusés, et trois d'entre eux avaient été déclarés coupables de meurtre et condamnés à être pendus. Le quatrième n'était encore qu'un jeune garçon. Le *Sun* avait prôné la commutation de la peine en prétextant que les meurtriers « ignoraient les coutumes de la société civilisée ». De son côté le *Nugget* avait exploité sans vergogne les préjugés et l'ignorance de ses lecteurs :

L'instinct de traître des aborigènes
Leur vaudra d'être pendus
À Dawson, il est fort probable
Vilains sauvages, on ne les y prendra plus.

La campagne qui mobilisa véritablement toute la ville cet été-là portait sur la mise en application des lois canadiennes au Yukon. La ville de Dawson était encore gérée comme s'il s'était agi d'une colonie d'Ottawa. Le Conseil exécutif du Yukon était nommé par Ottawa, et les habitants de Dawson n'avaient pas voix au chapitre. Les deux journaux plaidaient en faveur d'un gouvernement représentatif et d'une réforme de la réglementation touchant les mines. Tous deux s'opposaient aux redevances de dix pour cent exigées par le gouvernement

Quatre Tlingits impliqués dans le meurtre d'un prospecteur furent la cible de propos des plus racistes.

sur tout l'or extrait au Yukon. « Le fardeau excessif que représentent les redevances est un véritable boulet pour l'industrie minière », tempêtait Swinhart, du *Yukon Midnight Sun*. « Les seules concessions assez productives pour que leur propriétaire puisse se permettre de payer une telle taxe sont celles du ruisseau Eldorado. »

Swinehart se montrait plus compréhensif à l'égard des manquements du gouvernement. Le *Yukon Midnight Sun* reconnaissait que la région était isolée du reste du monde et que les mineurs étaient pour la plupart des étrangers venus seulement pour faire fortune et repartir. Le *Nugget* ne faisait pas preuve d'autant d'indulgence. Allen écrivait des éditoriaux enflammés, accusant le gouvernement du Canada d'exploiter sans scrupules les mineurs, dont dépendait l'économie de toute la région. Dans les champs aurifères comme dans les bars de Dawson, ses compatriotes américains s'étaient plaints haut et fort auprès de lui, disant qu'il leur était impossible de parvenir à une entente équitable avec le commissaire de l'or, Thomas Fawcett. Allen décida donc de faire de Fawcett la cible qui permettrait à son journal de s'illustrer comme le défenseur du peuple. Avant même que la première édition du *Klondike Nugget* soit imprimée, son rédacteur en chef avait déjà décidé de déclarer la guerre à l'infortuné commissaire déjà victime de surmenage, et de le forcer à quitter son poste. Tandis que la campagne de salissage allait bon train, Gene constata avec satisfaction que les ventes du *Nugget* « jouissaient soudainement d'une hausse de popularité ». Un soir, le journaliste eut même droit à des acclamations et à un toast à sa santé de la part d'une bande de durs qui prenaient un verre en même temps que lui au Monte Carlo.

Les banques arrivèrent peu après les journaux. Près de deux ans après la découverte de l'or par Carmack, les deux centres d'approvisionnement américains, l'Alaska Commercial Company et la North American Transportation and Trading Company étaient encore les deux principaux dépositaires d'or. Le précieux métal leur était confié en attendant qu'on puisse l'expédier à l'extérieur du territoire. Parmi les premières annonces dans les journaux de Dawson, on vit apparaître celles de banque de l'extérieur de Yukon tentant d'attirer l'attention des « rois du Klondike » afin que ceux-ci leur confient leur or une fois de retour aux États-Unis. La First National Bank de Seattle annonçait ce qui suit : « Achat de poussière d'or au prix correspondant à la teneur aurifère. Les recettes provenant de toute poussière d'or ou des billets de banque qui nous sont envoyés seront portées à votre compte ou expédiées n'importe où dans le monde. » La Scandinavian American Bank de Seattle faisait la même promesse, en ajoutant : « Billets pour le train ou le bateau vers n'importe quelle destination, dans l'Est ou en Europe. Billets pour l'Alaska à bord de navires à vapeur rapides et confortables. » Mais ces deux banques américaines n'avaient pas le droit de mener leurs activités à Dawson, parce que seules les banques canadiennes et britanniques étaient autorisées sur le sol canadien. De plus, les banques américaines étaient réglementées par chaque État, ce qui les empêchait d'étendre leurs activités à l'extérieur des frontières de leur État respectif.

Les banques canadiennes, pour leur part, n'étaient pas très différentes de ce que l'on connaît de nos jours : robustes, prudentes, d'envergure nationale et discrètes dans leurs ambitions. Relevant du gouvernement fédéral plutôt que des provinces, ces banques, au nombre de onze, avaient ouvert des dizaines de succursales un peu partout dans l'Ouest au cours des quinze années précédant la Ruée vers l'or du Klondike. Elles s'étaient avérées beaucoup moins vulnérables que leurs homologues américaines lors de la crise économique du début des années 1890. Elles avaient notamment su faire en sorte que des capitaux provenant du centre du Canada soient investis dans l'Ouest afin de financer des entreprises commerciales, comme la construction d'un chemin de fer, dans ces régions nouvellement colonisées. Les banquiers canadiens savaient comment faire des affaires dans les villes nouvellement colonisées. Malgré son collet empesé et sa moustache cirée, le directeur de banque typique de l'Ouest canadien était en général un homme dynamique ayant une bonne capacité d'adaptation et l'habitude de porter un révolver. À présent, d'autres banques plus ambitieuses trouvaient que les occasions d'affaires qui s'offraient au Yukon étaient très alléchantes. On disait que l'équivalent de plus de deux millions et demi de dollars en poussière et en pépites d'or avait été extrait du pergélisol en 1897. On s'attendait à ce que ce montant quadruple l'année suivante. Dix millions de dollars en or représente toute une somme, lorsqu'on considère que le budget fédéral de cette année-là était d'à peine plus de cinquante millions.

Après deux journaux locaux, ce furent deux banques qui firent leur apparition à Dawson. Et bien que les relations entre ces dernières fussent un peu plus cordiales, la concurrence entre elles n'en était pas moins féroce.

La première banque à s'établir était plutôt mal préparée pour ce qui l'attendait à Dawson. Le personnel de la Bank of British North America, d'origine britannique mais titulaire de privilèges au Canada, fut dépêché dans le Nord dès le printemps 1898. Le gérant, un personnage flamboyant nommé David Doig, arriva en traîneau à chiens, tout enveloppé de fourrures et de couvertures. Le 19 mai, il s'installa dans une tente sur la 2e Avenue, annonçant fièrement qu'il disposait de deux cent deux mille dollars en capitaux. Quelques jours plus tard, il déménagea son bureau au rez-de-chaussée de l'hôtel Victoria, dans la rue Front, entre les rues Princess et Harper, mais il dut bientôt cesser ses activités pendant une semaine en raison des inondations. Doig, un Écossais astucieux, avait mis peu de temps pour jauger les principaux citoyens de la ville. Lorsque la crue du printemps arriva, il alla sans tarder à l'extrémité nord de la ville voir son nouvel ami, le père Judge. Il persuada le prêtre de lui permettre d'entreposer les livres, les documents et les meubles de la banque au premier étage de l'hôpital St. Mary, en attendant de trouver d'autres locaux. Puis, Doig alla voir Big Alex McDonald qui, comme lui, appréciait les ballades écossaises, afin de négocier l'achat d'un terrain situé à l'angle de la 2e Avenue et de la rue Queen, afin d'y construire la nouvelle banque. L'Écossais en habit de flanelle grise et le Néo-Écossais malpropre au dos voûté conclurent un accord en vertu duquel Big Alex construirait sur ce terrain une cabane convenable pour y installer la banque. Entretemps, Doig et son équipe continuèrent de mener leurs affaires dans une tente remplie de moustiques.

En bon gérant de banque qu'il était, la plus grande préoccupation de Doig était de mettre en lieu sûr les six tonnes de matériel que lui et son équipe avaient apporté, notamment une grande boîte contenant pour un million de dollars de billets de banque non signés. Il arrêta cependant de s'en faire lorsqu'il vit de ses propres yeux les tablettes de la North American Transportation and Trading Company pleines de contenants, de bouteilles et de sacs de poussière remplis d'or laissés à la vue de tous.

Les représentants de la Banque canadienne de commerce, dont le siège était à Toronto, arrivèrent à Dawson trois semaines après ceux de la Bank of British North America. Le gérant H. T. Wills avait bien planifié son expédition dans le Nord et s'était permis de voyager avec davantage de style, convaincu que sa banque n'aurait aucun mal à supplanter sa rivale. En effet, la Banque canadienne de commerce avait été désignée par le gouvernement du Canada comme représentante du Dominion à Dawson et dans tout le Yukon. L'institution toucherait donc une commission pour la perception des redevances sur l'or de même que pour le paiement des salaires des policiers et des fonctionnaires. Elle travaillerait également de concert avec la Police à cheval du Nord-Ouest, fait rassurant pour les directeurs de la Banque à Toronto, qui craignaient qu'une ville comme Dawson soit propice aux vols de banque. Ces derniers ne se rendaient pas compte à quel point il aurait été difficile pour des voleurs de fuir avec le magot, alors que le refuge le plus proche se trouvait à au moins quarante milles de là.

L'arrivée de Wills se déroula beaucoup plus discrètement que celle de Doig. L'homme, qui pesait plus de trois cents livres, souffrait d'enflure aux jambes et d'un mal de gorge, et était occupé à vomir, allongé au fond d'un canot, tandis que ses collègues ramaient en direction du rivage. Une fois débarqué, cependant, il fut en mesure d'offrir à son personnel des locaux un peu plus confortables que ceux de la Bank of British North America. La Banque canadienne de commerce ouvrit ses portes le 14 juin dans un cabanon sans fenêtres recouvert de feuilles d'acier galvanisé. Le bâtiment empestait le poisson, parce qu'il avait servi à entreposer de la nourriture pour chien. Au milieu de l'été, la chaleur y était insupportable, mais au moins on y était à l'abri des inondations. On ne pouvait accéder au grenier qu'au moyen d'une échelle, et les cinq membres du personnel, dont un cuisinier et un messager, y dormaient tous ensemble dans une chaleur étouffante, tandis que Wills louait une chambre plus confortable ailleurs. L'intérieur du cabanon était muni d'un long comptoir pour servir les clients. À l'extérieur, sur un bout de toile fixé à un cadre de bois, on pouvait lire :

BANQUE CANADIENNE DE COMMERCE
CAPITAUX DISPONIBLES : SIX MILLIONS DE DOLLARS

Les deux banques furent assaillies par les clients dès leur ouverture. Les gens faisaient la file pour savoir s'ils pouvaient se faire envoyer de l'argent à Dawson, s'ils avaient du courrier, s'ils pouvaient mettre des documents sous séquestre auprès de la banque ou tout simplement pour voir qui se trouvait à l'intérieur du bâtiment. Les employés de la Banque canadienne de commerce avaient dressé une tente juste à côté du cabanon où Tommy, le cuisinier, préparait leurs repas. Mais il y avait une telle affluence au comptoir qu'on réquisitionna bien vite les services du cuisinier et du messager afin qu'ils aident à étiqueter les sacs d'or, à remettre des reçus et à maintenir l'ordre. Bien que le cours de l'or fût de dix-neuf dollars l'once, la plupart des clients étaient si pressés d'échanger leurs lourds et encombrants sacs d'or contre de la monnaie papier qu'ils se contentaient de quatorze dollars l'once. Si le déposant acceptait qu'on lui remette une note lui garantissant le paiement complet à une date ultérieure, on lui offrait alors seize dollars l'once. Une fois qu'un client avait fait un premier dépôt d'or, la banque de commerce acceptait n'importe quelle monnaie légale de sa part, notamment de la monnaie des États confédérés d'Amérique, des billets de l'Ezra Meeker Bank (qui n'existait plus) et même, dans un cas, un chèque de trois dollars rédigé sur une planche d'épinette.

Parmi les clients qui se présentèrent tôt à la Banque canadienne de commerce de Dawson se trouvait une femme plutôt ronde, au visage fardé et à la tenue excentrique. « Avez-vous mes collants et mes chaussons ? Je m'appelle Caprice », dit-elle à l'employé devant elle. Avec la plus grande des courtoisies, celui-ci la dirigea vers monsieur Wills, qui se trouvait à l'autre extrémité du comptoir. Ce dernier la toisa des pieds à la tête et lui rappela avec hauteur qu'elle se trouvait dans une banque. Caprice fit de son mieux pour garder son sang-froid. « Bien sûr », répondit-elle, « la banque de commerce, n'est-ce pas ? Joe Brooks m'a dit qu'il les enverrait ici ». Brooks était un porteur sur la piste de Skagway et il s'avéra, après vérification, qu'il avait effectivement mis les collants et les chaussons de Caprice dans un sac de billets de banque. Une semaine plus tard, un des employés de la banque qui assistait à un concert où l'on présentait des « tableaux vivants » de scènes bibliques put voir, dans un tableau intitulé « Le rocher des siècles », Caprice, dans toute sa splendeur charnelle, étreignant une immense croix de bois.

Le plus grand défi pour les deux directeurs de banque locaux était de jauger quels clients, dans cette ville peuplée d'aventuriers et de joueurs, méritaient qu'on leur accorde du crédit, alors que la plupart d'entre eux ne possédaient aucun papier permettant même d'établir leur identité. Doig et Wills prenaient des risques de nature à faire faire une crise d'apoplexie à n'importe lequel de leurs collègues de l'est du pays. La file pour les demandes de prêts se mit à allonger devant les deux institutions, après que les prospecteurs eurent appris qu'ils pouvaient emprunter de l'argent à un taux de deux ou trois pour cent par mois. Quelle aubaine ! Ces taux, bien que beaucoup plus élevés que ceux qui avaient cours à l'extérieur du territoire, étaient bien plus avantageux que les dix pour cent exigés par les prêteurs privés à Dawson. (La loi canadienne, qui limitait le taux d'intérêt exigible par les banques à sept pour cent par an, ne s'appliquait pas au Yukon.) Doig raconta à son patron de Londres qu'il recevait des demandes de prêts pour des sommes allant de cinq mille à vingt mille dollars tous les jours, mais qu'il n'arrivait pas à se convaincre de prendre de tels risques. Il ne savait tout simplement pas à qui il pouvait faire confiance. Néanmoins, quelques jours seulement après son ouverture, la Bank of British North America avait déjà touché plus de mille dollars de commissions. À la Banque canadienne de commerce, Wills apprit à faire confiance à un commis extrêmement habile, franc-maçon de surcroît, qui prétendait pouvoir juger du degré de fiabilité d'un homme grâce à une méthode des plus mystérieuses à laquelle aucun autre employé de la banque ne comprenait quoi que ce soit. L'instinct du franc-maçon devint ainsi le test de crédibilité par excellence. À la fin de l'été 1899, il y avait plus de deux millions de dollars de billets de la Banque canadienne de commerce en circulation à Dawson, et comme l'atteste avec fierté l'histoire officielle de la banque, cette dernière « ne subit aucune perte attribuable à ce moyen extraordinaire ».

On n'exploitait pas une banque à Dawson de la même manière qu'ailleurs. Pendant les journées sans fin de l'été, les deux institutions étaient ouvertes de douze à quinze heures par jour, soit le double de la normale. Dès le matin, il y avait foule devant la porte, et les commis n'avaient pas encore fini d'inscrire un dépôt dans les livres qu'un autre client, sac d'or à la main, exigeait leur attention immédiate. Les chevaux, les mules et les chiens chargés de sacs d'or demeuraient souvent attachés devant l'une ou l'autre des deux banques pendant des heures, à la merci des moustiques, et faisant leurs besoins au beau milieu du trottoir. La Banque de commerce fermait ses portes vers vingt heures, lorsque la musique et la voix des meneurs de danse semblaient enfin attirer la foule dans une autre direction. Une fois seuls à l'intérieur de la petite cabane sans fenêtres et surchauffée, les commis allumaient quelques bougies et complétaient le registre des transactions de la journée. Ils rangeaient la monnaie dans une vieille boîte à biscuits et les centaines de milliers de dollars d'or dans un coffre de bois aux parois doublées d'acier. Mais leur travail était souvent interrompu par des chahuteurs. Un soir, un ivrogne indigné lança une pierre en direction de l'affiche de toile en criant : « Je suis du Missouri, et je voudrais bien voir où ils arrivent à cacher six millions de dollars dans une si petite cabane. » Une autre fois, un client vint frapper à la porte à quatre heures du matin ; il voulait à tout prix encaisser un chèque. Lorsqu'on lui répondit que la banque ouvrait à huit heures, il grommela : « ça fait longtemps à attendre pour un verre ».

En plus de représenter le gouvernement fédéral, la Banque de commerce avait un autre avantage sur sa rivale. Son personnel avait en sa possession les plans, les briques réfractaires et les produits chimiques nécessaires pour mettre sur pied un laboratoire afin de déterminer la pureté de la poussière d'or, et disposait de trois personnes qualifiées pour effectuer les tests requis. Deux semaines après l'ouverture de sa banque, Wills décida qu'il était temps de tester une partie de la poussière et des pépites d'or déjà en sa possession. Une grande proportion de la poussière d'or en circulation dans les commerces de Dawson était mêlée de sable noir. Bon nombre des clients qui avaient bénéficié d'une avance avaient l'intention de sortir du territoire pour l'été et désiraient connaître la valeur exacte de leur or pour empocher le reste de leur argent. On construisit donc un fourneau et on rassembla les acides, les fondants, les balances de précision et autres instruments nécessaires, puis on alluma le charbon. Le plan était de faire fondre la poussière d'or pour pouvoir en retirer les impuretés, puis de verser l'or pur dans un moule et le laisser refroidir avant de le peser. Cependant, dans les faits, la première tentative fut un

Des tonnes de lourds sacs remplis d'or provenant des champs aurifères furent acheminées à Dawson à dos d'homme, de cheval et de chien durant tout l'été.

désastre. Lorsqu'il ouvrit la porte du fourneau, après quarante-huit heures, Wills n'y trouva qu'un amas grumeleux qui ne pouvait ni être retourné au client ni être testé.

La nouvelle de ce désastre se répandit et nuisit grandement à la réputation de la banque et ses employés se firent ridiculiser par ceux de la banque rivale. Les dirigeants de la banque de commerce ne savaient trop que faire, et la clientèle s'impatientait. Pour les calmer et tenter d'étouffer l'affaire, les employés de la banque emmenèrent les clients prendre un verre au Monte Carlo. Curieusement, ce fut au bar qu'on trouva une solution au problème. Pendant qu'il était là, un des commis de la banque fit par hasard la connaissance d'un Autrichien prénommé Jorish qui avait étudié à l'école des mines de Vienne. Jorish parlait à peine quelques mots d'anglais, mais lorsqu'on le conduisit à l'endroit où se trouvait le fourneau, il comprit tout de suite quel était le problème. Avec un grand sourire aux lèvres, il prit un ciseau et retira quelques briques pour augmenter la circulation d'air. Wills l'embaucha immédiatement au salaire de quinze dollars par jour.

La dernière cargaison d'or de l'année, pesant une tonne et demie, quitta Dawson le 14 septembre 1898.

Ce n'était pas beaucoup plus qu'un salaire d'ouvrier à Dawson, mais c'était bien plus que ce qu'il versait à ses commis qui avaient reçu la formation nécessaire pour tester les échantillons.

En dépit de l'ambiance quelque peu chaotique, des longues heures de travail, de la fatigue chronique du personnel et des conditions de vie qui laissaient à désirer, les deux banques de Dawson réalisèrent d'importants profits cet été-là. À la fin du mois de juin, on raconta dans le *Yukon Sun* que trois navires à vapeur, le *Portus B. Weare*, le *Bella* et le *Hamilton* étaient partis en direction de St. Michael avec à leur bord non moins de neuf tonnes d'or – la majeure partie dans des boîtes de bois doublées d'acier appartenant aux banques. À Dawson, les balances qu'on trouvait auparavant sur tous les comptoirs des commerces de la ville commencèrent à disparaître et la poussière d'or fut peu à peu remplacée par la monnaie de papier. Cela ne faisait pas l'affaire de tout le monde. Certains mineurs malhonnêtes avaient l'habitude d'« étirer » leur or en y ajoutant du laiton. Des barmans sans scrupules faisaient exprès de garder leurs ongles longs et leurs cheveux malpropres. Ils se passaient systématiquement les mains dans les cheveux chaque fois qu'ils pesaient de la poussière d'or dans le cadre de leur travail. Ensuite, il leur suffisait de filtrer l'eau lorsqu'ils se lavaient les cheveux afin d'en extraire l'or ainsi amassé. Mais pour les commerçants et les hôteliers comme Belinda Mulrooney, la transformation de Dawson en une ville respectable et la constitution d'une classe professionnelle ne pouvaient être que de bon augure.

Certes, la Ruée vers l'or perdait un peu de sa magie avec la disparition de certaines coutumes locales « moins civilisées », mais ce nouvel essor apportait avec lui davantage de possibilités de faire fortune. Wills et Doig avaient tous deux entrepris des démarches auprès de Belinda afin de la convaincre de faire affaire chez eux. Elle n'avait pas de temps à perdre avec le pompeux « Chef Wills », comme elle le surnommait, qui avait osé lui annoncer avec un air d'importance que « [son] crédit à la banque était bon, si jamais [elle] désirait faire des achats ». Belinda, qui avait toujours mené ses affaires en faisant du troc ou des partenariats, lui avait répondu sèchement : « Que pourrais-je bien vouloir acheter dans une banque ! » De toute manière,

On trouvait encore des balances sur le comptoir des bars et des commerces de Dawson, même après l'introduction de la monnaie de papier.

elle avait déjà décidé qu'elle préférait transiger avec David Doig. Doig aimait le whisky, les cigares, les femmes, et il avait l'habitude de boire du champagne au petit déjeuner. Une cargaison d'alcool arrivée récemment contenait des caisses de champagne mises de côté spécialement pour lui. Cependant Belinda avait décidé qu'il serait plus à propos de servir le champagne lors de l'ouverture officielle de son hôtel, le Fairview, dont la construction était presque terminée. « Il y avait dix-huit caisses dans le lot. J'ai tout simplement dit à la banque de prendre l'argent directement dans mon compte », raconte-t-elle dans son autobiographie.

Chapitre 14

Flora Shaw, « De Paris à la Sibérie », juillet 1898

Le 27 juillet, l'hôtel Fairview, qui dominait toutes les tentes et les cabanes des environs du haut de ses trois étages, ouvrit finalement ses portes. Belinda Mulrooney avait gagné son pari contre Bill Leggett, qui lui remit ses cinq mille dollars en serrant les dents. Leggett n'était pas le seul prospecteur à avoir perdu de l'argent. Le pari avait rapporté à la jeune femme d'affaires de vingt-six ans et à son équipe plus de cent mille dollars en tout, ce qui dut couvrir en grande partie, sinon toutes les dépenses engendrées pour y parvenir. Au rez-de-chaussée de l'hôtel se trouvait un bar élégamment meublé aux murs couverts de toiles peintes ainsi qu'une salle à dîner aux tables recouvertes de nappes en damas empesées. Les autres hôtels de Dawson offraient des chambres communes munies de lits superposés, comme on en trouvait à l'hôtel Grand Forks, mais le Fairview était infiniment plus luxueux. Au premier étage se trouvaient des chambres individuelles aux murs recouverts de papier peint, trop petites pour contenir d'autres meubles que le lit, mais néanmoins munies d'un tapis crocheté, d'un lit en laiton et de rideaux de dentelle. Seuls les résidents de l'hôtel se rendaient compte que l'élégant papier peint était en réalité fixé à des murs de toile, de sorte que le moindre murmure s'entendait d'une pièce à l'autre. Le deuxième étage était demeuré à aire ouverte en prévision de la danse qui aurait lieu lors de l'ouverture, pour être ensuite converti en petites chambres comme celles qu'on trouvait au premier étage.

Belinda avait pensé à tout. Au sous-sol, la chaudière construite par son vieil ami Julius Geise était entourée de fils où les mineurs pouvaient suspendre leurs bas humides. Il y avait une porte sur le côté du bâtiment afin de permettre aux femmes d'entrer sans avoir à traverser le bar. L'éclairage électrique était assuré grâce à la roue à aubes d'un navire à vapeur amarré en face de l'hôtel. Un téléphone reliait le Fairview à d'autres bâtiments de la ville. Lors de l'installation des câbles du réseau téléphonique reliant les champs aurifères à la ville, le mois précédent, Belinda avait eu la présence d'esprit de s'organiser pour que le standard soit installé dans une des chambres de l'hôtel. Il y avait également des bains publics, construits à l'aide de deux barges attachées ensemble juste devant le Fairview.

Il manquait quelques détails – on était encore au Yukon, après tout. Il fallut attendre trois mois pour certains articles commandés à l'extérieur du territoire. On dut suspendre des bouts de mousseline aux ouvertures pour éviter de laisser entrer les moustiques, parce que le verre des fenêtres n'était pas encore arrivé. Les chambres n'avaient pas non plus de portes. Les pattes des chaises avaient été oubliées sur

L'hôtel Fairview était le premier bâtiment à trois étages de Dawson, et la preuve ultime (s'il en était besoin) que Belinda Mulrooney gagnait toujours ses paris.

le quai de St. Michael ; un menuisier local avait donc dû en fabriquer d'autres de toute urgence. Mais Belinda ne se laissait pas démonter par ces quelques broutilles. Enchantée d'avoir eu raison, elle ne regarda pas à la dépense pour célébrer son succès le jour de la grande ouverture.

Dans son autobiographie, lorsqu'elle raconte la fête d'ouverture de son hôtel, Belinda Mulrooney ne manque pas l'occasion de se vanter de son triomphe. Cet événement était le fruit de tous ses efforts, la réalisation de tous ses rêves. Toute sa vie, elle avait voulu montrer qu'elle était plus intelligente, meilleure et plus forte que les hommes de son entourage, et le Fairview en était la preuve. Elle avait réussi à se tailler une place de choix comme femme d'affaires, à une époque où les seules « femmes d'affaires » étaient généralement des tenancières de bordels. Mais le succès la changea quelque peu. Elle était encore d'agréable compagnie et toujours loyale à l'égard de ceux qui l'étaient envers elle, mais un côté désagréable de sa personnalité commença à émerger. Elle devint un peu tyrannique, et décida qu'elle n'avait plus de temps à perdre avec les perdants.

Mais d'abord, il fallait faire l'ouverture officielle de l'hôtel. « L'ouverture de l'hôtel fut tout un événement », racontera plus tard Belinda. « Pour les hommes qui avaient travaillé à la construction de l'hôtel en si peu de temps, c'était une véritable fête [...] Bill Leggett avait mal à son ego. Il finit par se détendre un peu aux alentours de midi. » Belinda organisa un barbecue à l'intention de ses ouvriers et leur servit une baignoire pleine de punch sous le porche. Pour la « haute société » de Dawson, elle avait prévu un menu élaboré préparé par un chef de San Francisco. Belinda souffrait encore malgré elle d'un certain complexe d'infériorité sociale, et ce n'est pas sans une joie toute particulière qu'elle vit à quel point *tout le monde* voulait assister à l'ouverture de son hôtel. Habillée comme à l'habitude d'un chemisier marine et d'une jupe de couleur foncée, sa chevelure rebelle remontée en un chignon, elle accueillit en personne le colonel James Domville, député fédéral du Nouveau-Brunswick, des représentants du gouvernement tels que Frederick Coates Wade, commissaire des terres et procureur de la couronne, de même que les « gars de la banque ». Quelques-uns de ces professionnels avaient réussi à convaincre leur femme de les accompagner dans le Nord, et ces dernières se faisaient une joie de venir au Fairview. Belinda aimait voir ces femmes habillées en dentelles, comme on en portait dans les grandes villes. Sadie, la fidèle employée de Belinda au rire contagieux, s'occupait de prendre leurs manteaux. Chose intéressante, aucune de ces épouses respectables ne sembla s'inquiéter du fait que la femme qui s'occupait du service était la célèbre Effie, au passé un peu trouble.

Même Eugene Allen, du *Klondike Nugget,* fut impressionné par ce qu'il décrivit comme un «événement d'envergure», dans le numéro suivant de son journal. Il était trop occupé à manger pour prendre des notes de ce qu'il y avait au menu. «La description détaillée de ce festin vous donnerait l'eau à la bouche», écrivit-il. «Je me contenterai de dire que le menu était comparable à ce qu'on trouve dans des villes parmi les plus prétentieuses, et la carte des vins était une révélation pour ceux qui s'imaginent qu'il n'y a rien d'autre à boire à Dawson que du tord-boyaux. Le champagne coulait à flots.»

Le seul qui ne semblait pas s'amuser était Harry Cribb, le contremaître embauché par Belinda pour construire le Fairview en moins de huit semaines. Les mineurs avaient envahi le deuxième étage, entraînant avec eux un violoneux, un joueur d'accordéon et un joueur d'harmonica pour accompagner la danse. Lorsque les gens commencèrent à danser, Cribb se mit à tirer nerveusement sur son col de chemise en regardant le plafond d'un air inquiet. «Mon Dieu, j'espère que le bâtiment ne s'effondrera pas», murmura-t-il. La fête se poursuivit jusqu'à six ou sept heures le matin suivant. Avant de partir, la moitié des invités dirent à la propriétaire: «Construisez-en un autre, de six étages cette fois!»

Belinda avait très bien choisi son moment. L'ouverture de son élégant palais en rondins coïncidait avec l'arrivée d'une nouvelle classe de visiteurs à Dawson. L'année précédente, presque tous les *cheechakos* avaient été des prospecteurs sans le sou tentant d'échapper à la crise économique qui faisait encore des ravages en Amérique du Nord. C'étaient des hommes pauvres comme Bill Haskell et Jack London, des rêveurs et des joueurs, prêts à risquer le tout pour le tout dans l'espoir de trouver de l'or. Bon nombre d'entre eux étaient déjà repartis vers le Sud. Quelques-uns, comme Bill, emportaient avec eux des sacs de poussière et de pépites d'or, mais beaucoup d'autres, comme Jack, ne rapportaient rien d'autre qu'un corps marqué par la privation ainsi que quelques souvenirs. La plupart de ceux qui restaient à présent dans les champs aurifères s'intéressaient peu aux nappes en damas ou à l'élégante coutellerie de la salle à manger du Fairview, et ils n'avaient pas les moyens de payer les six dollars cinquante par nuit qu'exigeait Belinda pour la location d'une de ses chambres minuscules.

Cette année-là, cependant, le printemps avait apporté une nouvelle sorte de *cheechako*. En même temps que les directeurs de banque et les propriétaires de journaux, on avait vu débarquer de riches aventuriers en quête d'émotions fortes, mais non prêts à sacrifier leur confort. Bien que dans les années 1890, une grande partie de la population souffrait encore des contrecoups de la crise économique, ce fut aussi une période pendant laquelle bon nombre de riches s'enrichirent davantage. À New York, sur la 5e Avenue, la famille Astor était occupée à bâtir le plus grand et le plus luxueux hôtel au monde, le Waldorf Astoria. À Newport, dans l'État du Rhode Island, Cornelius Vanderbilt venait tout juste de terminer la construction de son manoir de soixante-dix pièces, pour la somme de sept millions de dollars. Au bas de l'échelle sociale se trouvait une armée d'ouvriers qui travaillaient dur pour un salaire de misère dans les chantiers navals, sur les chemins de fer, dans les ateliers et dans les grands magasins, pendant cette nouvelle ère industrielle. Entre les deux extrêmes se trouvaient des investisseurs rusés, capables de profiter de la croissance industrielle rapide du pays pour élargir leurs propres horizons.

La publicité entourant les « rois du Klondike » et la vie étourdissante dans les bars de Dawson frappait l'imaginaire des Américains. « Dawson offre un mélange débridé d'or, de whisky et de femmes », avait décrété Edward Livernash, un reporter travaillant pour Hearst et qu'on payait pour ses envolées hyperboliques. Dans le *New York Journal* du 6 octobre 1897, il avait comparé le campement minier de Dawson à ceux des ruées vers l'or précédentes : « Ni Leadville durant ses beaux jours, ni Tombstone au plus fort de sa gloire, ni San Francisco pendant l'euphorie de 49 n'étaient plus pittoresques que ce campement ne l'est aujourd'hui [...] La rue Front ne dort jamais. » Au printemps de 1898, ce type d'exagérations sans vergogne avait attiré vers le Nord des voyageurs qui, jamais auparavant, n'auraient pu imaginer d'entreprendre un tel voyage. Plusieurs prirent la voie maritime, plus facile, qui consistait en un trajet de trois mille milles par bateau, de Seattle à St. Michael, puis un autre de mille quatre cents milles sur le fleuve Yukon pour se rendre jusqu'à Dawson. Lorsque les conditions météorologiques n'étaient pas trop mauvaises, le voyage prenait environ quarante jours au total. En 1897, seulement cinq navires à vapeur avaient remonté le fleuve Yukon, mais entre le 8 juin et le 20 septembre 1898, ce furent trente-huit navires qui naviguèrent entre la mer de Béring et Dawson. Quinze d'entre eux firent l'aller-retour deux fois et trois d'entre eux le firent trois fois.

Le jour de l'ouverture en grande pompe du Fairview, le *S.S. Leah* amarra au quai de Dawson après un périple de vingt et un jours en provenance de St. Michael. À son bord se trouvaient quelques touristes, dont Jeremiah Lynch, un homme d'une cinquantaine d'années l'air sûr de lui, portant un complet et des chaussures vernies. Lynch, qui était un auteur connu, avait déjà été président de la Bourse de San Francisco. Le but de son voyage était surtout de voir de ses propres yeux ce qui causait autant d'émoi, et peut-être d'acheter une mine d'or. Comme il le raconta dans son livre publié en 1904, *Three Years in the Klondike*[29], les passagers du navire formaient un groupe hétéroclite. Il y avait notamment un ancien sénateur de l'Arkansas, qui allait à Dawson pour y ouvrir un cabinet d'avocat, une veuve et sa fille Georgie, de Virginie, un couple d'Allemands âgés venus de Sacramento, les Wichters, et « deux femmes fortes, tant sur le plan physique qu'intellectuel ».

Les deux femmes, aux dimensions considérables, comme l'avait noté Lynch, étaient madame Mary Hitchcock, veuve d'un officier de marine américain et mademoiselle Edith Van Buren, la nièce de l'ancien président des États-Unis. Elles aimaient explorer des endroits exotiques, et ce, vêtues d'une manière des plus pittoresques. Leur tenue de chercheuses d'or consistait en des knickers de serge bleue, un pull rayé, un grand sombrero et une lourde ceinture à munitions ainsi que d'imposants révolvers. Lynch n'en revenait pas de voir ce qu'elles avaient apporté : « Deux immenses danois, une tente assez grande pour soixante-quinze personnes [...] un assortiment de pigeons et d'oiseaux rares, des boîtes et des boîtes de pâté de foie gras, de truffes, de sardines et d'olives farcies, plusieurs instruments de musique, et

29. Publié en français sous le titre *Trois ans au Klondike*.

Dans la petite ville de Dawson entourée de nature sauvage et située à deux mille milles de la ville la plus proche, la rue Front grouillait d'hommes à la recherche de divertissement, d'or, de travail... ou d'un moyen de retourner chez eux.

un jeu de quilles. Madame Hitchcock, une grande dame à la langue acérée et au tempérament bouillant, devint furieuse lorsqu'on lui dit qu'elle avait un excédent de bagages. Elle refusa catégoriquement de se séparer de son projecteur de films, de sa sorbetière, de son matelas gonflable ou de quelque oiseau que ce soit (il y avait plusieurs canaris, deux cages remplies de pigeons et un perroquet).

La plupart des passagers à bord du *S.S. Leah*, y compris les deux dames corpulentes, le sénateur américain et Jeremiah Lynch, débarquèrent et se mêlèrent à la foule de la rue Front dès leur arrivée. Mais pour quelques autres, le choc de la réalité fut grand ; Dawson n'avait rien de la grande cité d'or dont on parlait dans les journaux. Les Wichters refusèrent catégoriquement de quitter le bateau qui les avait emmenés. Frau Wichter, qui faisait dans les trois cents livres, demeura solidement ancrée dans un fauteuil devant sa cabine particulière, sur le pont supérieur. « Je peux très bien voir la ville d'ici, et c'est assez pour avoir peur », confia-t-elle à Lynch. « Ce n'est pas un endroit pour nous, avec tous ces hommes, et ces femmes de mauvaise vie. Je ne sais pas ce qui m'a pris de venir ici. »

Même s'il y avait à présent l'électricité au Fairview et que la Banque canadienne de commerce avait son propre laboratoire pour tester l'or, Dawson demeurait une ville à la société plutôt fruste. Il n'y avait encore que trois latrines publiques, situées au bord de l'eau. On avait embauché des éboueurs pour transporter les ordures hors des limites de la ville, mais ce n'était pas suffisant, et les rues étaient encore couvertes de déchets. L'eau du fleuve était impropre à la consommation et, bien qu'il n'y ait plus d'inondations, les rues étaient encore parsemées de mares d'eau stagnante. La fièvre typhoïde sévissait depuis déjà quelques semaines et la rumeur voulait qu'environ cent vingt personnes en mouraient chaque semaine. Charlie Brimstone, un entrepreneur de pompes funèbres, avait affiché sur une pancarte : « Embaumement et acheminement de cadavres à l'extérieur du Yukon ». Madame Wichter ne se méprenait pas au sujet de qu'elle appelait les « femmes de mauvaise vie ». Un tout nouvel arrivage de prostituées avait pris d'assaut les rues de la ville. Mattie Silks, une tenancière de Denver, venait tout juste d'arriver avec huit de ses « pensionnaires » pour s'installer dans une grande maison en bois sur la 2e Avenue. Lorsqu'elle repartit vers le sud avec « ses filles » trois mois plus tard pour échapper à l'hiver, elle avait déjà empoché trente-huit mille dollars.

Un soir, Jeremiah Lynch marchait le long de la rue Front vers vingt-deux heures. Il faisait clair comme en plein jour. Par les portes ouvertes des sombres saloons s'échappait un brouhaha de voix d'hommes et de musique accompagné d'un mélange nauséabond d'odeurs de sueur, de tabac, de vomi, d'urine, de bière et de whisky. Regardant par l'une des portes, Lynch put voir des centaines de personnes occupées à « se bousculer et à jouer du coude autour de tables de cartes et de roulette, certains pour y jouer, d'autres pour regarder ». Il aperçut un personnage à l'air diabolique, en bras de chemise et bretelles, assis en silence derrière une balance à or « qui pesait sans relâche le contenu des sacs d'or que lui remettaient les joueurs, en petites quantités valant de cinquante à mille dollars, pour les échanger contre des jetons d'ivoire ». Les joueurs professionnels, sans merci, ramenaient constamment les jetons des autres clients vers leur propre côté de la table. L'ambiance de l'endroit qui, comme il le décrivit, « semblait d'un autre monde, pire que le nôtre », le fit frissonner.

Comble de l'ironie, le temps que Lynch, les Wichters et le duo Hitchcock–Van Buren arrivent à Dawson, l'engouement de la presse américaine pour la « San Francisco du Nord » avait déjà disparu. Au printemps de 1898, les propriétaires de journaux de New York avaient trouvé un nouveau sujet de nouvelles pour augmenter les ventes : la Guerre hispano-américaine pour l'indépendance de Cuba. Sur la page couverture, les grandes découvertes d'or dans le Klondike firent place aux batailles navales des Caraïbes. Mais de l'autre côté de l'Atlantique, la Ruée vers l'or du Klondike était plus populaire que jamais. On ne s'intéressait cependant pas tant aux récits anecdotiques des nombreux décès survenus au Chilkoot, mais plutôt à l'analyse du potentiel des champs aurifères. Comment départager les mythes de la réalité ? Quels articles de journaux n'étaient que pure fabrication afin d'attirer les touristes ? Est-ce que la technologie moderne pourrait permettre d'améliorer la productivité ? Comment faire pour trouver de l'information fiable ? En 1898, le *Times*, le *Manchester Guardian*, le *Daily Graphic* et l'*Illustrated London News* envoyèrent tous leurs propres correspondants au Dominion du Canada. Ces journalistes livrèrent un compte rendu beaucoup plus sobre du paradis nordique décrit par les disciples de Hearst.

Parmi les journalistes qui arrivèrent à Dawson cet été-là, la plus en vue était sans contredit l'émissaire du *Times*. Le fait que le journal ait choisi d'envoyer une femme dans ce monde à prédominance masculine était on ne peut plus étonnant. Cette correspondante auprès des colonies pour le journal le plus influent de l'époque était un petit bout de femme de quarante-six ans célibataire du nom de Flora Shaw. Flora avait en commun avec Belinda Mulrooney une force de caractère et une ambition qui éclipsaient la plupart de ses rivaux masculins ; toutefois, la comparaison s'arrête là. Belinda avait fait le pénible voyage vers Dawson dans le seul et unique but d'améliorer son propre sort. Le motif de Flora pour faire les huit mille milles de voyage entre Londres et Dawson était beaucoup plus ambitieux : consolider l'Empire britannique. Elle voulait savoir si les champs aurifères glacials et isolés du Klondike constituaient un bon investissement pour des capitaux britanniques. Sa visite s'avérera d'une importance capitale pour l'avenir de l'exploitation minière aurifère au Yukon.

*

Peu importe où elle se trouvait, Flora Shaw se voyait toujours comme une digne représentante du plus grand empire de l'histoire du monde, lequel, en 1898, comptait près du quart des terres et de la population de la planète. De nos jours, le terme « empire » a une connotation négative, et il nous est parfois difficile de comprendre le patriotisme fervent de bon nombre de sujets de l'Empire britannique de l'époque, y compris ceux de l'Amérique du Nord britannique. Mais pour les contemporains de Flora Shaw, ce lien de part et d'autre du globe avait quelque chose d'inéluctable. L'année précédente, on avait célébré le jubilé de diamant de la reine Victoria – soixante ans de règne – et cinquante mille troupes étaient venues à Londres des quatre coins du monde pour participer à un grand défilé. Comme l'a expliqué l'historien britannique James Morris : « Le 19e siècle avait été avant tout celui de la Grande-Bretagne, et les Britanniques se voyaient encore comme supérieurs. »

L'Empire britannique s'était formé de manière quelque peu désorganisée au cours du siècle précédent, mais en 1890, il était presque devenu une religion. Les néo-impérialistes, dont faisait partie Flora Shaw, croyaient que non seulement les Britanniques avaient le droit de régner sur un quart de la planète, mais que c'était leur devoir que de répandre dans le reste du monde leurs valeurs, leurs lois, leurs institutions politiques et leurs us et coutumes. En contrepartie, les partenaires et colonies outremer avaient l'obligation d'expédier à Londres des quantités infinies de produits de toutes sortes – fourrures, nourriture, fruits, peaux d'animaux, laine, coton, thé, minéraux, caoutchouc, vins, diamants et or – afin d'assurer la prospérité de l'Empire. À présent les agents de voyage de Londres offraient de prendre les dispositions nécessaires pour les aventuriers désireux de se rendre au Yukon, et le *Daily Chronicle* avait même publié une ode à la Ruée vers l'or.

Mue par sa curiosité, Flora Shaw avait suggéré au rédacteur en chef du *Times* qu'il valait peut-être la peine d'aller vérifier ce qui se passait dans les territoires nordiques. Après tout, le *Times* était pratiquement l'organe de l'Empire. Comme on peut le lire dans l'historique officiel du quotidien britannique : « En 1890, pour le *Times*, l'impérialisme, c'est-à-dire le drapeau britannique et tout ce qu'il représentait, l'emportait sur toute autre considération. » Le journal de qualité se

Flora Shaw, correspondante pour le Times *de Londres, était, aux dires d'une de ses collègues « aussi vive d'esprit qu'on puisse l'être... et disait toujours "nous", en parlant du* Times. »

devait donc de vérifier si la découverte d'or au Klondike risquait de devenir un atout important pour l'Empire. Et Flora Shaw affirmait qu'elle était la personne toute désignée pour cette mission.

Contrairement à Belinda Mulrooney, Flora Shaw avait eu une enfance privilégiée. Née en 1852 au sein d'une famille anglo-irlandaise de talent, Flora avait accès à une vaste collection de livres et à tout un réseau d'amis de la famille. Cependant, la vie n'avait pas été facile. Sa mère était décédée alors que Flora était encore jeune, et elle avait dû s'occuper de plusieurs frères et sœurs plus jeunes qu'elle. Elle avait dû également vivre avec le carcan des conventions de l'époque victorienne en ce qui concerne les comportements féminins. Mais elle était de ces femmes résolues qui, derrière une bonne posture et des manières exemplaires, cachent une volonté de fer. Douée d'une excellente maîtrise de soi, cette jeune femme mince à la chevelure auburn bien coiffée et aux yeux noirs où se lisait l'intelligence écoutait avec attention ses interlocuteurs parler de divers sujets, puis se faisait sa propre opinion. À l'âge de trente-quatre ans, elle avait déjà publié cinq romans. Elle entreprit de faire du travail social dans le quartier East End de Londres. Elle fut horrifiée à la vue de tant de gens vivant dans la pauvreté et constata qu'il y avait bien peu d'organismes de charité pour tenter d'améliorer la situation. Contrairement à bon nombre de ses contemporains, elle n'affirmait pas que les problèmes devaient être réglés grâce à des réformes politiques ou économiques internes. Elle était plutôt persuadée que la solution à la pauvreté qu'elle avait constatée dans son propre pays se trouvait du côté des colonies britanniques. Son expérience insuffla à Flora un zèle pour l'Empire qui teintera par la suite ses écrits journalistiques. Ces « contrées lointaines », nota-t-elle dans son journal intime, permettraient aux habitants des bidonvilles d'« échanger un lieu de péché, de saleté et de misère pour un endroit où ils auraient de l'espace ».

Grâce aux relations de sa famille, Flora Shaw eut la chance de voyager régulièrement à l'étranger. Elle se lia d'amitié avec des personnages importants tels que Rudyard Kipling et Cecil Rhodes, dont elle partageait les opinions. Elle admirait tout particulièrement Rhodes, le solide magnat du diamant sud-africain qui fut premier ministre de la Colonie du Cap de 1890 à 1896 ; elle croyait tout comme lui que c'était le destin de la Grande-Bretagne de dominer le centre de l'Afrique. En réalité, elle avait presque le béguin pour Rhodes : les héros musclés de l'Empire la fascinaient (elle finira d'ailleurs par en épouser un). Flora expédiait régulièrement des comptes rendus de ses voyages à l'étranger à divers journaux et magazines de Londres. En 1890, Moberly Bell, le tout nouveau gérant adjoint du *Times*, lui offrit sa première chronique périodique intitulée « Les colonies ». Quelques années plus tard, il l'envoya faire une tournée d'un an en Afrique et en Australie, dont elle revint en passant par les États-Unis et le Canada. Alors qu'elle se trouvait dans le Transvaal, Flora eut l'occasion de visiter les champs aurifères du Witwatersrand, découverts en 1886.

En 1893, Flora Shaw fut nommée rédactrice aux affaires coloniales, avec un salaire de huit cents livres (quatre mille dollars). Elle devint ainsi la première femme employée du *Times* et l'une des journalistes les mieux payées de son époque. Le fait qu'elle adoptait avec enthousiasme la ligne éditoriale de son employeur et vantait l'Empire britannique en tant que force civilisatrice contribua certainement à son succès. Au cours des années 1890, Flora écrivit pour le *Times* plus de cinq cents articles, chroniques et éditoriaux faisant la promotion des intérêts impérialistes britanniques.

Elle avait des opinions bien arrêtées et jouissait d'une grande influence, mais une bonne partie de son succès tenait au fait qu'elle savait quand respecter et quand braver les convenances. Elle ne fit jamais de vagues au sein de son milieu de travail on ne peut plus masculin. Elle était toujours rigoureusement respectable et s'habillait toujours en noir. Plus tard, elle ira même jusqu'à se joindre à la Ligue des femmes contre le suffrage féminin, aux côtés de Gertrude Bell. Ses articles avaient toujours le même ton lucide et froid que ceux de ses collègues masculins, et ses premiers articles signés l'identifient seulement comme « F. Shaw ». Cette façon de faire était très différente de l'approche adoptée par la plupart des écrivaines de son époque : un rédacteur en chef alla même jusqu'à se plaindre qu'elle n'écrivait « jamais rien qui puisse susciter une émotion ». Mais Moberley Bell appréciait son mépris pour le sentimentalisme. À propos d'un de ses articles, il lui dit pour plaisanter : « Vous n'avez même pas fait mention du Dominion où le soleil ne se couche jamais. Cela ne passera jamais ! » Mary Kingsley, une contemporaine de Flora qui, comme elle, était une voyageuse intrépide et s'habillait volontairement comme une vieille tante célibataire, a dit de cette dernière qu'elle était « aussi vive d'esprit qu'on puisse l'être, capable d'accomplir une charge de travail immense, elle n'avait aucune sensibilité et disait toujours "nous", en parlant du *Times* ».

Les représentants du gouvernement avaient une telle admiration pour la rédactrice aux affaires coloniales du *Times* qu'ils l'invitaient régulièrement à des réunions d'information privées concernant les affaires d'État. De temps à autre, ses relations privilégiées sur le terrain (particulièrement avec Rhodes et ses supporters) lui créèrent des problèmes. En 1897, on l'accusa d'avoir été mise au courant à l'avance du raid Jameson en Afrique du Sud, au cours duquel des lieutenants de Rhodes attaquèrent la république boer du Transvaal dans le but de susciter une révolte et de s'approprier la région et ses richesses en or au nom de la Grande-Bretagne. Le plan échoua, et Flora dut se présenter devant un comité de la Chambre des communes britannique pour expliquer son rôle dans l'affaire. Elle éluda les questions des députés avec calme et dignité. Selon l'historien du *Times*, « il ne fait aucun doute que mademoiselle Shaw sut user de sa présence d'esprit pour cacher la vérité plutôt que pour la révéler ».

Comme tout bon journaliste, Flora Shaw était toujours à l'affût de nouvelles susceptibles de servir tant sa carrière professionnelle que ses idéaux impérialistes. Elle était très au courant de la valeur des champs aurifères et des mines de diamant de l'Afrique du Sud pour l'Empire britannique : lorsqu'elles entreraient en exploitation, les mines Rand (détenues aux deux tiers par des actionnaires britanniques) allaient produire le quart de tout l'or mondial et faire du gouvernement du Transvaal le plus riche de toute l'Afrique. Dès qu'elle entendit les rumeurs de la découverte d'or dans le coin le plus reculé de l'Empire, Flora se mit à faire des recherches sur le Yukon. Y avait-il des intérêts britanniques en jeu ? « Si ce qui se passe au Yukon est aussi sérieux qu'on le dit », écrivit-elle à Moberley Bell au début de 1898, « alors il est important d'encourager l'investissement de capitaux britanniques et américains dans les champs aurifères ». Avec quelques hésitations, Bell évoqua la possibilité que Flora puisse aller voir elle-même ce qui se passait dans cet endroit sinistre et isolé. Elle sauta sur l'occasion et organisa sans tarder des rencontres avec le haut-commissaire canadien, quelques directeurs de banque et plusieurs experts miniers afin de se préparer pour sa mission.

Le 22 juin, Flora s'installa confortablement dans la voiture-restaurant d'un train de la London and North Western Railway, en direction des quais de Liverpool. De là, elle entendait monter à bord du navire à vapeur *Britannic* de la société White Star à destination de New York. Elle avait fait ses adieux à sa sœur Lulu ainsi qu'à quelques autres personnes chères sur le quai de la gare Euston de Londres et pouvait maintenant prendre le temps de déguster ce que la société de chemin de fer décrivait comme un « léger goûter » : consommé printanier, agneau au cari, rôti de bœuf, haricots, pommes de terre, tartelette aux fruits, gelée de citron. Elle retourna ensuite à son compartiment, ouvrit son étui à correspondance pour écrire une courte note à sa sœur : « Ma chère Lulu, je vous aime tous. Je crois que c'est tout ce que j'ai à dire. » Après avoir inséré le menu du goûter dans l'enveloppe, elle se mit à regarder par la fenêtre, où défilaient les villes industrielles enfumées et la campagne vallonnée des Midlands britanniques. Bien d'autres paysages, beaucoup plus spectaculaires et magnifiques, l'attendaient au cours de son voyage vers Dawson en passant par New York, Montréal, Winnipeg et Vancouver – en plus de la possibilité d'échapper au carcan des convenances et de trouver de véritables filons.

Durant son séjour sur le sol canadien, Flora écrira quatre articles intitulés « Lettre de notre correspondante aux affaires coloniales » qui seront publiés dans le *Times*. Il s'agit de récits sobres et bien documentés qui donnent de l'information sur les champs aurifères et les perspectives économiques du Dominion, tout en faisant ressortir les lacunes concernant les représentants du gouvernement canadien. Ses lettres à sa jeune sœur Lulu sont cependant plus révélatrices. Dans cette correspondance intime de plusieurs pages, écrite de son élégante écriture inclinée sur papier pelure, Flora ne se gêne pas pour exprimer ses opinions et ne cache aucunement son snobisme. Au cours d'un voyage antérieur en Amérique du Nord, elle avait confié à Lulu que marcher dans les rues de San Francisco lui donnait « la désagréable impression de s'être perdue dans une vaste salle des domestiques, à laquelle il n'y avait pas d'issue ». Dès qu'elle fut installée dans sa luxueuse cabine à bord du *Britannic*, elle écrivit rapidement une note à sa sœur, dans laquelle elle déclare que les autres passagers étaient pour la plupart des Américains « et de second ordre, j'en ai bien peur, malgré qu'il soit un peu tôt pour avoir des opinions aussi radicales ». La salle à manger ne l'impressionnait pas non plus. « Le dîner a été servi à l'américaine, ce qui, pour des Anglais, va à l'encontre des convenances. Tout est préparé à l'avance, et chacun commande la partie du repas qui lui plaît. Mon voisin de table dégustait déjà sa glace à la fraise, tandis que j'en étais encore à manger mon rôti de bœuf, qui n'était d'ailleurs pas assez cuit. »

On ignore ce que les autres passagers pensaient de Flora Shaw, mais on se doute qu'ils eussent pu être intimidés par cette Anglaise au langage soigné, au profil aristocratique, au teint irréprochable et à l'attitude distante. Tirée à quatre épingles avec ses tailleurs noirs bien ajustés et ses robes élégantes, elle avait le regard franc et l'air résolu d'une institutrice. Si elle avait vécu à une époque ultérieure, elle aurait probablement joué un rôle de premier plan dans les événements au lieu de simplement les décrire – soit comme administratrice pour l'Empire, ou encore comme politicienne élue. En tant que journaliste, elle était constamment à la recherche des faits. À bord du *Britannic*, elle accosta rapidement un certain M. Monroe, un homme bruyant et mal vêtu auquel elle n'aurait jamais adressé la parole, n'eût été qu'il revenait tout juste du Klondike. Flora et Monroe passèrent des heures ensemble, penchés sur les cartes que Flora avait apportées, tandis que Monroe lui décrivait ce qui l'attendait à sa destination.

« Ce qu'il raconte concernant toutes les épreuves qu'il faut endurer là-bas est, de prime abord, pour le moins bouleversant », écrivit Flora à sa Lulu. « La fonte du sous-sol gelé sous les rayons du soleil de l'été transforme la surface du sol en une immense mare de boue à travers laquelle il faut se frayer un chemin. Les moustiques sont tels que même un homme viril ne pourrait survivre plus de deux heures et demie dans les bois, sans protection. On a toujours mal aux pieds, tant on a des bleus et des coupures à force de trébucher sur des rondins et des pierres. Il manque de nourriture, puisque tout doit être transporté à dos d'homme. La nuit, difficile de trouver le repos, à moins d'être si exténué qu'on arrive à s'endormir sur un lit de branches attachées ensemble qu'on pose directement sur le sol humide. » Après cette énumération d'horreurs, Flora demanda à Monroe combien de vêtements elle devrait prendre avec elle. Le vieux prospecteur éclata de rire et lui dit qu'elle n'en avait pas besoin. L'air un peu blême elle lui demanda si elle ne devait pas au moins apporter des sous-vêtements de rechange. « De rechange ? Je doute que vous vouliez même changer les vêtements que vous portez en ce moment avant de ressortir du pays ! » lui répondit-il.

L'idée de ne pas changer de sous-vêtements ne la dérangeait pas autant que le fait que Monroe avait éclaté de son gros rire lorsqu'elle avait dit qu'elle prévoyait faire le voyage aller-retour entre Montréal et Dawson en six jours. Cela lui prendrait au moins trois mois, lui avait-il dit. Elle était également stupéfaite devant la quantité de matériel dont elle aurait besoin, selon lui. Elle devrait faire transporter de nombreux articles, en plus des provisions, notamment : « Une petite tente de toile, un poêle, des ustensiles, un sac de couchage à l'épreuve de l'eau, un révolver, deux ensembles de vêtements d'extérieur et deux ensembles de couvertures. J'ajoute une centaine de livres de produits de luxe, surtout des boîtes de soupe condensée, des bougies, des allumettes [...] et quelques médicaments essentiels. » Mais la correspondante spéciale du *Times* n'avait pas l'intention de changer ses habitudes : « J'ai l'impression que mon vétéran du Klondike est du genre pessimiste et qu'il a tendance à voir les choses pires qu'elles le sont. »

Flora promit à sa sœur qu'elle se laverait à l'éponge tous les jours, qu'elle porterait une robe de nuit en flanelle pour dormir et qu'elle se frotterait les pieds avec de l'alun tous les soirs. Elle avait aussi l'intention d'apporter quelques articles supplémentaires : un habit comme ceux des apiculteurs, pour se protéger des moustiques, une petite bouilloire et un petit brûleur à l'alcool dans un sac de toile « pour pouvoir me faire du thé chaque fois que j'en ai envie », disait-elle, des pois cassés, des haricots blancs, du riz et une bouteille de poudre de cari. « Lorsque j'en aurai assez de manger du bacon bouilli et de la purée de pois cassés, je préparerai du bacon au cari accompagné de riz, et de la soupe de haricots faite à partir de restants et d'os bouillis comme troisième variation. [...] Cela m'amusera de faire ma propre cuisine et ma propre lessive. » Pour terminer, Flora promit à Lulu qu'elle ne prendrait aucun risque inutile. « La mission que les gens du *Times* m'ont confiée est de leur envoyer des lettres intéressantes. [...] Ils ne m'ont pas envoyée au Canada pour que j'y laisse ma peau. »

Flora écrivit une lettre similaire à Moberly Bell, mais elle y ajouta quelques éléments dont elle n'avait pas parlé à Lulu. « Je suis un vieil habitué du Klondike, lui avait dit Monroe, alors écoutez bien mon conseil. Ne sortez jamais votre révolver à moins d'en avoir absolument besoin, et si vous le faites, tirez sans hésitation ! » Flora lui avait confié qu'elle ne s'était jamais servie d'une arme de sa vie, ce à quoi il avait répondu : « Alors j'imagine que cela signifie que vous devrez vous exercer, une fois que vous serez dans les bois. » Flora avoua à son patron : « L'idée qu'il pourrait y avoir dans ces bois d'autres personnes aussi inexpérimentées que moi en train de "s'exercer", n'a rien de rassurant. »

Le *Britannic* arriva finalement à New York et Flora Shaw prit le train pour Montréal. Dès son arrivée au Canada, elle fut accueillie comme si elle eût été la représentante de la Reine Victoria en personne. De hauts dirigeants des quatre plus importantes institutions du pays, soit le gouvernement fédéral, la Police à cheval du Nord-Ouest, la Compagnie de la Baie d'Hudson et la Canadian Pacific Railway, firent tout en leur pouvoir pour que l'émissaire du *Times* arrive à traverser le continent en un temps record. Même si le Canada jouissait du statut de Dominion depuis 1867, l'esprit colonial y était encore bien ancré. La plupart des Canadiens considéraient encore la Grande-Bretagne comme la « mère patrie » et célébraient la fête de la Reine Victoria avec grand enthousiasme. Lors de sa visite précédente au Canada, Flora avait été aussi peu impressionnée par les Canadiens qu'elle l'avait été par les Américains. Elle les avait décrits à Lulu comme étant imprégnés d'une « loyauté sentimentale et sans effet » à l'égard de l'Empire, se satisfaisant « d'accomplissements médiocres » et ne démontrant ni « l'indépendance démocratique de l'Australie, ni le conservatisme traditionaliste de l'Afrique du Sud ». Cela n'était pas « de bon augure pour la création d'un nouveau pays », avait écrit Flora à sa sœur, ajoutant que la « laxité généralisée et [...] l'incapacité à moitié bien intentionnée » du Canada à s'attaquer aux problèmes économiques risquaient d'ouvrir la porte à la corruption au sein du gouvernement. C'est avec ces idées préconçues qu'elle traversa le pays à toute vitesse, cinq ans plus tard. Elle appréciait cependant le traitement royal qu'on lui réservait, surtout l'offre de la Canadian Pacific Railway de télégraphier pour elle ses dépêches au *Times*. « Tout se passe admirablement », écrivit Flora à Bell au début de juillet 1898. « Je voyage comme une balle de caoutchouc ; plus je rebondis loin, mieux c'est. »

Dès son arrivée sur la côte Ouest, Flora se rendit au magasin de la Compagnie de la Baie d'Hudson de Vancouver. Les étages inférieurs de l'établissement étaient remplis d'outils de cuisine, de produits raffinés et de vêtements dernier cri pour hommes et femmes. Sans se laisser distraire, Flora se rendit directement à l'ascenseur et monta au dernier étage, ce que certains de ses contemporains décrivirent comme l'équivalent de « passer de Paris à la Sibérie ». Là, des commis s'affairaient à vendre, empaqueter et déplacer d'énormes quantités de provisions, tandis que les voyageurs impatients se bousculaient pour qu'on les serve. On amena Flora directement au début de la file, et le gérant du magasin vint lui-même l'aider à trouver tout ce qu'il y avait sur sa liste, y compris une tente, un poêle, un sac de couchage, un habit d'apiculteur et un filet de protection contre les moustiques. Puis il se chargea de faire transporter tout ce matériel à bord du petit navire à vapeur qui emporterait Flora vers le Nord.

Il lui fallait d'abord longer la côte Ouest et traverser le Passage de l'Intérieur jusqu'à Skagway, le point de débarquement pour ceux qui souhaitaient franchir les montagnes St. Elias en passant par le col White. Du pont du navire, Flora regarda défiler les paysages nordiques, qui ne ressemblaient à rien de ce qu'elle connaissait. Elle écrivit un court message à Lulu : « Si seulement il y avait des couleurs, le paysage serait un peu plus joli… Mais le temps est maussade en permanence et partout, on ne voit que divers tons de gris : la mer est grise, le ciel est gris, les montagnes sont grises (quoiqu'un peu plus foncées à la base, où des habitations sont généralement entassées jusqu'au bord de l'eau), et les pics enneigés ajoutent un peu de blanc au tableau. »

Le 12 juillet 1898, vingt et un jours après son départ de Londres, Flora débarqua dans le port américain de Skagway, à trois milles au sud de Dyea à l'entrée du canal Lynn, et expérimenta pour la première fois la culture de la Ruée vers l'or. Ce village existait à peine avant juillet 1897, époque où les chercheurs d'or commencèrent à débarquer là plutôt qu'à Dyea, afin de franchir les montagnes en passant par le col White. À présent, il s'agissait d'un village boueux, formé de cabanes, de tentes, de maisons de jeu et de saloons improvisés aux noms tels que Mangy Dog, Nugget, Home of Hooch et Blaze of Glory. Au premier coup d'œil, on pouvait croire qu'il y avait peu de différences entre Skagway et Dawson, à quelques centaines de milles de là. Cependant, Skagway était une ville où régnait l'anarchie et, comme le disait Sam Steele, le *Mountie* responsable de faire respecter la loi du côté canadien de la frontière, « l'un des endroits les plus violents au monde […] à peine mieux que l'enfer sur terre, [où] la voix rude et éraillée des chanteurs [des cabarets] se mêle aux cris de mort, aux appels au secours et au son assourdissant des coups de fusil ». Des hommes, exténués et sans le sou, mendiaient dans les rues malfamées, ou s'affairaient à gagner assez d'argent pour se payer un repas en creusant des tombes dans le cimetière surpeuplé en raison d'une épidémie de méningite.

Quatre jours avant l'arrivée de Flora, Skagway était encore sous l'emprise d'un bandit impitoyable du nom de Jefferson Randolph « Soapy » Smith. Il n'y avait ni hôpital ni gouvernement local, et l'unique représentant des forces de l'ordre américaines arrondissait ses fins de mois en protégeant Soapy Smith et en puisant dans son butin. Lorsqu'on lui avait demandé de mettre sur pied un service de police, le shérif avait répliqué que « d'autres villes étaient surgouvernées, mais que les Américains, lorsqu'ils étaient laissés à eux-mêmes, savaient faire ce qui est bien ». Soapy avait réussi à le faire mentir : lui et sa bande de voleurs, d'escrocs et de tricheurs avaient totalement pris le contrôle de la misérable petite ville où les meurtres étaient affaire courante et la justice était inexistante. Saloons, bars, bordels, maisons de jeu et hôtels, tous devaient verser de l'argent à Soapy Smith pour que ce dernier les laisse tranquilles. Les prospecteurs imprudents se faisaient entraîner à jouer à des tables truquées, à acheter des biens factices ou à confier leurs économies à des arnaqueurs. Soapy avait même installé un faux bureau de télégraphe. En dépit du fait qu'il n'y a aucune ligne télégraphique à Skagway, on arrivait à persuader les nouveaux venus de payer cinq dollars pour envoyer un message aux membres de leur famille afin de les rassurer. L'employé du bureau de télégraphe garantissait à l'expéditeur qu'il recevrait une réponse au cours des jours suivants, laquelle arrivait toujours aux frais du destinataire, bien évidemment.

La vie criminelle de Soapy Smith connut une fin abrupte le 7 juillet. Un mineur qui revenait du Klondike avait été assez naïf pour se laisser entraîner à jouer aux cartes contre trois complices de Soapy. Les hommes le persuadèrent de mettre en jeu son sac d'or, d'une valeur de deux mille huit cents dollars, qu'il perdit presque aussitôt. Lorsqu'il protesta que le jeu était truqué, les bandits saisirent le sac d'or et s'enfuirent. Les membres d'un comité citoyen de l'ordre, qui tentaient de débarrasser Skagway de Soapy Smith depuis des mois, exigèrent que l'or soit remis à son propriétaire, mais Soapy se moqua d'eux. La nuit suivante, une bagarre éclata dans la rue Front et Smith, ainsi qu'un garde du nom de Frank Reid, furent mortellement blessés.

À peine quelques jours plus tard, Flora débarquait à Skagway, escortée par le capitaine du navire. Dès qu'ils furent sur la terre ferme, Flora entendit toute l'histoire. Il y avait encore des taches de sang sur le quai. Les complices de Soapy étaient derrière les barreaux de la prison en rondins locale (« qui n'aurait pu possiblement contenir davantage de méchanceté »). Les habitants du village soupiraient de soulagement à l'idée d'être enfin débarrassés d'un tel bandit. Le côté

« Far West » de l'histoire amusait la Londonienne, et dans une lettre à sa sœur, elle lui raconta d'un ton enjoué comment ce criminel, auquel elle attribue une certaine noblesse révolutionnaire en le décrivant comme un « Robespierre du nom de Soapy Smith », faisait « régner la terreur ». Une fois que ses bagages furent déchargés, elle vit des membres du comité de l'ordre, armés de fusils, escorter quelques complices de Smith, y compris le shérif, jusqu'au bateau. « Le temps passé à observer cette scène hors du commun me fit prendre un peu de retard, de sorte que je ne fus pas en mesure de me mettre en route avant dix-neuf heures. »

Aux yeux de Flora, l'incident impliquant Soapy Smith n'était qu'une autre preuve de l'infériorité de la société américaine. Elle était scandalisée par le « principe américain » d'administration de la justice par les citoyens, qui semblait prévaloir dans cette ville. Quelques jours plus tard, en territoire canadien, Flora put observer de quelle manière les *Mounties* s'occupèrent du cas des quatre Tlingits dont l'histoire avait alimenté les grands titres enflammés du *Klondike Nugget*. Les hommes s'en allaient se faire juger à Dawson. En cours de route, Flora se retrouva à manger dans la tente des *Mounties* en compagnie de deux officiers, des quatre suspects et de l'homme que ces derniers avaient tenté d'assassiner. Flora déploya autant de grâce que si elle avait dîné en compagnie de son amie la duchesse de Sutherland. Lorsqu'un des suspects s'avéra incapable d'atteindre l'un des plats sur la table parce qu'il était menotté, l'homme qui s'était fait attaquer et qui avait le bras dans une écharpe poussa le bol dans sa direction en disant « tu veux encore des haricots, mon garçon ? » Pleine de fierté à l'égard des normes de justice britannique, Flora écrivit à Lulu : « Lorsque des meurtres sont commis de notre côté de la frontière, nous n'attendons pas que des citoyens se soulèvent d'indignation pour venger les victimes. Nous alertons tout simplement la police. Les coupables sont arrêtés sans délai et on les envoie, bien enchaînés, à la prison de Dawson où ils seront pendus haut et court. »

Malgré le fait qu'elle avait une bonne vingtaine d'années de plus que la plupart des autres voyageurs et était élégamment vêtue d'une longue jupe et d'un manteau ajusté à la taille, Flora Shaw franchit presque sans effort les quarante-cinq milles en dents de scie de la piste White. Les longues journées et le soleil de juillet permettaient aux voyageurs de jouir de routes sèches et de températures beaucoup plus chaudes que ce à quoi d'autres avaient eu droit au cours des mois précédents. Cependant, « l'expérience n'était pas entièrement agréable en raison de l'énorme quantité de chevaux morts dans des pentes trop à pic, mais dont les carcasses n'avaient pas été enlevées par les vautours puisqu'il n'y en avait pas ». La puanteur, le long du célèbre ravin Dead Horse « était indescriptible », écrivit-elle à sa sœur. Mais la situation était temporaire ; durant les trois jours d'ascension vers le sommet, raconta-t-elle, « le paysage était magnifique, et n'eût été des chevaux morts, l'ensemble du périple aurait été des plus agréables ». Peut-être lui était-il plus facile qu'à d'autres de demeurer optimiste et de bonne humeur, puisqu'elle n'avait à faire le trajet qu'une seule fois, n'avait pas à transporter de bagages, et jouissait de la protection de puissants personnages. Les *Mounties* étaient « si accommodants ». Pendant qu'elle s'assoyait sur une bûche pour se faire une tasse de thé, « les gentils policiers » s'affairaient à dresser sa tente. Cela lui donnait le temps d'écrire à sa sœur pour lui décrire comment le climat lui rappelait celui de l'été en Grande-Bretagne et à quel point le paysage ressemblait aux régions montagneuses de l'Écosse.

Dans le campement qui ne cessait de s'étendre en bordure du lac Bennett, Flora Shaw aurait eu du mal à ne pas se faire remarquer, et ce n'était d'ailleurs pas son intention. Une jeune femme, Martha Munger Purdy, fut étonnée de voir cette grande dame : « Elle était si différente de ce qu'on avait l'habitude de voir dans ce pays. Elle portait un élégant imperméable ainsi qu'un chapeau en tweed. Lorsqu'elle se retourna, je vis qu'elle avait un visage plus intelligent que joli. » Martha, qui venait d'une famille aisée et influente de Chicago, avait assez d'assurance pour oser s'approcher de l'endroit où Flora était occupée à regarder des hommes construire des embarcations et se présenter. Flora lui expliqua qu'elle avait été envoyée dans le Klondike par le *Times* de Londres et que la longueur du voyage l'exaspérait. À leur grand plaisir, elles découvrirent qu'elles avaient un ami commun, « ce qui prouve à quel point le monde est véritablement petit », écrira Martha plus tard. Mais Flora avait peu de temps pour les banalités. Les « gentils policiers » avaient réussi à trouver un navire à vapeur pour permettre à leur invitée de marque de traverser la chaîne de lacs jusqu'à Whitehorse, puis un autre pour l'emmener jusqu'à Dawson.

La seule plainte de Flora à l'égard de son voyage en bateau fut la nourriture composée de mauvais poisson et de thé infusé trop longuement. Elle ne changea pas ses habitudes, malgré les eaux de sentines noires dans lesquelles il lui fallait marcher, l'absence de cabines pour les passagers et les odeurs d'huile, de sueur et de marchandises. « J'ai emprunté un seau en acier et une bassine auprès du cuisinier et j'ai réussi à m'enfermer à l'abri des regards afin de pouvoir me laver », écrit-elle. Elle constata cependant qu'« au-dessus de la chaudière, la chaleur est pratiquement insupportable. Le bois est chaud au toucher et les vêtements s'imprègnent d'une odeur de roussi ».

Le niveau de l'eau du fleuve Yukon descendait petit à petit et les rapides de White Horse étaient moins menaçants qu'ils ne l'avaient été quelques mois auparavant, mais Flora dut néanmoins faire preuve de sang-froid lorsque le navire se retrouva coincé à plusieurs reprises dans des bancs de sable. Elle passa une journée dans la cabine du capitaine à discuter avec les membres de l'équipage tandis qu'ils tentaient de diriger le bateau entre les écueils. Elle laissa même tomber un peu de sa rigidité. « La gentillesse et la bonne humeur de ces gens un peu rustres sont remarquables. Le capitaine m'a dit que les gens de l'Ouest sont fiers de leur bon cœur et je dois admettre que jusqu'à maintenant, tous ceux que je rencontre semblent aimables et obligeants [...] Cela me touche de voir à quel point les femmes et les enfants de ces hommes leur manquent. »

Le 23 juillet 1898, la rédactrice aux affaires coloniales du *Times* arriva à destination. Cela faisait seulement trente et un jours qu'elle avait quitté Londres, et malgré la certitude de son compagnon de voyage, M. Monroe, qu'elle ne pouvait franchir la distance entre Montréal et Dawson en moins de trente jours, elle était parvenue à le faire en moins de vingt. Elle n'avait nullement l'intention de ralentir le rythme. Elle voulait sans tarder se faire une idée de ces champs aurifères dans lesquels Bill Haskell et Jack London avaient mis tous leurs espoirs et de la communauté que le père Judge et Belinda Mulrooney tentaient de rendre un peu plus civilisée.

Chapitre 15

« Des hommes étranges et rudes », août 1898

Lorsque Flora Shaw arriva à Dawson, un comité d'accueil formé des citoyens les plus en vue de la ville, y compris le chef de la police locale, vinrent à sa rencontre sur le quai Degas surpeuplé, non parce qu'elle était une femme, mais bien parce qu'elle était l'envoyée du *Times*. Un article au sujet du Klondike aurait certainement des retombées importantes à Londres et à Ottawa, et influencerait sans contredit les investisseurs britanniques. Il était donc primordial que mademoiselle Shaw puisse se faire une idée « juste » de l'endroit.

Les autorités de Dawson emmenèrent leur distinguée visiteuse à la hâte à travers la foule de flâneurs et de curieux qui se trouvait sur le quai, pour ne pas lui donner le temps d'apercevoir les bâtiments délabrés à fausse façade de la rue Front, dont l'hôtel Fairview appartenant à Belinda, ou d'entendre les cris des croupiers qui s'échappaient des saloons. La société qui avait assuré la liaison par bateau du lac Bennett à Dawson s'était organisée pour que la tente de Flora soit dressée à côté de la cabane de son représentant à Dawson, au-delà de la 8e Avenue, sur une pente abrupte recouverte de bouleaux et d'aulnes. Il y avait à proximité une source d'eau pure et les cabanes et les tentes étaient dispersées dans les bois surplombant l'hôpital du père Judge. La société avait également recruté un homme à tout faire pour s'occuper de Flora, ce qui faisait d'elle l'une des seules personnes de toute la ville à employer un domestique, si on exclut les propriétaires d'hôtels et les tenancières de bordels. Étant donné que James Short travaillait pour Flora pour un salaire de quatre dollars par jour, alors que le salaire moyen à Dawson était de dix dollars, on peut s'imaginer que ce dernier recevait probablement une subvention de la part des autorités.

Si c'était le cas, alors la stratégie a fonctionné. Le jour suivant son arrivée, Flora s'installa à l'extérieur de sa tente pour écrire à Lulu. « J'ai eu une longue nuit de sommeil, et ce matin, après avoir pris un bain et changé de vêtements, je me sens bien reposée. » Elle s'était attendue à ce que Short soit « l'équivalent d'une femme de chambre anglaise », mais elle fut ravie de découvrir qu'il était davantage comme un « chevalier servant [...] Il semble connaître tout ce qu'il y a à savoir sur la menuiserie à la mode américaine et met toutes ses compétences au service de mon confort ». Short lui apportait des broussailles fraîchement coupées pour qu'elle puisse se faire une couche confortable et y étendre son sac de couchage, des branches d'épinette pour couvrir le plancher de la tente et de l'eau chaude pour sa toilette quotidienne. Flora avait les compétences culinaires limitées des femmes de son rang et fut donc ravie, lorsqu'une fois sa toilette terminée, Short l'installa devant une table rustique et lui servit le meilleur repas auquel elle avait eu droit depuis des jours. « Le petit déjeuner était composé de crêpes, de tartines au beurre, de porridge, d'une sorte d'omelette faite avec des œufs déshydratés, de bacon pané, de bacon en sandwich, de bacon au cari et de bacon en sauce. » Les pâtés, les caris, les hachis et les ragoûts étaient faits à partir des seules sortes de viande disponibles : bacon et bœuf salé en conserve. Short préparait également « toutes sortes de desserts délicieux à l'aide de fruits séchés et en conserve... ».

Flora n'était pas douée pour la cuisine, mais elle était une randonneuse aguerrie et elle s'y connaissait en jardinage. Le premier matin suivant son arrivée, elle escalada la colline derrière sa tente pour y admirer la vue magnifique. On pouvait y voir le fleuve Yukon qui serpentait doucement entre les montagnes où le vert tendre des feuilles d'aulne se mêlait au vert plus foncé des épinettes. Seuls les pics enneigés, au loin, laissaient deviner la monotonie de ce même paysage en hiver. Sur le chemin du retour, elle cueillit quelques fleurs sauvages, dont des lupins, des polémoines et des épilobes. Une fois

Derrière les bâtiments en bois du secteur commercial de Dawson s'étendait une mer de tentes de toile, jusque dans les collines environnantes.

dans sa tente, elle mit les fleurs dans une boîte de conserve vide qu'elle posa au centre de la table. Elle était fascinée de voir à quel point les légumes semblaient croître sans trop de difficulté dans les potagers de ses voisins, lesquels étaient souvent aménagés sur le toit de leurs cabanes. Les longues journées compensaient la brièveté de l'été. À la fin de juillet, un mois entier après le solstice d'été, le soleil illuminait encore le ciel, même après minuit. Les laitues, les pois et les haricots poussaient rapidement. Flora ne put « résister à la tentation de semer quelques graines de moutarde, de cresson et de radis autour de [sa] tente ».

Les premières impressions positives de Flora à l'égard de Dawson furent publiées dans une rubrique du *Times* intitulée « Lettre du Canada », le 19 septembre 1898, sous l'en-tête « De la part de notre correspondante spéciale ». Sa description de la ville de la Ruée vers l'or correspondait peu à cet « endroit lugubre » que Jack avait quitté à peine quelques semaines auparavant en descendant le fleuve Yukon. Selon l'article du *Times*, Dawson était bien en voie de devenir une autre petite ville coloniale, éloignée des cercles du pouvoir, mais affirmant néanmoins sa loyauté en faisant flotter le drapeau britannique. Flora avait vu des villes semblables un peu partout en Afrique et en Australie. Elle s'imaginait que Dawson allait devenir une sorte de version nordique de Salisbury, en Rhodésie ou de Hobart, en Tasmanie.

« La ville de Dawson s'étend sur un terrain plat partiellement entouré d'eau d'une centaine d'acres sis à un endroit où le fleuve Yukon prend un virage abrupt après s'être gonflé des eaux de la rivière [Klondike]. La rue principale longe le fleuve. Derrière celle-ci, on trouve de nombreuses tentes entassées les unes sur les autres, mais un peu plus loin, à la base des collines qui encerclent la ville, on trouve des cabanes en rondins. Certaines de ces cabanes sont construites avec goût et ont même un petit balcon, une véranda ou un porche. Ces dernières sont proprement alignées en rangées entre les arbres. Dans la banlieue sud-est de la ville, qui s'élève vers le sommet d'une colline d'où on peut apercevoir à la fois le fleuve et la rivière Klondike, on a tracé une large route à travers le bosquet d'épinettes. De chaque côté, des cabanes en rondins écorcés se succèdent avec leur petite clairière d'environ un demi-acre, formant dans ce décor imprégné de la senteur aromatique du bois, ce qui pourrait facilement devenir un boulevard ; il ne manque que la présence des femmes et leur contribution à la vie domestique pour permettre à cette ville d'atteindre son plein potentiel. » Personne n'avait jamais parlé de la « senteur aromatique », des « balcons », des « vérandas » et encore moins de la « banlieue » de Dawson auparavant.

Flora se faisait beaucoup plus critique en privé. Elle écrivit à Lulu : « Peu de gens s'offrent le luxe d'avoir un domestique à leur service. Ils font tout eux-mêmes, y compris la lessive. Il en résulte inévitablement un certain laisser-aller, et la saleté omniprésente est difficile à supporter. » La poussière s'élevait en tourbillons dans les rues en boue séchée et s'insinuait dans chaque pli de peau ou de tissu. Flora avait la peau qui lui piquait à cause de l'air sec et poussiéreux. « La ville est affreuse », raconta-t-elle à sa sœur. Les rues, qui à peine deux mois auparavant étaient encore marécageuses, étaient maintenant dures comme le roc et remplies de crevasses dans lesquelles on ne manquait pas de se tordre les chevilles. « Ceux qui habitent dans des tentes jettent leurs déchets par la porte. Il n'y a aucune mesure sanitaire, et ce qu'ils considèrent comme la rue principale n'est qu'un chemin parsemé de mares de boue et d'amas de poussière et bordé d'entrepôts, d'hôtels et d'autres bâtiments en bois, où l'on a l'impression de s'empoisonner à chaque respiration. Je n'y vais que par obligation, pour mener mes affaires, et suis toujours soulagée de revenir du côté de la colline. »

Tandis que Short préparait du bacon au cari et lavait les serviettes de table de Flora, cette dernière se tenait occupée. Cinq jours à peine après son arrivée, elle avait déjà fait le tour de la ville pour en rencontrer tous les citoyens respectables. Elle cherchait essentiellement à trouver réponse à deux questions : « Combien y a-t-il d'or ? » et « Y en a-t-il suffisamment pour continuer d'attirer les gens au Klondike pendant assez d'années pour assurer, dans ses propres mots, la colonisation permanente et civilisée du pays ? »

Pour obtenir des réponses, il fallait questionner poliment, mais sans relâche les citoyens les plus importants de Dawson. Elle avait rencontré tant aussi bien l'aimable David Doig, de la Bank of British North America que le moins aimable M. Wills de la Banque canadienne de commerce, afin d'apprendre quelle quantité d'or avait été déposée dans leurs coffres. Sachant bien que les centres d'approvisionnement agissaient également comme dépositaires d'or et comme prêteurs auprès des prospecteurs, elle s'était rendue au bureau du capitaine John Jerome Healy, directeur général de la North American Transportation and Trading Company, ainsi qu'à celui du capitaine J. E. Hansen, directeur général de l'Alaska Commercial Company. Elle avait discuté avec Mike et Sam Bartlett, qui exploitaient le plus important service de transport de la ville, pour savoir quelle quantité d'or leurs attelages de mules rapportaient des champs aurifères. Elle demanda aussi au commandant de la Police à cheval du Nord-Ouest combien il y avait d'or en circulation à Dawson.

L'une de ses entrevues les plus importantes fut avec Thomas Fawcett, le commissaire de l'or, dont le bureau était encore plus encombré de piles de papier que lorsque Jack London l'avait rencontré. Flora lui demanda des précisions sur certaines statistiques officielles et non officielles concernant la production d'or. Combien d'or échappait aux redevances ? La campagne de salissage du *Klondike Nugget* contre le commissaire allait bon train durant la visite de Flora au

Yukon. Une semaine avant son arrivée à Dawson, le rédacteur en chef Eugene Allen avait accusé Fawcett d'avoir eu un parti pris à l'endroit de certains demandeurs de concessions, lors d'une ruée récente au ruisseau Dominion, et de faire preuve de la plus grande incompétence dans l'accomplissement des tâches qui lui avaient été confiées. « L'injustice la plus flagrante commise par le bureau du commissaire à ce jour », lisait-on dans les grands titres du *Nugget*. Quelques jours après que Flora eut débarquée, un éditorial parut dans le *Nugget* sous le titre « Jusqu'à quand, mon Dieu ? » déclarait : « Nous [...] n'avons jamais rencontré un fonctionnaire aussi universellement reconnu pour son indécision, son incompétence et son mépris envers les individus qui composent la population de cette ville. » Le *Klondike Nugget* s'indignait également contre le régime de redevances imposé par le gouvernement canadien, affirmant (avec raison) qu'il s'agissait « d'imposition sans représentation », puisque le Yukon n'était pas représenté à Ottawa. Toujours selon le *Nugget,* ces redevances scandaleuses freinaient le développement des champs aurifères. Fawcett avait tenté en vain d'expliquer que les redevances étaient le seul moyen pour le Canada de tirer quelque profit de l'or avant qu'il ne disparaisse aux États-Unis. Les nombreux prospecteurs américains partageaient l'indignation exprimée dans le *Nugget*, et par conséquent, le journal faisait des affaires en or. « Oncle Andy », le camelot de soixante-cinq ans qui s'occupait de la vente d'exemplaires dans les rues, avait les mains vides avant même d'avoir fini de crier : « Le *Nugget !* Le *Nugget !* Achetez le *Nugget* ! » Le ton tapageur et outré du *Nugget* n'était pas du genre à plaire à la correspondante du *Times*, mais elle avait certainement compris le message.

Entre deux rendez-vous, Flora marchait le long des trottoirs de bois de la rue Front. Elle ne put s'empêcher de remarquer que près d'un millier d'hommes y flânaient, semblant n'avoir rien de mieux à faire que de regarder les bateaux amarrés aux quais, les chariots qui circulaient dans les rues ou tout autre spectacle qui se présentait à leur vue. « Ils sont pour la plupart dans la fleur de l'âge, forts, bien nourris, et plutôt bien vêtus, dans les circonstances. Pourtant ils ont l'air de n'avoir absolument rien à faire. » Flora s'étonnait de leur apparente lassitude alors qu'il y avait tant d'activité tout autour. Partout, on entendait le bruit incessant des scieries, les cris des débardeurs occupés à décharger les cargaisons, les coups de marteau des ouvriers en train de construire un autre bâtiment à fausse façade et les invitations des prostituées à la recherche de clients. Les possibilités d'emploi ne manquaient pas, alors pourquoi y avait-il autant d'oisifs, marchant le dos voûté et les mains dans les poches ? Flora raconta à ses lecteurs du *Times* qu'il n'y avait pratiquement pas de femmes à Dawson, ce qui n'était pas tout à fait vrai. Il est impossible qu'elle n'ait pas remarqué, en marchant le long de la 2e Avenue, les nombreuses prostituées qui sollicitaient les clients à la porte de leur cabane (que les gens du coin appelaient des « maisons de joie »). Mais Flora Shaw, en dame de bonne société de l'époque victorienne, avait cette capacité inouïe d'ignorer complètement les « femmes de mauvaise vie » comme si elles n'existaient pas.

Une nuit, entre minuit et deux heures du matin, Flora alla jeter un coup d'œil à quelques-uns des vingt-deux établissements de jeu et cabarets en activité cet été-là. Elle était escortée par un homme, vraisemblablement un *Mountie*. C'était l'univers que Jack London affectionnait – les cabarets, la danse au son des pianos, les bars en acajou et derrière, des rangées de bouteilles, la lumière douce des lampes à l'huile qui se reflète dans les miroirs au cadre doré... Mais ce n'était pas celui de Flora. Elle observa froidement les joueurs professionnels, les prostituées à la tenue négligée, les barmans aux ongles trop longs avec leurs bandes autour des bras et leur chapeau melon, ainsi que la foule de mineurs ivres. Comme elle le décrivit dans le *Times* : « Il y a généralement foule autour des tables de jeu, et on trouve sur celles-ci des piles de jetons représentant de fortes sommes [...] Certains estiment qu'il se joue des centaines de milliers de dollars chaque nuit [...] Le prix de l'alcool varie entre un demi-dollar pour un verre de bière et quarante dollars pour une bouteille de champagne, mais tout le monde boit. » Son escorte lui indiqua quelques hommes qui avaient l'habitude de dépenser régulièrement de cinq à dix mille dollars en une seule soirée, offrant des verres à leurs amis. Flora remarqua que les billets de la Banque canadienne de commerce n'avaient pas réussi à supplanter la poussière d'or en tant que monnaie universelle et « chaque commerce avait sa propre balance à or ».

Dans son article du *Times*, Flora décrivit ses observations sans faire de commentaires, mais dans sa lettre à Lulu, elle raconta sa soirée comme suit: « Ce n'était pas joli à voir, mais cela m'a permis de me faire une idée plus concrète de la vie de mineur. Maintenant que j'ai vu le mineur dans ses moments de loisir, je le respecterai probablement davantage lorsque je le verrai au travail la semaine prochaine. »

Flora Shaw prenait son travail très au sérieux, à en juger par ses articles envoyés au *Times* et ses lettres à sa sœur. Elle n'avait pas de temps à perdre en compagnie de ceux dont le rôle n'était pas directement lié à l'exploitation de l'or. Elle ne fit aucune mention du peuple han, qui luttait pour la survie de sa petite communauté de Moosehide Village, à quelques milles en aval. Elle était trop occupée à rédiger ses notes pour socialiser avec les quelques rares résidents de Dawson susceptibles d'être à la hauteur de son rang. Chaque navire apportait avec lui un nouvel arrivage de touristes qui contribuait à changer peu à peu le visage de la ville. Il y avait même un léger vent de raffinement. Mademoiselle Van Buren et madame Hitchcock s'étaient installées à Dawson Ouest, le nouveau campement de l'autre côté du fleuve, se tenant ainsi à distance de l'épidémie de typhoïde. Elles avaient dressé leur immense chapiteau, où elles recevaient tout le gratin de Dawson, offrant à leurs invités des anchois, de la fausse soupe de tortue, du rôti d'orignal, des pâtés, des olives farcies et de la glace à la pêche. Big Alex McDonald était souvent l'invité d'honneur, bien qu'à l'étroit et mal à l'aise dans ses habits de soirée. L'hôtel Fairview de Belinda Mulrooney faisait de bonnes affaires. Mary Hitchcock était allée y faire un tour et n'avait pu s'empêcher d'avoir l'air impressionnée en lisant le menu, qui commençait par « cocktails aux huîtres ». Le père Judge, quant à lui, s'était fait un ami parmi les nouveaux venus: un médecin avec qui il jouait aux échecs et discutait de philosophie et qui venait de Baltimore, tout comme lui.

Aucun de ces importants personnages n'est mentionné dans les écrits de Flora à propos de son séjour dans le Nord. Le seul indice d'une conversation avec des personnes à l'extérieur des cercles officiels se trouve dans sa troisième lettre au *Times*. Elle y parle de quelques femmes qui avaient passé l'hiver à Dawson et auxquelles elle avait demandé si le mois de janvier était particulièrement pénible. « L'hiver est la saison la plus agréable », lui auraient-elles répondu. L'une d'entre elles, dont le ton ressemble étrangement à celui de Belinda, lui aurait dit: « Nous avons droit à pas mal plus de clarté que

Il fallait renforcer le pont des petits navires à vapeur afin qu'ils puissent supporter le poids de l'or qui devait être expédié à l'extérieur du Yukon à la fin de l'été.

vous n'en aurez jamais à Londres en hiver, en tout cas. » S'il s'agissait effectivement de Belinda, Flora ne se donna pas la peine de mentionner son nom, et traita fort probablement cette dernière avec sa condescendance habituelle.

La seule personne que Flora considérait comme son égal était le mari d'une connaissance éloignée d'Angleterre qu'elle avait rencontré dans la rue. Elle l'invita à dîner chez elle, et Short se débrouilla pour offrir un repas quatre services comprenant une soupe au cari. Comme Flora le raconta plus tard à Lulu, le visiteur fut impressionné par le raffinement et le « luxe » qui régnait dans ses appartements, « simplement parce qu'il s'avère », disait-elle, « que j'ai pensé à emporter dans mes bagages une demi-douzaine de serviettes de table, dont l'une est placée au centre de la table [faite de caisses d'emballage] ». Elle-même n'avait aucune envie d'accepter les invitations à dîner dans des cabanes où « les gens s'assoient sur des caisses et mangent dans des assiettes en fer qu'il faut laver au fur et à mesure ».

*

Cinq jours après son arrivée, Flora décida d'aller visiter les champs aurifères. Elle faisait preuve d'une endurance physique spectaculaire, pour une femme de quarante-six ans habituée à la vie de palace et aux marches dans les rues pavées de Westminster. Elle enfila un caleçon long sous sa jupe et mit des bottes de cuir usées avant de partir pour son périple qui devait durer quatre jours, et dont deux se passèrent sous la pluie. Il y avait de la boue partout et elle dut traverser des ruisseaux en marchant dans l'eau ou en équilibre sur des troncs d'arbres à plusieurs reprises. Pourtant, ses lettres révèlent que malgré toutes les difficultés, elle était grisée par le soleil de minuit et «la sensation d'immense solitude qui vous saisit dès que la civilisation est hors de vue. On se rend compte à quel point le paysage est vierge en voyant comme les oiseaux sont peu farouches [...] Ils ne semblent pas avoir encore appris à craindre l'humain, si bien qu'ils viennent presque se percher sur votre tête». Comme bien des femmes qui arrivaient dans le Nord, Flora appréciait sa nouvelle liberté, cette occasion de voler de ses propres ailes, sans avoir à se soucier des convenances.

Tout comme Jack London l'automne précédent, Flora Shaw fut surprise de constater comment le paysage des champs aurifères avait été ravagé par l'activité humaine. Des vallées qui étaient autrefois tapissées de mousse et de fleurs sauvages n'étaient à présent que d'immenses étendues de boue à travers lesquelles serpentaient les ruisseaux. Les immenses quantités de bois requis pour la construction des cabanes, des treuils, des canaux ainsi que pour alimenter les feux de camp des mineurs avaient eu pour conséquence que les collines environnantes étaient totalement dépouillées de leurs arbres, ce qui rendait le paysage plutôt «monotone», selon Flora. Un réseau de boîtes à laver et de canaux de dérivation s'étendait entre les ruisseaux et les canyons. Partout, des berceaux, des casseroles, des treuils et des tréteaux jonchaient le sol.

Une armée de chercheurs d'or travaillaient comme des bêtes et vivaient comme des chiens dans des cabanes crasseuses entourées de sous-vêtements souillés suspendus pour sécher au soleil ainsi que d'amas de vieilles boîtes de conserve rouillées. Les chiens de traîneau erraient en liberté. Les latrines, très rudimentaires, attiraient des nuées de mouches et de moustiques. Flora était heureuse d'avoir pensé à apporter un habit d'apiculteur. Dans les cabanes, il n'y avait que quelques meubles improvisés, un plancher de terre non balayée et des crachoirs contenant une mixture douteuse. Cependant, là où Jack avait vu l'exploitation de la classe ouvrière, Flora voyait, elle, un important potentiel d'investissement : « Il était des plus intéressant de voir l'or être extrait du sol un peu partout. » Il était impossible de visiter en seulement quatre jours les centaines de milles carrés de champs aurifères entourant Dawson, où travaillaient entre quatre mille et huit mille mineurs, mais Flora Shaw fit de son mieux. Le premier jour, elle marcha seize milles, de Dawson jusqu'à Grand Forks, où se trouvait le premier hôtel de Belinda, en longeant le cours inférieur du ruisseau Bonanza. Flora passa trois nuits dans cette ville en plein essor où près de dix mille personnes se trouvaient pour l'été. Le jour suivant son arrivée, elle explora les mines situées le long du cours supérieur du ruisseau Bonanza. Le lendemain, elle visita les concessions en bordure des ruisseaux Eldorado et Hunker, puis elle repartit vers Dawson le quatrième jour. Elle parcourut en tout une distance d'au moins soixante-dix milles à pied et visita la plupart des cent soixante-cinq concessions du ruisseau Bonanza et des cinquante-six concessions du ruisseau Eldorado, de même qu'une bonne partie des quatre-vingt-dix concessions du ruisseau Hunker.

Pendant toute la durée de la Ruée vers l'or, ces trois ruisseaux furent les plus productifs et les plus achalandés de tout le district. Leurs rives dégarnies étaient sillonnées de canaux apportant l'eau nécessaire pour laver d'énormes quantités de gravier aurifère. Flora observa des milliers d'hommes occupés à prendre des pelletées de gravier et à les jeter dans le courant d'eau avec autant de hâte que s'ils avaient été en train d'essayer de sauver des gens enfouis sous un éboulement. Il y avait si peu de temps pour trouver de l'or avant que l'hiver n'arrive et que le sol ne gèle à nouveau ! Mais lorsque les mineurs virent cette Anglaise autoritaire parcourir les champs aurifères avec son filet protecteur et ses caleçons longs, ils s'arrêtèrent bouche bée. Flora, elle, était implacable. Elle allait d'une concession à l'autre et discutait longuement avec les mineurs pour savoir ce qu'ils faisaient et combien d'or ils avaient trouvé, ne manquant pas de tout noter. Il lui fallut peu de temps pour comprendre le système : comment se faisait le jalonnement des terres, comment les mineurs faisaient pour creuser dans le sol et en extraire la boue stérile et le gravier aurifère durant l'hiver, jusqu'à ce qu'ils atteignent le roc, comment ils lavaient le gravier au printemps à l'aide de boîtes à laver ou de berceaux, et comment le courant d'eau emportait les impuretés, laissant derrière la poussière et les pépites d'or.

Flora fut stupéfaite à la vue de la quantité d'or qui se trouvait dans les ruisseaux. Elle vit de ses propres yeux un prospecteur ramasser l'or laissé au fond de ses boîtes à laver après seulement deux jours de travail. «Je m'arrêtai quelques minutes, et devant moi, je le vis recueillir, en plus des pépites, cinq cents onces, ou près de deux mille livres sterling de poussière d'or au fond des boîtes.» Il y en avait au total pour l'équivalent de près de cinq cent mille dollars aujourd'hui. À une autre concession, on lui raconta qu'on avait extrait quatre cent mille dollars d'or au cours des dernières semaines (plus de vingt millions de dollars aujourd'hui). Elle n'en revenait pas de voir comment les hommes transféraient les dépôts aurifères de leurs boîtes à laver dans leur batée «avec autant d'insouciance que s'il s'était agi de bran de scie ou de sucre brun». Dans les déblais, «on pouvait apercevoir de l'or qui brillait, et même, à certains endroits, il y avait tant de poussière et de pépites d'or qu'on aurait pu les ramasser à la cuillère!» Elle s'étonna également de constater à quel point les bancs de graviers formés dans le lit d'anciennes rivières maintenant asséchées et qui surplombaient les ruisseaux actuels étaient particulièrement productifs. Flora raconta à ses lecteurs du *Times*: «Sur les collines French et Skookum, qui surplombent les vallées des ruisseaux Eldorado et Bonanza, j'ai moi-même ramassé des pépites et j'ai vu des hommes récolter autant d'or dans leur boîte à laver que ceux qui travaillaient au bord de ruisseaux plus connus, deux ou trois cents pieds plus bas.»

Flora s'était attendue à ce que le langage dans les champs aurifères soit plutôt cru, et elle s'était même préparée à devoir faire face au manque de respect, mais son propre sens du décorum suffisait à faire taire les obscénités. Elle remarqua que ses nouvelles connaissances semblaient déterminées à «épargner à la dame d'être inutilement confrontée aux aspects plus rudes de la vie de mineur». Lorsqu'elle leur demanda leur avis sur ce qui se passait dans les champs aurifères, bon nombre d'entre eux ne se gênèrent pas pour lui dire ce qu'ils

Flora fut étonnée de voir à quel point les prospecteurs se souciaient peu de la manière dont ils entreposaient leur trésor. Cet homme avait pour un million et demi de dollars d'or entassé dans sa cabane.

pensaient de la taxe de dix pour cent imposée par le gouvernement canadien sur tout l'or extrait. Lorsque Flora s'excusa auprès d'un des hommes pour ses questions indiscrètes, ce dernier lui répondit en éclatant de rire: « Vous pouvez bien me demander tout ce qui vous chante ! Si je ne veux pas répondre, je mentirai tout simplement. C'est comme ça qu'on s'en tire ici. Le gouvernement a fait de nous tous des menteurs. »

Flora Shaw découvrit que ces mineurs en bottes à clous n'étaient pas tous des ouvriers et des « étrangers », même si leurs conditions de vie auraient été de nature à choquer n'importe quel ouvrier anglais. Elle avait probablement même déjà rencontré certains d'entre eux à Londres, bien qu'ils soient méconnaissables avec leur chemise crasseuse, leur barbe hirsute et leur chapeau de feutre déformé. (« Personne ne nettoie ni ne cire ses bottes dans ce pays », écrivit-elle à Lulu. « J'ai pour ma part un pot de crème pour la peau que je partage quotidiennement avec les miennes. ») Au ruisseau Hunker, elle se retrouva dans la cabine enfumée d'un dénommé McFarlane qui, à sa grande surprise, était « le genre d'homme qui, à Londres, appartiendrait probablement à un ou deux clubs d'élite et profiterait de tous les avantages de la civilisation ». Il n'y avait dans sa cabane ni livre, ni décanteur, ni journal, ni ustensiles. McFarlane et trois ou quatre de ses amis étaient assis sur des caisses et buvaient du thé trop faible en avalant de la viande en conserve servie dans des assiettes en fer. Malgré le décor miteux, McFarlane accueillit Flora avec la plus grande courtoisie. « Je viens juste de finir une opération de nettoyage », lui dit-il. « Aimeriez-vous voir mon or ? » Lorsqu'elle lui répondit que oui, il déposa deux batées au beau milieu du sol crasseux et y vida le contenu de ses sacs en cuir. Il y avait environ mille onces, soit pour environ trois mille cinq cents livres sterling selon Flora.

Dans d'autres cabanes, il y avait de vieilles boîtes de tabac et d'anciennes boîtes d'abricots en conserve remplies d'or sur le rebord des fenêtres. Les pépites d'or étaient rangées avec aussi peu de précautions que si c'eût été des bonbons à la menthe. Dans une lettre à Lulu, Flora constata: « Le contraste entre la grande richesse qui traîne un peu partout comme si de rien n'était et l'extrême pauvreté dans laquelle ces gens vivent est frappant. » Les mineurs dont la concession rapportait beaucoup transportaient rarement le fruit de leur travail à

Dawson eux-mêmes, puisque l'or était si lourd. Ils l'envoyaient plutôt par l'intermédiaire d'un des attelages de mules qui faisaient la navette entre les champs aurifères et la ville. « Un petit attelage de trois mules a transporté, il y a quelques jours, quelque vingt-quatre mille livres sterling d'or dans des sacs ordinaires [...] attachés seulement avec de la ficelle, nota Flora. Heureusement, le conducteur avait eu la présence d'esprit de recouvrir les sacs d'une bâche pour ne pas qu'ils se déchirent si jamais ils tombaient par terre ou si une branche les effleurait. »

Pendant sa tournée des champs aurifères, Flora s'affairait à estimer le rendement des mines, et ce, malgré la réticence des mineurs à lui dire la vérité au sujet de leur production individuelle. Le personnel d'une des entreprises de transport, qui acheminait près du tiers de ce qui sortait des mines, lui affirma avoir transporté environ quarante-cinq mille livres d'or en provenance des ruisseaux Bonanza et Eldorado au cours des deux derniers mois. Selon un calcul rapide, Flora estima qu'on avait extrait des champs aurifères du Klondike l'équivalent de deux à trois millions de livres sterling pour l'année 1898, soit de dix à quinze millions en dollars de l'époque.

À la suite de ces calculs, Flora conclut que cette « province subarctique », comme elle l'avait décrite à M. Buckle, le rédacteur aux affaires commerciales du *Times*, était finalement plus intéressante qu'elle ne l'avait anticipé. Elle savait qu'elle n'était pas la seule à en être venue à cette conclusion. Close Brothers, une banque londonienne, venait d'annoncer tout récemment son investissement dans un projet d'ingénierie extraordinaire : la construction d'un chemin de fer qui allait permettre le transport de passagers par train, de Skagway au sommet du col White. Flora envoya à Buckle une carte imprimée localement : « Je pense qu'il pourrait être utile au monde des affaires d'avoir accès à une carte du district du Klondike sur laquelle sont indiqués les principaux ruisseaux aurifères. » Puis elle essaya de lui transmettre sa propre opinion sur le potentiel de la région en ajoutant : « Les capitaux commencent à arriver. Rothschild et d'autres ont déjà des experts sur les lieux. » Au mois de janvier précédent, le gouvernement canadien à Ottawa avait adopté de nouveaux règlements afin de permettre au commissaire de l'or à Dawson d'approuver des baux de vingt ans à de grandes sociétés pour des activités d'exploitation minière à l'aide de dragues. Flora avait déjà entendu dire qu'au moins deux sociétés minières étaient intéressées: celle du promoteur anglais Arthur Newton Christian Treadgold et celle des Guggenheims, une famille prospère de Philadelphie.

Le même optimisme se fait sentir dans la troisième lettre de Flora publiée dans le *Times*. « Malgré les conditions exceptionnellement difficiles dans lesquelles s'effectue le travail, le rendement des champs aurifères pour l'année 1898 est suffisamment remarquable pour mériter l'attention des investisseurs », écrivit-elle à ses lecteurs. Elle fit remarquer que les coûts étaient élevés parce que tout le travail était effectué à la main. Elle en avait appris suffisamment sur l'industrie minière en Afrique du Sud pour savoir qu'avec des apports en capitaux, les opérations de creusage, de pelletage et de lavage pourraient être mécanisées. Le transport de dragues jusqu'aux ruisseaux serait certes onéreux, mais une fois l'installation terminée, une concession productive ne nécessiterait que de trois à cinq ouvriers, au lieu de vingt à quarante comme c'était le cas actuellement. Non seulement cela réduirait le coût de la main-d'œuvre, mais cela diminuerait radicalement les dépenses associées à l'acheminement de provisions de Dawson aux champs aurifères.

Après vingt jours passés à Dawson et dans les champs aurifères environnants, Flora Shaw décida qu'elle avait assez de matériel. Ses carnets de notes étaient bien remplis, elle avait acheté une pépite d'or pour chacune de ses sœurs et elle avait déjà récolté et mangé tout ce qu'elle avait planté autour de sa tente. Le court été nordique tirait à sa fin; le vent se refroidissait, le ciel était rempli de bernaches en route vers le sud, et Flora était impatiente de les suivre. Le 11 août, elle monta à bord du bateau à aubes *Anglian*, qui remontait le fleuve. Le voyage de retour fut moins agréable que l'aller. L'*Anglian* était beaucoup plus confortable que le navire qui avait emmené Flora à Dawson; elle y avait même sa propre cabine. Mais puisque le bateau naviguait à contre-courant, il fallut onze jours pour couvrir une distance qui ne prenait normalement que six jours, en sens inverse. Il fallait s'arrêter presque tous les jours afin de se procurer du bois pour alimenter la chaudière. À cette fin, il y avait des piles de bûches disposées à intervalles réguliers le long de la berge. Puis la chaudière se mit à faire défaut, ce qui causa un jour de retard. Ensuite, on commença à manquer de nourriture: « Il n'y avait pratiquement rien d'autre que des haricots en conserve, mais nous continuions de nous présenter à la salle à manger trois fois par jour pour manger notre maigre repas, par habitude, comme des animaux qui vont à la mangeoire. » Flora avait acquis bien malgré elle un certain respect pour les hommes qui avaient réussi à se rendre dans le Nord afin de poursuivre leurs rêves de devenir riches. « Je passais mon temps sur le pont et dormais avec les fenêtres de ma cabine ouvertes, et je ne faisais rien d'autre que de discuter avec les mineurs – des hommes étranges et rudes, qui se mettaient immédiatement sur un pied d'égalité avec moi et trouvaient le moyen de faire preuve de courtoisie et même de galanterie, à leur manière. On en apprend beaucoup sur la nature humaine au cours d'un voyage comme celui-ci », écrivit-elle.

L'arrivée à Whitehorse ne signifiait pas la fin du voyage, bien au contraire. Mais dans sa hâte de quitter le Yukon, Flora n'avait pas le temps d'attendre un mode de transport plus confortable. Elle traversa donc quatre lacs, blottie sous une bâche, à bord d'une barque, puis elle escalada le versant nord du col Chilkoot à bord d'un convoi de bagages. Elle franchit le sommet à quatre pattes, puis descendit l'autre côté en glissant sur un glacier. Une fois arrivée à Dyea, elle monta d'un pas chancelant à bord d'un navire à vapeur en direction de Victoria, deux semaines seulement après avoir quitté Dawson. Malgré ce qu'en avait dit M. Monroe, son pessimiste compagnon de voyage, elle parvint à faire l'aller-retour au Yukon en cinquante-trois jours. À peine dix semaines auparavant, elle était encore en train de dire au revoir à sa sœur Lulu, sur un quai de Londres.

De Victoria, la correspondante spéciale envoya ses deux dernières lettres au sujet du Klondike par télégramme, le 29 août. Elle avait été éblouie par le potentiel des champs aurifères et la quantité d'or qu'on arrivait à y extraire, malgré un équipement des plus rudimentaires. Ses prédictions quant aux répercussions de la mécanisation allaient se concrétiser : quelques années plus tard, les prospecteurs ainsi que leurs pics et leurs pelles furent remplacés par de grandes sociétés avec leur équipement motorisé. Mais Flora Shaw retournait également chez elle avec une primeur – bien que ce n'était pas la nouvelle qu'elle était allée chercher. Et son regard critique sur ce qui se passait à Dawson n'allait pas faire l'affaire de ses hôtes.

Chapitre 16

Scandale et Steele, septembre-octobre 1898

Une fois arrivée à Vancouver, Flora Shaw refit le voyage vers l'est en tant qu'invitée de la Compagnie de la Baie d'Hudson. Durant son passage dans les provinces nouvellement colonisées de l'Alberta et de la Saskatchewan ainsi qu'à Winnipeg, une ville en plein essor, elle prit de nombreuses notes au sujet de l'agriculture, du climat, de la traite de fourrure et de l'industrie du bois de construction en vue de la rédaction d'autres lettres à titre de « correspondante aux affaires coloniales» pour le *Times*. Elle continuait de penser qu'on devrait exporter une partie de la population britannique, trop nombreuse, vers les coins les plus reculés des colonies. Elle écrivit d'ailleurs à sa sœur qu'un afflux de «filles et aussi de fils de soldats, de marins et de pasteurs sans le sou» serait bénéfique pour le Canada.

Malgré tout, son expédition lui avait quelque peu ouvert l'esprit. Une fois son but accompli, elle s'intéressa davantage aux diverses attractions et aux personnes qu'elle rencontrait sur son chemin – et plus particulièrement les Amérindiens. Elle était impressionnée par les Cris et les Métis qui travaillaient pour la Compagnie de la Baie d'Hudson. Elle passa même un bon moment à questionner la femme amérindienne d'un représentant de la Compagnie au sujet de la religion et des coutumes de son peuple. Quelques jours plus tard, dans le nord de l'Ontario, elle eut l'occasion d'admirer les broderies perlées d'une «jolie et élégante [...] jeune squaw». Au mois de septembre, intrépide comme à son habitude, Flora partit pour une expédition de dix jours en canot dans la région de Rainy River, au nord du lac Supérieur, en compagnie d'un commissionnaire de la Compagnie de la Baie d'Hudson et de deux guides ojibwés afin d'étudier l'industrie de la pêche à l'esturgeon. Elle trouva le paysage captivant, et lorsqu'elle se rendit dans un campement amérindien, elle fut intriguée par le mode de vie des Amérindiens, si différent du sien. Cependant, son attitude était influencée par les préjugés que véhiculaient les bureaucrates du gouvernement et de la Compagnie ainsi que les livres qu'elle avait lus étant enfant, et surtout ceux de James Fenimore Cooper, l'auteur du roman *Le dernier des Mohicans*. Comme eux, elle aimait à croire que les peuples indigènes du Canada étaient une race qui allait rapidement s'éteindre.

Pendant qu'elle avançait vers l'est du Canada, Flora se demandait comment les quatre lettres qu'elle avait télégraphiées jusqu'à maintenant seraient accueillies par les rédacteurs du *Times* et par le public. Elle savait que les deux premières lettres ne feraient aucune vague. La première, datée du 12 juillet, avait paru le 27 août 1898 accompagnée d'une citation de l'*Énéide* de Virgile : « Quid non mortalia pectora cogis, Auri sacra fames ? » (Ô exécrable faim de l'or, jusques où ne forces-tu point de se porter le cœur des hommes !) Le rédacteur en chef y avait également ajouté une préface : « Il n'y a pas si longtemps, le Canada était considéré par certains politiciens comme un territoire dépendant sans grande valeur pour la Couronne britannique. S'il en est encore qui pensent ainsi, ces derniers seront vite détrompés, grâce au compte rendu que nous publions aujourd'hui. »

Cette première lettre ainsi que la suivante, qui parut le 10 septembre, étaient essentiellement des récits de voyage bien réfléchis. Toutefois, les deux dernières lettres avaient été écrites et télégraphiées au journal après que Flora eut quitté le Yukon et relataient ce qu'elle avait observé à Dawson. Elle avait déjà écrit à Lulu que « la corruption au sein du gouvernement canadien [l'avait] ébranlée dans sa foi à l'égard des institutions britanniques d'une manière à laquelle [elle] ne s'attendait pas, mais [qu'elle avait] bon espoir que [ses] révélations mettraient fin à ce scandale ». Flora avait observé les effets de la corruption dans le Transvaal, mais selon elle, cela n'était rien comparé à ce qui se passait dans le Klondike. Les représentants du gouvernement, disait-elle, « vendent tout, jusqu'au droit d'entrer dans les bâtiments publics, et les pauvres mineurs ne peuvent pas enregistrer de concessions à moins d'en céder des parts aux fonctionnaires ». L'orgueil impérialiste de Flora était blessé et elle avait la ferme intention de redresser la situation. Ses troisième et quatrième lettres, publiées à Londres les 19 et 23 septembre respectivement, occupaient une page complète du *Times* et suscitèrent de nombreuses réactions.

Flora était aussi directe dans ses articles qu'elle l'avait été dans ses lettres à sa sœur Lulu. Elle était enthousiasmée par le potentiel que recelait le Klondike, mais « comme on l'entend dire sans arrêt dans les champs aurifères et dans les rues de Dawson, non seulement les lois n'ont pas de sens, mais de plus, les gens chargés de leur application sont corrompus [...] Il est impossible d'avoir une conversation de cinq minutes avec qui que ce soit, dans les mines ou dans la rue, sans que quelqu'un y fasse allusion. C'est une expérience pénible pour des Anglais fiers de la pureté du système britannique que d'avoir à entendre les critiques des Américains et des étrangers à cet égard. »

Mais que voulait-elle dire ? Jusqu'à ce que ses lettres soient publiées dans le *Times*, la plupart des articles sur le Klondike renfermaient des histoires d'horreur au sujet des conditions de vie et du climat entremêlées d'anecdotes au sujet de la camaraderie qui régnait entre prospecteurs ou du travail des incorruptibles *Mounties*. Et voici qu'à présent, cette Londonienne qui n'était parvenue à se rendre au Klondike que grâce au concours concerté du gouvernement canadien, de la Police à cheval du Nord-Ouest, de la Canadian Pacific Railway et de la Compagnie de la Baie d'Hudson, avait l'audace d'écrire qu'il n'y avait pas que la ville qui sentait mauvais. Elle osait insinuer que Dawson et ses administrateurs étaient comme une tache sombre sur la belle carte de l'Empire britannique.

Flora dénonçait deux situations en particulier. D'abord le comportement des représentants du gouvernement canadien qui, selon elle, ne recherchaient que leur propre gain. Le bureau du commissaire de l'or faisait exprès de faire traîner les dossiers relatifs à l'enregistrement de concessions, au levé cadastral des districts miniers et à la publication des emplacements ouverts au jalonnement de concession, afin d'attirer les pots-de-vin. « On entend un peu partout que le prix à payer pour l'enregistrement d'une concession prometteuse est la moitié ou le quart des parts dans celle-ci », avait-elle écrit. La situation n'était pas mieux au bureau de poste. « Il se passe rarement une journée sans que circule une nouvelle histoire au sujet du prix qu'il faut désormais payer pour obtenir son courrier. » Les jours où il y avait livraison du courrier, la file pour recevoir les lettres tant attendues s'étirait le long du trottoir de bois devant la cabane en rondins qui abritait le bureau de poste parfois jusqu'à plusieurs pâtés de maisons plus loin.

L'autre situation problématique avait trait aux redevances de dix pour cent sur la production brute qu'avait imposées le gouvernement du Canada à l'industrie minière un an auparavant. Le *Times* n'était pas le premier journal à se prononcer contre ces redevances, mais Flora, elle, appuyait son argumentation sur des faits. Ses articles rapportaient des conversations qu'elle avait eues avec des mineurs au sujet du rendement de leurs concessions : l'un d'eux, par exemple, avait dépensé vingt-six mille dollars pour exploiter une concession qui avait généré pour environ vingt et un mille dollars pour la même période. « Selon la loi, non seulement le mineur avait-il essuyé des pertes de l'ordre de cinq mille dollars, mais il devait en plus verser deux mille

En l'absence d'un système de triage du courrier au bureau de poste de Dawson, la file d'attente s'étirait jusqu'à plusieurs pâtés de maisons plus loin et durait pendant des jours.

dollars au gouvernement canadien. » Certains mineurs avaient affirmé qu'ils avaient décidé de ne pas laver leur gravier aurifère, « car cela leur semblait plus profitable que de devoir payer dix pour cent au gouvernement du Dominion ». Ces redevances excessives allaient décourager les investissements en capitaux et ralentir le développement de la région, selon Flora.

Les prospecteurs étaient également irrités par l'annonce récente d'un nouveau règlement qui allouerait au gouvernement une concession sur deux, le long des ruisseaux qui faisaient actuellement l'objet d'un levé officiel. « Que la loi serve au gouvernement à couper de moitié les droits du public afin de se les octroyer en totalité est perçu comme une injustice totale à l'égard des prospecteurs locaux qui ont effectué les premières étapes du développement, en travaillant à la sueur de leur front. »

Le style de Flora était plus élégant que celui d'Allen du *Klondike Nugget,* mais elle partageait son indignation. Elle avait entendu les doléances des mineurs dans les champs aurifères. Les Américains étaient en colère contre le gouvernement canadien qui tentait de réglementer leur monde où chacun faisait ce qu'il voulait. La plupart d'entre eux ignoraient que chez eux, du côté américain de la frontière, les étrangers n'avaient pas le droit de jalonner une concession ni d'en posséder une. Flora souleva un point fondamental au sujet de la ville de Dawson, qui existait depuis maintenant deux ans et avait déjà généré d'importants revenus pour Ottawa. C'était à la fois « une marque d'incompétence et d'inattention de la part des fonctionnaires responsables [...] qu'il n'y ait encore ni routes, ni système de courrier fiable, ni installations sanitaires, ni même d'organisation claire des terrains et des rues dans une ville de près de vingt mille habitants », avait-elle déclaré. Ottawa traitait la ville de Dawson comme une vache à lait. « Le district du Yukon est corrompu et mal gouverné. »

Dans les derniers paragraphes de son article, la correspondante spéciale semblait un peu plus optimiste : « Un changement de cap s'en vient, lequel annule le besoin de soulever la question de réforme politique. » Le gouvernement canadien venait d'annoncer la nomination de William Ogilvie en tant que commissaire du Yukon. Membre de la Commission géologique du Canada, il s'était rendu dans la région vingt mois auparavant pour effectuer des levés officiels à Dawson et dans les champs aurifères environnants. Flora l'avait rencontré à Londres au printemps précédent et considérait « son nom comme un synonyme de désintéressement et d'intégrité ». Elle laissa également entendre que bon nombre des fainéants de la ville qui traînaient le long de la rue Front allaient sans doute disparaître, une fois leurs provisions épuisées. Et dès que le télégraphe serait installé, les capitaux afflueraient de l'extérieur. « Il n'y a aucune raison pour que le district du Yukon ne devienne pas l'un des endroits les plus agréables et prospères au sein des colonies britanniques. »

En Grande-Bretagne, les descriptions de Flora concernant la richesse des champs aurifères du Klondike eurent l'effet escompté : les investisseurs britanniques se tournèrent vers le nord du Canada, à la recherche de possibilités d'investissement. Mais les Canadiens, eux, n'apprécièrent pas ses critiques et les articles de Flora firent scandale. Pour lui donner un peu plus d'impact, la dernière lettre de Flora avait été publiée dans le *Times* accompagnée d'un éditorial intitulé « Les graves allégations de notre correspondante ». Reprenant la déclaration de Flora voulant que rien ne se faisait à Dawson « à moins de graisser la patte à un représentant du gouvernement », le *Times* affirmait haut et fort qu'il fallait « mettre fin absolument et immédiatement à l'obstruction systématique et aux exactions » si l'on voulait que les investisseurs s'intéressent aux champs aurifères du Klondike. L'article de Flora et l'éditorial furent tous deux repris dans bon nombre de journaux canadiens, dont le *Globe* de Toronto et le *Winnipeg Daily Tribune*, tous deux d'habituels supporters du gouvernement libéral à Ottawa. La page couverture du *Tribune* du 5 octobre était tapissée de grands titres en lien avec l'article de Flora : « Le *Times* a parlé. L'un des plus importants journaux de Grande-Bretagne met au jour des pratiques scandaleuses ayant cours au Yukon à la suite d'une enquête de sa correspondante spéciale. Comportements indignes de la part des bureaucrates. Le *Globe* de Toronto rend hommage à la journaliste. Il faut faire enquête. »

À Ottawa, les accusations de Flora mirent le gouvernement libéral de sir Wilfrid Laurier, en poste depuis 1896, dans une position délicate. Le Yukon était la responsabilité du ministre de l'Intérieur et surintendant général aux Affaires indiennes, Clifford Sifton. Ce dernier, un avocat manitobain, était également l'organisateur politique en chef du Parti libéral et un expert en matière d'exploitation politique organisée et de copinage. Sifton envoya immédiatement un télégraphe au *Times* afin d'exiger la rétractation des propos de mademoiselle Shaw. Mais il était assez habile politicien pour savoir que cela ne suffirait pas: il fallait étouffer le scandale. Il ordonna immédiatement la tenue d'une enquête au sujet des allégations de « mauvais agissements de la part des fonctionnaires » formulées par la correspondante spéciale du *Times* et annonça que Fawcett, le commissaire de l'or, serait remplacé sur-le-champ. Les rédacteurs du *Times* auraient pu difficilement se montrer plus mielleux dans leur compte rendu des mesures prises par Sifton, dont ils s'attribuaient tout le mérite : « Cette enquête [...] servira certainement d'avertissement à l'endroit de tous les fonctionnaires à l'intégrité douteuse, et c'est avec une satisfaction indéniable que nous constatons que celle-ci est attribuable en grande partie à l'intervention de notre correspondante. » Flora était confortablement installée en première classe à bord d'un train de la Canadian Pacific Railway en partance pour l'est du pays lorsque le représentant local de la Compagnie de la Baie d'Hudson lui remit une pile de journaux qui reprenaient sa quatrième lettre au *Times* et rapportaient la réaction du gouvernement à Ottawa. Sur la page couverture du *Manitoba Free Press* du 8 octobre, on pouvait lire: « Enquête sur l'administration du Yukon. Fawcett démis de ses fonctions. Le ministre de l'Intérieur réagit rapidement. » Elle ressentit vraisemblablement une certaine fierté à l'égard de ce coup d'éclat journalistique et de la puissance de son employeur, alors que son train quittait tranquillement la gare. Cependant, tandis qu'elle voyait défiler par la fenêtre les fermes, les champs qui prenaient des teintes automnales et les lacs qui commençaient à geler, nul doute qu'elle se demandait bien ce qui l'attendait. À Ottawa, elle devait demeurer à Rideau Hall, la résidence du gouverneur général du Canada, et elle avait prévu d'interviewer plusieurs ministres, y compris M. Sifton.

La visite de Flora à Ottawa commença plutôt mal. Son train devait arriver au milieu de la matinée, mais il fut retardé par un accident en cours de route. Flora était trop disciplinée pour laisser transparaître son désarroi tandis qu'elle s'informait à plusieurs reprises de la situation auprès du conducteur, mais elle était inquiète. Le gouverneur général, Lord Aberdeen, et son épouse avaient organisé une soirée en son honneur à Rideau Hall, où bon nombre de ceux qu'elle avait si sévèrement critiqués seraient présents. La robe qu'elle avait prévu de porter se trouvait en consigne à la gare d'Ottawa. Elle avait réexpédié presque tous ses bagages vers la capitale quelques semaines auparavant, après sa rencontre avec M. Monroe, qui lui en avait appris un peu plus sur la vie sociale à Dawson. Avant son départ de Londres, Flora avait fait coudre des enveloppes de toile autour de ses plus belles robes, afin de les protéger de la poussière. Sa robe de soie noire serait de toute évidence complètement froissée, une fois que Flora aurait réussi à la sortir de sa malle et à découper l'enveloppe de toile qui la recouvrait.

Le train arriva finalement à Ottawa à vingt heures, et la voiture du gouverneur général attendait mademoiselle Shaw à sa sortie pour l'emmener à la résidence du vice-roi, située à un demi-mille de là. « Tu peux imaginer mon soulagement d'être arrivée à défaire ma malle et à m'habiller en moins d'une demi-heure, dans les circonstances », écrivit-elle à sa sœur. Grâce au secours de la femme de chambre personnelle de Lady Aberdeen, Flora se joignit aux invités pour le repas avec à peine quelques minutes de retard, l'air calme et imperturbable. Les invités restèrent à discuter bien après minuit. Flora tombait de sommeil, mais elle se débrouilla pour faire la conversation avec brio, malgré le fait qu'elle se sentait un peu nauséeuse après tout le vin et la riche nourriture. De retour à sa chambre, elle prit le temps d'écrire à Lulu : « Je suis à Ottawa et je me repose dans le luxe de la résidence officielle du gouvernement. Je peux enfin dormir dans des draps propres, prendre un bain, porter des robes du soir et m'adonner à tous les rituels habituels de la vie dans une maison de campagne anglaise. »

Le jour suivant, Flora avait à son horaire des entrevues avec plusieurs ministres, mais elle se retrouva entraînée dans une voiture en compagnie de la très autoritaire Lady Aberdeen, qui insistait pour lui montrer tous les projets qu'elle avait entrepris. La correspondante dut donc visiter de multiples organismes pour femmes et foyers pour personnes âgées avant de pouvoir échapper aux griffes de son hôtesse. Enfin, Flora put s'asseoir en compagnie, entre autres, de Clifford Sifton. « Tu te doutes bien que mes lettres du Klondike ont soulevé toute une controverse ici », écrivit-elle à Lulu. Elle lui raconta également que le ministre de l'Intérieur était « très vexé » et que lui et ses collègues ministres « seraient tous très heureux d'arriver à prouver que mes allégations sont fausses ou du moins exagérées ». Selon Flora, elle et Sifton eurent plusieurs « longues et franches conversations ». Flora refusait de changer d'opinion : elle lui dressa une liste de toutes les horreurs qu'elle avait elle-même observées à Dawson ainsi que des rumeurs entendues au sujet de la corruption qui avait cours dans les bureaux du gouvernement. Elle lui donna les noms, tant des accusés que des accusateurs. Le ton de la conversation était « calme et courtois », mais Flora trouva ces rencontres des plus désagréables. Le jour suivant, elle raconta à Lulu de quelle manière les membres du cabinet de Laurier avaient été « étonnés et outrés en l'entendant leur exposer les faits », mais elle les soupçonnait de jouer quelque peu la comédie. Les promesses de Sifton et sa prétendue enquête ne l'impressionnaient pas. « Je doute malheureusement plus que je ne le souhaiterais de la bonne foi du gouvernement quant aux mesures qui doivent être prises. »

Flora avait cependant fait tout ce qui était en son pouvoir. Elle avait hâte de quitter le Canada pour aller visiter quelques amis à Boston avant de se rendre à New York et de monter à bord du *S.S. Cymric*, de la société White Star pour la traversée de neuf jours qui la ramènerait à Liverpool. Elle serait de retour en Angleterre presque exactement cinq mois après son départ en mission spéciale.

Avait-elle eu raison ? Ses allégations de corruption à Dawson étaient-elles justifiées ? Nul doute que les pots-de-vin circulaient allègrement à Dawson, comme aimaient à le rappeler les journaux locaux. Le principal coupable était Frederick Coates Wade, le procureur de la Couronne et commissaire des terres qui continuait de vendre des terres au nom du gouvernement tout en agissant comme notaire pour Big Alex McDonald et Roderick Morrison, deux des plus importants propriétaires fonciers de Dawson. Wade était de loin le haut fonctionnaire le plus corrompu, mais les employés des divers bureaux gouvernementaux ne manquaient pas non plus d'occasions de toucher quelques dollars supplémentaires, ou même quelques sacs d'or bien remplis, en reconnaissance de leurs bons services. Au bureau du commissaire de l'or, où l'on enregistrait, vérifiait et transférait les titres de propriété des concessions minières, il suffisait d'un coup de crayon bien payé pour annuler un titre de propriété existant ou inscrire un titre antérieur sur un nouvel enregistrement. Un spéculateur avisé n'avait qu'à embaucher une fille de cabaret ou une prostituée pour passer devant la file au bureau du commissaire de l'or afin d'enregistrer la concession qu'un pauvre mineur qui attendait patiemment un peu plus loin dans la file avait jalonnée avec soin pour lui-même. Et les prospecteurs ayant de bons contacts au sein du bureau du commissaire pouvaient savoir lorsque de nouvelles concessions prometteuses étaient enregistrées. De cette manière, ils pouvaient se hâter de le dire à quelques amis ou collègues bien placés pour qu'ils achètent les concessions voisines avant que ne se produise l'inévitable ruée de mineurs hors des bars de Dawson, dès que la nouvelle serait connue.

De même, la plupart des affirmations de Flora au sujet du bureau de poste étaient vraies. En ce qui concerne le courrier, la situation à Dawson était complètement désastreuse. Au lieu d'arriver de façon régulière et prévisible toutes les semaines, les sacs de lettres n'étaient livrés que quelques fois par année, ce qui causait une véritable avalanche. Aucune lettre n'avait été livrée à Dawson entre le 12 octobre 1897 et la fin du mois de février suivant. Puis, un attelage de chiens apporta d'un seul coup cinq mille sept cents lettres. Puisqu'il n'y avait ni système de livraison ni boîtes aux lettres, tous ceux qui espéraient avoir reçu une missive de l'extérieur du territoire se ruèrent au bureau de poste. En un rien de temps, de fins entrepreneurs qui avaient su anticiper la demande se mirent à vendre des places au début de la file qui s'étirait de plus en plus devant la petite cabane en rondins de la rue Front. Pour les autres, il faudrait faire la queue parfois jusqu'à quatre jours. Expédier une lettre par la poste n'était pas plus simple : il y avait si peu de timbres canadiens disponibles que la police, qui se chargeait de la livraison du courrier depuis octobre 1897, dût imposer une limite de deux timbres par client par transaction.

Pourquoi le gouvernement avait-il laissé la situation dégénérer à ce point ? Parce que les hauts fonctionnaires d'Ottawa refusaient de croire qu'une ruée vers l'or dans l'un des endroits les plus reculés et les plus inaccessibles du pays puisse durer. Leur unique objectif était de toucher le plus de redevances possible, de prendre tout ce que cette région avait à donner, puis de quitter les lieux. Ils commençaient à peine à envisager la possibilité que l'or continue de faire vivre Dawson pendant quelques années, ce qui justifierait qu'on investisse dans l'avenir de la ville.

Flora Shaw s'était rendue à Dawson au moment où la vision d'Ottawa concernant cette ville était à son plus court terme. La Ruée vers l'or battait son plein à l'été 1898 et des milliers de personnes s'affairaient à franchir les cols White et Chilkoot. (Les *Mounties* en avaient déjà dénombré vingt-sept mille avant l'arrivée de Flora, selon ce qu'elle raconta à Lulu.) Des centaines d'autres affluaient de St. Michael ou par l'une des trois autres routes terrestres : la route de la rivière Stikine, la piste Dalton ou la route entièrement canadienne à partir d'Edmonton, toutes encore plus difficiles que les deux trajets traversant les montagnes. La population de Dawson était d'environ dix-huit à trente mille habitants, et des milliers d'autres se trouvaient répartis un peu partout dans les champs aurifères. Il est difficile d'arriver à un chiffre exact étant donné les innombrables allées et venues. Une chose est sûre, c'est que la petite ville était surpeuplée et que ses infrastructures étaient grandement inadéquates. Pendant ce temps, le nombre de concessions enregistrées atteignait des sommets sans précédent. En juin 1897, il y avait huit cents concessions au registre de Dawson. En janvier, ce nombre était déjà passé à cinq mille, et en septembre 1898, on avait atteint les dix-sept mille.

Il y avait cependant un vent de changement. Quatre semaines après le passage de Flora Shaw à Dawson, deux hommes arrivèrent avec pour mission de faire le ménage dans cette ville aux habitants dissipés et trop nombreux. Il s'agissait de deux figures bien connues. Il y eut tout d'abord l'incorruptible William Ogilvie, qui avait succédé à James Walsh, un proche de Sifton, à titre de commissaire du Yukon. Plus tôt cette année-là, le gouvernement Laurier à Ottawa avait adopté l'*Acte du Territoire du Yukon*, qui faisait passer le Yukon de son statut de district reculé des Territoires du Nord-Ouest, administré à partir de Regina, à celui de territoire indépendant administré directement par Ottawa (à quatre mille milles de là) avec Dawson pour capitale. Ogilvie avait donc l'autorisation d'établir un conseil exécutif de même que d'autres structures administratives qui faisaient cruellement défaut : une commission de la santé, un service d'incendie, un service de l'hygiène, etc. Ogilvie allait lui-même superviser le nivellement des rues et la construction (enfin !) de fossés de drainage afin de lutter contre les inondations.

Le surintendant Samuel Benfield Steele arriva lui aussi sur les lieux pour remplacer l'inspecteur Charles Constantine. On lui avait confié le commandement de deux cent cinquante membres de la Police à cheval du Nord-Ouest répartis au Yukon et en Colombie-Britannique. Sam Steele deviendra un héros légendaire du Klondike et sera surnommé « le lion du Nord ».

Né en Ontario, Sam Steele était le descendant d'une longue lignée d'ardents défenseurs du drapeau britannique. Il était grand et fort, et en 1897, il était déjà une légende. Ses ancêtres, originaires de Grande-Bretagne, avaient participé à toutes les grandes batailles du siècle précédent, y compris celles de Waterloo et de Trafalgar. À vingt-trois ans, Sam avait été le troisième homme à être assermenté au sein des *Mounties* en 1873, en tant qu'adjudant. La nouvelle force de police canadienne était plus qu'une simple force policière, mais moins qu'une milice, et son uniforme distinctif reflétait sa fonction. Il combinait à la fois la tunique rouge traditionnelle des régiments britanniques et la culotte d'équitation ainsi que les bottes de ranger. La culotte marine était munie de bandes jaunes sur chaque côté. Les hors-la-loi du nord surnommaient les *Mounties* « yellow legs » (litt. jambes jaunes). Jusqu'à présent dans la brève histoire de cette force de police, Sam Steele avait pris part à tous les épisodes glorieux. Il avait participé à la longue marche vers l'Ouest en 1874 ainsi qu'aux négociations avec le chef Sitting Bull, après la bataille de Little Bighorn en 1877, avait supervisé la construction du chemin de fer de la Canadian Pacific Railway dans les Prairies au début des années 1880, et assuré le maintien de la paix dans cette région pendant la période d'immigration massive. Il avait pourchassé le chef Big Bear durant la rébellion de 1885 en Saskatchewan. Parce qu'il avait été sous le commandement de l'armée, on l'appelait souvent « colonel Steele », mais il ne s'agissait que d'un titre de courtoisie utilisé de façon interchangeable avec celui de « surintendant ». Sa réputation s'était répandue à la grandeur du continent. En 1890, il épousa Marie Elizabeth de Lotbinière Harwood, fille d'un important propriétaire foncier du Québec qui siégeait en tant que député conservateur au Parlement canadien. Lorsque les nouveaux mariés se rendirent à New York pour leur voyage de noces, ils furent accueillis par un défilé d'une soixantaine de véhicules en l'honneur de « Sam Steele le *Mountie* », organisé par les pompiers de New York.

Les hommes sous ses ordres respectaient Sam parce que personne ne travaillait aussi dur que lui, et ils le craignaient également parce qu'il les intimidait. « Un peu bourru et sévère, il n'avait peur d'absolument personne », décrit un de ses collègues. Sam se levait à l'aube et travaillait sans relâche jusqu'à près de minuit. Son journal officiel reflète son attitude militaire inflexible ; le 11 janvier 1888, alors qu'il était en poste à Kootenay, en Colombie-Britannique, il y inscrivit laconiquement : « Séance de flagellation annuelle des prostituées, des adultères, des ivrognes et des joueurs. » Mais sous la tunique rouge et les manières un peu rudes se cachait un homme dévoué à sa famille qui écrivait presque tous les jours de longues lettres affectueuses à sa femme, lorsqu'il était loin d'elle. Son écriture était souvent illisible et il se souciait peu de la ponctuation, mais ses lettres révèlent néanmoins un grand attachement envers Marie, le centre émotionnel de son univers. Les photos de Marie Steele montrent une femme à l'air sévère et guindé ; on s'imagine mal qu'elle eut pu susciter une telle

Sam Steele, héros de la Police à cheval du Nord-Ouest, écrivait presque tous les jours à sa femme Marie Elizabeth de Lotbinière Harwood Steele. Sous l'uniforme se cachait un homme très dévoué à sa famille.

passion. Pourtant, Sam en était éperdument amoureux et les lettres qu'il lui écrivait comprenaient toujours plusieurs pages de grandes envolées sentimentales. « Ma très chère Marie », écrivit-il d'une main assurée dans une lettre typique écrite au lac Bennett, la porte d'entrée du fleuve Yukon en mai 1898, « comme il me tarde de t'enlacer, mon tendre amour, comme tu me manques. Tu ne quittes jamais mes pensées ». Les photographies de Marie et de leurs trois jeunes enfants, Gertrude, Flora et Harwood, le seul garçon, ne quittaient pratiquement jamais la poche de sa veste.

Le visage de Sam Steele, avec sa moustache à la gauloise, ses yeux bleus et son air déterminé, était déjà familier pour bien des habitants de Dawson, puisque l'hiver précédent, il était responsable de tous les postes de police entre le sommet des cols Chilkoot et White et Dawson. En théorie, il relevait à l'époque du prédécesseur d'Ogilvie, le commissaire du Yukon, James Walsh. Dans les faits par contre, le « colonel » Sam Steele faisait ce qu'il voulait tout le long de la route qui menait à Dawson. Moitié dictateur militaire, moitié chien de berger, il avait surveillé le troupeau de chercheurs d'or tout au long du chemin, tout en s'assurant qu'aucun membre de la bande de Soapy Smith à Skagway ne s'aventure dans son territoire. Les *Mounties* avaient transporté quelques mitrailleuses Maxim jusqu'au sommet des cols Chilkoot et White et les avaient installées de manière à ce qu'elles pointent vers le côté américain de la frontière, histoire de montrer leur sérieux. Sam imposait de nouveaux règlements lorsque cela s'avérait nécessaire. Premièrement, il avait insisté pour que chaque embarcation artisanale (barque, canot, radeau ou autre) porte un numéro de série peint sur la poupe. Les occupants devaient enregistrer leur embarcation et donner leur propre nom ainsi que celui d'un proche parent avant d'être autorisés à naviguer sur le fleuve Yukon et à affronter les rapides. On surveillait le passage des bateaux à chacun des postes de police, facilement repérables grâce au drapeau britannique tout le long du fleuve. Si l'un d'eux manquait à l'appel, les *Mounties* partaient à sa recherche. Steele décréta ensuite que chaque personne qui désirait entrer au Yukon devait avoir en sa possession des provisions pour une année complète. Ces mesures étaient tout à fait illégales, il l'admettait lui-même, mais ses règles imposées unilatéralement et son autorité pour les faire respecter contribuèrent au final à sauver de nombreuses vies. Steele fit également tout en son pouvoir pour assurer la sécurité et le confort de Flora Shaw lors de ses passages au col White à l'aller et au col Chilkoot, au retour. Il n'est donc pas étonnant que cette dernière ait écrit à sa sœur avec tant d'enthousiasme à propos des « gentils policiers ».

Sam savait déjà que Dawson était, selon ses propres paroles à sa femme, une ville « ordonnée – mais à tout autre point de vue, un enfer sur terre : joueurs, bandits, et les plus dévergondées des femmes ». En repartant du Yukon, Flora avait confirmé ses craintes en lui disant qu'elle « ne lui enviait pas sa tâche et qu'elle n'aurait pas cru que de telles choses puissent avoir cours dans l'Empire britannique ». Sam lui-même n'était pas un saint : il lui arrivait de s'enivrer lorsqu'il s'ennuyait, au grand désespoir de sa femme. Mais il n'était pas un libertin et ce qui se passait sur la 2e Avenue à Dawson le dégoûtait profondément. Dans une lettre écrite au lac Bennett, il raconta à sa femme comment « une femme de couleur était repartie vers le sud avec vingt-cinq mille dollars en poche et une danseuse de cabaret était repartie avec huit mille dollars. Nul doute, c'est un endroit difficile ». À la différence de Flora, il n'était pas sympathique à la cause des mineurs concernant les redevances de dix pour cent. « Quel droit ont ces quelques milliers d'étrangers, de venir dans notre pays et de prendre nos richesses ?… Peut-être que le pourcentage est trop élevé, mais étant donné le fait qu'ils ressortent tous avec des sacs d'or valant plus qu'ils ne pourraient gagner en quarante ou même en cent ans, il semble qu'ils ne soient pas trop accablés par les redevances. »

Steele tentait d'obtenir le commandement de toute la Police à cheval du Nord-Ouest du Yukon depuis des mois. On lui avait dit en juillet que lorsqu'Ogilvie remplacerait Walsh, on lui donnerait officiellement le titre de « surintendant » de même que le poste qu'il avait occupé de façon informelle depuis janvier. Deux mois plus tard, les chercheurs d'or qui se trouvaient au lac Bennett purent voir le surintendant Steele monter à bord du navire qui le mènerait sur le fleuve Yukon jusqu'à Dawson, en compagnie de William Ogilvie. En plus des fournitures dont les hommes auraient besoin pour leurs bureaux respectifs à Dawson, Sam emportait un lit en fer avec ressorts pour « assurer [son] confort à la caserne » et Ogilvie, un tout nouveau « *Graphophone*[30] » (une version améliorée du gramophone). Pendant son périple vers le nord, Steele nota vingt emplacements où il comptait installer de nouveaux postes de police en bordure du fleuve. Chacun d'entre eux abriterait cinq agents ainsi que deux attelages de chiens.

Pendant ce temps, à Ottawa, Clifford Sifton tentait tant bien que mal d'améliorer le système de livraison de courrier au Yukon. En septembre, une douzaine de nouveaux employés arrivèrent à Dawson pour travailler au bureau de poste. Mais le service demeurait imprévisible. Comme le raconte dans son journal l'un de ses nouveaux employés, un jeune homme du nom de Benjamin Craig, le courrier fut acheminé vers l'extérieur dès le gel du fleuve, le 15 novembre, « mais la glace céda et tout le courrier se retrouva perdu dans le fleuve ». Ce mois-là, Thomas Fawcett, le commissaire de l'or, quitta son poste. « Adieu Fawcett ! » annonçait triomphalement la une du *Klondike Nugget*.

La plupart des habitants de Dawson se réjouissaient des améliorations apportées à leur ville, mais ils n'étaient pas prêts à en accorder le mérite à Flora Shaw pour autant. Ses articles dans le *Times* avaient blessé l'orgueil de ces gens qui considéraient leur ville comme un îlot de civilisation au cœur de l'étendue sauvage et glacée. Au fur et à mesure que la ville croissait, l'ego de ses citoyens les plus distingués faisait de même. Les hommes de la nouvelle classe professionnelle, et surtout les femmes de ceux-ci, n'avaient pas aimé la façon dont Flora les avait traités pendant son passage à Dawson, et ils prenaient ombrage du portrait peu flatteur que cette dernière avait dressé de leur communauté. Ils souhaitaient que Dawson soit connue pour sa richesse et son raffinement, plutôt que pour ses tables de jeu et ses fonctionnaires corrompus. Comment cette Anglaise autoritaire, avec son accent prétentieux et son habit d'apiculteur, osait-elle les juger après seulement un passage éclair dans leur ville, lequel avait été rendu possible grâce aux efforts concertés de la police canadienne, de la société de chemin de fer, du gouvernement et de la plus grande société commerciale du pays ? Leur ressentiment trouva son écho dans un article d'une journaliste de Toronto, Alice Freeman, mieux connue de ses lecteurs sous le nom de Faith Fenton. Faith, une ancienne institutrice dans la

30. Nom et marque déposée d'une version améliorée du phonographe.

Avec leur tunique rouge, leurs bottes de cuir bien cirées et leur comportement militaire, les Mounties *inspiraient à la fois la crainte et l'admiration à Dawson.*

jeune quarantaine, avait été encouragée à visiter Dawson par William Ogilvie. Elle en était à une étape de sa vie où elle cherchait à sortir de la routine et, venant tout juste de perdre son emploi de rédactrice pour un magazine, elle s'inquiétait de son avenir. Ogilvie, en conteur enthousiaste, avait toujours un peu tendance à exagérer le potentiel du Yukon. Il lui assura que Dawson était désormais une ville des plus respectables et qui plus est, remplie d'hommes à marier. Faith ne put résister à la tentation. Elle conclut une entente avec le *Globe* voulant qu'elle leur enverrait régulièrement des articles au sujet de la ville minière, puis partit pour le Nord. Elle arriva à Dawson en août 1898, une semaine après le départ de Flora Shaw, et fut tout de suite captivée par l'atmosphère exubérante qui y régnait. Elle eut tôt fait de devenir la coqueluche des policiers de Dawson.

Faith Fenton exprima la contrariété de ses nouveaux amis du Nord dans le cadre d'une chronique publiée dans le *Globe* en janvier 1899, où elle s'attaqua à Flora Shaw. « Il y a certes des difficultés sur le plan administratif dont même mademoiselle Shaw, dans toute son expertise, n'aurait pu possiblement saisir toute l'ampleur durant son court passage de deux ou trois semaines dans le territoire. »

Mais Faith Fenton et ses concitoyens n'avaient aucune raison de s'inquiéter. Ce même mois de janvier, Flora prononça un discours sur les champs aurifères du Klondike devant les membres dua Royal Colonial Institute à l'hôtel Metropole de Londres, un imposant édifice en briques situé à proximité de Trafalgar Square. L'air remarquable dans sa robe noire au corset bien ajusté, Flora fut présentée par le haut-commissaire du Canada, Lord Strathcona, qui avait grandement facilité ses déplacements sur le sol canadien. Debout à côté d'une grande carte montrant l'ouest du Canada, Flora s'adressa à son auditoire pendant près de deux heures. Après avoir repris en grande partie ce qu'elle avait écrit dans ses articles publiés dans le *Times,* elle fit un compte rendu des plus récentes améliorations ayant trait à l'administration de la ville de Dawson, améliorations dont elle et le *Times* s'attribuaient le mérite, bien sûr. Puis, elle laissa entendre que les problèmes liés à la présence des prostituées et à l'alcool allaient s'amenuiser dès qu'il y aurait plus de femmes sur les lieux. Les hommes, selon elle, passaient leur temps dans les saloons de Dawson parce que la vie de famille leur manquait. « Lorsqu'on constate le contraste entre les qualités remarquables dont les hommes font preuve pour trouver de l'or et l'incroyable folie qu'ils démontrent dans leur manière de le dépenser, on en vient inévitablement à la conclusion que lorsqu'il est question d'étendre l'Empire, c'est l'homme qui gagne les batailles, mais c'est la femme qui monte la garde. »

Flora Shaw fit la prédiction que si les investisseurs et les entreprises britanniques étaient prêts à investir dans l'Empire, les difficultés relatives aux communications seraient vite résolues et il serait bientôt « aussi facile d'aller au Klondike que d'aller au Rhin ». Elle termina son allocution sur une note qui dût ravir les institutions et les organisations grâce auxquelles son voyage de l'année précédente dans le nord-ouest du Canada avait été possible. « J'étais sceptique à mon arrivée, mais je suis repartie convaincue que même si beaucoup de choses temporaires laissent à désirer, les conditions permanentes, elles, sont très bonnes. » Elle aurait pu ajouter qu'on avait extrait pour environ dix millions de dollars d'or des champs aurifères du Klondike en 1898 et qu'on s'attendait à en extraire au moins quinze en 1899, et que ces estimations étaient probablement de vingt-cinq pour cent inférieures à la production réelle. Un mois à peine après le discours de

Flora à Londres, le 18 février 1899, le premier tronçon de vingt et un milles du chemin de fer à voie étroite de la White Pass and Yukon Railway atteignait le sommet du col White. Dès la fin de juillet, cent dix milles de voie ferrée reliaient Skagway à Whitehorse, c'est-à-dire qu'on pouvait dorénavant effectuer toute la portion terrestre de la route de la Ruée vers l'or par train. Plus de trente-cinq mille hommes avaient travaillé sur ce projet. Par endroits, les parois montagneuses étaient si abruptes qu'il avait fallu suspendre les travailleurs à l'aide de câbles pour ne pas qu'ils tombent dans le vide en nivelant la piste. Trente-cinq ouvriers étaient décédés pendant la construction. Le coût final du projet était de plus de douze millions et demi de dollars – mais la majeure partie des capitaux qui avaient servi à financer la construction du chemin de fer le plus au nord du continent américain provenaient de Grande-Bretagne. Close Brothers, la banque commerciale qui avait investi dans le projet, n'eut pas à attendre longtemps pour toucher des profits.

Le court séjour de Flora Shaw au Yukon et sa tournée de reconnaissance dans les champs aurifères du Klondike contribuèrent à assurer l'avenir de la ville de Dawson. Elle réussit à promouvoir les mines du Klondike comme de bons investissements, argumentant que les immenses dragues que les grandes sociétés seraient en mesure d'utiliser dans le Nord parviendraient à extraire l'or des amas de gravier laissés de côté par les petits orpailleurs en bottes de caoutchouc qui lavaient le gravier aurifère à la main. Un promoteur anglais du secteur minier, A. N. C. Treadgold, qui avait déjà passé un été au Yukon, arriva à trouver de riches investisseurs britanniques pour son entreprise. La bataille entre les grandes sociétés et les petits prospecteurs pour le contrôle des ruisseaux avait déjà commencé en janvier 1898, lorsque le gouvernement canadien avait permis l'octroi de concessions minières de plus grande envergure, mais la situation allait désormais prendre de l'ampleur. Un journaliste du *Montreal Herald* écrivit dans une chronique parue en 1898 qui fut reproduite dans le *New York Times* : « On pourra dire sans exagération que mademoiselle Shaw a joué un rôle de premier plan dans l'unification de l'empire [… Elle] est sans contredit l'une des femmes les plus remarquables de notre ère. »

PARTIE 4

ORDRE ET EXODE

Chapitre 17

« Même les durs de durs versèrent une larme », octobre 1898 à janvier 1899

À l'automne 1898, deux ans après la découverte de l'or par Carmack, Dawson était encore une ville unique en son genre. Elle avait dépassé le statut de campement minier peuplé de pionniers, mais elle n'avait pas encore tout à fait l'élégance d'une grande ville. On y trouvait quatre églises, deux hôpitaux (les presbytériens venaient de terminer la construction de l'hôpital Good Samaritan), deux banques, trois journaux, plusieurs théâtres et vingt-deux saloons. Et pourtant, il y manquait encore certaines des commodités de base dont jouissaient généralement les habitants de n'importe quelle autre ville digne de ce nom en Amérique du Nord, à la fin du 19e siècle : système d'égouts, éclairage dans les rues, tramway hippomobile, liaison ferroviaire avec les villes environnantes et un hôtel de ville qui ne menaçait pas de s'effondrer. Même les infrastructures élémentaires de la vie citoyenne y faisaient défaut : conseil municipal élu, écoles, routes pavées ou service de pompiers, tout cela était inexistant. Et il n'y avait toujours aucun moyen de communiquer avec l'extérieur, que ce soit par télégraphe ou par téléphone.

C'était une ville pleine de contrastes. D'un côté, on se nourrissait de caviar et d'huîtres tandis que de l'autre, on devait se contenter de pain rassis, de lard et de thé. On pouvait acheter une carte postale pour un sou, mais il en coûtait un dollar pour l'expédier par la poste, et si le traîneau à chiens qui emportait le courrier passait à travers la glace en traversant le fleuve, la carte n'arriverait jamais à destination. Un repas composé d'une tranche de rosbif coriace et de tarte aux pommes détrempée, qui aurait coûté quinze sous à Seattle, coûtait deux dollars cinquante à Dawson. On pouvait se procurer une étole de vison, des bagues de diamants, du champagne et des jupons en peau de chamois dans les boutiques de la rue Front, mais il n'y avait pas de sacs pour les emporter. En réalité, il n'y avait pas de papier pour emballer quoi que ce soit. Un médecin de Baltimore connu de tous sous le nom de Dr Jim, qui s'était rendu chez le boucher pour acheter une tranche épaisse de steak d'orignal, n'en revint pas lorsque celui-ci lui tendit le morceau de viande piqué au bout d'un bâton pointu. Le Dr Jim dut se rendre à la maison en tenant cette espèce de sucette de viande surgelée d'une main, tandis qu'il défendait furieusement son repas contre une horde de chiens affamés de l'autre, tout en distribuant des coups de pied !

Il n'est pas étonnant que dès que les jours se mirent à raccourcir, les touristes repartirent aussi vite qu'ils étaient venus. À la fin de septembre, après huit semaines de vie à la dure dans le Nord, madame Hitchcock et mademoiselle Van Buren vendirent leur tente et leur projecteur de cinéma, passèrent la nuit à l'hôtel Fairview, puis s'embarquèrent en toute hâte sur l'un des derniers bateaux à redescendre le fleuve avant l'hiver. Plusieurs centaines d'orpailleurs aux espoirs déçus, qui ne pouvaient s'imaginer passer tout le dur hiver à travailler sur la concession de quelqu'un d'autre, décidèrent également de repartir. Ceux qui choisirent de rester commencèrent leurs préparatifs en vue de survivre à huit mois d'isolement et de froid glacial ; il fallait acheter des provisions, boucher les fentes dans les murs des cabanes et, pour les hommes, trouver un rasoir. Bien des mineurs laissaient pousser leur barbe pendant tout l'été, et même les hommes élégants qui arrivaient des grandes villes arboraient fièrement la moustache et les favoris, entre autres pour se protéger contre les moustiques. Comme on pouvait le lire dans le *Klondike Nugget*, « l'approche de l'hiver annonce la récolte annuelle de moustaches, de barbes et de favoris… les habitués de notre rude climat arctique savent qu'ils doivent se départir de leur pilosité faciale dès le premier gel, à défaut de quoi ils se retrouveront le visage couvert de givre et de glaçons ».

L'hiver qui approchait ne serait pas aussi dur que le précédent, qui avait été marqué par la famine, mais il ne serait pas des plus agréables non plus. La population de la ville avait tellement augmenté que le nombre d'étrangers dans les rues dépassait celui des vieux habitués. La discrimination liée à la race et à la classe sociale effritait la franche camaraderie qui avait autrefois permis à ces gens de survivre en s'appuyant les uns sur les autres. La petite communauté juive était tenue à l'écart par les immigrants britanniques : « je mange en compagnie des Japonais », écrivit Solomon Schuldenfrei, un New-Yorkais, à sa femme Rebecca. La présence des « femmes de mauvaise vie », qu'avait remarquée en juillet la pauvre madame Wichter, était désormais impossible à ignorer. On ne pouvait plus laisser sa porte déverrouillée ou sa cache de nourriture sans surveillance. Les journaux locaux, le *Nugget*, le *Midnight Sun* ainsi que les tout récents *Klondike Miner* et *Yukon Advertiser*, rapportaient un nombre croissant de crimes. Des sacs d'or disparaissaient, des ivrognes se faisaient expulser des bars, d'autres faisaient enrager leurs voisins en tirant des coups de feu en pleine nuit. Le quartier des prostituées, avec ses façades arborant des noms comme « Saratoga », « Lucky Cigar Store » et « Bon Ton », couvrait maintenant trois pâtés de maisons le long de la 2e Avenue. Il y avait souvent des files d'attente devant la cabane des filles les plus populaires (et généralement les moins chères). À peine le client précédent était-il ressorti en remontant son pantalon qu'un autre entrait, ses deux dollars à la main. Certaines femmes, comme Esther Duffie, continuaient de mener leurs affaires avec la bonne humeur habituelle des gens du Nord, mais les autres, arrivées au printemps, étaient pour la plupart à la merci d'un proxénète ou d'une tenancière de bordel, et on ne pouvait s'empêcher de constater à quel point elles avaient l'air usées et fatiguées lorsqu'on les croisait en plein jour.

Cette ville à l'ambiance de fête était-elle sur le point de devenir un repaire de criminels ? Allait-on voir apparaître un autre Soapy Smith, qui ferait de Dawson une ville dure comme celle de Skagway ? Pas si le surintendant Steele avait son mot à dire. Sam Steele arriva à Dawson avec la ferme intention de se tailler une réputation. Pour ce faire, il exagéra dès le début la gravité de la situation, tout en faisant grand cas de ses réussites. Peu après l'arrivée d'Ogilvie et de Steele à Dawson, ce dernier écrivit à Marie : « Nous en avons plein les bras… Il va falloir faire un grand nettoyage... La situation est désastreuse et ne pourrait être pire, mais ceux à qui on a donné la tâche de rétablir l'ordre n'épargneront rien ni personne pour y arriver. » L'une des premières choses qu'il fit fut de resserrer la discipline dans ses propres rangs. À son arrivée à Dawson, Steele avait été horrifié de voir que certains *Mounties* jouaient de l'argent aux cartes, s'endormaient durant leur quart de garde, acceptaient des pots-de-vin et fréquentaient des types louches et des femmes aux mœurs légères. Il avait confié à un ami que si on lui avait permis de choisir lui-même les hommes qui devaient venir servir dans la police au Yukon, il aurait demandé des volontaires et aurait choisi uniquement ceux qui ne voulaient pas le faire. « Procès d'un caporal pour ivresse », est le genre de phrase que l'on retrouve à plusieurs reprises dans son journal de bord officiel pour le mois de septembre. « Amende de trente jours de salaire et rétrogradation ». Pendant ce temps, il s'affairait également à améliorer les conditions de vie des hommes sous ses ordres en faisant construire un hôpital, des latrines, des bureaux et un magasin, et en commandant suffisamment de provisions pour l'hiver à venir.

Les policiers n'étaient pas assez nombreux : seulement treize d'entre eux étaient affectés au maintien de l'ordre dans la ville même ; une trentaine d'autres avaient pour tâche de patrouiller dans les environs des quatorze ruisseaux aurifères confirmés. Comment en si petit nombre dans un endroit aussi rude, pouvaient-ils arriver à accomplir ce qu'on attendait d'eux et à établir des liens avec la population, méthode qui faisait la fierté de cette force de police ? Sam Steele, qui estimait qu'il lui fallait trois cents hommes pour faire le travail, demanda qu'on lui envoie un nouveau contingent de *Mounties*. C'est avec un grand mécontentement qu'il apprit que le gouvernement lui envoyait de Fort Selkirk, à cent cinquante milles en amont, cinquante membres de la Troupe de campagne du Yukon. Cette troupe n'avait ni la formation ni l'esprit de corps de la Police à cheval du Nord-Ouest. Lorsque le contingent d'hommes au teint frais arriva, raconte Belinda Mulrooney, « les mineurs les trouvaient plutôt jolis avec leur petit manteau rouge et leur chapeau qui avait l'air d'un œuf frit... mais ils n'avaient aucune idée de ce qu'ils faisaient là ». Un vieux mineur dit à Belinda : « Mon Dieu qu'ils ont l'air mignon ! Ils n'auraient aucun mal à séduire les femmes, si seulement il y avait des femmes à séduire ! » Le

Derrière la rue Front, dans une rue qu'on surnommait « Paradise Alley » (ruelle du Paradis) les prostituées, ou « colombes souillées », menaient leurs affaires au grand jour.

nouveau contingent et les *Mounties* redressés de Steele eurent l'effet escompté. Un vieux prospecteur surnommé Nigger Jim, en raison de son fort accent du sud des États-Unis et non de la couleur de sa peau, remarqua les deux pièces d'artillerie légère qui accompagnaient la troupe ainsi que la tenue militaire des soldats. Poussant un soupir, il dit à un employé de la Banque de commerce : « Je crois que cet endroit est devenu trop civilisé pour moi. Vaut mieux que je poursuive mon chemin vers le bout du monde. »

Par la suite, Sam Steele durcit son attitude à l'égard de ceux qu'il décrit dans son autobiographie, *Forty Years in Canada : Reminiscences of the Great North-West*, comme des « personnages aux mœurs dissipées exploitant des mineurs qui, bien que respectables, sont malheureusement simples et sans méfiance ». Selon lui, au moins la moitié des seize mille résidents de Dawson s'étaient trouvés, à un moment ou un autre de leur vie, du mauvais côté de la loi. Il décida donc de les aborder avec une main de fer dans un gant de cotte de mailles. « Plusieurs d'entre eux sont des meurtriers et des voleurs de trains et de diligences ayant commis de nombreux crimes aux États-Unis », écrit-il. Steele fit construire trois nouvelles cellules pour les prisonniers, dans le cadre d'un vaste projet qui mena à l'édification de soixante-trois nouveaux bâtiments dans vingt postes et avant-postes de police au Yukon au cours de l'automne 1898. Il resserra le règlement déjà en place qui voulait que tous les saloons, cabarets, théâtres et établissements commerciaux ferment leurs portes une minute avant minuit le samedi et ne les ouvrent à nouveau qu'à deux heures du matin le lundi. Dorénavant, on n'entendrait d'autre musique dans les rues de Dawson le dimanche que celle de l'orchestre de l'Armée du Salut. Finis les « concerts sacrés » et leurs tableaux vivants, comme celui auquel avait pris part Caprice, dans son fameux collant rose, s'agrippant à une croix de bois telle une effeuilleuse moderne à son poteau. De son propre chef, Steele augmenta les amendes imposées par le tribunal de police aux personnes condamnées pour ivresse publique, tricherie, possession d'arme à feu, voie de fait, non-respect du couvre-feu du dimanche ou bagarre.

Inquiet du nombre croissant des cas de syphilis dans sa ville, Sam ordonna l'arrestation de toutes les femmes « aux mœurs légères ». Ses hommes arrêtèrent ainsi cent cinquante femmes (il y en avait près de quatre cents dans les rues de Dawson cet été-là) et Sam imposa à chacune une amende de cinquante dollars. Elles se virent également forcées de subir dorénavant un examen médical tous les mois. Les prostituées n'avaient rien contre les nouvelles règles de Steele, bien au contraire : une fois qu'elles avaient payé leur amende et avaient été dûment inspectées, elles étaient libres de retourner à leurs activités avec en main un certificat de bonne santé, obtenu pour cinq dollars, ce qu'elles considéraient comme une autorisation.

Sam décréta également que tous les saloons, les cabarets et les relais routiers où l'on servait de l'alcool devraient désormais obtenir une licence. Les propriétaires d'hôtels durent donc débourser deux mille dollars et les propriétaires de saloons, deux mille cinq cents dollars, « des sommes qui auraient fait écarquiller les yeux à n'importe quel propriétaire d'établissement de Montréal », admettait-il lui-même. En un rien de temps, la Police à cheval du Nord-Ouest parvint à amasser quatre-vingt-dix mille dollars en amendes et frais de licences de toutes sortes. « Une somme importante et utile, dont chaque sou a été consacré aux patients fiévreux des hôpitaux surpeuplés », déclara Sam.

Il se rendit vite compte que son travail ne consistait pas seulement à faire respecter la loi : il fallait aussi changer la culture de Dawson. « La dépravation, la méchanceté, le banditisme et la corruption qui régnaient au printemps dernier dépassaient l'entendement », écrivit Sam à Marie. On lui avait tout raconté de ce qui se passait sous le régime de Walsh à Dawson : on voyait souvent « les représentants et le personnel de Sa Majesté dans les cabarets, une prostituée sur leurs genoux, en train de dépenser sans compter ». Mais ça, c'était avant. Dans la ville de Steele, aucune corruption ne serait tolérée et aucun bandit ne demeurerait impuni. « Je sais que bien des escrocs [...] vont détester la Police à cheval du Nord-Ouest et même peut-être essayer de se débarrasser de nous, mais ils n'y arriveront pas. Le Bien est de notre côté et notre devise "Maintiens le droit" prévaudra », insistait Sam.

On mit les prisonniers au travail – à ramasser des ordures, laver la vaisselle et pelleter la neige –, ce qui permit à la Police d'épargner des centaines de dollars en salaires. Mais la tactique la plus efficace de Steele était sans contredit le « tas de bois ». Il fallait des quantités astronomiques de bois de chauffage pour alimenter les poêles des hôtels, des saloons, des cabanes et des tentes pendant l'hiver yukonnais, mais il en fallait encore plus pour les bureaux gouvernementaux, la prison qu'on venait tout juste d'agrandir et la caserne des *Mounties*, qui abritait désormais également la milice. Selon Steele, les poêles de ces bâtiments brûlaient « près de mille cordes, soit un tas de bois de près de huit mille pieds de longueur sur quatre pieds de largeur et quatre de hauteur ». Les compagnies forestières coupaient les billes de bois dans des montagnes éloignées, puis les acheminaient à Dawson en les laissant descendre le courant du fleuve Yukon avant de les livrer à la caserne, où elles devaient encore être coupées en rondins suffisamment petits pour servir de bois de chauffage. C'est là que les prisonniers devenaient utiles : Steele leur donnait le choix entre quitter la ville ou travailler au « tas de bois ». « Ils détestent le tas de bois encore plus qu'ils ne haïssent leurs gardiens, si cela est même possible », disait-il en ricanant. Le tas de bois occupait quotidiennement au moins cinquante délinquants de Dawson, même lorsque le mercure descendait à moins quarante. Sam Steele confia la responsabilité des prisonniers au plus dur à cuire de ses sous-officiers. Le caporal Tweedy « terrorisait tous les malfaiteurs, et peu importe ce que ces derniers menaçaient de lui faire, il lui suffisait de les regarder droit dans les yeux ou de les agripper de sa main ferme pour qu'ils se taisent. » Selon Robert Stewart, biographe de Steele, l'un des prisonniers aurait pris sa revanche en faisant exprès, pendant trois mois, de couper les rondins juste un peu trop longs, pour qu'il soit impossible de les mettre dans un poêle.

Belinda Mulrooney aimait la manière dont le surintendant Steele assumait son commandement à Dawson. Elle écrivit au sujet des *Mounties* : « Ils faisaient partie de la communauté et étaient certainement capables d'intervenir en cas de problème, mais les problèmes étaient inexistants... Le colonel Steele avait sous son commandement des hommes extraordinaires. » Chaque fois qu'elle voyait la figure imposante de Steele, avec son manteau aux boutons métalliques polis et ses bottes cirées, déambuler dans la rue Front, elle l'invitait à prendre un verre au Fairview Hotel. Sam l'évitait avec soin. Belinda n'appréciait pas qu'on la traite avec hauteur, mais elle choisit néanmoins d'ignorer l'affront. Avec sa voix rauque, ses manières brusques et son air autoritaire, on avait du mal à croire qu'elle n'avait que vingt-six ans. La plupart de ses clients l'appelaient « maman » et on disait d'elle qu'elle était la « reine du Klondike ». Son hôtel était au centre de toutes les activités de Dawson, de sorte qu'elle était toujours au courant des dernières nouvelles. « Tout le gratin gravitait autour de l'hôtel Fairview.» Les deux banquiers locaux étaient des habitués du bar. Tous les artistes qui venaient se produire à l'Opéra commençaient par donner un spectacle au saloon de l'hôtel. Toutes les cérémonies de l'Ordre des pionniers du Yukon avaient lieu dans la salle à manger ; les chefs avaient un talent tout spécial pour inventer des plats tels que : truite arctique, façon rivière Klondike ; salade de pommes de terre *Cheechako*, à la Yukon Bank, et tartine de perdrix à la mode du Dôme. L'installation du standard téléphonique juste à côté du bureau de Belinda était un coup de génie. Belinda pouvait ainsi se tenir informée de toutes les transactions qui se faisaient dans les environs. Mais cela avait aussi ses désavantages : « tous les plaisantins qui possédaient un téléphone aimaient s'amuser avec [...] Ils m'appelaient souvent au beau milieu de la nuit [...] Pour résoudre le problème, je me suis mis à leur facturer dix dollars après la première minute », raconte-t-elle.

Belinda trouvait particulièrement amusant d'observer les rentiers britanniques qui étaient demeurés au Yukon, après que les autres touristes eurent déserté à la fin de l'été. « Bien sûr, une fois arrivés sur les lieux, ces Anglais n'avaient plus aucun intérêt pour les mines. Le pays était beaucoup trop primitif pour eux : personne pour s'occuper d'eux, ni laquais ni domestiques, personne à qui donner des ordres. Ces types traînaient dans les cabarets de Dawson, où ils étaient comme des poissons dans l'eau. » Ils jouissaient d'ailleurs d'un talent particulier. « Tous les mineurs et tous les Occidentaux étaient impressionnés de voir comment les Anglais pouvaient se soûler, enlacer une femme et la faire danser, tout en gardant impeccablement leur monocle à l'œil. Les mineurs passaient des heures à les observer dans l'espoir de voir le verre tomber. Ils avaient beau essayer de faire de même, à l'aide de pièces rondes en métal ou en verre, celles-ci tombaient toujours au moindre mouvement. »

Les affaires allaient bien pour Belinda : les occasions de faire de l'argent ne manquaient pas. Elle était encore propriétaire de l'hôtel qu'elle avait fait construire à Grand Forks, et elle possédait également quelques concessions minières en activité. Lors de son arrivée au Yukon, elle s'était donné une image de femme respectable un peu guindée, mais ce n'était qu'une apparence. Une fois multimillionnaire, on vit émerger chez elle une tout autre personnalité. Neville Armstrong, un Anglais qui avait été lui-même victime de son mépris, raconte qu'il n'oubliera jamais le spectacle de voir ce « petit bout de femme brune, anguleuse et masculine qui pouvait jurer comme un païen », se tenant à l'entrée d'un puits de mine, en jupe à mi-mollet et en bottes longues, en train de donner des ordres à tout le monde. Selon un de ses employés, elle aurait demandé à un homme qui sortait d'un buisson d'où il venait et ce qu'il était allé faire, ce à quoi l'homme aurait répondu : « Il faut bien qu'un homme se soulage de temps en temps. » Belinda aurait répliqué : « Tu as pris suffisamment longtemps pour avoir eu le temps de te branler, prends ta paye et fous-moi le camp ! »

La croissance de Dawson offrait à Belinda de nouvelles occasions de s'enrichir. La fièvre typhoïde avait succédé au scorbut à titre de principale cause de décès et la dysenterie était endémique ; l'eau potable était contaminée en raison de l'absence d'égouts. Belinda mit

Avec son habit toujours impeccable, Sam Steele imposait un modèle à suivre. Il se tenait soigneusement à distance de Belinda Mulrooney, qu'il considérait comme une mauvaise influence à Dawson.

donc sur pied la Yukon Hygeia Water Supply Company, une entreprise offrant de l'eau bouillie et filtrée. En décembre 1898, elle fit émettre des actions évaluées à 8000 dollars chacune. Elle balaya brusquement les réticences des investisseurs antiaméricains en s'associant à deux partenaires canadiens. En quelques mois à peine, elle avait éliminé tous ses concurrents sur le marché de l'eau potable et établi un monopole. « Combien d'argent cela me rapportait-il ? » se demande-t-elle à elle-même dans son autobiographie. Elle refuse cependant de répondre par crainte de se couvrir de ridicule en révélant « combien [elle a] gagné, puis perdu ».

Dans le secteur nord de la ville, pour le père Judge aussi les choses allaient plutôt bien, malgré l'épidémie de typhoïde. L'arrivée de Sam Steele avait été une très bonne nouvelle pour le jésuite. Il était très content que la fermeture obligatoire des casinos le dimanche soit désormais respectée. Et il ne se plaignait surtout pas du fait que l'hôpital St. Mary fut l'un des principaux bénéficiaires des amendes et frais de licences imposés par le nouveau régime. Le *Klondike Nugget*, qui n'avait pas l'habitude de se montrer sympathique à l'égard des autorités canadiennes, avait déclaré : « C'est avec grand plaisir que nous annonçons que le gouvernement a remis un don de trois mille dollars [à l'hôpital St. Mary...] En raison de ses activités caritatives d'une ampleur excessive, l'établissement présente un déficit de près de trente mille dollars. »

Les récits biographiques du Klondike le décrivent tellement souvent comme le « vieux prêtre » qu'on a peine à croire que le père Judge avait seulement quarante-huit ans, ce qui serait considéré comme la fleur de l'âge de nos jours. Il avait survécu à neuf hivers cruels en Alaska et au Yukon, et chacun d'eux avait laissé sa marque sur son visage.

Un soir d'octobre, le jésuite s'assit à la table de sa petite chambre de l'hôpital St. Mary pour écrire une lettre à sa famille. Derrière lui se trouvaient une table de toilette, une petite étagère remplie de livres religieux et une chaise longue rudimentaire sur laquelle étaient posées deux couvertures bleues pliées avec soin. Tous ses biens terrestres étaient rangés à l'abri dans un tiroir en bois, sous son lit. Il continuait de se soucier peu de lui-même ; il donnait continuellement ses propres vêtements à ceux qui en avaient besoin et oubliait régulièrement de manger. Et pourtant, même s'il était plus maigre que jamais, le prêtre était beaucoup plus serein maintenant que les oblats et les religieuses infirmières l'aidaient dans ses tâches. Ce soir-là, il était d'humeur optimiste et « comptait les bienfaits de Dieu ». « Les médecins s'entendent pour dire que l'hôpital connaît un succès hors du commun », écrivit-il à son frère. « De cinq à six cents personnes assistent à la messe le dimanche [...] J'ai le téléphone dans mon bureau, ce qui me permet de communiquer non seulement avec les gens de la ville, mais aussi avec ceux qui sont dans les champs aurifères. Nous devrions avoir l'éclairage électrique sous peu. » Grâce à des bienfaiteurs comme Big Alex McDonald, le père Judge jouissait d'une protection à laquelle il était peu accoutumé. Son plus récent projet, pour lequel il n'avait pas demandé l'approbation du révérend père J. B. René, était une chapelle pour l'hôpital. Encore une fois, il était enthousiaste à l'idée de jouer les rôles d'architecte, d'entrepreneur et de décorateur d'intérieur pour ce bâtiment.

Cet automne-là, le fleuve avait gelé à la mi-octobre. Le père Judge aimait l'hiver et adorait voir le paysage se couvrir de blanc. « Cette partie du monde est si magnifique lorsqu'elle se couvre de son voile de pureté», disait-il à ses ouailles. Il était heureux de constater que les cas de typhoïde et de dysenterie avaient diminué rapidement – tout comme la température extérieure –, mais il s'inquiétait du nombre de personnes qui habitaient encore dans des tentes. Il confia au Dr Jim, pendant qu'ils jouaient aux échecs: «Bientôt, dans les forêts gelées, les arbres vont craquer comme des pétards qui éclatent. Mais ces enfants ne prennent aucune précaution... [Ils] mangent du porc à moitié cuit, des fèves au lard et des biscuits soda, puis ils se mettent au lit ou vont passer la nuit à jouer aux cartes et à boire au saloon ou au cabaret. Ce sont ces hommes-là qui finiront par avoir le scorbut [...] Ils ne sont pas méchants, mais ils sont paresseux [...] Alors je vais devoir leur donner une bonne fessée puis les installer à l'hôpital St. Mary, avec les bonnes sœurs, leurs trente-quatre aides et moi-même.»

Tandis que le vent glacial de l'Arctique balayait Dawson, avec sa morsure pareille à un scalpel qui découpe la chair, le prêtre continuait de vaquer à ses occupations, vêtu de ses habits usés jusqu'à la corde. Quelques-uns de ses amis décrétèrent qu'il lui fallait des vêtements «plus dignes de sa vocation» et prirent sur eux de lui faire faire un complet. Mais le père Judge, en bon jésuite, ne voulait rien entendre et il refusa même d'accueillir le tailleur qu'on lui avait envoyé pour prendre ses mesures. Résignés, ses amis finirent par dire au tailleur de se débrouiller comme il pouvait. Un soir glacial de décembre, en retournant à sa chambre, le prêtre trouva sur son lit un complet, de même qu'un manteau en peau de phoque, un chapeau et des gants. Il y avait également dans la pièce quelques hommes attendant sa reconnaissance. «Le père Judge fut très ému de leur bienveillance à son égard», raconte plus tard son frère, «mais il leur dit qu'il ne pouvait pas accepter leur cadeau, puisque les jésuites n'étaient pas autorisés à posséder quoi que ce soit». On finit par réussir à le convaincre d'accepter, puisque les donateurs étaient pour la plupart des protestants, qui comprenaient mal ce que le risque de souffrir d'engelures avait à voir avec l'œuvre de Dieu.

Le manteau en peau de phoque était un symbole de l'esprit de communauté des habitants de Dawson, de leur désir de se prendre en main et du rôle de premier plan que jouait le prêtre au sein de la collectivité. Mais il fallait également s'occuper de la situation financière désastreuse de l'hôpital. Les amis du jésuite organisèrent donc un spectacle de charité pour régler la dette. Un peu partout à l'extérieur du territoire, il y avait un engouement général pour les spectacles où des acteurs blancs se noircissaient la peau à l'aide de cire à chaussure et jouaient du banjo. Les joyeux lurons de Dawson, ne voulant pas être en reste, décidèrent de suivre la tendance. Le prix à payer pour louer une salle de spectacle à fausse façade était généralement de 300 à 400 dollars par soir, mais le propriétaire du théâtre Tivoli, un dénommé Joseph Cooper, leur offrit sa salle gracieusement. On fixa la date du spectacle au 25 décembre, puisque tous les mineurs qui travaillaient dans les champs aurifères seraient en ville pour Noël. Le prix des billets était de cinq dollars chacun. Évidemment, l'interdiction de donner des spectacles le dimanche ne s'appliquait pas lorsqu'il s'agissait d'une si noble cause ! Les organisateurs recrutèrent des volontaires pour se produire sur scène. Selon les journaux locaux, il semble qu'à cette époque, les habitants de Dawson avaient fini par apprendre à apprécier le divertissement « de bon goût », et malgré sa réputation de femme sévère, la propriétaire du Fairview, Belinda Mulrooney, fut invitée à participer. Elle avait déjà pris part à une pièce de théâtre intitulée « Trois chapeaux » à la mi-octobre, et le mois suivant, elle s'était produite lors d'un bal masqué au profit du tout nouveau service d'incendie de Dawson. Elle et une autre femme jouaient un couple. Le *Klondike Nugget* alimenta la rumeur voulant que la femme d'affaires aux manières rudes fût une lesbienne en publiant : « Mademoiselle Mulrooney faisait un joli petit mari, avec son habit de drap et son chapeau de soie. » Cette fois, elle allait être l'une des vingt femmes de Dawson à se noircir le visage pour paraître sur scène au profit de l'hôpital St. Mary.

La veille de Noël, pour la messe de minuit, l'église du père Judge était pleine à craquer. Les prêtres oblats, sentant sans doute l'ambiance qui régnait dans la ville, acceptèrent de laisser le jésuite célébrer la messe. Dehors, il faisait trente-cinq degrés sous le point de congélation. Même si le poêle chauffait au maximum, et malgré le nombre de personnes entassées les unes sur les autres, il faisait froid dans l'église. Accompagnée par un petit orgue et plusieurs violons, la chorale chantait *Adeste Fideles* lorsque le père Judge apparut dans la nef. Un témoin de la scène, Charlie Higgins, racontera plus tard : « Son visage semblait illuminé, tandis qu'il marchait en direction de l'autel, puis vers le côté de l'Évangile[31]. » Le prêtre lut un passage de la Bible et prêcha à propos de la bonté de Dieu. Il se mit ensuite à parler « avec beaucoup de réalisme, de tous les êtres chers que ses auditeurs avaient laissés loin derrière eux et de la chaise vide qui causait tant de chagrin à leurs proches en cette journée particulière ». Pour bon nombre d'entre eux, cela fit l'effet d'un coup de poignard en plein cœur ; leur dur labeur dans les champs aurifères était souvent marqué par une grande solitude et leurs parents, épouses et enfants leur manquaient cruellement. Le regard fixé sur le prêtre au corps décharné qui levait les mains au ciel pour les bénir, même « les durs de durs versèrent une larme », raconte Higgins.

Le père Judge hésitait à assister au spectacle de charité. Le contraste entre la grande sainteté de l'office religieux et le caractère plutôt païen du programme de la soirée, surtout un dimanche, le mettait mal à l'aise. On arriva cependant à le convaincre et heureusement, comme le raconte Charlie Higgins, « le spectacle fut très convenable » : aucune des paroles de chansons ni aucun des vêtements des artistes n'eut de quoi faire rougir qui que ce soit. À la fin, le père Judge, habillé de son nouveau complet, monta brièvement sur la scène pour remercier tous les participants de leur générosité, laquelle avait permis d'amasser 2000 dollars pour l'hôpital. Ce fut la seule occasion de voir le prêtre dans ses nouveaux vêtements.

Quelques jours après l'extraordinairemMesse de minuit, le père Judge put célébrer l'office dans la toute nouvelle chapelle de l'hôpital. Mais une semaine plus tard, il commença à tousser violemment et devint si faible qu'il avait du mal à se tenir debout. Les gens commencèrent à s'inquiéter sérieusement. Même s'il avait déjà eu des ennuis de santé par le passé, le jésuite avait toujours été capable d'officier, peu importe son état. Le téléphone du prêtre sonnait sans arrêt et tout le monde, sans exception, venait prendre de ses nouvelles. Le gérant d'un des postes d'approvisionnement, qui n'avait jamais mis le pied à l'église catholique, lui envoya une caisse de champagne. « Tout le monde semblait s'attendre à ce qu'une calamité s'abatte sur la ville », raconte Charlie Higgins. Chaque jour, la santé du prêtre déclinait de plus en plus ; il souffrait de pneumonie. Couché sur son lit dur, enroulé

31. Côté de l'Évangile : côté gauche, lorsqu'on fait face à l'autel.

dans les couvertures, il grelottait et respirait avec peine, mais cela ne l'empêchait pas d'accueillir poliment les collègues, amis, médecins, infirmières et religieuses qui se relayaient à son chevet. Des hommes et des femmes du peuple han, qu'il avait toujours traités avec respect, entraient de temps à autre dans sa chambre sur la pointe des pieds pour le voir. George « Skiff » Mitchell, qui avait d'abord rencontré le père Judge à Forty Mile, et qui avait depuis fait fortune au ruisseau Bonanza, s'agenouilla auprès du lit du prêtre et se mit à pleurer. Le prêtre ouvrit les yeux et lui demanda : « George, pourquoi pleures-tu ? » Skiff murmura : « Nous ne pouvons pas nous permettre de perdre un ami comme vous. » Avec un faible sourire, le prêtre lui répondit : « George, tu as réussi à obtenir ce que tu étais venu chercher. Moi aussi je travaille pour obtenir une récompense, veux-tu m'empêcher de la recevoir ? »

Les personnes les plus proches de lui refusaient de croire qu'elles pouvaient perdre leur leader. Un tel saint homme était sûrement immortel, non ? Une des religieuses infirmières lui dit pour le rassurer : « Père, vous n'allez pas mourir ; nous allons prier très fort et vous ne mourrez pas. » Il lui dit en souriant faiblement : « Faites comme bon vous semble, mais je vais mourir. » Il avait raison. Après que le père Desmarais lui eut administré les derniers sacrements, le père Judge s'éteignit le lundi 16 janvier 1899.

La mort du saint homme suscita un vif émoi. Parmi les grands titres du *Klondike Nugget,* on lisait : « Le révérend père Judge est mort », « Il s'éteint entouré de nombreux amis », « Son travail extraordinaire à Dawson », « Sa plus grande motivation », « Le travail d'un homme de bien », « Une foi vivante ». On décida de lui faire de grandes funérailles, puis de l'enterrer non au cimetière catholique, mais bien dans l'église St. Mary, du côté de l'Évangile. Étant donné qu'on était en janvier et qu'il faisait donc un froid extrême, il fallut deux jours et demi pour creuser une fosse dans le sol gelé en terre battue de l'église. Heureusement, les volontaires ne manquaient pas.

Tôt le 21 janvier, dans l'obscurité profonde de l'hiver nordique, des groupes de personnes en deuil se dirigèrent vers le secteur nord de la ville de Dawson pour assister aux funérailles. Tous les commerces furent fermés pour la journée. Sam Steele écrivit dans son journal :

« enterrement du père Judge », et bien qu'il était trop occupé pour s'y rendre lui-même, il nota « permission à mes hommes d'y aller ». L'église était déjà bondée plusieurs heures avant le début de la cérémonie. Des bouts de tissu sombre avaient été suspendus un peu partout et le sanctuaire était éclairé par la lumière tremblotante de dizaines de chandelles. Au milieu de l'allée centrale se trouvait le cercueil ouvert du prêtre. Tous étaient fascinés par l'expression de paix profonde sur son visage. Une des religieuses affirma qu'on aurait dit qu'il était « entré dans un repos calme et paisible ». Le père Gendreau célébra la messe de requiem, avec l'aide de ses deux collègues oblats, le père Desmarais et le père Corbeil. Il parla longuement du travail extraordinaire accompli par le jésuite dans le Nord. La chorale entonna ensuite l'hymne « Plus près de toi, Seigneur », tandis que les paroissiens défilaient devant le cercueil. Puis, on le mit en terre.

Le décès de l'aimable jésuite marquait la fin d'une époque au Yukon. L'homme s'était rendu dans le Nord pour œuvrer auprès des Amérindiens, qu'il aimait profondément. Puis il était allé dans la vallée du Klondike, bien avant que les arbres ne soient remplacés par des puits de mine, et il avait connu Dawson à l'époque où il n'y avait que quelques tentes malpropres. Il avait contribué à sauver de nombreuses vies et de nombreuses âmes, et avait réussi à rallier toute la communauté en vue de la construction d'un hôpital et d'une église. Son oreille était toujours à l'écoute et sa porte était toujours ouverte. Comme on put le lire dans le *Klondike Nugget* le lendemain des funérailles : « Ils sont rares, ceux qui n'ont pas été touchés personnellement, de près ou de loin, par le travail de ce prêtre magnanime dans notre communauté. »

Le prêtre avait été un personnage si familier dans les rues de Dawson que même ceux qui n'avaient jamais vraiment pris la peine de faire sa connaissance remarquèrent son absence. On s'était accoutumé à le voir prendre entre ses vieilles mitaines les mains tendues des passants en les regardant de son regard myope à travers ses lunettes à monture métallique. Dans une biographie publiée par son frère huit ans plus tard, on lit : « Maintenant que son œuvre d'amour était terminée, les hommes comprenaient soudain la beauté et la profondeur de la charité dont il avait fait preuve à leur endroit. » En 1899, il y avait bien d'autres « pilotes du ciel » (surnom que les mineurs donnaient aux ecclésiastiques) à Dawson, mais ils se faisaient concurrence pour attirer les fidèles et aucun d'entre eux n'avait la bienveillance discrète du père Judge. « Personne dans cette ville ne peut poursuivre les bonnes œuvres du père Judge avec autant de désintéressement et d'altruisme ni arriver, en moins d'une décennie, à gagner la confiance de tous comme ce prêtre frêle de corps, mais fort en charité », déclarait le *Klondike Nugget*. En effet, aucun autre représentant de l'Église n'avait autant d'autorité morale que le jésuite maintenant décédé. Il revenait maintenant à Sam Steele et à ses *Mounties* de faire régner à Dawson un semblant d'ordre et de civilisation.

Chapitre 18

Un incendie purificateur, février à avril 1899

Les résidents de Dawson pouvaient régler leur montre simplement en observant les activités du surintendant Sam Steele. Dès les premières heures du jour, il faisait le tour du poste de la Police à cheval du Nord-Ouest, situé dans la rue Front, puis vérifiait les cellules de la prison, puis l'hôpital de la Police avant d'aller s'installer dans son bureau à la caserne. Sam était tout à fait dans son élément. Son travail acharné et son ambition compensaient son manque d'humour et d'imagination. Il tenait les registres impeccablement à jour, déposait de longs rapports et notait toujours en détail, dans son journal de bord officiel de la Police, toute nouvelle initiative.

Le contrôle qu'exerçait Sam à Dawson s'apparentait à la loi martiale, et celui-ci se souciait peu de porter atteinte aux droits des non-Canadiens. Quelques Américains mécontents allèrent d'ailleurs se plaindre auprès de James McCook, le consul américain bien en chair, disant que Steele les persécutait en raison de leur nationalité. Lorsque McCook entra avec fracas dans le bureau de Sam pour lui faire des remontrances, ce dernier l'écouta avec scepticisme, puis déclara que les plaintes étaient « insignifiantes » et qu'au moins deux cents Américains des environs devraient déjà être en prison. « Espèce d'idiots d'Américains », disait Sam à Marie, confirmant en privé les protestations de ceux-ci. Il était convaincu que la plupart des habitants de Dawson approuvaient sa façon de faire. Lorsqu'il marchait le long de la rivière Klondike gelée, par les après-midi sombres d'hiver, dans son manteau en raton laveur qui lui donnait l'air d'un gros ours, les résidents du secteur riverain le saluaient toujours vivement au passage. Les rares fois où il s'aventurait à entrer au Monte Carlo ou au Dominion, les voix se taisaient rapidement en signe de respect et tous les malfaiteurs s'empressaient de se fondre dans le décor.

Le chef de la Police n'avait pas le pouvoir d'enrayer complètement l'immoralité à Dawson, et le *Klondike Nugget* continuait d'en faire ses choux gras. Au début de février 1899, un lutteur gallois du nom de Dave Evans avait tué sa maîtresse, une danseuse de cabaret de quarante-cinq ans nommée Libby White, à coup de fusil, soi-disant parce qu'il lui reprochait « ses mœurs légères ». Evans avait ensuite retourné l'arme contre lui-même. Quelques jours plus tard, un dimanche, dix-neuf joueurs de poker s'étaient fait prendre lors d'un raid policier : ils avaient été forcés de payer une amende de cinquante dollars et de se présenter au tribunal de la police le jour suivant. Mlle Hermine Depauvv, décrite poliment dans le *Klondike Nugget* comme une « digne représentante du milieu interlope », accusait un mineur français nommé Emil Rodenbach de lui avoir volé une somme de dix mille sept cents dollars qu'elle avait durement économisée au long de sa « carrière ».

Au cours de l'hiver, le *Nugget* fit état du suicide ou de la tentative de suicide d'au moins six prostituées, y compris une jeune fille de dix-neuf ans de l'Oregon, Kitty Stroup, qui avala de la strychnine quatre jours avant Noël après que son petit ami, un barman au saloon Pioneer, l'eut laissée pour une autre femme. Et que dire de la série de vols, de dettes impayées, de voies de fait, et encore pire, de bébés morts retrouvés sous des pierres ou dans les ordures ! Mais le régime de Steele donnait des résultats. Dawson ne ressemblait en rien à Skagway.

Les leaders d'opinion de la ville cherchaient à se faire bien voir de Steele, mais sans succès. Sam n'était pas particulièrement sociable et par conséquent il ne fréquentait pas les saloons. Il connaissait d'ailleurs les avantages qu'il y avait à garder ses distances. Puisqu'elle n'avait pas réussi à convaincre Sam d'entrer au Fairview pendant l'une de ses tournées quotidiennes, Belinda l'invita pour un dîner fin. Encore une fois, il refusa. « Elle est très rusée, écrivit-il à Marie, et qui plus est, elle s'est acoquinée avec certains fonctionnaires pour faire de l'argent. Je ne vais pas me laisser avoir si facilement. » Il la saluait à peine lorsqu'il la croisait dans la rue. Eugene Allen insistait pour que le *Klondike Nugget* publie des articles vantant les mérites de la police, dans l'espoir d'obtenir une entrevue avec son chef, mais en vain. Selon ce qu'il raconta à Marie, Sam considérait le *Nugget* comme une « feuille de chou » parce qu'il « s'attaquait injustement au conseil et aux autres fonctionnaires, qui [étaient] pour la plupart des hommes très bien ». Pour Sam, l'honneur de la police passait avant tout. Il était déterminé à projeter une bonne image, c'est pourquoi il insistait sur la propreté et la solennité dans le mess des officiers. Sam admirait son collègue, le commissaire Ogilvie, qui passait son temps à raconter des anecdotes des débuts du Klondike. Ogilvie apportait un peu de chaleur humaine dans la caserne austère et sombre où ils vivaient tous deux ; ses appartements résonnaient souvent des rires d'hommes venus se joindre à lui pour fumer le cigare et chanter au son du « Graphophone ». Mais l'attitude bon enfant d'Ogilvie à l'égard de n'importe quel pauvre hère qui se présentait à son bureau choquait Steele au plus haut point. « Ogilvie est trop simple dans ses manières », confiait Sam à sa femme. Les repas officiels qu'Ogilvie donnait étaient peu dignes de ce nom ; ils étaient préparés par un « mauvais chef » et accompagnés de « beaucoup trop d'alcool. Cela [avait] des effets néfastes ». Au mess de la Police à cheval du Nord-Ouest, personne n'était autorisé à fumer avant qu'on ait porté un toast à la Reine, et on changeait les assiettes à chaque service. « Dieu merci, nous tenons bon et continuons de nous comporter avec autant de classe que si nous étions à Ottawa ou à Londres. »

Sam Steele se permettait de temps à autre un semblant de vie sociale et fréquentait à l'occasion les deux directeurs de banque, monsieur et madame Davis (un couple de gens d'affaires), ainsi que le douanier et sa femme. Sam acceptait également de parler à Faith Fenton, une journaliste de Toronto arrivée le même mois que lui, qui avait osé contredire Flora Shaw dans une chronique publiée par le *Toronto Globe*. Fenton était en admiration devant les *Mounties*, et Sam trouvait son attention mêlée de respect des plus flatteuses. Il ne manqua cependant pas de rassurer sa femme : « Faith Fenton et moi sommes de bons amis [...], mais nul besoin de vous inquiéter, elle est une des [femmes] les plus ordinaires que j'ai vues depuis un bon moment. » Faith était intelligente et réservée, et surtout, elle constituait pour Steele un accès privilégié à un important journal libéral. Cela explique peut-être pourquoi le surintendant Steele avait fait à mademoiselle Fenton une si grande faveur au mois de novembre précédent. L'un des premiers articles qu'elle expédia à son journal à partir de Dawson portait sur les quatre prisonniers tlingits que Flora Shaw avait rencontrés sur la route en juillet. Par la suite, trois d'entre eux avaient été condamnés à la potence. Faith savait que c'était là le genre d'histoire dramatique et brutale qui allait plaire à son lectorat torontois, mais le traîneau de la poste devait partir pour Whitehorse avant la date prévue de la pendaison. Elle écrivit donc d'avance son article et le remit au postier. Malheureusement, au grand dam de Sam Steele qui avait hâte de faire des exemples, la pendaison fut remise à une date ultérieure. Pendant qu'il exprimait sa frustration devant quelques sous-officiers, Faith entra en trombe dans son bureau, l'air affolé, pour lui demander de l'aide. Steele dépêcha immédiatement un des meilleurs attelages de traîneau à chiens des *Mounties*, qui s'engagea dans une chasse à l'homme de cinquante milles le long des rives enneigées du fleuve Yukon afin de récupérer l'article pour le moins prématuré. Au bout du compte, l'honneur de la « demoiselle en détresse », comme l'appelait Steele, fut sain et sauf.

L'acheminement du courrier à l'extérieur du territoire était l'un des plus importants défis auxquels Sam Steele faisait face. Comme l'avait fait remarquer Flora Shaw, la qualité du service postal laissait grandement à désirer. En juillet 1898, Ottawa avait donné le service postal en sous-traitance à une société américaine de Seattle, laquelle expédiait les sacs de courrier par bateau vers le Nord, mais ne faisait rien pour s'assurer que les sacs à destination de Dawson soient acheminés par-delà les montagnes jusqu'au Canada ni pour expédier le courrier sortant de Dawson. La Police à cheval du Nord-Ouest s'était chargée de combler les lacunes de façon non officielle, en transportant le courrier jusqu'à Whitehorse puis au-delà du col White de deux à trois fois par mois, tant que le fleuve était encore navigable. Une fois l'hiver arrivé, Sam Steele décréta que le service à destination de Dawson et vers l'extérieur serait désormais offert de façon officielle le premier et le quinzième jour de chaque mois, et le transport se ferait par traîneau à chiens. Il s'assura que les pistes étaient bien entretenues et que des attelages de rechange étaient disponibles dans tous les postes de police en cours de route. Mis à part le triste naufrage du courrier le 15 novembre, tout fonctionna à merveille. On transportait de cinq cents à sept cents lettres, à l'aller comme au retour, et les policiers-postiers rivalisaient entre eux pour tenter de faire le trajet de six cents milles en un temps record. Malgré les rochers, les lames de neige, les marais glacés et les pentes abruptes, un des équipages arriva même à franchir cette distance en à peine sept jours.

Sam adorait les émotions fortes de la course et on sent davantage sa fierté de policier que le caractère véritable des chiens des *Mounties* lorsqu'on lit ses paroles: «Les chiens étaient de la race bien connue des Labradors, très féroces, et ils avaient la remarquable réputation d'avoir un jour tué et dévoré leur meneur.» À la fin de l'hiver, les policiers-postiers avaient parcouru un total de plus de 64 000 milles, soit l'équivalent de près de deux fois et demie le tour du monde, et ce, dans les pires conditions météorologiques imaginables. C'était le genre de statistiques que Sam adorait amasser. Il fut d'ailleurs vraisemblablement le premier membre des forces policières à exiger qu'on tienne un registre de la distance parcourue par les chevaux; un tel souci du détail aurait été impensable dans des forces comme celle des rangers au Texas! Sam imposa également une réorganisation du tri du courrier à Dawson. Il supervisa la construction de 1600 boîtes aux lettres au bureau de poste de la rue Front. Cependant, tout comme le bureau, les boîtes aux lettres étaient insuffisantes pour répondre aux besoins de la population, qui dépassait les trente mille lorsqu'on comptait les mineurs travaillant dans les champs aurifères.

Sam avait personnellement intérêt à ce que le courrier soit livré à temps; il attendait avec grande impatience les lettres de sa femme. Lorsque les deux époux s'étaient quittés en janvier 1898, ils avaient supposé que Marie demeurerait quelques mois à la caserne des *Mounties* de Fort Macleod, en Alberta, où Sam avait été stationné précédemment. Sam prévoyait ensuite de faire venir sa famille au poste de la Police à cheval du Nord-Ouest, à l'extrémité du lac Bennett, dès qu'il serait en mesure de construire une maison décente pour les accueillir. Au début, Marie était d'accord avec ce plan et les deux s'échangeaient des lettres affectueuses: «Mon très cher Sam, écrivit Marie en août, tes précieuses lettres datées du 15, du 26, du 28 et du 30 me sont toutes parvenues vendredi en après-midi. Je n'ai pas besoin de te dire

Pendant des mois, Marie Steele ne répondit pas aux lettres de son mari. Sam était de plus en plus inquiet.

qu'elles ont été accueillies avec grand plaisir. » Mais avec trois jeunes enfants sur les bras et après le transfert de Sam à Dawson, l'enthousiasme de Marie pour la vie dans le Nord se refroidit quelque peu. Elle décida plutôt d'aller rejoindre sa mère à Montréal et se mit à appréhender l'hiver en l'absence de son mari dévoué à ses côtés. Une fois le fleuve gelé, les lettres allaient s'espacer de plus en plus. « Quand je pense que bientôt, tu ne pourras m'écrire que deux fois par mois, cela me brise le cœur », écrivit-elle.

À Dawson, Sam continuait d'écrire, mais aucune lettre de Marie ne lui parvint après la mi-novembre. Au début, il lui écrivait des lettres pleines d'affection où il se plaignait de son absence et lui disait à quel point elle lui manquait. « Oh, ma chère épouse, comme j'ai hâte de revoir ton doux visage et celui de nos chers petits, mais j'ai maintenant bien peur de ne pas avoir ce plaisir avant un bon moment [...] Si Dieu le veut, il est possible qu'on m'autorise un congé dans un an. » Au fur et à mesure que l'hiver avançait, Sam était de plus en plus impatient de recevoir une lettre de Marie. « J'ai grand désir d'avoir de tes nouvelles, ma petite femme adorée », écrivit-il au début de février. « La dernière lettre que j'ai reçue de toi datait de septembre l'an dernier. Je t'écris pourtant toutes les semaines. » Le contrôleur des finances de Montréal recevait tous ses rapports, alors Sam savait que ses lettres à Marie arrivaient bel et bien à destination. « C'est déjà difficile d'être loin l'un de l'autre, mais d'être en plus sans nouvelles, c'est pire que tout. »

Rendu à la mi-février, Sam commençait véritablement à s'impatienter : « Ma très chère femme [...] je serais reconnaissant de recevoir une lettre de ta part. En effet, je n'en ai eu aucune depuis la première lettre que tu m'as envoyée après ton arrivée à Montréal. Je sais que ce n'est pas parce qu'elle s'est perdue quelque part au Yukon. Le passage est dégagé de Skagway jusqu'à Dawson, et il n'y a aucune raison qu'il y ait quelque retard que ce soit [...] Tu devrais m'écrire chaque semaine, ma tendre amie, si tu as quelque considération pour moi. » À la fin de février, son ton devint suppliant : « Ma très chère, le courrier est arrivé encore une fois hier, mais il n'y a toujours aucune lettre de toi, même si j'ai reçu tout ce qui m'a été envoyé depuis le 24 janvier. J'espère avoir bientôt de tes nouvelles, ma tendre épouse, car j'ai le cœur en miettes. Nous avions une vie si heureuse toi et moi, avec nos chers petits. Je pense à vous tous continuellement. » En public, Sam conservait son apparence dure et se montrait encore plus intransigeant envers les jeunes officiers qui ne livraient pas les lettres en un temps record. Mais en privé, il souffrait terriblement de solitude lorsqu'il marchait le long de la rivière Klondike gelée. Ses hommes avaient appris à craindre le moment de l'arrivée du courrier. Leur commandant passait généralement rapidement en revue toutes les missives qui lui étaient adressées, puis sortait de la salle de tri sans dire un mot et en claquant la porte.

Au début de mars arriva enfin une lettre de douze pages de la part de Marie. Elle offrait toutes sortes d'excuses pour son silence : le déménagement à Montréal, sa mauvaise santé, ses difficultés à trouver

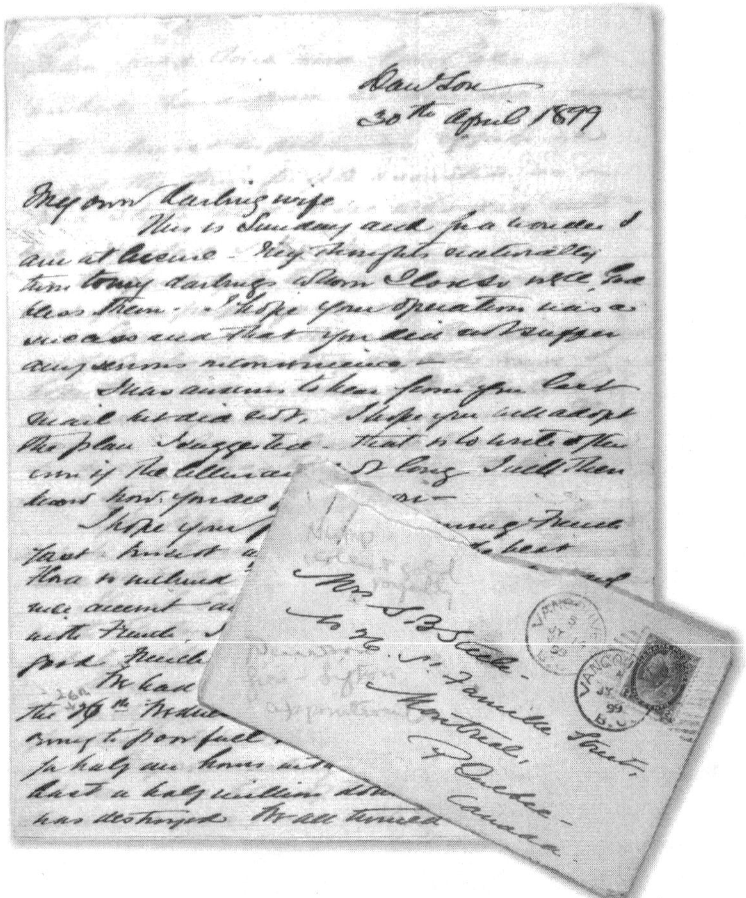

Dawson
30th April 1899

My own darling wife

[illegible]

Mrs S. B. Steele
36 St Famille Street
Montreal,
P. Quebec
Canada

Les lettres de Sam décrivaient clairement son amour pour sa famille qui était à Montréal. Il suppliait Marie de lui « écrire souvent, ne serait-ce que quelques mots ».

un logement, les bonnes d'enfant, et une cuisinière qui l'avait épuisée. Sa lettre était une litanie de doléances concernant le manque de soutien à son égard de la part des collègues de son mari, de sa propre famille et de ses domestiques. Lorsque Sam et elle habitaient sous le même toit, on peut s'imaginer que soit il s'occupait lui-même de régler les problèmes, soit il avait appris à ignorer les plaintes de sa femme. Maintenant qu'ils vivaient chacun de leur côté, Marie avait tout le loisir de s'épancher sur papier. Les lettres suivantes témoignent du ressentiment d'une femme qui sait bien que son époux fera toujours passer sa profession avant sa famille. « Cela fait si longtemps que je t'ai écrit et que j'ai eu de tes nouvelles que tes lettres sont comme un rayon de soleil qui apparaît de temps à autre dans ma vie. » Puis, le 13 février, elle écrit : « Je suis contente d'apprendre que tu es bien installé, mais je ne peux m'empêcher de craindre que tu n'aies de moins en moins envie de revenir auprès de ta petite femme et de tes chers enfants, qui attendent ton retour avec tant d'impatience. »

Sam Steele fut on ne peut plus heureux d'apprendre que Marie et les enfants allaient bien et que son mariage tenait le coup. Il assura à Marie que lui aussi se portait bien, l'encouragea à aller s'acheter une nouvelle robe, et lui envoya une liste de nouveaux vêtements dont il avait besoin. Les lettres de sa femme insufflèrent à Steele une nouvelle énergie dans ses tâches quotidiennes. Il choisit de ne pas accorder d'importance aux allusions de Marie à sa propre solitude et ne releva pas le fait qu'elle se sentait traitée injustement. « Je suis si désolé de lire que je te manque, ma chérie », écrivit-il. « Il y a tant à faire ici, et mon travail est si important pour ma réputation que je me dois de rester suffisamment longtemps. » Marie Steele ne se trompait pas quant aux ambitions de son mari. Sam avait l'espoir de devenir un jour le commissaire du corps de police auquel il avait consacré une bonne partie de sa vie. Son succès au Yukon allait certainement peser lourd dans la balance.

Tout compte fait, le surintendant Steele se plaisait à Dawson, au cours de ces quelques premiers mois. Il rassura Marie, indiquant qu'il était beaucoup trop occupé pour se remettre à boire. « Je n'ai pas bu une seule goutte d'alcool depuis mon arrivée au Yukon et je n'ai pas l'intention de le faire non plus. Je n'en ai même pas envie. » À l'approche de son cinquantième anniversaire, Sam était plutôt fier de sa forme physique grandissante. Il avait toujours été un peu vaniteux, aimant poser dans son uniforme pour les photographes ; il se tenait toujours bien droit en bombant le torse, il allait même parfois jusqu'à y ajouter un peu de rembourrage pour avoir l'air plus viril. Toutefois, avec les années, sa musculature de *Mountie* avait laissé place à un peu d'embonpoint. À présent, il se faisait un devoir de faire rapport sur son poids régulièrement dans ses lettres. Il pesait 323 livres (105 kilos) à son arrivée à Dawson ; quelques mois plus tard, en juillet, il pesait 214 livres (97 kilos), n'avait pas pris d'alcool depuis treize mois, n'avait pas fumé depuis six mois et il débordait d'énergie. Le seul problème était que sa veste rouge était désormais trop serrée des épaules et trop large à la taille. Il demanda donc à Marie d'envoyer de toute urgence une note au tailleur pour lui commander un nouvel uniforme. Il s'inquiétait aussi de ce qu'il avait pu advenir de la paire de pistolets qu'il avait commandés chez Hicks and Sons à Londres. Marie savait-elle où ils étaient ? Et pouvait-elle s'informer de ce qui était advenu du ruban de la médaille du Nord-Ouest canadien qui lui avait été décernée quelques années auparavant et qu'il n'avait jamais reçu ?

Juste après dix-neuf heures, le 26 avril 1899, une petite flamme rouge, telle la langue d'un serpent, s'échappa d'une chambre située au-dessus du saloon Bodega, au 223 de la rue Front. En peu de temps, le théâtre Tivoli du côté nord et le restaurant Northern du côté sud furent eux aussi la proie des flammes. Tous les habitants de la ville furent pris de panique. Il y avait moins d'un an que l'église du père Judge avait été ravagée par un incendie, et il y avait eu un autre feu important l'automne précédent. Cette fois-là, une danseuse de cabaret du nom de Belle Mitchell avait laissé une bougie allumée dans sa chambre au Green Tree Inn, et par conséquent en octobre 1898, selon le *Klondike Nugget*, 40 bâtiments avaient été complètement détruits. On estimait les pertes subies à 500 000 dollars, sans compter que « bien des hommes [avaient] également perdu leurs sourcils et leur moustache en s'approchant trop près du feu ».

À présent, un incendie encore plus important les menaçait, mais les citoyens de Dawson avaient bon espoir que cette fois, ils pourraient y faire face. Un an plus tôt, ils avaient acheté une voiture de pompiers aux États-Unis pour dix-huit mille dollars et l'avaient fait transporter à travers les montagnes jusqu'à Dawson. Elle était demeurée dans sa caisse de bois pendant des mois, parce que le gouvernement refusait de payer pour l'achat. Finalement, à la suite de l'incendie du mois d'octobre, les gens d'affaires de la ville, y compris Belinda Mulrooney, avaient décidé de prendre les choses en main. Un fonds avait été établi pour l'achat de la voiture. Afin de mettre sur pied le tout premier service de pompiers volontaires, on avait nommé un chef des pompiers et un chauffeur, puis recruté une centaine de volontaires. En avril, lorsqu'on entendit les premiers cris « au feu ! », les vaillants pompiers tirèrent la voiture sur une distance d'un demi-mille en direction du fleuve Yukon, pour y pomper l'eau.

Il faisait un peu plus froid qu'à l'habitude ce soir-là, et pourtant, les pompiers suaient à grosses gouttes en tirant sur les lances d'incendie pour les amener en direction des bâtiments en flammes. Ils attendirent cinq minutes que l'eau commence à jaillir hors des boyaux, puis cinq autres minutes... Mais leurs collègues étaient encore en train d'essayer de se faire un chemin jusqu'à l'eau, qui se trouvait sous une couche de glace de dix pieds (plus de trois mètres) d'épaisseur. Et le chef des pompiers n'arrivait pas à allumer la chaudière parce qu'il faisait trop froid. Pendant trente minutes interminables, la pompe à vapeur refusa de fonctionner et on dut se contenter de transporter l'eau à l'aide de seaux. L'incendie continuait de faire rage, attisé par une forte brise. En un rien de temps, les flammes consumèrent sept boutiques, trois saloons, un hôtel, trois restaurants, ainsi que le vaste entrepôt de la Northwest Trading Company. En même temps, le feu ravagea également les bâtiments situés le long de la rive, détruisant sur son passage une blanchisserie, deux autres restaurants et neuf autres boutiques, y compris le salon de barbier Pioneer et la boutique d'enseignes Anderson Brothers. S'étendant bientôt dans toutes les directions, le feu eut tôt fait d'anéantir plusieurs des principaux bâtiments de Dawson, y compris l'Opéra, le bâtiment de la Bank of British North America, l'hôtel Ottawa ainsi que de nombreux bordels.

Enfin, les efforts désespérés des pompiers pour faire fonctionner la pompe à vapeur finirent par porter leurs fruits. Des cris de joie se firent entendre à la vue du premier jet d'eau s'échappant des lances à incendie. Mais la température extérieure était de moins quarante-cinq degrés sous le point de congélation et les lances de 400 pieds (environ 122 mètres) de long s'étiraient à découvert sur la glace du fleuve. La pompe à vapeur n'était pas suffisamment puissante pour faire circuler l'eau dans de pareilles conditions. L'eau gela complètement dans les tuyaux et ces derniers se fendirent sur toute la longueur.

Tandis que l'obscurité s'installait, des silhouettes s'activaient frénétiquement à passer des seaux d'eau ou couraient dans tous les sens pour tenter de sauver quelques biens. Des bâtiments de bois délabrés commencèrent à se consumer puis à s'effondrer. On vidait les barils d'alcool dans la rue et le liquide gelait instantanément, créant de petits monticules glacés. Les meubles, les vêtements et autres biens qu'on avait réussi à sauver des flammes s'empilaient dans les rues et bloquaient l'accès aux pompiers. Les gens se hissaient sur le toit des bâtiments pour tenter en vain de ralentir l'incendie en y étendant des couvertures mouillées. On entendait un peu partout les cris des prostituées à moitié nues et des danseuses de cabaret qui fuyaient. Belinda Mulrooney ne savait trop s'il valait mieux aider ses amis ou s'assurer que l'hôtel Fairview était sauf. Elle courut au saloon Pioneer de Bill McPhee, situé sur la 1re Avenue, avant qu'il ne soit emporté par les flammes afin d'aller chercher les sacs de poussière d'or qui se trouvaient dans le coffre-fort. « Pour l'amour de Dieu, Bill », cria-t-elle à son vieux rival, « aide-nous à transporter l'or jusqu'au Fairview ! » Mais Bill avait d'autres priorités, plus précisément d'immenses bois d'orignal qu'il avait apportés de Forty Mile et installés fièrement au-dessus du bar le jour de l'ouverture, deux ans auparavant. « On s'en fiche de l'or », répondit-il. « Sauve mes bois d'orignal ! » Belinda n'oublia jamais le visage de Bill « fixant, le regard plein de mélancolie, les bois de l'orignal, qui couvraient toute la longueur du bar ; ceux-ci faisaient sa plus grande fierté ». La propriétaire du Fairview, n'éprouvant aucun attachement sentimental pour de genre de reliques, laissa Bill à ses préoccupations et décida d'aller porter secours aux danseuses.

Plus d'une cinquantaine de femmes « couraient dans tous les sens, en sous-vêtements de soie rose pâle. Certaines portaient des pantoufles, d'autres étaient pieds nus [...] » Bon nombre d'entre elles avaient des engelures aux pieds et la plupart avaient perdu tout ce qu'elles possédaient. Belinda les emmena à la hâte au Fairview, qui se trouvait à quelques pâtés de maisons au sud du brasier. Il y avait une énorme cafetière dans la cuisine de l'hôtel. « J'y versai une grande quantité de rhum ou de brandy pour les hommes qui étaient occupés à combattre le feu et en fit verser une tasse pour chacune des filles. J'en pris moi-même une tasse et faillit tomber à la renverse. Après qu'ils eurent goûté à mon café, tous les hommes voulaient sauver le Fairview ! », raconte Belinda. « Le toit de l'hôtel avait pris feu à quelques reprises. Après avoir bu leur café, les hommes passèrent la nuit à lancer des seaux de boue sur l'hôtel, même si ce n'était pas nécessaire. Il a fallu leur dire d'arrêter. » Pendant ce temps, Belinda s'affaira à trouver des matelas et des couvertures pour les pauvres femmes sans-abri et leur commanda de s'installer sur et sous les tables de la salle à manger du Fairview.

Sam Steele avait couru de la caserne de la police jusqu'au cœur de la ville dès que l'alarme s'était fait entendre, et il lui avait fallu peu de temps pour se rendre compte de l'ampleur du désastre : les flammes étaient déchaînées, il n'y avait pas d'eau, et c'était l'hystérie générale. Il n'y avait qu'une seule solution pour maîtriser l'incendie, il fallait détruire les bâtiments avant que les flammes n'aient le temps de les atteindre pour empêcher le feu de s'étendre. « Je commandai personnellement l'opération de destruction des bâtiments », nota-t-il dans son journal. Ses officiers formèrent des équipes de volontaires pour démanteler certains bâtiments et en dynamiter d'autres. Les explosions faisaient un bruit incroyable. Le sol tremblait, la glace sur le fleuve craquait, les témoins de la scène criaient et les murs en rondins et les toits de tôle étaient projetés dans tous les sens. Des fragments se retrouvèrent même à bonne distance sur le fleuve gelé. Sam remarqua que certains indésirables étaient occupés à engloutir du whisky récupéré dans les flammes et à piller les bâtiments en feu, plutôt que de participer aux efforts pour maîtriser l'incendie. Il donna des ordres pour qu'on arrête les hommes qui n'aidaient pas à transporter les seaux d'eau et que les hôtels ferment leurs portes dès minuit « parce qu'il y avait tellement de gens ivres qu'il aurait pu y avoir une émeute ».

L'incendie fut enfin maîtrisé au petit matin. C'est un bien triste spectacle qui attendait Sam Steele lors de sa patrouille à l'aube. Le quartier des affaires était réduit à un tas de ruines fumantes. Cent onze bâtiments avaient complètement brûlé et une quinzaine d'autres avaient dû être détruits. Les denrées et les meubles sauvés des flammes étaient encore empilés pêle-mêle au milieu des rues, endommagés par la boue et la fumée. Il y avait aussi d'énormes blocs de glace que plusieurs propriétaires de restaurants et d'hôtels avaient fait tailler et transporter du fleuve jusqu'à des entrepôts, pour conserver les aliments au frais durant l'été. Les bâtiments de bois avaient brûlé, mais la glace demeurait intacte. L'hôtel de Belinda Mulrooney, l'un des seuls commerces épargnés, était recouvert d'une couche de boue gelée.

Des hommes couverts de suie fouillaient les ruines des saloons, des cabanes et des boutiques à la recherche de poussière d'or. David Doig, l'exubérant directeur de la Bank of British North America, se tenait immobile, le visage livide, devant ce qui avait été la banque. La nuit précédente, tandis que l'incendie se dirigeait vers l'angle de la 2e Avenue et de la rue Queen, il avait offert une récompense de mille dollars à qui sauverait l'édifice. Personne n'avait saisi l'occasion. Lorsque les flammes avaient embrasé la banque, sa « voûte à l'épreuve du feu » avait explosé sous l'effet de la chaleur et son contenu s'était répandu : pépites, poussière d'or, montres, chaînettes, bagues, bracelets en or, broches en diamants. Des pièces d'or avaient été projetées comme des confettis sur une distance d'une vingtaine de pieds (plus de six mètres). La majeure partie des richesses accumulées par les mineurs et les danseuses de cabaret étaient désormais fusionnées en un énorme bloc d'or noirci. Cependant, trois coffres-forts d'acier avaient résisté. Lorsqu'on les ouvrit, des centaines de milliers de dollars en monnaie de papier s'y trouvaient, encore intacts. Découragé, Doig établit temporairement les bureaux de la banque au premier étage du Fairview, juste au-dessus du dortoir improvisé des prostituées sans-abri.

Les cendres n'avaient pas encore fini de refroidir que le prix du bois avait déjà doublé et la reconstruction était déjà entamée. Et Belinda avait mis sur pied une soupe populaire. « Nous servions les repas au Fairview à une longue table installée devant le poêle dans la cuisine », raconte-t-elle.

« Les gens mangeaient avec leurs mains [...] L'Hôtel était plein de monde [...] Dans mon bureau, dans ma chambre, partout on voyait des pieds nus dépasser et le sol était jonché de matelas. » Eugene Allen, quant à lui, était occupé à rédiger une édition spéciale du *Klondike Nugget*. Parmi les grands titres, on lisait : « DAWSON ENCORE UNE FOIS RÉDUITE EN CENDRES : La reine du Yukon fait à nouveau face à son vieil ennemi ! Les pertes de la ville s'élèvent à au moins un million de dollars ». Au cours des semaines qui suivirent, il devint évident que même le *Nugget*, qui avait tendance à l'exagération, avait sous-estimé l'ampleur des dommages ; les pertes subies valaient en réalité au moins deux millions de dollars.

Sam Steele maîtrisait la situation. Il traduisit les hommes qui avaient été arrêtés et emprisonnés au cours de l'incendie devant le tribunal de la police, puis imposa à quelques-uns une amende pour

La « voûte à l'épreuve du feu » de la Bank of British North America (à droite) explosa lors de l'incendie d'avril 1899. Les pillards se hâtèrent de fouiller les décombres.

ivresse et à deux d'entre eux, une amende pour avoir omis d'aider les pompiers volontaires. Il fit respecter l'ordre du commissaire Ogilvie voulant qu'aucun nouveau bâtiment ne soit érigé au bord de l'eau. Il relocalisa les filles qui logeaient au Fairview dans des casernes de la police, avant qu'elles ne puissent reprendre du service dans les chambres de l'hôtel. Puis il autorisa la tenue d'une enquête sur les causes de l'incendie.

Un jury présidé par le capitaine Harper de la Police à cheval du Nord-Ouest interrogea le portier du saloon Bodega. Ce dernier accusa Helen Holden, une danseuse qui habitait à l'étage de l'établissement, d'avoir laissé une bougie allumée dans sa chambre, ce que mademoiselle Holden nia avec véhémence. À son tour, elle affirma que l'incendie s'était déclaré dans le local d'entreposage. Le jury ne lui était pas favorable. On lit dans le *Nugget*: « un des jurés semblait assez convaincu que le feu avait commencé dans l'appartement de mademoiselle Holden puisqu'il lui demanda si elle avait l'habitude de fumer. On entendit glousser lorsqu'elle répliqua sèchement que non. La même chose se produisit lorsque le capitaine Harper lui demanda si elle se frisait les cheveux. Mademoiselle Holden, n'y voyant rien de drôle, répondit le plus sérieusement du monde que non – que grâce au cadeau de mère Nature, ses cheveux n'en avaient pas besoin. »

À l'automne précédent, Sam Steele avait promis à sa femme que le commissaire Ogilvie et lui rétabliraient l'ordre à Dawson, et de son point de vue, l'incendie venait de faire une partie du travail à leur place. À l'époque, le mouvement pour la tempérance battait son plein ; on réclamait le nettoyage des quartiers chauds dans toutes les grandes villes d'Amérique du Nord. Des membres de l'Union des femmes chrétiennes pour la tempérance, telle que Nellie McClung au Canada et Frances Willard aux États-Unis, distribuaient un peu partout des cartes d'adhésion aux hommes qui promettaient de renoncer à l'alcool. Les politiciens d'Ottawa, soucieux de faire bonne figure, avaient décidé que Dawson, avec sa réputation de « Gomorrhe » du Nord, méritait leur attention. Ils avaient donc donné l'ordre de poursuivre en justice toutes les prostituées.

Deux semaines avant l'incendie de Dawson, les prostituées qui menaient leurs affaires sur la 2e Avenue et derrière celle-ci avaient reçu un avis d'expulsion de la police, leur ordonnant de quitter les lieux avant le 1er mai. « Il n'est plus permis à la femme de mauvaise vie d'occuper les terrains les plus convoités de la ville et de s'afficher au grand jour dans les rues les plus achalandées », lisait-on dans le *Klondike Nugget*. « On ne verra plus le prospecteur innocent ou l'homme d'affaires pressé se laisser enjôler par la séductrice cognant à la fenêtre. Le règne de la lettre écarlate tire à sa fin ; l'une des institutions les plus chéries et prospères des jours heureux d'autrefois est sur le point d'être rétrogradée. » Le *Nugget* indiquait qu'il y avait quelque 300 « colombes souillées » (un savoureux euphémisme employé par le journal) dans le quartier de la prostitution, qui se faisaient payer, selon un vieux *sourdough,* de deux dollars à quatre onces d'or pour « un divertissement très bref ». À cause de l'incendie, ces femmes étaient désormais des sans-abri. La plupart étaient éperdument reconnaissantes lorsque le surintendant Steele leur annonça qu'elles pouvaient s'installer dans le secteur bordé par la 4e et la 5e Avenue, juste à l'ouest du quartier général de la police et à bonne distance du quartier des affaires. Le *Nugget* annonça que le « nouveau quartier de la prostitution » serait prêt le 1er juin. Sam Steele jouait les puritains à l'égard des prostituées, mais il était également réaliste. Il savait bien qu'il n'arriverait pas à enrayer la prostitution dans une ville minière peuplée d'hommes seuls, et il n'avait nullement l'intention de passer tout son temps à chasser les filles de joie hors de la ville. « Ces filles semblent constituer un mal nécessaire aux yeux de la majeure partie de la population », écrivit-il dans son rapport du mois de mai au commissaire de la Police à cheval du Nord-Ouest à Ottawa. De plus, les amendes imposées pour divers comportements indécents ainsi que pour les examens de santé représentaient une source de revenu appréciable. Par conséquent, les prostituées de Dawson continuèrent de jouir d'une tolérance rendue impossible n'importe où ailleurs en Amérique du Nord.

À Montréal, Marie Steele collait chaque semaine dans un cahier toutes les coupures de journaux qui faisaient mention de son mari. Bon nombre d'entre elles lui étaient envoyées par Sam lui-même. Le 28 mai, il envoya à sa femme plusieurs exemplaires du *Klondike Nugget* avec les instructions suivantes : « S'il te plaît, mets les meilleurs dans ton cahier, il se peut que les enfants en aient besoin un jour, et cela fait partie de mes archives. »

Sam Steele passa huit mois sans voir ses trois jeunes enfants : Harwood (à gauche), Gertrude (au centre) et Flora (à droite). Toutefois, ces derniers purent voir leur père dans les journaux.

La famille était tout particulièrement fière d'un article de Faith Fenton, largement repris par d'autres journaux, qui allait assurément faire de Sam Steele une légende. On y disait entre autres : « Le Colonel Steele devrait faire l'objet de remerciements officiels de la part du Parlement. Aucun homme ne le mérite plus que lui. Non seulement il impose à ses hommes une discipline remarquable, mais il a également accompli un travail extraordinaire dans un tas d'autres domaines. Nous avons désormais un service postal hebdomadaire [...] Il a repéré pratiquement tous les escrocs de la ville de Dawson [...] Et il est toujours en train de planifier en fonction de l'avenir. C'est le genre d'homme dont a besoin un pays tel que le nôtre. »

Les journaux américains publiaient eux aussi des articles sur « Steele le *Mountie* ». Les journaux de Seattle répétaient les propos des prospecteurs américains mécontents qui traitaient les fonctionnaires du gouvernement canadien de dictateurs et se plaignaient de la corruption dans les champs aurifères canadiens : ces articles ne se retrouvèrent cependant pas dans le cahier de Marie. Elle préféra plutôt consacrer une pleine page à une coupure du *Sunday Chronicle* de Chicago datée du 14 mai 1899 : « Le colonel S. B. Steele [...] vaut toute une armée à lui seul. Il est né pour commander dans un pays où il n'a nul choix que de se faire dictateur, car il est [...] privé de toute aide, de conseils et de ressources. » Sam était en bonne voie de devenir un phénomène rare, une idole dans un pays où l'on se méfiait de la célébrité.

Chapitre 19

Ruée vers Nome, été 1899

Au printemps de l'année 1899, le monde extérieur commençait à rattraper Dawson. « Le Yukon brise ses entraves de glace », proclamait le *Nugget* à la mi-mai. « Des milliers de personnes poussent en cœur des cris de joie, accompagnés du son des sifflets à vapeur et du hurlement des malamutes. » Pour la troisième année consécutive, deux flottes de navires apparurent. La première arrivait de l'amont. Quelques jours plus tard, une autre flotte arriva à contre-courant en provenance de St. Michael, à l'embouchure du fleuve. La berge, baignée par le soleil du printemps, grouillait de prospecteurs en pantalon de laine miteux et chapeau mou sale. Comme à l'habitude, ces derniers harcelaient tous les nouveaux venus pour tenter de savoir ce qui s'était passé à l'extérieur du territoire au cours des six derniers mois. Les *sourdoughs* avaient des questions très précises, concernant notamment les champions de boxe, les gagnants des courses de chevaux, les scandales touchant le gouvernement et les guerres impériales. Est-ce que la reine Victoria, maintenant âgée de quatre-vingts ans, était encore en vie ? (Oui, elle l'était.) Est-ce que la Grande-Bretagne avait réussi à écraser ces satanés Boers et leur leader, Paul Kruger, dans le Transvaal ? (Non, elle ne l'avait pas fait.) Le gouvernement français avait-il fini par laisser le capitaine Alfred Dreyfus sortir de prison ? (Pas encore.) Est-ce que l'Espagne et les États-Unis avaient fait la paix ? (Oui, au mois de décembre précédent, l'Espagne avait cédé le contrôle de Cuba, des Philippines, de Porto Rico et de Guam aux États-Unis. Mais depuis, il y avait eu un soulèvement aux Philippines.) Un couple d'aristocrates britanniques voulut même connaître les résultats de la régate Oxford-Cambridge...

Tandis que les nouveaux arrivants et les habitués faisaient connaissance dans la rue Front, les habitants de Dawson ne pouvaient s'empêcher de sentir que la vie au sud des montagnes St. Elias était en train de changer. La crise économique qui avait poussé bon nombre d'entre eux à prendre la route du Nord commençait à se résorber : des chemins de fer sillonnaient à présent l'Amérique du Nord, les files d'attente pour obtenir de la nourriture diminuaient peu à peu, les fermes des Prairies prospéraient, et il était question qu'on construise un canal au Panama pour relier les océans Atlantique et Pacifique, aux frais du gouvernement américain. À l'approche du nouveau millénaire, le conformisme étouffant de l'époque victorienne commençait à s'effriter. Les femmes faisaient campagne pour obtenir le droit de vote et les travailleurs se lançaient dans des bras de fer politiques. Dans les grandes villes, on commençait à voir apparaître des voitures sans chevaux, des milliers de bicyclettes faisaient la navette entre la ville et la campagne les week-ends et, chose incroyable, on entendait même dire qu'un jour, les gens pourraient se déplacer par la voie des airs, dans des vaisseaux qui flotteraient dans le ciel grâce à l'hydrogène. Les buveurs qui se tenaient dans les bars fraîchement reconstruits de la rue Front entendaient parler de modes bizarres : des danses, comme le « cake-walk », des peintures faites de points de différentes couleurs, etc. Le nouveau chemin de fer qui partait de Skagway en direction du col White se rendait à présent jusqu'au lac Bennett et il relierait bientôt Whitehorse à la côte. Le voyage pour se rendre au Yukon et en revenir s'effectuait désormais beaucoup plus facilement. Les orpailleurs qui n'avaient pas réussi à s'enrichir depuis leur arrivée à Dawson songeaient à rentrer chez eux. Belinda Mulrooney et les « rois du Klondike », qui avaient des sacs remplis d'or, rêvaient d'aller jouer les riches à San Francisco, à Chicago ou à New York.

Le monde extérieur rattrapait aussi peu à peu le surintendant Steele. Pendant l'hiver, alors que toute communication entre Dawson et Ottawa était impossible, c'était lui qui faisait la loi – et comme l'avait indiqué Faith Fenton, cette loi était très efficace. Il n'y avait encore aucune liaison télégraphique entre Dawson et l'extérieur du territoire, mais maintenant que le fleuve était à nouveau navigable, il suffisait de quelques jours pour que les lettres entre Ottawa et Dawson parviennent à destination. (L'hiver, il fallait parfois attendre jusqu'à deux mois.) Sam n'avait plus le loisir de faire fi du stress auquel ses hommes faisaient face ou d'ignorer les ordres d'Ottawa.

La plus importante source de tension, qui s'aggravait au fil des mois, était le fait que les salaires des fonctionnaires fussent lamentables dans une ville où les pépites d'or étaient comme des jouets et les prix étaient de deux à dix fois plus élevés qu'ailleurs. Un agent de la Police à cheval du Nord-Ouest était payé 1,25 dollar par jour; un ouvrier dans les mines faisait le même salaire en une heure. Les employés de banque étaient dans la même situation. Peu après son arrivée à Dawson, un agent de la Banque de commerce s'était rendu dans un saloon du nom de Tammany Hall dans le but de recruter de nouveaux clients. Là, une de ses connaissances lui présenta quelques vieux prospecteurs bien établis. Parmi eux se trouvaient Skiff Mitchell et Johnny Lind, qui buvaient du champagne « rapidement et en grande quantité » aux dires du banquier. Bientôt, ce fut à son tour d'offrir la tournée. Quelle ne fut pas sa surprise d'apprendre que cela lui coûte-

Des dizaines de bateaux à aubes convergeaient vers Dawson pendant les cinq mois au cours desquels le fleuve était navigable.

rait 120 dollars ! Il s'agissait de peccadilles pour un mineur prospère, mais c'était tout un mois de salaire pour un employé de banque. L'homme avait juste assez d'argent dans ses poches, mais « la prudence lui fit prétendre d'apercevoir un ami au loin “à qui il devait absolument parler”. Il alla rapidement se coucher et à partir de ce jour-là, il prit l'habitude de chercher ses clients ailleurs. »

Belinda Mulrooney affirmait avoir pitié des hommes « qui n'arrivaient pas à vivre et payer leurs frais avec leur maigre salaire ». Sa compassion ne l'empêcha cependant pas de profiter de la situation. Lors de son arrivée à Dawson en février 1898, Frederick Coates Wade avait préféré Big Alex McDonald à Belinda comme partenaire pour son projet d'aménagement du secteur riverain. Mais Belinda s'était rendu compte que Fred Wade était achetable, puisqu'il combinait ses responsabilités gouvernementales avec sa pratique privée. Elle l'embaucha donc comme « conseiller juridique », vraisemblablement avec provision. Au printemps de 1899, Wade était devenu procureur de la Couronne et Belinda ne pouvait s'empêcher d'admirer son attitude cavalière. Il était à la fois « juge, avocat et tout le reste. S'il ne voulait pas qu'un type se présente au tribunal le lendemain, il lui flanquait une volée ou le faisait boire jusqu'à ce qu'il soit trop ivre ». À présent, elle disait de lui qu'il était son « partenaire d'affaires », parce qu'elle l'avait poussé à investir dans quelques entreprises minières lucratives. Elle avait également acheté, à son propre nom, des parts dans des concessions minières pour le compte d'autres fonctionnaires, notamment le capitaine H. H. Norwood, inspecteur des mines. Elle insistait pour dire que les transactions étaient tout ce qu'il y a de plus légal et que ses clients étaient « des gens honnêtes. Bon nombre des propriétés dans lesquelles ils [avaient] investi ne [valaient] rien, mais ils [avaient] aussi investi dans de bonnes [concessions] pour que cela en vaille la peine ». Cela en valait également la peine pour Belinda. L'aide qu'elle leur apportait lui permettait d'obtenir « de nombreuses faveurs de la part des fonctionnaires ».

Comme tout le monde, Sam Steele était au courant de l'existence d'un système de pots-de-vin florissant relativement à l'attribution des permis de coupe de bois. Il savait que les fonctionnaires corrompus du bureau du commissaire de l'or magouillaient avec de puissantes sociétés minières afin d'acheter les concessions individuelles des petits prospecteurs par tous les moyens, qu'ils soient honnêtes ou malhonnêtes. Il avait aussi lu l'article du 3 mai dans le *Klondike Nugget* affirmant : « Notre territoire grouille de serpents de toutes sortes. L'espèce la plus venimeuse, qui empoisonne la paix publique et atteint même les rouages de l'administration gouvernementale, est connue sous le nom de *cupidus bureaucratus intolerens.* » Mais Sam avait les mains liées. Clifford Sifton, le ministre libéral que Flora Shaw avait rencontré à Ottawa au mois d'octobre précédent, continuait de se servir du Yukon pour faire du copinage politique et d'envoyer à Dawson des hommes qui préféraient consacrer leur énergie à se remplir les poches plutôt qu'à bien gouverner.

Les réunions hebdomadaires des six membres du Conseil exécutif du Yukon à la caserne de la Police à cheval du Nord-Ouest étaient un champ de bataille dissimulé. De l'extérieur, elles avaient l'air de rencontres sociales informelles entre des hommes qui, loin des leurs, tentaient de mettre un peu d'ordre dans une ville anarchique. Assis au bout la table, le commissaire Ogilvie présidait et fumait tranquillement sa pipe, ne manquant pas de saisir toutes les occasions de s'éloigner du sujet pour raconter une anecdote à propos du « mauvais vieux temps ». Des six hommes présents, Steele et Ogilvie étaient les seuls qui n'arrondissaient pas leurs fins de mois avec de l'argent au noir. Les quatre autres étaient tous des proches de Sifton, y compris Fred Wade. Au mois de mars, lors de l'une de ces réunions, Sam s'était opposé à une motion visant à augmenter substantiellement les salaires des membres du Conseil. Il raconta plus tard à Marie qu'il était particulièrement irrité contre Ogilvie, parce que ce dernier ne s'était opposé que très faiblement à l'idée : le commissaire trouvait que la vie à Dawson coûtait cher.

La situation était particulièrement pénible pour Sam, qui était lui-même à court d'argent. Au début des années 1890, alors qu'il était stationné à Fort Macleod, il avait accumulé des dettes qu'il lui faudrait rembourser d'ici quelques mois. Tout son salaire de policier était versé directement à sa femme Marie à Montréal ; il ne lui restait donc que les honoraires qu'il touchait pour la supervision du tribunal de police, soit environ 200 dollars par mois, pour survivre à Dawson. Heureusement, il était logé et nourri gratuitement à la caserne de la Police à cheval du Nord-Ouest. À un certain moment, au début de l'année 1899, il n'avait plus eu la force de résister et avait fini par acheter des parts dans quelques nouvelles concessions au ruisseau Sulphur de même qu'une au ruisseau Bonanza. Il n'était pas le seul à avoir succombé à la tentation; son subordonné et ami, l'inspecteur Bobby Belcher, avait fait de même.

Au moment où Steele et Belcher avaient fait l'acquisition de parts dans des concessions minières, ce type d'investissement par des fonctionnaires n'était pas encore officiellement illégal. Les règles changèrent cependant en avril 1899. À Ottawa, le gouvernement publia un décret interdisant à tout représentant du gouvernement de jalonner une concession ou d'enregistrer un titre minier au Yukon, tant à son nom qu'au nom de quelqu'un d'autre. Il fut également désormais interdit aux fonctionnaires de posséder des parts dans une mine et de servir d'intermédiaire dans des transactions minières. Toutefois, l'ami de Sifton, Fred Wade – qui était à présent à la fois registraire des titres fonciers, greffier de la cour, procureur de la Couronne, conseiller auprès du commissaire de l'or, et membre et conseiller juridique du Conseil exécutif du Yukon – faisait explicitement l'objet d'une exemption. Selon le journal *Edmonton Bulletin*, on aurait dit à Wade que « rien, dans le règlement sur les mines, ne l'empêchait [lui] de jalonner une concession à son propre nom ». Steele n'est pas mentionné, mais il y avait une entente tacite voulant que les fonctionnaires déjà en poste au Yukon ne soient pas visés par les nouvelles règles. Sam continua donc d'acquérir des concessions minières. En août, il écrivit à sa femme : « Belcher cherche de l'or sur notre concession et nous allons acheter des parts dans la concession n° 66 en aval du ruisseau Sulphur et dans la concession n° 18 en amont, plus au nord, à un taux de cinquante pour cent des profits. Le rendement d'une seule de ces concessions pourrait bien suffire à rembourser nos dettes, ce qui nous laisserait une bonne marge de profit. »

Mais Sam était bien conscient que le fait d'être titulaire de concessions à son nom pourrait ternir sa réputation, maintenant que le nouveau règlement était en vigueur. Les loups d'Ottawa ne manqueraient pas de chercher à avoir sa peau. Il réfléchit longuement, en marchant dans les rues de Dawson, à la manière dont il pourrait se tirer de cette situation et préserver son intégrité. Dans la soirée du 28 mai, sous un ciel encore clair bien qu'il soit presque minuit, il écrivit rapidement à Marie : « Ma chère épouse, tu dois absolument te procurer un certificat de mineur à Ottawa, vas-y en personne s'il le faut. Je n'ai pas le droit de posséder des titres miniers, mais toi oui. Fais rédiger une procuration à mon intention par Auguste [le frère de Marie, qui était avocat] pour que je puisse agir en ton nom. »

Sam Steele avait raison de s'en faire. Un scandale était sur le point d'éclater à Ottawa au sujet de la corruption au Yukon, et tous les fonctionnaires de Dawson risquaient de se faire éclabousser. Les conservateurs, qui formaient l'opposition, passaient à l'attaque. Ils étaient véritablement choqués par ce qui se passait à Dawson, qu'ils voyaient comme la corruption incarnée. Tous voulaient la peau de Sifton. En avril 1899, sir Charles Hibbert Tupper, redoutable orateur et fils d'un ancien premier ministre conservateur, prit la tête du parti. Tupper prétendit que « si on avait donné à M. Sifton le mandat d'exploiter le Yukon pour ses propres intérêts, on n'aurait vu aucune différence entre cela et ce qu'il a fait à titre de ministre de la Couronne ». Tupper exigea la mise sur pied d'une commission d'enquête pour mettre au jour les magouilles de Sifton, qui comprenaient, prétendait-il : « impôts et redevances à faire rougir Oom Paul[32], nomination de fonctionnaires corrompus et incompétents, favoritisme dans l'octroi de licences, de baux et de contrats, mauvaise gestion flagrante des transports et négligence à l'égard de toutes mesures sanitaires ». C'était révoltant, en effet. Mais ces allégations ne dérangeaient pas le moins du monde monsieur Sifton, qui continuait de donner des contrats à ses amis. Sam Steele essayait tant bien que mal de ne pas se laisser corrompre. Il refusa d'octroyer à l'un des amis de Sifton le contrat d'approvisionnement en viande de la Police à cheval du Nord-Ouest, s'opposa à bon nombre de nominations et insista pour que la collecte des redevances soit faite par la Police et non par des fonctionnaires civils nommés par Sifton. La confrontation entre le ministre et le surintendant de police était inévitable. Malgré tous les efforts de Sam pour se mettre en valeur, la rumeur de sa mutation imminente commença à circuler à Dawson au printemps de 1899. On put voir sur lui les effets de la fatigue. Il ne se vantait plus auprès de Marie de n'avoir pas touché une goutte d'alcool. Le 15 juillet, il écrivit à la dernière page de son journal

32. Paul Kruger, président du Transvaal pendant la guerre des Boers, était un personnage très détesté au sein de l'Empire britannique à l'époque.

qu'il avait acheté deux bouteilles de scotch, à six dollars chacune – soit environ 120 dollars la bouteille aujourd'hui.

Sam Steele n'était pas le seul à être l'objet des commérages ce printemps-là. Belinda Mulrooney faisait beaucoup jaser, elle aussi – mais pas comme elle l'aurait souhaité. L'été précédent, un personnage intrigant du nom de Charles Eugène Carbonneau était arrivé à Dawson à bord d'un navire à vapeur en provenance de Whitehorse. Dès le premier coup d'œil, on pouvait voir que l'homme détonnait dans cette ville champignon nordique. Il portait un complet fait sur mesure, des chaussures de cuir verni et des demi-guêtres et se promenait dans Dawson, canne à la main. Il s'adressait aux gens avec un accent français cultivé et des manières polies, et projetait l'image d'un homme riche et sophistiqué. Sa carte de visite indiquait qu'il était le comte Carbonneau, représentant de Messieurs Pierre Legasse, Frères et Cie, des négociants en vins réputés, à Paris et à New York. Il laissait entendre qu'il avait des relations haut placées à Ottawa (bien qu'il n'y eût aucune preuve que cela fut vrai). L'aristocrate raffiné s'installa à l'hôtel Fairview, et sans perdre une seconde, se mit immédiatement à se plaindre du prix élevé du vin.

En réalité, Carbonneau n'était rien d'autre qu'un arnaqueur comme il y en avait des dizaines dans les rues de Dawson, mais en mieux habillé. Son personnage était si au point que même Belinda se fit prendre au jeu. Au début, elle ne se souciait pas trop de ce client qui faisait étalage de son titre et critiquait les prix. Mais en un rien de temps, elle se sentit attirée par ce « jeune homme fringant et élégamment vêtu », décrit-elle. « Il avait de grands yeux, avec le regard un peu endormi et doux qu'ont certains Français, et une grosse moustache. » Mais ce n'était pas tout : le chien de Belinda, Nero, qui ne s'intéressait d'ordinaire à personne d'autre que sa maîtresse « adorait monsieur Carbonneau plus que quiconque excepté [Belinda] ».

Apparemment, Carbonneau se trouvait au Yukon non pas pour vendre des vins français, mais bien pour représenter un groupe d'investisseurs de Londres qui s'intéressaient à l'or du Klondike. Il acheta donc quelques concessions en bordure du ruisseau Bonanza à un vieux mineur nommé Thomas Pelkey. Après sa visite en août 1898, Carbonneau retourna en Europe pour créer un consortium, l'Anglo-French Klondyke Syndicate et trouver davantage d'investisseurs. Il retourna au Yukon en janvier 1899, affrontant l'hiver et des températures allant jusqu'à quarante sous le point de congélation, et s'installa de nouveau au Fairview. Belinda fut impressionnée par ce qu'il avait rapporté. « Il [...] avait de magnifiques fourrures, et des articles – tentes, lanternes, des steaks et toutes sortes d'autres aliments raffinés. Les tentes ordinaires n'étaient pas assez bien pour lui ; il lui fallait de la soie. Son lit – la plupart d'entre nous nous contentions de branches de pin, que nous considérions comme un luxe, mais lui avait une sorte de matelas rembourré. » Carbonneau, à présent devenu le directeur de sa société minière à Dawson, prenait le repas du soir avec Belinda chaque fois que cela était possible. Elle « trouvait sa conversation apaisante et intéressante, surtout lorsqu'il parlait de la vie en Europe ». Elle avait aussi remarqué que son chef cuisinier semblait avoir « plus de respect pour lui que pour [elle] ». [Belinda] ne faisait jamais de chichis et mangeait ce qu'on lui servait. [Charles] lui, allait dans la cuisine montrer au chef quoi faire, lorsque nécessaire.

Ils formaient un duo plutôt improbable. La petite Belinda, avec son cœur dur, sa tenue austère, ses manières brusques et sa langue acérée s'était laissée séduire par un Français, « à la tenue, à l'apparence et aux manières toujours impeccables » qui la courtisait avec des fleurs. Elle n'accordait pas d'importance aux nombreux mineurs d'expérience qui disaient de Charles qu'il n'était qu'un frimeur vaniteux. Elle faisait la sourde oreille aux rumeurs voulant qu'il soit en réalité un Canadien français et un ancien boulanger ou barbier de la rue St-Denis à Montréal. Carbonneau s'entendait suffisamment bien avec les relations professionnelles de Belinda, comme Fred Wade et les directeurs de banque, mais les mineurs ne s'intéressaient pas à lui et il les regardait de haut, entre autres parce qu'ils ne se rasaient jamais. Mais Belinda aimait bien Charles. Elle s'adoucissait en sa compagnie, et se mettait à rire nerveusement lorsqu'il flirtait avec elle. Il arrivait même à la faire rougir de temps à autre. « L'éternelle candeur » de son prétendant, de quinze ans son aîné, la faisait sourire.

Comment Carbonneau parvint-il à se faufiler jusqu'au cœur de Belinda, malgré tous les murs qu'elle avait érigés autour d'elle ? Peut-être avait-elle peur de passer le reste de sa vie en compagnie des vieux mineurs qui fréquentaient le bar de son hôtel. Peut-être en avait-elle assez des insinuations voulant qu'elle préférât les femmes. Peut-être qu'à présent qu'elle était, aux yeux de tous, la femme la plus riche du Klondike, elle n'avait plus cette crainte (pourtant justifiée) qu'un homme la domine entièrement, dès qu'elle lui appartiendrait. À vingt-sept ans, peut-être avait-elle l'envie d'une vie différente de ce qu'elle avait connu, en compagnie d'un mari galant et de quelques enfants. Et peut-être que l'attitude distante du surintendant Steele à son égard avait piqué son orgueil, lui rappelant l'humiliation qu'elle avait jadis ressentie en Pennsylvanie, lorsque les autres enfants se moquaient de son fort accent irlandais. Son union avec un aristocrate parisien, noble de surcroît, lui conférerait un statut qu'elle n'avait jamais vraiment recherché jusqu'à ce jour, mais de toute évidence, quelque chose avait changé.

Carbonneau était rusé. Il fit ce qu'aucun homme n'avait jamais fait à l'égard de Belinda : il la traita comme une jolie femme. À son retour d'un de ses nombreux voyages à l'extérieur du Yukon, il lui rapporta une malle remplie de robes élégantes. La première réaction de Belinda fut de se mettre en colère. « J'ai littéralement explosé. Il pensait que je serais ravie. Lorsqu'il ouvrit la malle pour me montrer tous ces vêtements, il était convaincu de me faire un grand plaisir. J'étais scandalisée », raconte-t-elle. Les vieux réflexes de Belinda à l'égard des hommes refirent soudain surface. Comment pouvait-il l'avoir si mal jugée ? Charles pensait-il qu'elle était le genre de femme à se laisser acheter avec de beaux vêtements ? Ou essayait-il de lui faire comprendre qu'elle devait s'habiller de manière plus féminine ? Ils eurent une importante dispute et Belinda finit par dire qu'elle allait donner toutes les robes à Sadie. Mais Carbonneau savait ce qu'il faisait. Curieusement, la malle demeura dans la chambre de Belinda. Lorsqu'elle s'y trouvait seule, elle sortait les corsages de dentelle et les grandes jupes flottantes et les pressait contre ses vêtements. Elle aimait toucher les tissus délicats et les frotter contre son visage. « Il n'était pas question que je les porte, mais la tentation était forte... J'adorais la sensation de toucher les robes de soie et de satin et les bas magnifiques », raconte-t-elle.

L'engouement de Belinda pour Charles s'intensifiait au fur et à mesure que l'hiver cédait la place au printemps et que tous deux travaillaient à la croissance de leurs diverses entreprises. Belinda faisait la promotion de sa nouvelle entreprise d'approvisionnement en eau, Hygeia, et se rendait régulièrement dans les champs aurifères faire la tournée de ses concessions. Elle put y voir les mineurs utiliser pour la toute première fois des pompes à vapeur afin de faire dégeler le sol plus rapidement. Carbonneau, lui, achetait et revendait des concessions minières, et à au moins une occasion, il emprunta pour ce faire des capitaux à Belinda. Carbonneau conclut également un accord avec Belinda pour l'agrandissement de l'hôtel Grand Forks et l'achat de cinquante pour cent de la valeur de ses stocks de provisions et de matériel. Il parvint à s'immiscer dans une transaction impliquant le surintendant Steele qui lui permit de se rapprocher de Sam, ce que Belinda n'avait jamais réussi à faire. En mars, Belinda et Charles marchèrent ensemble jusqu'à Grand Forks. Belinda, agitant les bras vigoureusement de chaque côté de son corps, marchait avec assurance de ses petits pieds agiles le long du sentier. Son prétendant, à bout de souffle, tentait tant bien que mal de suivre la cadence. Carbonneau finit par s'impatienter et s'exclama : « Pour l'amour du ciel, peux-tu te tenir tranquille une minute ? J'ai à te parler. » Il lui annonça alors qu'on lui avait offert un poste au gouvernement. Belinda lui demanda pourquoi il ne l'acceptait pas. Dans son autobiographie, elle raconte qu'il lui aurait répondu : « Un homme perd de son influence lorsqu'il accepte un poste. Je fais plus d'argent dans ma situation actuelle. De plus, j'ai l'impression qu'il faudrait que je sois un mineur ou un *sourdough* pour que tu t'intéresses à moi, et je veux me marier. »

Belinda n'était pas surprise de la déclaration de Carbonneau, et elle l'admet elle-même : « Je m'intéressais à lui depuis longtemps. » Carbonneau lui fit bien comprendre qu'il voulait faire vite. Belinda se mit donc à négocier. « Je lui dis que je ne savais rien de la vie domestique ni de l'entretien ménager. Il me répondit qu'il n'était pas question que sa femme fasse le ménage. Je lui répondis : "cela me convient". » Mais pendant qu'elle était occupée à discuter des détails de la vie domestique, Belinda savait bien qu'il y avait des problèmes beaucoup plus sérieux à l'horizon. Selon la loi, les femmes n'étaient pas autorisées à posséder des biens fonciers. Épouser Carbonneau donnerait à celui-ci le droit de s'approprier les hôtels et les mines de Belinda. Dans son autobiographie, cette dernière ne reconnaîtra jamais que cela ait pu être le but de Charles dès le départ. La femme qui avait réussi à tenir tête à Big Alex n'allait certainement pas admettre qu'elle eut pu manquer de jugement, ne serait-ce qu'une fois dans sa vie. Elle prétexta plutôt que le délai était attribuable au fait qu'elle devait fermer ses diverses entreprises. « J'avais tellement de partenaires d'affaires. Il fallait que je dissolve toutes mes entreprises avant même de pouvoir épouser qui que ce soit. » Puis elle se souvint soudain de sa famille, laissée loin derrière en Pennsylvanie presque dix ans plus tôt. « J'avais le devoir d'obtenir le consentement de ma famille pour me marier, j'y tenais. » Mais Carbonneau avait donné à Belinda un aperçu de ce que pourrait être sa vie après le Klondike, dans un monde où il était parfaitement à ses aises et auquel il pourrait lui donner accès. « Nous décidâmes donc de nous marier à l'automne 1900 et de quitter le pays par la suite », raconte Belinda.

Elle insista pour que leurs fiançailles demeurent secrètes. Elle n'était pas prête à faire face à la réaction des habitants de la petite ville de Dawson lorsqu'ils apprendraient que la redoutable mademoiselle Mulrooney s'était laissée conquérir par son élégant prétendant. Elle savait que les vieux mineurs lui en voudraient « d'épouser un homme qui transportait ses steaks dans une glacière portative et avait sa propre marque d'eau de toilette ». Et pourtant, elle se mit à vendre discrètement ses propriétés. Elle se départit d'abord de l'hôtel Grand Forks, qu'elle vendit en mai, puis elle se prépara à vendre également le Fairview. Elle finit par le louer plutôt à un homme du nom de Fred Kammueler, pour 1200 dollars par mois, pendant trois ans. C'était le bon moment pour vendre. Dawson était en pleine effervescence, et les marques de l'incendie survenu en avril s'estompaient rapidement au fur et à mesure que de nouveaux bâtiments remplaçaient les anciens. Des trottoirs de bois bordaient désormais les rues en terre battue de la ville et il n'y avait pas eu d'inondation printanière cette année-là. Le *Nugget* se réjouissait de voir « le Klondike adopter rapidement l'apparence et les manières des habitants de l'Est ». Belinda, elle, n'était pas aussi ravie : « La haute société exerçait un grand pouvoir sur Dawson. Les dames s'habillaient de façon de plus en plus élaborée, et l'ambiance était tout à fait différente de ce qu'elle avait été. Les divertissements n'étaient plus les mêmes. Dawson était entièrement entre les mains du monde extérieur. » Belinda était trop ambitieuse pour avoir la nostalgie du bon vieux temps. Qui pouvait bien regretter l'époque impitoyable où les épidémies de dysenterie et les engelures faisaient partie du lot quotidien, tout comme les rues remplies d'excréments de chiens ? Mais tant qu'à vivre comme à la grande ville, Belinda voulait l'expérience authentique. D'ailleurs, plusieurs aspects de la vie à Dawson commençaient à l'agacer sérieusement.

Dans son discours devant le Royal Colonial Institute, Flora Shaw avait affirmé avec hauteur que pour faire de Dawson une ville civilisée, il fallait davantage de femmes : « c'est l'homme qui gagne les batailles, mais c'est la femme qui monte la garde », avait-elle déclaré. Mais selon Belinda, les femmes étaient en train de tout gâcher. Une rivalité acharnée avait éclaté entre les Américains et les Canadiens à savoir quelle était la plus importante célébration entre la fête de la Reine Victoria, le 24 mai, et la fête de l'Indépendance américaine, le 4 juillet. Par le passé, les deux événements avaient été soulignés avec des parades, des discours et des festivités. « Nous avions droit à deux grandes fêtes plutôt qu'une seule », se rappelle Belinda. « Et nous avions autant de plaisir à célébrer l'un que l'autre. » Mais à présent que les épouses de nombreux fonctionnaires et mineurs étaient sur place, « les femmes se crêpaient le chignon dès que le drapeau [britannique] dépassait le drapeau américain d'un pouce ».

Le jour de la Fête de la Reine Victoria, en 1899, des orchestres jouèrent de la musique dans la rue Front, et de grands attroupements se formèrent autour des diverses activités typiquement écossaises telles que : lancer du tronc d'arbre, lancer de poids, danse du sabre et concours de cornemuse. Il y eut également des épreuves de course en sac, de course à pied, de course à cheval ainsi qu'un concours de coupe de bois. Sam Steele écrivit dans son journal officiel de la Police : « Feu de joie organisé par la [Force de campagne] et salve par la force de Police à l'aide de la mitrailleuse Maxim. Épreuves sportives de toutes sortes. Tout le monde était occupé. Courses de canots. » La version de Belinda diffère quelque peu. Une Canadienne avait déchiré un drapeau américain, alors une Américaine s'était vengée en déchirant le drapeau britannique. « La situation dégénéra rapidement lorsque les époux se mirent à prendre parti pour l'une ou pour l'autre », raconte Belinda. Elle-même avait organisé une activité de souque à la corde, avec un prix de cinq cents dollars offert par le Fairview à l'équipe gagnante, mais les *sourdoughs* n'étaient pas au rendez-vous. « Ce fut le pire 24 mai que nous ayons jamais eu. »

La fête de la Reine Victoria, le 24 mai, était célébrée entre autres avec des courses et un concours de cornemuse. Les femmes et les enfants han du village de Moosehide regardaient le spectacle (en bas à droite).

Belinda entama les préparatifs pour son retour triomphal auprès de sa famille en Pennsylvanie et une visite à sa grand-mère en Irlande. Elle demanda à un orfèvre local de lui fabriquer plusieurs petits étuis à cigares avec de l'or provenant de ses propres concessions. La plupart étaient des cadeaux pour des membres de sa famille, mais quelques-uns étaient destinés à des représentants du gouvernement à Dawson. Celui qu'elle avait fait faire pour Frederick Coates Wade portait ses initiales incrustées d'émeraudes et de diamants.

Charles Carbonneau avait une longueur d'avance sur sa fiancée. Il avait déjà annoncé qu'il quitterait Dawson à bord de l'un des premiers navires à vapeur dès le début de juin. Il acheta un billet pour monter à bord du *Victorian*, et Belinda, ainsi que la moitié des habitants de la ville se rendirent au bord du fleuve pour lui souhaiter bon voyage. Elle allait se contenter de lui serrer poliment la main lorsque le Français la saisit par la taille et la pressa contre lui. Sachant très bien ce qu'il faisait, il l'embrassa sur la bouche à la vue de tous. La foule était sous le choc. Un compagnon de voyage de Charles, le directeur de la Banque de commerce, H. T. Wills, avait le sourire fendu jusqu'aux oreilles.

Les Américains célébraient le Jour de l'Indépendance, le 4 juillet, avec une ferveur qui n'avait d'égale que leur exaspération à l'égard des lois canadiennes.

Fred Wade, qui était venu lui aussi saluer les passagers, était mort de rire. Belinda, elle, avait « le souffle coupé par la surprise. C'était une bonne chose que le navire était sur le point de partir, raconte-t-elle. Je n'avais jamais été aussi embarrassée de toute ma vie », déclare-t-elle.

Belinda retourna à son bureau à grands pas, furieuse que toute la ville soit désormais au courant de son secret. Avant même que Wade eût pu ouvrir la bouche, elle lui dit sèchement : « Nous sommes fiancés. » Ce à quoi il lui répondit : « Il a l'air d'un type gentil, mais c'est un homme du monde ; vous n'avez pas grand-chose en commun. Toi, tu es le Nord, et lui, il est l'Europe. » Belinda était repartie à neuf et avait changé de vie tellement de fois auparavant qu'elle était insultée qu'on la catégorise, mais elle était également très en colère contre son fiancé. Elle se mit à remettre en question ses fiançailles. « Cela risque d'inquiéter mes partenaires d'affaires », dit-elle à Wade. Étant lui-même un de ses « partenaires d'affaires », Wade lui répondit en souriant : « Je pense que c'est exactement pour cela qu'il l'a fait. »

Fred Wade promit à Belinda de s'informer au sujet du comte Charles Eugène Carbonneau. Il s'avéra malheureusement un détective très peu efficace. Il n'entendit jamais parler de la nuit débridée de Carbonneau, alors qu'il venait juste de débarquer à Vancouver. Le journal *The Province*, un des plus importants de Vancouver, publia le 25 juin que « le riche et noble Français, dont les excès tant sur le plan financier que celui des mœurs sont notoires » avait passé la nuit avec une femme nommée May Evans, pour ensuite l'accuser de lui avoir subtilisé 3300 dollars. Lorsque May Evans fut arrêtée, elle affirma n'avoir volé que 650 dollars, ce qui semblait concorder avec les preuves. Ni la police ni le journal local n'avaient une très haute opinion du comte, mais ils n'étaient pas prêts pour autant à tolérer le vol. Le rédacteur en chef du *Province* indiqua que le « comte » Carbonneau était « un débauché et un libertin » qui méritait peu de pitié. Cependant, Belinda n'entendit jamais parler de tout cela. Elle réserva donc son billet à destination de Whitehorse à bord d'un petit navire baptisé le *Flora* qui devait partir le 5 octobre.

Le journal et les lettres de Sam Steele durant l'été de 1899 se résument ainsi : « Beau temps. Journée occupée. » Il finit par organiser l'exécution des trois Tlingits condamnés l'été précédent pour le meurtre d'un prospecteur, qui, depuis, avaient passé un an en prison. Il prit des mesures disciplinaires à l'égard d'un policier délinquant, le sergent Harper, qui s'était amouraché d'une célèbre danseuse de cabaret, Diamond Tooth Gertie, et s'était fait éconduire sans ménagement. Sam raconta à Marie que Harper avait « dépensé des centaines de dollars par mois pour une fille qui se fichait de lui complètement ». Sam avait dû dénoncer le policier au quartier général parce que les « centaines de dollars » en question provenaient en réalité de la caisse des amendes versées au tribunal de police. Tandis qu'il vaquait à ses occupations, il faisait de son mieux pour ignorer les rumeurs émanant d'Ottawa selon lesquelles il tentait de saper l'autorité de son patron, le ministre Sifton, en dénonçant la mauvaise gestion qui avait cours à Dawson.

Une épée de Damoclès pendait au-dessus de sa tête. Elle s'abattit le 8 septembre. C'était un jour historique pour le territoire du Yukon, celui où le tout premier télégramme, envoyé depuis Bennett grâce à une ligne de transmission qui venait tout juste d'être installée, arriva à Dawson. En un instant, ce seul événement marqua la fin de l'époque où Dawson était coupée du reste du monde. Et tout aussi soudainement, cet événement marqua la fin du régime du surintendant Sam Steele à Dawson. L'un des premiers télégrammes transmis à Dawson était un message de la part du ministre de l'Intérieur au chef de la Police à cheval du Nord-Ouest à Dawson au Yukon. Sam apprit donc par un tiers qu'il était relevé de son commandement et avait ordre de se rendre immédiatement au quartier général de la Police à Regina, dans une région encore connue sous le nom de « Territoires du Nord-Ouest », mais qui allait bientôt devenir une province distincte : la Saskatchewan.

Mis à part Sam, la nouvelle avait pris tout le monde par surprise. Il nota dans son journal : « Grande insatisfaction générale à l'égard de ma mutation aux Territoires du Nord-Ouest. On me dit que des mesures seront prises… j'espère que c'est faux. » Mais on faisait bel et bien des démarches pour tenter de faire annuler la décision de muter Steele. Il y avait à présent trois journaux à Dawson : le *Klondike*

Sous le soleil de minuit du 21 juin 1899, Sam Steele (à gauche) permit qu'on le prenne en photo dans ses habits de civil, en compagnie de quelques amis.

Nugget, le *Dawson Daily News*, et le *Yukon Sun*, qui avait succédé au *Yukon Midnight Sun*. Règle générale, les trois se livraient une lutte sans merci, mais lorsque vint le temps de dénoncer l'injustice du renvoi de Sam Steele, ils furent unanimes. Le *Daily News* affirma que le départ de Sam allait faire du mal à la population de Dawson, que le « lieutenant-colonel Steele avait su devenir l'ami des mineurs ». Sous le grand titre « Le mal triomphe », le *Klondike Nugget* décrivit Sam comme « l'homme le plus respecté du Yukon à l'heure actuelle » et dénonça « les abominables manigances des pirates politiques du clan de Sifton ». Le rédacteur en chef du *Sun* utilisa le tout nouveau télégraphe pour envoyer un télégramme au premier ministre, sir Wilfrid Laurier : « Pour le bien de votre propre gouvernement ...vous conjure de suspendre... ordre de relever... colonel Steele de ses fonctions ici... serait une terrible erreur. »

Une assemblée publique, présidée par le prospecteur bien connu Joe Boyle, eut lieu au théâtre Criterion, le samedi 16 septembre. Boyle proposa qu'une motion soit envoyée à Ottawa afin d'exprimer « le sentiment de désaccord de toute la population du territoire à l'égard du renvoi de notre fonctionnaire le plus respecté et admiré [...] Nous l'enlever porterait préjudice à tout le Yukon ». Cinq cents mineurs, dont bon nombre étaient venus à pied des champs aurifères, écoutèrent attentivement puis levèrent leur main rugueuse en signe d'approbation.

Sam, en bon soldat, ne laissa jamais paraître ses émotions. « Occupé toute la journée, payé tous les comptes en souffrance », écrivit-il dans son registre officiel le 21 septembre. Il publia une déclaration officielle : « En aucun cas je ne voudrais rester à moins qu'il s'agisse d'un ordre exprès, auquel cas ce serait contre mon gré. » Lors de son dernier jour à Dawson, le 26 septembre, il signa ses rapports officiels et tenta de partir en douce. Mais tous les citoyens reconnaissants de la ville – les joueurs comme les buveurs, les prostituées comme les mineurs, les musiciens comme les prospecteurs – n'avaient aucune intention de le laisser partir ainsi. Ils se rendirent tous au quai où le navire qui devait emporter Steele était amarré. « Les femmes agitaient leur mouchoir [...] Tous les navires sifflaient », nota Sam dans son journal. On avait désigné Alex McDonald pour remettre à Sam Steele un sac de pépites et de poussière d'or pour Marie, toujours à Montréal. Big Alex était censé prononcer un discours, mais il perdit ses moyens au tout dernier moment. Il finit par murmurer : « Tiens Sam, c'est pour toi. Au revoir. »

Le navire remonta vers Whitehorse. À chacun des vingt-six postes que Sam avait établis en chemin, on baissa le drapeau britannique sur son passage, en signe de respect. Mais rien ne parvint à effacer « la honte d'être traité de telle sorte après avoir travaillé si fort et si honorablement au service de la population du Dominion, pour l'honneur de notre gouvernement et de notre pays ». Il écrivit dans son journal : « Maudit soit le jour où j'ai choisi de servir ce pays. »

Malgré sa peine, Sam avait réussi à sa façon à trouver de l'or au Klondike. La réputation d'intégrité qu'il s'était forgée dans le Nord le suivit toute sa vie et au-delà. Lorsqu'il prendra part à la guerre des Boers en Afrique du Sud, bien des années plus tard, il se retrouvera au cœur d'un terrible scandale... mais ce dernier sera vite oublié parce qu'on se souviendra toujours de Steele comme l'homme décrit dans le *Yukon Sun* du 3 octobre : « Il n'était pas venu ici pour faire fortune, et rien au Klondike n'aurait pu l'acheter. »

Le départ de Sam fut un choc pour la ville de Dawson, mais bien d'autres influences étaient en train d'ébranler l'eldorado du Nord. Les vieux habitués, qui avaient vu Forty Mile et Circle City pousser comme des champignons puis devenir soudainement des villes fantômes, pouvaient presque entendre la roue tourner. C'étaient des hommes qui ne tenaient pas en place, comme Bill Haskell, mûs non pas par le désir de « civiliser » le Nord, mais bien par la fièvre de l'or et la soif d'aventure. Ils se contrefichaient des marques de civilisation comme les égouts et le couvre-feu du dimanche. Ils recherchaient la poussée d'adrénaline des débuts d'une nouvelle ruée vers l'or. Depuis des mois déjà, des rumeurs circulaient au sujet de nouvelles découvertes dans des coins isolés de l'Alaska aux noms amérindiens comme Koyukuk et le détroit de Kotzebue. Au printemps de 1899, les mineurs entendirent parler de découvertes d'or dans les terres les plus à l'ouest de toute l'Amérique de Nord.

Ensevelies sous le sable du cap Nome, une bande de terre isolée de l'Alaska faisant saillie dans la mer de Béring en direction de la Sibérie, des poches de poussière d'or furent découvertes en 1898. Au départ, les partisans de Dawson dénoncèrent les rumeurs comme une tentative de la part des sociétés de transport de St. Michael de déclencher une autre ruée vers l'or afin de créer de l'achalandage. Mais en juin, la rumeur fut confirmée par un journal de Seattle acheminé à Dawson. L'effet fut instantané. Lorsque le navire à vapeur *Sovereign* quitta Dawson le 10 juin en direction de la mer de Béring, il était plein à craquer d'hommes et de femmes en route pour les nouveaux champs aurifères. Eugene Allen tenta d'encourager la population à la prudence, mais de plus en plus d'abonnés du *Klondike Nugget* partaient vers l'Alaska. « C'était difficilement de bon augure de voir un navire à vapeur quitter le Klondike pour un voyage de 2000 milles, rempli de passagers n'ayant pour toute information que ce qu'ils avaient lu dans un article d'un journal à sensation de Seattle. » Nome était le nouveau Klondike (bien que l'endroit fût beaucoup moins riche). Ironiquement, dès l'instant où la ville de Dawson fut enfin reliée au monde extérieur, le monde était déjà passé à autre chose. Il y avait encore de l'or au Klondike, mais il avait perdu son attrait et son lustre. L'exode battit son plein tout l'été. Ce fut d'abord les prospecteurs qui partirent en direction de la nouvelle frontière, puis, juste derrière, les propriétaires de saloons, les prostituées, les restaurateurs, les joueurs de cartes professionnels, les boulangers, les quincailliers, les danseuses de cabaret et les ecclésiastiques. À peine quelques semaines plus tard, ce fut au tour du rédacteur en chef du *Klondike Nugget* de descendre le fleuve, laissant derrière lui d'énormes dettes. Sam Steele et Belinda Mulrooney étaient pour leur part déjà en route vers le sud. Lorsque le fleuve commença à geler cet automne-là, la population de Dawson avait diminué de moitié.

Après trois ans de frénésie, la Ruée vers l'or, qui avait attiré son lot de personnages étranges et intrépides dans les champs aurifères du Klondik,e tirait à sa fin, et la belle époque de la San Francisco du Nord était terminée.

Chapitre 20

Faiseurs de légendes

Malgré la découverte d'or à Nome en 1899, l'avenir des champs aurifères du Klondike était encore prometteur au début du 20e siècle. Comme l'avait prédit Flora Shaw, de grandes sociétés minières telles que la Yukon Gold Corporation et la Canadian Klondyke Mining Company Limited vinrent s'installer au Yukon pour extraire des millions de dollars d'or à l'aide d'équipement hydraulique et d'immenses dragues flottantes. La plupart des petits orpailleurs en bottes de caoutchouc étaient partis en direction de Nome, mais l'exploitation aurifère continuait de battre son plein. Ainsi, la valeur de la production en or du territoire fut de 16 millions de dollars en 1899 et de 22 millions en 1900. Le total de la production aurifère au Yukon entre 1896 et 1909 fut de près de 120 millions de dollars.

Le gouvernement canadien finit par s'intéresser au potentiel économique des mines et se décida à investir dans l'avenir de Dawson. Thomas W. Fuller, un architecte d'Ottawa, reçut le mandat de concevoir les plans pour la construction de six bâtiments, y compris une résidence pour le commissaire du Yukon, un édifice administratif pour le gouvernement territorial, un palais de justice, un bureau de poste et des résidences pour les employés du gouvernement. Les plans furent acheminés à Dawson, et en un rien de temps, les splendides bâtiments en bois de style néoclassique conçus par Fuller furent érigés. Lorsque Dawson obtint le statut de ville constituée, en 1902, les fonctionnaires et les gens d'affaires locaux commencèrent pour la première fois à envisager l'endroit comme un lieu de résidence permanent, plutôt que comme une île au trésor qu'on vient piller et qu'on quitte par la suite. La journaliste Faith Fenton, qui continuait de divertir ses lecteurs du *Toronto Globe* avec ses articles extatiques au sujet de Dawson et de ses « airs de métropole », participa personnellement à l'essor de ladite « métropole ». Le jour de l'An 1900, à l'âge de quarante-deux ans (elle prétendait n'en avoir que trente-neuf), elle épousa un sympathique médecin qui était de sept ans son cadet. John Brown était à la fois le secrétaire et le médecin hygiéniste du territoire. Faith acquit rapidement la réputation d'être l'une des meilleures hôtesses de Dawson, notamment grâce aux cercles de discussion qu'elle tenait chez elle tous les mercredis.

Malgré tout, la prétention de Dawson au statut de grande ville ne pouvait durer. En réalité, la Ruée vers l'or du Klondike ne produisit jamais autant d'or que les autres grandes ruées ailleurs dans le monde. Et ses retombées économiques à long terme sur le Yukon furent beaucoup moins grandes que ses effets sur les économies de Seattle, Vancouver, Victoria et Edmonton. La Ruée vers l'or de la Californie, en 1849, avait précipité l'arrivée dans l'Ouest du télégraphe en 1861 ainsi que du chemin de fer de la Union Pacific Railroad en 1869. La ruée de 1851 en Australie avait fait doubler la population du pays. Mais la Ruée vers l'or du Klondike ne fut qu'un feu de paille ; la région était trop hostile et inaccessible – soit les mêmes caractéristiques qui lui permirent d'être épargnée par les épidémies qui sévissaient en 1918-1919. Ce fut l'un des seuls endroits au monde à ne pas être touché par la grippe espagnole. Mais lorsque l'or commença à se raréfier, la population fit de même. De trente mille habitants en 1898, elle était déjà passée à cinq mille lorsque la ville fut constituée, en 1902. Il restait moins de mille personnes à Dawson en 1920 ; la 9e et la 10e Avenue étaient à nouveau couvertes de végétation et l'hôtel Fairview avait été abandonné.

La ruée vers le Nord ne changea pas l'histoire du monde, mais elle permit d'attirer l'attention sur les richesses minières du Nord canadien. Il faudra tout de même attendre encore un demi-siècle avant que ces richesses ne connaissent un regain d'intérêt à l'échelle nationale. Depuis la Ruée vers l'or du Klondike, les choses ont peu changé sur le plan économique au Canada en ce qui a trait aux ressources naturelles ; encore aujourd'hui, c'est une économie en dents de scie qui connaît des hausses et des chutes vertigineuses. Toutefois, cet événement de notre histoire a fait ressortir une différence marquée entre les Canadiens et leurs voisins du sud. La présence de la « police montée » et ses agents en tunique rouge a permis d'instaurer à Dawson une atmosphère d'ordre et de paix publique comme on n'en trouvait dans aucune ville frontière américaine. Il y avait certes de la corruption, comme les journalistes du *Klondike Nugget* et Sam Steele purent s'en rendre compte, mais les hommes et les femmes qui prirent part à la Ruée vers l'or du Klondike restèrent néanmoins pour la plupart avec l'impression que les Canadiens étaient plus respectueux des lois que les Américains.

Tels des soldats revenant de la guerre ou des alpinistes ayant conquis l'Everest, bien des orpailleurs finirent par croire qu'ils avaient pris part à quelque chose de plus grand qu'eux-mêmes. D'abord animés par leur soif de richesse, ils s'étaient mesurés aux éléments et avaient survécu. En tant que premiers habitants d'une petite ville du bout du monde, ils avaient connu à la fois l'ivresse de la réussite et la crainte devant l'inconnu. Ils avaient vécu plus d'expériences en ces brefs moments que d'autres en vivent dans toute une vie, et avaient été témoins de spectacles qu'ils ne reverraient plus jamais : les aurores boréales dansant dans le ciel, le soleil de minuit, l'or scintillant au fond des ruisseaux, les monticules de pépites d'or sur les tables de blackjack. Ce sont ces images qui allaient rester gravées dans leur mémoire, et non la saleté et la misère qui régnaient dans la ville. La dernière grande ruée vers l'or générera en effet son lot de mythes et de légendes.

Parmi ces hommes et ces femmes qui ont franchi le col Chilkoot, ils sont des dizaines à avoir tenté de publier leur histoire ; la plupart de ces ouvrages sont épuisés et oubliés depuis longtemps. Trois auteurs professionnels ont cependant su répandre avec succès la magie et les légendes du Klondike. Parmi ces derniers, le premier et le plus grand est sans contredit Jack London, dont la vie fut complètement transformée par son séjour au Yukon. Cinq (longs et pénibles) mois à peine après son retour du Klondike, en août 1898, il connut un succès fulgurant. À son retour en Californie, il avait dû faire face aux mêmes défis qu'auparavant : trouver le moyen de gagner sa vie et tenter de se tailler une place dans le monde littéraire. Pendant son absence, son beau-père était décédé et sa mère, Flora, s'était retrouvée à devoir s'occuper d'un enfant. À vingt-deux ans, Jack se retrouvait chef de famille, sans aucun gagne-pain en vue. Des séquelles du scorbut et quatre dollars cinquante en poussière d'or étaient tout ce qu'il lui restait de tangible du Klondike. Il lui fallut se procurer un dentier, puisqu'il avait perdu presque toutes ses dents à cause de la maladie. Son retour à la santé fut remarquablement rapide, mais cela ne lui permit pas pour autant de trouver du travail. Il se vit obligé de vendre sa montre, sa bicyclette et un imperméable (le seul article que lui avait laissé son père). Jack finit par travailler au service de la Poste. Toutefois, c'est grâce au Klondike qu'il parvint finalement à s'extirper de la pauvreté, en décrivant ses aventures de l'année précédente sous forme d'articles et de récits.

Tout l'automne, Jack s'exerça à l'écriture, penché toute la journée sur une machine à écrire de location et fumant l'une après l'autre ses cigarettes roulées à la main. Pour améliorer son style, il étudia l'œuvre d'auteurs renommés. Rudyard Kipling devint son modèle; Jack recopia les histoires de ce dernier jusqu'à ce qu'il réussisse à s'approprier le rythme vigoureux et le ton saccadé de l'auteur. Cela ne l'empêcha pas d'essuyer un refus après l'autre; en décembre, il en était au quarante-quatrième. Le jeune écrivain commençait à se décourager. Son récit de voyage de retour sur le fleuve Yukon lui fut retourné par le *San Francisco Bulletin* avec la mention «l'intérêt pour l'Alaska a considérablement diminué». Il tenta également de faire publier certains des essais, poèmes et récits qu'il avait écrits avant son voyage au Klondike, mais cela ne contribua qu'à faire grandir la pile de lettres de refus, laquelle atteignait à présent cinq pieds (environ un mètre et demi) de haut, selon au moins une source. Il arrivait à payer les frais d'expédition de ses manuscrits en effectuant de menus travaux comme tondre la pelouse ou laver les tapis, mais il avait de moins en moins de patience – et de timbres! La concession minière en bordure de la rivière Stewart, qu'il avait abandonnée, lui paraissait de plus en plus attrayante en comparaison de sa carrière littéraire. Il écrivit à un de ses amis, Ted Applegarth: «Mes partenaires sont encore sur place et j'attends leur lettre pour savoir si j'y retournerai ou non en février.»

Puis, en décembre, Jack finit enfin par vendre une de ses œuvres au *Overland Monthly*, un magazine dont le rédacteur en chef était à l'origine Bret Harte, le maître conteur de la Ruée vers l'or de la Californie. Il s'agissait d'une nouvelle intitulée «To the Man on Trail[33]», mettant

33. Titre français: «À l'homme sur la piste».

en vedette un personnage nommé Malemute Kid, un rude *sourdough* au cœur tendre qui réapparaîtra à plusieurs reprises dans l'œuvre de Jack. Malemute Kid était un personnage inspiré à la fois de Jack lui-même et de certains de ses compagnons de l'île Split-Up. L'histoire était empreinte de la camaraderie typique des hommes qui survivent ensemble dans un environnement hostile: «Alors, Malemute Kid se leva, gobelet en main, et regarda la fenêtre de papier huilé que recouvrait une couche de givre d'au moins trois pouces. Puis il dit: *"À la santé de l'homme qui, cette nuit, avance sur la piste! Puissent ses chiens garder leur vigueur, sa nourriture lui suffire et ses allumettes toujours prendre!"* » Tous les détails captivants que Jack avait relevés durant son séjour au Yukon y étaient: le crissement du traîneau dans la neige, le claquement des mâchoires et les grognements des chiens, la viande d'orignal et la «lutte stérile contre le froid et la mort».

Bien qu'il fut très heureux de savoir que sa nouvelle allait être publiée, Jack fut plutôt déçu d'apprendre que le magazine *Overland Monthly* n'allait lui en verser que cinq dollars. Heureusement, cela contribua au moins à lui redonner confiance dans son avenir en tant qu'auteur, surtout qu'il reçut peu après quarante dollars d'une revue moins prestigieuse, le *Black Cat*, pour la publication d'une de ses nouvelles, écrite quelques années auparavant. Ce n'était qu'une histoire d'horreur de troisième ordre intitulée «A Thousand Deaths[34]», mais la somme obtenue fut suffisante pour permettre à Jack de rembourser quelques dettes et de continuer d'écrire.

La revue *Overland Monthly* se mit à publier régulièrement les nouvelles de Jack. On augmenta son salaire à sept dollars cinquante par nouvelle et on mit son nom davantage en évidence dans la revue. Dès octobre 1899, il avait réussi à attirer l'attention des rédacteurs en chef de New York et parvint à vendre un de ses récits yukonnais au *Atlantic Monthly* pour la somme de 120 dollars. Jack pondait une histoire après l'autre à une vitesse hors du commun, à raison de 1000 mots minimum par jour en moyenne. Son travail ne fut pas vain. En 1900, dix autres nouvelles du Klondike furent publiées dans des revues basées à New York qui payaient mieux, avaient une plus grande distribution et jouissaient d'un plus important lectorat que le *Overland*

34. Titre français: «Mille fois mort» ou «Mille morts».

Monthly. Sept autres nouvelles furent publiées en 1901, puis neuf autres en 1902, et quatre en 1903, y compris *Call of the Wild*[35], un court roman. Son premier recueil, *The Son of the Wolf*[36], parut en Amérique du Nord en 1900 et en Grande-Bretagne en 1901. Il regroupait neuf nouvelles du Klondike publiées antérieurement dans diverses revues. En peu de temps Jack se mit à écrire sur bien d'autres sujets que les champs aurifères, comme le marxisme, ou ses aventures dans les mers du Sud. Cependant, sa réputation d'écrivain reposait essentiellement sur ses nouvelles du Grand Nord inspirées de son séjour au Yukon.

Trois ans après qu'il eut quitté Dawson, Jack London était considéré comme le « Kipling du Klondike » et était devenu l'auteur de nouvelles le mieux payé de toute l'Amérique du Nord. Avec sa mâchoire carrée, ses cheveux en bataille et ses yeux rieurs, il était le jeune auteur le plus populaire de son époque, une véritable célébrité. Les journaux aimaient raconter tous les détails de sa vie : ses déboires conjugaux, ses expéditions à voile et ses discours socialistes. Il adorait être en vedette et aimait amuser la galerie en se comportant de façon choquante en public. Mais il reste que son succès était dû à ses qualités de conteur, et ses histoires touchaient le public parce qu'elles incarnaient à la fois les vieux idéaux et les nouvelles idées, à une époque marquée par d'importants bouleversements culturels. Sa propre carrière était une histoire typique de réussite spectaculaire, le symbole même du rêve américain, avec comme toile de fond l'une des périodes les plus tumultueuses de l'histoire des États-Unis. C'était l'époque où l'idéal jeffersonien d'une république de petits propriétaires agricoles s'effaçait peu à peu devant l'émergence d'une superpuissance industrielle. La frontière était close, mais elle continuait d'exercer une grande fascination. Et les récits de Jack alliaient à la fois une certaine nostalgie à l'égard d'une époque où les hommes étaient des hommes, des vrais, et un idéal progressiste voulant que le plus faible triomphe.

Les thèmes sous-jacents de l'œuvre de Jack London étaient un curieux mélange de valeurs souvent contradictoires tirées des livres qu'il avait lus au cours du long hiver passé au Yukon – « quarante jours dans un réfrigérateur », aimait-il dire en blaguant. Comme beaucoup

35. Titre français : *L'appel de la forêt* [*sic*] ou *L'appel sauvage*.
36. Titre français : *Le fils du loup*.

d'auteurs autodidactes, il avait adopté çà et là les idées qui lui plaisaient chez des écrivains aussi variés que Kipling, Darwin et Marx. Évolution et dissolution, survie du plus fort, suprématie de la race blanche, athéisme, déterminisme et individualisme sont parmi les nombreuses idéologies de l'époque qui s'insinuent dans l'œuvre de Jack London. D'une part, il admirait les Amérindiens et était sympathique à leur cause, d'autre part il croyait fermement à la supériorité du peuple anglo-saxon. Il prônait l'action collective comme seule manière d'améliorer les conditions de vie des ouvriers, mais louait en même temps l'individualisme sans merci à l'origine de la colonisation de l'Amérique. Comme il le disait lui-même : il fonçait « dans la vie telle une des bêtes blondes de Nietzsche, constamment à l'affût et vainquant grâce à supériorité et à sa force ».

Les croyances contradictoires de Jack, son racisme et son attitude condescendante à l'égard de ses personnages féminins auraient pu irriter certains de ses lecteurs, mais ces derniers se faisaient entraîner par le réalisme saisissant de son œuvre. Le public appréciait le contraste marqué entre ses écrits et la prose édulcorée, typique de l'époque victorienne. Les personnages de Jack parlaient en dialecte, juraient souvent et faisaient face à l'horreur et à la solitude. On voit dans ses récits les signes précurseurs du style abrupt et moderniste qui fera plus tard la renommée d'auteurs tels que Damon Runyon et Ernest Hemingway. Jack tirait son inspiration de son vécu : ses meilleures œuvres de fiction furent celles qui mettaient en scène des personnes réelles, d'ailleurs souvent reconnaissables, dans des situations qui s'étaient véritablement produites. Dans les histoires de Jack London, les personnages de Swiftwater Bill et du père Robeau sont identifiés par leur vrai nom, et un « padre » ressemblant curieusement au père Judge fait son apparition de temps à autre. Des anecdotes usées, entendues dans les bars de Dawson, comme celle de l'homme débrouillard qui avait franchi les montagnes en emportant douze douzaines d'œufs, ou l'entrepreneur qui organisait la lecture publique de vieux journaux, sont exagérées et enjolivées. « Je n'ai jamais touché un cent sur les concessions que j'avais là-bas », dira-t-il plus tard de son expérience au Klondike, « et pourtant, c'est grâce à ce voyage que je gagne ma vie depuis ce temps-là ».

Le roman *The Call of the Wild* est vraisemblablement l'œuvre la plus connue de Jack London ; le livre fut un immense succès commercial et lui acquit un lectorat qui lui demeurera fidèle sa vie durant. Il s'agit d'une parabole illustrant le mince vernis de la civilisation et la prise de conscience de soi de l'individu face à la nature sauvage. Le héros de l'histoire est Buck, un chien aux proportions nietzschéennes qui, après avoir été enlevé à son maître en Californie, se retrouve chien de traîneau au Yukon. Comme l'a fait remarquer Franklin Walker, biographe de Jack London, l'un des principaux thèmes du livre est la capacité d'adaptation, la débrouillardise et le courage de Buck, qui apprend à défendre ses droits et devient le chef de la meute. « N'ayant pas plus de formation pour être un bon chien de traîneau que London n'en avait pour être écrivain, il se sert de son intelligence et de sa force physique pour se tailler une place », indique Walker. À la fin de l'histoire, Buck, un croisement entre un chien de berger et un saint-bernard, se joint à une meute de loups pour aller vivre dans la forêt et hurler sous les étoiles jusqu'à la fin de ses jours. Le retour de Buck à la nature sauvage illustre la fuite de Jack devant les contraintes de la société.

Jack ne fut pas le seul conteur du Klondike de son époque, mais il sut se démarquer de la concurrence par sa compréhension du marché littéraire. C'était la belle époque des revues de toutes sortes ; de nouvelles techniques d'impression et le prix peu élevé du papier, de même qu'une augmentation de l'alphabétisme au sein de la population avaient contribué à faire passer l'industrie du magazine de divertissement essentiellement réservé à un lectorat féminin et aisé à une importante entreprise commerciale de littérature populaire. Des rédacteurs en chef ambitieux comme John Brisben Walker du *Cosmopolitan*, George Horace Lorimer du *Saturday Evening Post*, et Frank Munsey du *Munsey's Weekly* étaient avides de récits d'aventures. Leurs attentes étaient assez claires. Selon Munsey, ils recherchaient « des textes intéressants et faciles à lire pour les gens du peuple, sans artifices ni grand raffinement ni détails pour faire joli – que de l'action, encore de l'action et toujours de l'action ». Au cours de la première décennie du vingtième siècle, presque tous les mois, on put lire une des histoires pleines de rebondissements de Jack soit dans le *Saturday Evening Post*, le *Cosmopolitan*, ou le *Century*. Le court roman *The Call of the Wild* fut d'abord publié en quatre parties dans le *Saturday Evening*

Post, avant de paraître sous forme de livre en 1903. L'omniprésence de Jack dans les médias imprimés et sa personnalité plus grande que nature contribuèrent à donner à la Ruée vers l'or du Klondike un certain prestige littéraire qui n'avait rien à voir avec la réalité. Jack London réussit à susciter, puis à entretenir un engouement pour les histoires de survie dans le Grand Nord cruel dans toute l'Amérique du Nord et au-delà.

Il n'était âgé que de quarante ans lors de son décès des suites d'une insuffisance rénale, après des années d'alcoolisme et de surmenage. Il avait publié plus d'une cinquantaine d'ouvrages et la fougue qui l'avait poussé à franchir le col Chilkoot demeura avec lui jusqu'à la fin. Juste avant sa mort, il aurait affirmé : « Je préférerais être cendres plutôt que poussière. Je préférerais que mon étincelle s'épuise dans une flamme brillante au lieu d'être étouffée par de la pourriture sèche. Je préfère être un météore superbe, chaque atome de moi brillant d'une incandescence magnifique, plutôt qu'être une planète endormie et permanente. La fonction de l'humain est de vivre et non d'exister. »

On ne s'étonne pas que ce millionnaire parti de rien ait tant attiré l'attention des médias. L'empereur François-Joseph Ier d'Autriche décéda la veille du 22 novembre 1916, jour de la mort de Jack London. Pourtant, les journaux américains accordèrent beaucoup plus d'importance au décès de l'auteur qui avait su faire de la fortune instantanée une chose romanesque qu'à celui du monarque qui avait régné sur le vaste empire austro-hongrois pendant plus de soixante ans.

Le style de Jack a eu une influence marquante sur toutes les œuvres subséquentes portant sur la Ruée vers l'or du Klondike. On le sent tout particulièrement dans les ballades écrites par son successeur immédiat dans l'industrie de la fabrication de légendes du Klondike, Robert W. Service. Tout comme London, Service avait eu une enfance peu ordinaire. Né dans le Lancashire en 1874, il avait été envoyé en Écosse pour y vivre avec ses grands-parents dans un petit village du comté de l'Ayrshire. Tout comme London, il n'avait jamais terminé ses études. Il émigra au Canada à l'âge de vingt et un ans et, tout comme Jack, passa plusieurs années sur la route, principalement en Californie. Tous deux avaient un héros commun : Rudyard Kipling. Robert écrira d'ailleurs un jour un poème intitulé « A Verseman's Apology » [L'apologie du rimailleur] :

Les classiques, pour la plupart, m'ennuient
Et les modernes, je n'y comprends rien
Mais Burns, mon compatriote, je suis
Et Kipling, mon ami, je garde à portée de main
[Traduction libre]

Pourtant, pour ce qui est de l'apparence et de la personnalité, Service et London n'auraient pu être plus différents. Jack avait des traits marqués et de larges épaules. Il était charpenté comme un boxeur et savait se faire remarquer. Il se jetait tête première dans ses aventures et bouillait d'ambition littéraire. Robert Service, pour sa part, était un homme mince aux cheveux blond roux et aux yeux bleus qui se fondait facilement dans la masse. Certains ont qualifié son autobiographie en deux volumes de chef-d'œuvre d'obscurité. Lui-même ne cachait pas sa misanthropie. « Je n'ai jamais été populaire », écrit-il. « La popularité signifie recevoir les applaudissements de personnes dont l'estime ne vaut souvent pas la peine d'être gagnée. » Il avait peu d'amis et n'eut volontairement aucun contact avec sa famille pendant quinze ans. De plus, il dénigrait son propre travail, comme on peut le voir dans la deuxième partie de son poème « A Verseman's Apology » o,ù après avoir déclaré son admiration pour Burns et Kipling, il dit ceci :

De mon art, tout ce que je sais, ils me l'ont enseigné
Mais ne m'appelez pas poète, je vous en prie
Car bien que j'ai appris, assis à leurs pieds
Je ne me suis jamais rendu coupable d'un tel délit
[Traduction libre]

C'est le secteur bancaire qui attira Robert Service au Yukon. Avant de traverser l'Atlantique, il avait travaillé pendant plusieurs années comme commis à la Commercial Bank of Scotland et avait avec lui une lettre de recommandation de la part de celle-ci. En 1903, il en eut assez de la vie d'itinérance et décida de se servir de la recommandation pour obtenir un poste à la Banque canadienne de commerce. Quelques années plus tard, on l'envoya travailler à la succursale de la Banque à Whitehorse.

C'était l'époque où on trouvait un piano dans tous les boudoirs et les petites fêtes entre amis dans les résidences privées comportaient généralement des prestations de la part de chacun des invités: chanson sentimentale, morceau de piano enjoué ou poème amusant. Depuis sa tendre enfance en Écosse, Robert Service avait toujours aimé les chansons de music-hall et les vers de mirliton, de sorte qu'on le retrouvait souvent dans les salons de Whitehorse, accoudé au manteau de la cheminée, récitant des poèmes. Il avait déjà publié quelques vers dans des journaux écossais, et encouragé par son soudain succès en société, il se sentit l'envie d'écrire une ballade originale. Une nuit, alors qu'il passait devant un bar, il entendit le son des réjouissances à l'intérieur. C'est ce qui lui inspira le vers: « Un groupe de gars faisaient la fête... C'était suffisant pour commencer », raconte-t-il dans son autobiographie intitulée *Ploughman of the Moon* [Laboureur de la lune]. Quelques jours plus tard, il termina d'écrire « The Shooting of Dan McGrew » [Le meurtre de Dan McGrew], l'histoire en vers d'une bagarre entre deux *sourdoughs* :

Un groupe de gars faisaient la fête au Malamute saloon ;
Au piano mécanique, un jeune garçon faisait jouer un air de ragtime
Devant une partie de solitaire, au fond du bar, se trouvait Dan McGrew
Et, le regardant faire, son amante volage, une femme surnommée Lou
Quand, à cinquante sous zéro, un mineur surgit de la nuit noire
Sale, fraîchement arrivé de la mine, et cherchant la bagarre
Il semblait frêle comme un roseau et avait la pâleur de la mort
Malgré tout, sortant son sac d'or, il nous offrit tous à boire
On avait beau chercher, personne ne savait qui il était ni d'où
Mais tous burent à sa santé, y compris le dernier, Dan McGrew

[Traduction libre]

La femme à l'origine de la bagarre, cette « femme surnommée Lou », entra instantanément dans la légende du Klondike. Le poème « Le meurtre de Dan McGrew » avait la même résonance et le même ton que les nouvelles du Grand Nord de Jack London, qui connaissaient déjà un immense succès partout en Amérique du Nord. La réputation de Robert Service en tant que barde du Klondike commença à se répandre peu à peu, si bien qu'un directeur d'entreprise minière

Les ballades les plus connues de Robert Service furent écrites plusieurs années après la Ruée vers l'or, alors qu'il n'était encore jamais allé à Dawson.

de Dawson décida de lui faire une faveur en lui suggérant un sujet de poème. Robert Service décrit le déroulement de cette rencontre dans son autobiographie : « [L'homme était] corpulent et se donnait des airs d'importance. Il fumait de gros cigares à bagues. Il me dit soudainement : "je vais vous raconter une histoire que Jack London n'a jamais entendue", puis se mit à me narrer l'histoire incroyable d'un homme qui avait incinéré son compagnon. » Le poète aimait prétendre que l'inspiration pour le premier vers de son poème lui était venue tout d'un coup en retournant chez lui dans la nuit glaciale : « Sous le soleil de minuit, les chercheurs d'or [...] font parfois des choses étonnantes ». En réalité, il avait passé beaucoup de temps à retravailler et à ajuster le rythme, allant même jusqu'à modifier le nom du lac Laberge (Lebarge) pour enrichir la rime. Néanmoins, il termina peu après son poème intitulé « The Cremation of Sam McGee » [La crémation de Sam McGee] :

Sous le soleil de minuit, les chercheurs d'or, je vous le dis
Font parfois des choses étonnantes
Les pistes du Grand Nord recèlent de secrètes histoires
À vous glacer le sang d'épouvante
Sous les aurores boréales plus d'un spectacle peu banal
Mais rien comme cette fameuse nuit
Où, sur le rivage, au bord du lac Lebarge
J'incinérai Sam McGee

[Traduction libre]

Les deux poèmes les plus connus de Robert Service furent écrits alors qu'il n'était encore jamais allé dans les champs aurifères. Ce ne fut qu'en 1908, dix ans après l'apogée de la Ruée vers l'or, que la Banque canadienne de commerce l'envoya travailler à Dawson. À cette époque, ses poèmes « The Shooting of Dan McGrew » et « The Cremation of Sam McGee » avait déjà été publiés et on lui avait par conséquent attribué le surnom de « Kipling canadien ». Les deux poèmes faisaient partie d'un recueil paru en 1907 et intitulé *The Spell of the Yukon and Other Verses* en Amérique du Nord et *The Songs of a Sourdough* en Angleterre, dont les exemplaires s'étaient vendus par milliers. Tant les banquiers que les commis et les soldats de partout dans le monde anglo-saxon retroussaient déjà leurs manches et s'installaient près du foyer pour réciter les histoires de Dan McGrew et de Sam McGee devant un auditoire avide de divertissement comique (c'était avant l'avènement de la télévision). Robert Service avait su trouver son public, tout comme Jack London avait su trouver son lectorat.

Les amateurs de la poésie de Robert Service ne se rendaient pas toujours compte de la grande différence entre l'homme et les personnages de ses poèmes. Lorsque le jeune commis de banque soigné arriva à Dawson, il fut abasourdi de l'accueil qui lui fut réservé. « Salut, le barde raté », lui lancèrent en blaguant ses nouveaux collègues à son arrivée. Service protesta qu'il n'avait rien en commun avec les fêtards de la trempe de Dan McGrew auquel ils s'étaient de toute évidence attendu, mais en vain. « Vous vous trompez à mon sujet », leur dit-il. Mais ils ne voulurent rien entendre. Robert n'eut d'autre choix que d'aller faire la fête avec « les gars ».

En 1909, Robert Service publia un second recueil de poèmes intitulé *Ballads of a Cheechako* [Ballades d'un *cheechako*] truffé de personnages tels que Pious Pete et Hard Luck Henry, et d'histoires inspirées de faits réels. Le recueil renfermait entre autres un poème intitulé « The Call of the Wild » [L'appel sauvage], un titre déjà célèbre grâce au fameux roman de Jack London publié trois ans plus tôt. Le poème reprend une expression popularisée par London : « le Grand silence blanc ».

As-tu entendu le Grand silence blanc,
quand pas même ne remue une brindille gelée ?
(vérités éternelles qui condamnent notre hypocrisie)
As-tu, sur la piste enneigée, marché, premier devant
Et guidé un traîneau à chiens sur le fleuve glacé ?
Défié l'inconnu, ouvert la voie et remporté le prix ?

[Traduction libre]

Le recueil *Ballads of a Cheechako* connut lui aussi un succès retentissant. Selon Service, ce succès était attribuable au fait « qu'il était purement inspiré par le Nord, imprégné de l'esprit du Klondike. Il avait été écrit sur place et transpirait le réalisme ». Une fois sa réputation d'écrivain de ballades humoristiques solidement établie, Service quitta son poste à la banque pour se consacrer à l'écriture d'un roman sur la Ruée vers l'or. Lorsque son patron lui demanda la raison de sa démission, Robert lui répondit que son salaire était de 1000 dollars tandis que ses droits d'auteur lui rapportaient annuellement environ 6000 dollars. Le gérant de la banque avait peine à le croire : son commis faisait plus d'argent que lui ! Robert Service demeura à Dawson, dans une petite cabane en rondins située sur la 8e Avenue afin de travailler à l'écriture de son roman intitulé *The Trail of Ninety-Eight : A Northland Romance*[37].

Service publia par la suite des dizaines d'autres ouvrages, y compris des romans et des recueils de poèmes aux titres allitératifs tels que *Rhymes of a Rolling Stone* en 1912, *Rhymes of a Red Cross Man,* en 1916 et *Bar-room Ballads*, en 1940. Son roman sur la Ruée vers l'or ne connut pas un grand succès, bien qu'on en tira un film, et aucune de ses œuvres ultérieures ne reçut un accueil comparable à celui réservé

37. Titre français : *La piste de 98.*

à ses ballades du Klondike. Service quitta sa petite cabane de Dawson en 1912 et ne retourna jamais dans le Nord. À sa mort en France, en 1958, il était encore amer du fait que sa renommée en tant qu'auteur reposait toujours sur Dan McGrew et Sam McGee, malgré tout ce qu'il avait publié par la suite.

Tout comme Jack London s'était rendu millionnaire en créant des légendes à l'aide de ses œuvres de fiction sur le Klondike, de la même manière Robert Service devint millionnaire grâce à sa poésie sur le Klondike. Comme London, Service a su rendre sur papier l'atmosphère de constante frénésie qui régnait dans la rue Front à l'époque où les hommes revenaient des mines avec des sacs remplis de pépites d'or et où davantage de fortunes ont été amassées et dilapidées dans les saloons que dans les champs aurifères. Il sut transformer les épreuves affrontées par les premiers orpailleurs en péripéties romantiques, et son ton faussement héroïque contribua à ennoblir l'histoire de la Ruée vers l'or du Klondike.

Il importe peu que ses ballades les plus connues, « *The Cremation of Sam McGee* » and « *The Shooting of Dan McGrew* » aient toute la subtilité et le lustre littéraire de la littérature de masse. Tout au long du vingtième siècle, ils seront des milliers des deux côtés de l'Atlantique, à les réciter par cœur. En réalité, ces deux poèmes dépeignaient si justement l'expérience du Klondike que certains vieux prospecteurs ont même prétendu avoir connu Robert Service quand ils étaient dans le Nord et avoir été sur les lieux lorsque Dan McGrew avait été tué ou que Sam McGee avait été incinéré. Des décennies plus tard, dans le cadre d'un congrès de *sourdoughs* à San Francisco, un mineur à la mémoire plus exacte tenta de rétablir les faits en contredisant un de ces vantards, mais l'auditoire ne voulut rien entendre. Tous se mirent à huer l'homme qui disait la vérité parce qu'ils préféraient l'autre version des événements. Robert Service avait su transcrire les « vraies émotions » de la Ruée vers l'or du Klondike, et cela était la seule vérité que les participants souhaitaient entendre.

Le troisième faiseur de légendes du Klondike fut le plus important écrivain d'histoire populaire du vingtième siècle au Canada : Pierre Berton. Né à Whitehorse en 1920, près d'un quart de siècle après la ruée vers l'or, Berton était le fils d'un orpailleur du Klondike. Il passa les dix premières années de sa vie à Dawson, dans une petite maison située en face de la cabane en rondins de Robert Service. Pendant ses études à Vancouver, il revint passer les étés à travailler dans les camps miniers du Klondike. Il choisit de devenir journaliste, mais sentit toujours une grande affinité avec l'histoire et les paysages du Yukon. En 1950, alors qu'il était rédacteur en chef du *Maclean's*, la revue canadienne ayant alors la plus grande diffusion au pays, il avait commencé à tirer parti de l'intérêt commun de ses lecteurs pour les articles portant sur l'histoire du Canada. L'ancienne colonie était en effet en quête de héros nationaux. Il y avait entre autres un regain d'intérêt pour les vastes territoires au nord du soixantième parallèle, qu'on avait négligés depuis trop longtemps. Il fallait répondre à la demande des industries : or, nickel, plomb, zinc et uranium, toutes des ressources qu'on trouvait dans le Nord. De plus, l'entente relative à la guerre froide autorisant les États-Unis à installer des stations radar de l'Alaska à l'île d'Ellesmere suscitait des inquiétudes quant à la souveraineté du Canada dans cette extrémité du continent.

Berton, un homme grand et dégingandé à la tignasse rousse, doté d'un irrépressible sens de l'humour, allait écrire plus de cinquante livres avant son décès à l'âge de quatre-vingt-quatre ans, en 2004. Mais parmi ses plus grandes réalisations se trouve une œuvre qui illustre à la fois son amour pour le nord et l'intérêt national à l'égard de celui-ci. Publié en 1958, l'ouvrage s'intitule *Klondike* au Canada et *The Klondike Fever* aux États-Unis. Dans les deux cas, on y a ajouté le sous-titre : *The Life and Death of the Last Great Gold Rush* [La naissance et la mort de la dernière grande ruée vers l'or]. Ce livre est le résultat de recherches approfondies au cours desquelles Pierre Berton examina de grandes quantités de récits personnels et interviewa des vétérans du Klondike un peu partout aux États-Unis et au Canada. Il retrouva même Belinda Mulrooney, alors âgée de près de quatre-vingt-dix ans. L'ouvrage remporta un franc succès en Amérique du Nord ; il fut sélectionné par le Book-of-the-Month Club aux États-Unis et valut à Berton le Prix littéraire du Gouverneur général du Canada.

Dans *Klondike*, Pierre Berton décrit avec une exactitude effrayante les difficultés auxquelles étaient confrontés les voyageurs à destination du Klondike et ne diminue en rien la pénibilité du travail dans les mines. Pourtant, on y sent tout de même la nostalgie du « bon vieux temps » : le livre est empreint de la même exubérance et du même

Pierre Berton parvint à remettre les légendes du Klondike au goût du jour pour toute une nouvelle génération, agrémentant le tout d'extraits mélodramatiques des ballades de Robert Service.

machisme que Berton aimait retrouver dans les histoires de Jack London et les ballades de Robert Service. Il réutilise les mêmes anecdotes circulant dans les saloons de Dawson que London avait déjà transformées en œuvres de fiction, et on reconnaît les échos de certaines des nouvelles de London lorsque Berton décrit la solitude et l'horreur. La personnalité exubérante de Berton contribue cependant à donner à son livre un élan supplémentaire. En effet, l'auteur n'avait pas l'habitude de se faire prier pour déclamer « Le meurtre de Dan McGrew » à toute occasion avec force théâtralité et énergie. Berton a réussi à ranimer et à faire reluire les légendes du Klondike au profit d'une nouvelle génération de lecteurs à la fin du vingtième siècle. Comme ses deux prédécesseurs, il a célébré le courage et la force virile des chercheurs d'or à une époque où ces qualités étaient moins valorisées. Il a toutefois ajouté un nouvel élément à l'histoire : l'idée que l'expérience du Klondike était, pour les hommes qui l'ont vécue, « tant liée à la recherche de soi-même qu'à celle de l'or ». Comme London et Service, il a su extraire de la boue et de la misère du Klondike un véritable filon littéraire. Et encore aujourd'hui, grâce à Jack London, Robert Service et Pierre Berton, les légendes du Klondike perdurent.

En 1899, même si les orpailleurs en bottes de caoutchouc avaient déserté, les résidents de Dawson croyaient encore à un avenir prospère grâce aux champs aurifères.

Notes de l'auteure

La plupart du temps, le rendement des concessions minières et la valeur des denrées et services sont exprimés tels qu'ils l'étaient en 1890. Quel serait l'équivalent aujourd'hui ? Difficile de le savoir. Il n'existe pas de calcul simple parce que la valeur de la main-d'œuvre et des denrées a changé de diverses manières. De plus, les unités monétaires varient constamment les unes par rapport aux autres : une livre sterling valait cinq dollars en 1890, mais vaut environ un dollar quarante aujourd'hui.

L'or est la matière première la plus facile à comparer au fil du temps. En 1898, lorsqu'un orpailleur du Klondike se présentait à la banque avec une once de poussière d'or, tout dépendant de la pureté de celle-ci, on lui en donnait entre seize et dix-huit dollars. Le prix officiel était de 18,96 dollars. De nos jours, une once de poussière d'or vaut plus de 1100 dollars. Pour pouvoir se faire une idée, un calcul simple consiste à multiplier la valeur de 1898 par soixante. Ainsi, la bourse de 25 000 dollars amassée par Bill Haskell vaudrait environ 1,5 million de dollars aujourd'hui. De même, le total de l'or récolté au Klondike entre 1896 et 1909, qu'on estimait alors à 120 millions de dollars, vaudrait plus de 7 milliards.

Pour les autres articles, on se base généralement sur l'indice des prix à la consommation (IPC) pour les années visées. Cet indice nous permet de comparer les prix d'alors et d'aujourd'hui pour des denrées et des services courants comme la nourriture, le logement, le transport, etc. Selon la variation de l'IPC, une somme de 100 dollars en 1896 équivaudrait à 2 600 dollars de nos jours, ce qui signifie qu'il faut multiplier le prix de 1896 par 26 pour en actualiser la valeur. Ainsi, l'équipement acheté pour 1500 dollars par Bill Haskell et Joe Meeker avant de partir pour le Klondike coûterait environ 39 000 dollars aujourd'hui. L'information relative au facteur de conversion provient de l'excellent site Web www.measuringworth.com. Ce site permet de calculer automatiquement combien un dollar américain ou une livre sterling britannique d'une époque précise vaudrait en monnaie actuelle.

L'IPC n'est cependant pas toujours un bon indicateur de la valeur relative ; le coût de la main-d'œuvre, par exemple, requiert des calculs beaucoup plus complexes. Ce qu'on sait cependant, c'est qu'en raison de la pénurie de main-d'œuvre dans le Nord, les salaires à Dawson étaient jusqu'à cinq fois plus élevés que le salaire moyen aux États-Unis. Par conséquent, même ceux qui n'avaient pas trouvé de filon pouvaient (s'ils passaient l'hiver à travailler dans une concession et parvenaient à ne pas tout dépenser) retourner chez eux avec l'impression d'être riches. Il n'est pas étonnant que la poussière d'or ait été dilapidée dans les saloons de Dawson avec autant de désinvolture. Les pépites étaient vraisemblablement comme de l'argent de Monopoly pour ces gens qui se faisaient payer en une journée plus qu'ils n'auraient pu recevoir en une semaine n'importe où ailleurs.

Une autre des données préférées de ceux qui ont pris part à la Ruée vers l'or est sans contredit la température. En 1898, les thermomètres indiquaient la température Fahrenheit, c'est à dire que le point de congélation se situe à 32 degrés. De manière générale, j'ai préféré exprimer la température en « degrés sous le point de congélation » afin d'éviter toute confusion. Je suis cependant très consciente du fait que les températures étaient le plus souvent très approximatives. Les prospecteurs du Nord avaient mis au point leur propre système artisanal pour évaluer la température. Il s'agissait d'une série de petits flacons de pilules insérés dans une base en bois. Selon un vieux prospecteur surnommé Sourdough Ray, la première bouteille contenait du mercure, qui gelait à 40 degrés sous le point de congélation de l'eau, la suivante contenait du kérosène, lequel gelait à 50 degrés sous le point de congélation, l'autre contenait le remède contre la douleur de Perry Davis (un mélange d'opiacés et d'alcool) qui se solidifiait à 72 degrés sous le point de congélation et la dernière renfermait de l'huile de Saint-Jacob (un autre remède breveté contre la douleur contenant de l'éther, de l'alcool et de la térébenthine), que Sourdough Ray n'avait jamais vu geler de sa vie.

Les images reproduites dans le texte n'ont pas été modifiées ou manipulées de quelque manière que ce soit ; elles ont été tout au plus recadrées, agrandies ou réduites.

Remerciements

YUKON : MERCI DU FOND DU CŒUR À ELSA FRANKLIN ET à la Société d'encouragement aux écrivains du Canada de m'avoir choisie à titre d'auteure en résidence à la maison Pierre Berton, à Dawson en 2008. James Davies, de ladite Société s'est occupé de tous les détails de mon séjour, y compris du transport de mon chien, ce qui allait bien au-delà des attentes. Les trois mois passés à Dawson furent une expérience inoubliable et m'ont permis de me familiariser avec le paysage et avec la ville et d'explorer les innombrables ressources qui se trouvent dans les bureaux de Parcs Canada, au centre culturel des Tr'ondëk Hwëch'in ainsi qu'au Musée de Dawson. Un merci tout particulier à Laura Mann (musée), Miriam Haveman (bibliothèque de Dawson), Dawne Mitchell (cabane de Jack London) et Leslie Piercy (Parcs Canada). J'ai également eu le privilège de profiter de l'expertise de deux historiens locaux: John Gould et Dick North. Tara Christie m'a expliqué les techniques modernes d'exploitation minière. David Fraser, Karen MacKay, Valerie Salez et Jesse Mitchell, Dan et Betty Davidson, Rachel Wiegers, Anne Rust D'Eye, Eldo Enns, Karen Dubois, de même que Dan et Laurie Sokolowski m'ont généreusement offert de leur temps ainsi que leur amitié. Le point fort de mon séjour à Dawson fut certainement la descente du fleuve Yukon, pour laquelle je ne remercierai jamais assez Gordon MacRae et Maureen Abbott. Je tiens à remercier tout particulièrement la merveilleuse cinéaste Lulu Keating, qui a tant fait pour moi.

Whitehorse : Merci à Carl et Liz Rumscheidt pour leur hospitalité et leur amitié. Le réseau de Nancy McPherson/Sally McLean m'a accueillie à bras ouverts : merci à Pat Halladay, Audrey McLaughlin, Laurel Parry et Mary Cafferty. Aux Archives du Yukon, Leslie Buchan et Donna Darbyshire ont déniché pour moi des documents que je n'aurais jamais pu trouver sans leur aide. Susan Twist m'a aidée pour la recherche de photographies. Dave Neufeld, l'historien de Parcs Canada au Yukon, a partagé avec moi son savoir extraordinaire en ce qui a trait à la Ruée vers l'or. Rick et Maureen Nielson m'ont fait découvrir des aspects fascinants des montagnes et des façons de faire yukonnaises. Je n'oublierai jamais ma descente du col Chilkoot dans une luge qui semblait portée par le vent.

Berkeley : David Kessler, de la biliothèque Bancroft, m'a guidée tout au long du processus visant à obtenir l'accès aux archives de Helen Lyon Hawkins, qui comprennent notamment l'autobiographie de Belinda Mulrooney. Damaris Moore m'a accueillie au service des bibliothèques, à Berkeley. Susie Schlesinger et Michael Ondaatje on su faire de ma visite au ranch de Jack London un moment mémorable.

Oxford : Le professeur Ken Orosz, de l'Université du Maine à Farmington, a eu la gentillesse de me guider vers les lettres de Flora Shaw, qui font partie des documents Brackenbury, et John Pinfold à la maison Rhodes m'a aidée à les trouver. Margaret Macmillan, professeur à Oxford, m'a offert de l'hébergement et des encouragements.

Edmonton : Le personnel de la bibliothèque Bruce Peel de l'Université de l'Alberta a fait l'impossible afin de mettre à ma disposition la correspondance de Sam Steele pendant son séjour au Yukon que l'établissement venait tout juste d'acquérir. Mille mercis à la bibliothécaire des collections spéciales, Jeannine Green, ainsi qu'à Robert Desmarais, Mary Flynn et Jeff Papineau. J'ai bien aimé m'asseoir en compagnie du professeur Rod Macleod, pour l'écouter parler du légendaire Sam Steele et recevoir son aide afin de déchiffrer l'écriture de ce dernier. Il a de plus eu l'amabilité de passer en revue les chapitres de mon livre qui portent sur Steele. Merrill Distad, directeur adjoint des bibliothèques à la bibliothèque Cameron, a été particulièrement serviable et Shona Cook a réussi à faire de la vie en résidence d'étudiants une expérience supportable.

Ottawa : Comme toujours, les membres du personnel de Bibliothèque et Archives Canada m'ont beaucoup aidée, surtout Jim Burant et l'ancien archiviste en chef, Ian Wilson. Ce fut un plaisir de pouvoir faire appel à la connaissance encyclopédique de Jim Burant, chef des Archives et Collections spéciales.

Bien des gens m'ont généreusement accordé de leur temps, alors que je tentais de tisser ensemble six histoires différentes. À Toronto, Phil Lind m'a donné accès à sa collection privée de matériel sur la ruée vers l'or, laquelle est très vaste, sans égale, et extrêmement fascinante. À Londres, Peter m'a donné de la documentation sur la White Pass and Yukon Railway. À Ottawa, Chris Randall m'a offert une aide technique précieuse.

Un remerciement tout spécial aux lecteurs qui m'ont suggéré de donner d'autres dimensions à ce livre, m'ont indiqué des pistes de recherche, ont corrigé mes erreurs les plus flagrantes (celles qui demeurent sont entièrement de ma faute), et m'ont encouragée.

Il s'agit notamment de : Ernest et Marta Hillen, Maurice Podrey, Patricia Potts, Sandy Campbell, Duncan McDowell et Bill Waiser.

J'aimerais également remercier mes complices habituels : Wendy Bryans, Maureen Boyd, Judith Moses et surtout, mon amie Cathy Beehan.

Mes trois fils, Alexander, Nicholas et Oliver, ont réussi à me communiquer leur esprit d'aventure et, comme toujours, mon époux, George Anderson, m'a donné sans compter son temps, son attention et ses excellents conseils. Il a aussi été un compagnon hors pair lors de mon voyage au Yukon.

Chez HarperCollins Canada, Phyllis Bruce est la meilleure éditrice qui soit, et elle est appuyée par une équipe extraordinaire : Noelle Zitzer, Camilla Blakeley, Ruth Pincoe, Greg Tabor, Dawn Huck, Margaret Nozuka et Melissa Nowakowski. J'ai été accueillie chaleureusement par Roxaanna Aliaga, éditrice chez Counterpoint Press, à Berkeley, en Californie. Mon agent, John Pearce, de Westwood Creative Artists m'a soutenue à chaque étape de ce projet.

Enfin, je suis reconnaissante au bureau des affaires culturelles de la Ville d'Ottawa et au Conseil des arts pour leur aide financière. Leur soutien continu à l'endroit des écrivains témoigne non seulement de l'importance de l'histoire de notre pays au sein de notre culture dans son ensemble, mais il revêt de plus une valeur inestimable pour ceux qui en bénéficient.

Épilogue

Qu'advint-il de nos six chercheurs d'or ?

Près d'un siècle après son décès, Jack London vit toujours à travers ses histoires du Grand Nord, qui font régulièrement l'objet de réimpressions et laissent transparaître sa personnalité mieux que les biographies ne le feront jamais. Il était ce que E. L. Doctorow a décrit comme « un assoiffé du monde, tant physiquement qu'intellectuellement, le type d'écrivain qui allait quelque part et y inscrivait ses rêves, le type d'écrivain qui trouvait une idée et enroulait son esprit autour ». Si ce que Doctorow appelle « les voix plus froides, plus sophistiquées de l'ironie moderne » dominent de nos jours la littérature, les descriptions vivantes et détaillées de Jack London racontant les années plus intenses de sa vie n'en demeurent pas moins saisissantes encore aujourd'hui.

Le prospecteur Bill Haskell, quant à lui, ne jouira pas d'une telle immortalité. Après avoir franchi le col Chilkoot en direction inverse à la fin de 1897, il s'embarqua sans grand enthousiasme sur un navire à vapeur qui longeait la côte Ouest en route vers le sud. Hébété par la peine d'avoir perdu son ami, Joe Meeker, il jura qu'il ne retournerait jamais à Dawson. Une fois parvenu à l'extérieur du Yukon, il fut choqué de voir de tous côtés un tel engouement pour le Klondike. Partout où il allait, il entendait des gens parler de leurs plans de départ en direction du Nord.

Bill n'en revenait pas. « Pour un homme qui vient tout juste de vivre l'expérience de passer deux ans dans les champs aurifères du Yukon, qui a vu la souffrance et la mort au quotidien, qui sait à quoi ressemble le travail dans les mines de l'Alaska et du Klondike [...] et qui a vu son meilleur ami être emporté sous la glace par les eaux tumultueuses d'un fleuve qui avait déjà fait d'innombrables victimes, cet empressement à faire ses préparatifs en vue d'aller faire fortune dans ces montagnes glaciales n'est que pure folie. » Il fut également scandalisé de voir la quantité de renseignements plus qu'inexacts qui circulaient au sujet du Klondike, c'est pourquoi il décida de mettre par écrit sa propre expérience, dans l'espoir que cela en découragerait quelques-uns. Publié par une société de Hartford, au Connecticut, le livre *Two Years in the Klondike and Alaskan Gold-Fields : A Thrilling Narrative of Personal Experiences and Adventures in the Wonderful Gold Regions of Alaska and the Klondike* parut en 1898, quelques mois à peine après que Bill eut quitté le Yukon. Il s'agit d'un des rares comptes rendus de la Ruée vers l'or du Klondike écrit par un simple prospecteur. Mais même décrivant de son mieux la dure réalité et les déceptions auxquelles il avait dû faire face, Bill ne parvint pas à calmer la soif d'aventure de ses lecteurs.

Qu'en fut-il de lui ? Malgré son amertume, il ne put s'empêcher de retourner à Dawson. Son nom apparaît au registre de la ville en 1901. Puis aucune trace de lui. Rien dans les registres du Yukon n'indique qu'il a jalonné une autre concession, ou acheté une maison ou même qu'il est mort à Dawson. Peut-être se dirigea-t-il vers Nome, ou retourna-t-il vers le sud. Il est possible qu'il soit reparti de sa concession du ruisseau Bonanza à destination du Vermont, emportant avec lui son or durement gagné. Ou peut-être faisait-il partie des vétérans du Klondike qui se portèrent volontaires pour aller combattre en France pendant la Première Guerre mondiale. On disait des hommes qui avaient connu les rigueurs de l'hiver nordique durant la Ruée vers l'or qu'ils étaient plus aptes à faire face aux horreurs qui sévissaient dans les tranchées que tous les autres.

On ne le saura jamais. Sa piste s'est complètement effacée.

L'entrepreneure Belinda Mulrooney, au contraire, fit les manchettes à plusieurs reprises jusqu'à la fin de sa vie. Faisant fi des réserves de ses amis de Dawson, la propriétaire de l'hôtel Fairview accepta d'épouser le « comte » Charles Eugène Carbonneau. Elle savait qu'il n'était pas entièrement digne de confiance : dans son autobiographie verbale, elle fait un commentaire pour le moins curieux: «Je devais trouver le moyen de me débarrasser de cet enquiquineur, alors nous nous sommes mariés.» La cérémonie eut lieu à Dawson le 1er octobre 1900 et fut suivie d'une réception pour 250 invités à l'hôtel Fairview. Pendant quelques années, elle se plut à jouer la «comtesse Carbonneau». Les Carbonneau se payèrent de somptueux voyages en Europe à l'aide des millions amassés dans le Klondike par Belinda. Ils louèrent un appartement sur les Champs-Élysées à Paris pendant toute une saison. L'année suivante, ils louèrent une maison à Monte Carlo.

Belinda se rendit vite compte que Charles l'avait épousée pour son argent et que ses fonds disparaissaient à une vitesse alarmante. Elle tenta de protéger ses avoirs de son mari en faisant venir son père, John Mulrooney, à Dawson pour les lui céder. Puis, elle extirpa des griffes de Charles toutes les entreprises qu'il lui fut possible. En 1904, elle déménagea à Fairbanks, en Alaska, pour tenter de refaire sa fortune. Un partenariat dans le secteur minier et une banque l'impliquant se retrouvèrent au cœur de poursuites judiciaires. Lorsqu'elle demanda le divorce, en 1906, Charles se vengea en kidnappant une des sœurs de Belinda pour la séquestrer dans sa chambre d'hôtel. Il réussit à éviter des accusations criminelles grâce à ses talents de négociateur, puis le divorce eut lieu. «Belinda abandonne son titre», put-on lire dans le *Yukon World*.

Belinda quitta le Nord en 1908 pour aller vivre à Yakima, dans l'État de Washington, où elle fit planter un verger et construisit une immense demeure qui fut rapidement surnommée le «Château Carbonneau». Elle devint une personnalité locale bien en vue et reçut la visite de nombreux dignitaires, dont le président Taft. Mais sous ses airs sophistiqués se cachait la même Belinda au tempérament bouillant et assoiffée de vengeance. Lorsqu'un ancien beau-frère tenta de la poursuivre pour détournement de fonds, elle réussit à l'attirer dans une chambre d'hôtel de Seattle et engagea deux hommes pour le fouetter jusqu'au sang. Elle dut payer une amende de 150 dollars pour son crime.

La vie de Belinda prit ensuite un tournant pour le pire. En 1920, elle fut obligée de vendre son château et son verger, et dut se résoudre à travailler comme femme de ménage puis comme couturière. À l'âge de quatre-ving-cinq ans, elle alla vivre dans une résidence pour personnes âgées. Elle prenait un doigt de whisky et fumait deux cigarettes tous les jours. Elle mourut en 1967, à l'âge de quatre-vingt-quinze ans.

La journaliste britannique Flora Shaw n'eut plus jamais la chance de faire preuve d'endurance et de verve comme elle l'avait fait dans le Klondike. De retour à Londres à l'automne 1898, elle reprit son poste de correspondante aux affaires coloniales pour le *Times*. Le gouvernement britannique finança l'impression et la distribution d'un tract reprenant ses articles sur la guerre des Boers – des articles qui affirmaient la souveraineté britannique en Afrique du Sud et prônaient l'expansion de l'Empire. En 1900, Flora démissionna de ses fonctions au journal pour des raisons de santé. Deux ans plus tard, elle épousa sir Frederick John Dealtry Lugard, un administrateur colonial de haut rang de la trempe de son héros, Cecil Rhodes.

Le mari de Flora devint par la suite le baron Lugard, gouverneur de Hong Kong (1907–1912) et gouverneur général du Nigéria (1912–1919). Les époux Lugard étaient unanimes quant à leur vision de l'Empire et à l'importance de leur contribution à son succès. En 1904, Flora écrivit à son mari : « Je suis à la fois fière et reconnaissante d'avoir pu contribuer à insuffler au public le sens des responsabilités à l'égard de l'Empire et le désir de le voir prospérer, d'avoir aidé à sauver l'Australie de la faillite, d'avoir empêché les Hollandais de s'emparer de l'Afrique du Sud, et les Français, de sortir des limites de l'Afrique de l'Ouest, d'avoir suscité une affluence de capitaux et d'immigrants au Canada, et d'avoir réuni le Canada et l'Australie grâce au câble transpacifique. »

En tant que « Lady Lugard », Flora voyagea beaucoup, amassa des fonds pour l'université de Hong Kong et travailla auprès des réfugiés belges pendant la Première Guerre mondiale. Elle s'opposa avec acharnement au vote des femmes et devint Dame de l'ordre de l'Empire britannique en 1916. Elle mourut en Angleterre en 1929.

Les biographes de Flora Shaw, Dorothy O. Helly et Helen Callaway, qui ont rédigé l'entrée pour Dame Flora Louise Lugard dans l'*Oxford Dictionary of National Biography*, ont affirmé que le rôle joué par Flora

Shaw avait été grandement sous-estimé. Selon elles, Flora a été « une figure importante de l'histoire de l'impérialisme britannique, mais une figure négligée par les historiens de l'Empire parce qu'elle était une femme, et non considérée digne d'être rétablie par les historiennes féministes parce qu'elle était une impérialiste ». Même de leur vivant, les époux Lugard purent voir le cours de l'histoire changer et se retourner contre eux et contre le projet qui leur avait été si cher. En janvier 1920, Leonard Woolf publia *Empire and Commerce in Africa: A Study in Economic Imperialism*. Sir Frederick Lugard, parmi d'autres, y joue le rôle du méchant. Selon Woolf, « sur le plan psychologique, il n'y a aucune différence entre le Capitaine Lugard et ceux qui, dans les siècles passés, brûlaient et torturaient des hommes et des femmes pour les motifs religieux les plus nobles ».

Le surintendant Samuel Benfield Steele, qui avait assuré le commandement des *Mounties* à Dawson, tira grandement parti des mois passés dans le Nord. Malgré le scandale entourant son départ, ce furent les dirigeants politiques qui reçurent le blâme pour tout ce qui s'était passé et Sa,m lui, vit sa carrière décoller. Quelques mois après avoir quitté Dawson, il quitta également son poste dans la Police à cheval du Nord-Ouest. Le financier canadien Donald Smith, à qui l'on venait d'attribuer le titre de Lord Strathcona, lui offrit de commander une unité de l'armée britannique, dont le recrutement se ferait au Canada, afin de prendre part à la guerre des Boers. Dans son rôle au sein du régiment de Lord Strathcona, Steele consolida sa réputation de commandant autocrate. Des années plus tard, un de ses subalternes racontera que Steele aurait ordonné à une dizaine d'hommes souffrant d'hémorroïdes de faire cinq milles à cheval au grand galop, prétextant que cela fera éclater et saigner celles-ci.

Sam passa moins d'un an au sein de ce régiment, après quoi on lui offrit un poste de commandant de division au sein de la nouvelle Force constabulaire sud-africaine. Les membres de la famille Steele passèrent ainsi cinq ans en Afrique du Sud, où Sam eut l'occasion de mettre à profit l'expérience acquise à Dawson dans son rôle au sein des forces de l'ordre. Il arriva à gagner la confiance des fermiers boers en faisant en sorte que les agents de police leur apportent une aide concrète, notamment en faisant office de gardes-chasse, de vétérinaires, de recenseurs et de délivreurs de licences.

Sam retourna au Canada en 1907, se joignit à la milice canadienne et commença la rédaction de son autobiographie. Cependant, lorsque la Première Guerre mondiale éclata, en août 1914, le soldat en lui ne put réprimer l'envie d'occuper un poste de commandement dans l'armée. Bien qu'il fût âgé de soixante-trois ans, et donc jugé trop vieux pour aller au front, il réussit à se faufiler dans un poste administratif en tant que commandant dans un camp militaire canadien du sud-est de l'Angleterre et commandant en titre de toutes les troupes canadiennes en Angleterre. Couvert de médailles, il fut nommé chevalier en janvier 1918. Il décéda un an plus tard, victime de l'épidémie de grippe espagnole. Il venait tout juste d'avoir soixante-dix ans. Un groupe de ses amis fit faire un masque funéraire dans l'espoir qu'on érige une statue en son honneur. Toutefois, le projet ne se concrétisa pas. En 1920, l'époque des soldats à la tenue irréprochable tels que Steele était déjà révolue. Dans le *Dictionnaire biographique du Canada*, le professeur Rod Macleod indique que Steele « était comme ces organismes si parfaitement adaptés à leur milieu qu'ils s'éteignent dès que celui-ci change. La Grande Guerre avait tant bouleversé le Canada et le monde que, en 1919, ses exploits ne représentaient plus grand-chose ».

Sam Steele fut enterré au cimetière de la cathédrale anglicane St. John à Winnipeg. Vaniteux jusqu'à la fin, il aura réussi à ce que sa pierre tombale indique « 1852 – 1919 », alors qu'il était vraisemblablement né en 1848. Sa contribution la plus importante fut sans contredit la réputation de héros qu'ont acquis les *Mounties* de l'Ouest canadien.

Le père Judge, dévoué prêtre jésuite, survit lui aussi dans la mémoire collective, bien que cela se limite au Yukon. On s'en souvient encore comme du « saint de Dawson » et il est l'un des rares personnages de la Ruée vers l'or dont la tombe est marquée par un monument en pierre au bord du fleuve, au lieu d'une simple croix de bois sur la colline. Deux ans après sa mort, ses ouailles recueillirent des dons afin de lui faire faire une pierre tombale, qu'ils firent acheminer par le fleuve Yukon. Selon le journal catholique du Yukon, celle-ci arriva à destination en novembre 1903 et fut érigée à côté de l'autel dans l'église qu'il affectionnait tant. Gravé dans le marbre blanc, on pouvait y lire en latin : « Ci-gît le père Wm. H. Judge, S. J., un homme charitable qui, avec l'aide de tous, bâtit ici un refuge pour les malades et un temple pour Dieu et qui, pleuré de tous, mourut pieusement dans la Foi, le 16 janvier 1899. »

L'hôpital et l'église du père Judge furent détruits par un incendie quelques années plus tard, et une nouvelle église St. Mary fut construite à quelques pâtés de maison au sud de l'ancienne. Même si on continue de célébrer la mémoire du jésuite dans l'église, où des photographies de son hôpital sont accrochées, sa pierre tombale, elle, demeure négligée sur un petit lopin de terre couvert d'herbe près de l'embarcadère du traversier de Dawson.

Postface

Le charme du Yukon

J'AI PASSÉ LES MOIS D'AVRIL, MAI ET JUIN 2008 À DAWSON. Aujourd'hui, on dirait un vieux décor de cinéma – une version défraîchie de la ville champignon bruyante et impitoyable de l'époque. Et pourtant, plus d'un siècle plus tard, elle exerce toujours un certain charme mystérieux.

Les eaux puissantes et glaciales du fleuve Yukon s'écoulent rapidement et sans relâche le long du parcours de plus de 2000 km vers la mer de Béring. Sous le soleil de minuit, les collines environnantes sont baignées par la lumière. Même à l'ère des communications, la ville demeure extraordinairement isolée. On n'y trouve aucune chaîne de restauration rapide, ni PFK, ni Starbucks, ni même un Tim Hortons pour donner aux étrangers l'illusion que, même à quelques heures du cercle arctique, on n'est pas si loin des repères de la vie urbaine. La route demeure non pavée. Au marché Bonanza, j'ai vu des prospecteurs barbus venus brièvement de leur concession se procurer suffisamment de provisions pour se nourrir pendant des semaines.

On trouve quelques échos subtils du passé dans la culture de l'endroit. Encore aujourd'hui Dawson représente pour beaucoup le bout du chemin, et bon nombre de ses résidents sont heureux de s'être « enfuis » dans le Nord pour échapper à un travail, à un mariage ou à une vie qui ne leur convenait pas. J'ai appris à ne pas demander « Que faites-vous dans la vie ? », mais plutôt « Quelle est votre histoire ? », comme le faisait jadis le père Judge.

Sur une base annuelle, on note encore un grand déséquilibre démographique. Selon un cinéaste local, on compte à Dawson 1 500 résidents permanents et 3 000 chiens. Les hommes y sont beaucoup plus nombreux que les femmes. Dans le Nord, des sujets comme les lois antitabac ou le port obligatoire de la ceinture de sécurité provoquent de gros éclats de rire. Les dignes descendants de Swiftwater Bill savent encore très bien faire la fête, surtout pendant les longs et sombres mois d'hiver. Le seul saloon ouvert toute l'année s'appelle le Pit (nom familier que les mineurs utilisent pour désigner la mine). Le saloon compte deux salles : la salle Armpit[38], ouverte le jour, et la salle Snakepit[39], ouverte le soir.

Comme bien d'autres petites villes, Dawson est le genre d'endroit où la collectivité s'organise pour venir en aide à un résident dans le besoin, comme on le faisait du temps du père Judge. Sur le tableau d'affichage du bar Bombay Peggy, où (tout comme Jack London au Monte Carlo) j'entendis les anecdotes les plus savoureuses, on annonce régulièrement des collectes de fonds pour aider ceux qui sont dans une mauvaise passe. Et comme dans d'autres petites villes à l'économie fondée sur l'exploitation des ressources un peu partout dans le nord du Canada, les habitants de Dawson font preuve d'une certaine hostilité à l'égard du « sud » et tiennent à leur marginalité. Mais ce qui donne à Dawson son caractère unique, c'est l'héritage de la Ruée vers l'or. Certains des bâtiments originaux témoignent encore aujourd'hui de la splendeur d'antan. On ne peut s'empêcher de ressentir une certaine émotion en voyant des bâtiments de bois, tels que l'église St. Andrew, fortement inclinés en raison de la fonte inégale du pergélisol, les portes qui ne se referment plus, les toits de travers, les murs penchés vers l'intérieur.

Le patrimoine physique laissé par la Ruée vers l'or avait pratiquement disparu dès les années 1960. Cependant, le succès du livre *Klondike* de Pierre Berton suscita un regain d'intérêt pour les ressources et la souveraineté dans le Nord, de sorte que le gouvernement canadien décida de faire revivre Dawson et son passé pittoresque au profit des générations à venir. Des historiens ont fait des recherches sur l'histoire et les bâtiments particuliers de la ville, dont plusieurs ont été

38. Jeu de mots avec le nom du saloon, signifie littéralement « aisselle ».
39. Jeu de mots avec le nom du saloon, signifie littéralement « fosse aux serpents ».

restaurés par la suite. Il s'ensuivit un intérêt de la part des touristes, qui viennent désormais en masse à bord d'autocars de la société Holland America. Le théâtre Palace Grand ouvre à nouveau ses portes pour accueillir diverses productions dans le cadre de leur tournée estivale. Et aujourd'hui, pendant quatre mois par an, les danseuses de french cancan du saloon Diamond Tooth Gertie offrent un spectacle aussi dynamique et exubérant que celles qui les ont précédées, dont les célèbres sœurs Jacqueline et Rosalinde, mieux connues sous le nom de Vaseline et Glycérine. L'édifice administratif territorial, qui perdit sa raison d'être lorsque Whitehorse devint la capitale territoriale en 1953, a été transformé en musée depuis 1962.

Parallèlement, les droits des Premières nations locales ont enfin été reconnus. La vallée du Klondike appartenait jadis au peuple han, qui a été brutalement chassé de ses terres ancestrales, qu'on a pillées de leurs richesses naturelles. Confinés dans leur petite réserve connue sous le nom de Moosehide Village, à près de cinq kilomètres en aval de Dawson, les Aînés du peuple han ont passé la majeure partie du 20e siècle à regarder les gens venus de l'extérieur vider leurs territoires de chasse, expédier leurs enfants dans des pensionnats et détruire leur mode de vie. Au tournant du siècle, ces gestes ont finalement été reconnus non comme des conséquences inhérentes de la « civilisation », mais bien comme des actes répréhensibles qui contreviennent aux droits de la personne. Au cours des dernières décennies, la plupart des Premières nations du Yukon ont conclu une entente sur les revendications territoriales et des indemnisations ont été versées aux victimes des pensionnats autochtones. Depuis le début des années 1990, les gens du people han ont choisi de s'appeler les Tr'ondëk Hwëch'in, et ils forment environ le tiers de la population de Dawson. Leur centre culturel, le Centre culturel Dänojà Zho, est d'ailleurs l'un des rares bâtiments modernes de la ville. De conception inspirée des techniques de construction han, le centre offre aux touristes l'occasion de découvrir une version de l'histoire bien différente de celle qu'on entend au Diamond Tooth Gertie.

De nos jours, 50 000 visiteurs affluent à Dawson chaque année durant la brève saison touristique. Ils se rendent au théâtre Palace Grand, à la résidence du commissaire, au Centre culturel Dänojà Zho ainsi qu'à la concession de la Découverte, où Carmack découvrit sa première pépite d'or. Ils se rendent ensuite à la boutique souvenir pour acheter les œuvres de Jack London, de Robert Service et de Pierre Berton. Le fantôme de chacun de ces trois auteurs est encore présent à Dawson, chacun avec sa propre cabane, qui se trouve sur l'itinéraire de tous les touristes. La cabane de Jack London est en réalité une reconstitution de celle qu'il a habitée à la rivière Stewart et dans laquelle il est censé avoir gravé l'inscription « Jack London, mineur auteur » au cours du pénible hiver de 1897. La version qu'on trouve à Dawson a été construite à l'aide de la moitié des rondins provenant de la cabane originale. L'autre moitié a été expédiée à Oakland, en Californie, où l'on trouve une autre « cabane de Jack London ». La cabane de Robert Service est celle où il a véritablement habité de 1908 à 1912. Toutes deux sont situées sur la 8e Avenue, tout près de la maison où Pierre Berton a vécu de 1920 à 1930.

Grâce à la générosité de la famille Berton, la maison Berton sert aujourd'hui de retraite pour écrivains. J'ai moi-même eu la chance d'y séjourner et de me poser la question : au-delà de la fiction et des légendes, comment était véritablement l'expérience de la Ruée vers l'or pour ceux qui y ont participé ? London, Service et Berton ont décrit la frénésie collective qui poussa des milliers de personnes à risquer leur vie dans l'espoir de trouver de l'or. Ils se sont délectés du faux héroïsme et de la folie des masses. Mais l'histoire, c'est la somme des expériences individuelles. Je m'intéressai tout particulièrement à la vie de quelques-uns des personnages qui ont joué un rôle dans ce grand tableau historique. Je voulais reconstituer le puzzle à partir de récits véridiques afin de mettre en lumière, un siècle plus tard, la vie à Dawson, à une époque où sa population est passée de 300 à 300 000 personnes en moins de deux ans.

L'une des toutes premières choses qui a attiré mon attention à Dawson fut une inscription peinte sur le côté d'un bâtiment situé en face du restaurant Klondike Kate. Il s'agit de la première strophe du poème « Spell of the Yukon » [Le charme du Yukon] de Robert Service :

Je voulais trouver de l'or et je l'ai cherché

Tel un esclave, j'ai fouillé, lavé sans cesse

Le scorbut, la famine, j'ai dû affronter

J'y ai même sacrifié ma jeunesse

Je voulais trouver de l'or et j'y suis parvenu
Je suis reparti, riche, l'automne dernier
Mais je n'ai pourtant pas la vie que j'ai voulu
Et il semble que l'or ne m'a pas rassasié

[Traduction libre]

Parmi tous ceux qui ont participé à la Ruée vers l'or du Klondike dans les années 1890, très peu ont effectivement trouvé de l'or. Et pourtant, tout comme les aventures dans la nature sauvage de nos jours, l'expérience du Klondike a permis à plusieurs – y compris mes six personnages – d'aller au bout d'eux-mêmes.

Sources

LES ÉVÉNEMENTS, LES PERSONNAGES ET LES DIALOGUES sont tous tirés de sources de premier ordre.

Chapitres 1 à 5

La plupart des renseignements contenus dans les premiers chapitres proviennent de l'autobiographie de William (Bill) Haskell intitulée *Two Years in the Klondike and Alaskan Gold-Fields, 1896–1898 : A Thrilling Narrative of Life in the Gold Mines and Camps* (1898, réimpr., Fairbanks, University of Alaska Press, 1998). Certains détails supplémentaires concernant l'exploitation des placers, le voyage vers le Nord et la végétation yukonnaise sont tirés d'autobiographies d'autres prospecteurs, dont la liste apparaît dans la bibliographie. Parmi les sources officielles qui se sont avérées très utiles, on en trouve deux en particulier : un rapport rédigé sur l'exploration au Yukon rédigé par George M. Dawson (*Report on an Exploration in the Yukon District, N.W.T., and Adjacent Northern Portion of British Columbia, 1887*, Ottawa, Geological Survey of Canada, 1898) et un discours de William Ogilvie intitulé « Lecture on the Yukon Gold Fields (Canada) », publié dans le *Victoria Daily Colonist*, le 6 novembre 1897. J'ai également consulté l'article « Life in the Klondike Gold Fields », de J. Lincoln Steffens, publié dans la revue *McClure's* en septembre 1897. Je me suis aussi grandement appuyée sur l'information contenue dans le livre *The Klondike Stampede* (1900, réimpr. Vancouver, UBC Press, 1994) de l'excellent journaliste Tappan Adney.

Parmi les sources plus récentes qui racontent la frénésie entourant la quête de l'or, on trouve *Big Pan-Out: The Klondike Story*, par Kathryn Winslow (Londres, Travel Book Club, 1953), et *Klondike: The Last Great Gold Rush, 1896-1899*, la version révisée en 1972 du best-seller de Pierre Berton intitulé à l'origine *Klondike: The Life and Death of the Last Great Gold Rush* (Toronto, McClelland and Stewart, 1958). Hal J. Guest, historien pour Parcs Canada, a produit trois rapports de recherche à la fois sobres et fascinants au sujet de la ville de Dawson: « Dawson City, San Francisco of the North or Boomtown in a Bog: A Literature Review » (rapport manuscrit n° 241, Parcs Canada, 1978); « A History of the City of Dawson, Yukon Territory 1896-1920 » (rapport sur microfiche n° 7, Parcs Canada, 1981) et « A Socioeconomic History of the Klondike Goldfields 1896-1966 » (rapport sur microfiche n° 181, Parcs Canada, 1985). Les informations concernant le peuple han du Yukon proviennent de deux ouvrages empruntés au centre patrimonial des Tr'ondëk Hwëch'in à Dawson: *Hammerstones: A History of the Tr'ondëck Hwëch'in*, par Helene Dobrowolsky (Dawson City, Tr'ondëck Hwëch'in, 2003) et *Han, People of the River*, par Craig Mishler et William E. Simeone (Fairbanks, University of Alaska Press, 2004).

Pour mieux comprendre les répercussions de la Ruée vers l'or chez les peuples autochtones, et plus particulièrement chez les Hans et les Tlingits, j'ai consulté l'article de Julie Cruikshank: « Images of Society in Klondike Gold Rush Narratives: Skookum Jim and the Discovery of Gold », publié dans la revue *Ethnohistory* (volume 39, n° 1, hiver 1992, p. 20 à 41). Les différentes versions de la première découverte d'or dans le Klondike illustrent bien à quel point l'histoire est malléable. Selon Cruikshank « ni les versions orales ni les versions écrites ne peuvent être considérées comme de simples preuves historiques que l'on peut passer au crible, à la recherche des "faits". De plus, l'amalgame des deux types de récits ne nous donne pas vraiment une synthèse de la "véritable histoire" ». Les événements et les relations de pouvoir sont trop complexes, affirme-t-elle, pour qu'on puisse se fier à un seul type de compte rendu. « Il faut plutôt tenter d'interpréter les deux types de récits en les considérant comme des fenêtres qui laissent entrevoir la manière dont on construit le passé et en discute dans divers contextes, à travers le regard de personnages empêtrés dans leur propre réseau de relations sociales distinct sur le plan culturel. »

Chapitre 6

Le père William Judge est mentionné dans l'autobiographie de bon nombre de prospecteurs, mais la source d'information la plus riche afin de connaître son histoire est le livre écrit par son frère, Charles : *An American Missionary : A Record of the Work of Rev. William H. Judge, 4e éd.* (Ossining (New York), Catholic Foreign Missionary Society, 1907). Celui-ci comprend plusieurs témoignages obtenus auprès de gens qui ont personnellement connu le prêtre, après le décès de ce dernier. Les renseignements au sujet des activités des organisations missionnaires au 19e siècle sont extraits de *Pax Britannica : The Climax of an Empire*, par James Morris (Londres, Faber and Faber, 1968).

Les habitudes des résidents du Klondike en ce qui a trait à l'hygiène personnelle sont décrites dans *God's Loaded Dice, Alaska 1897–1930*, par Edward E. P. Morgan(Caldwell (Idaho), Caxton Printers, 1948).

Chapitre 7

En 1927-1928, Belinda Mulrooney a dicté son autobiographie à la journaliste Helen Lyon Hawkins, de Spokane, dans l'État de Washington. Mlle Hawkins n'a jamais réussi à trouver un éditeur pour le livre qui s'ensuivit, et qu'elle avait provisoirement intitulé : « Miss Mulrooney, Queen of the Klondike » [Mademoiselle Mulrooney, reine du Klondike]. Les notes et le manuscrit de Mlle Hawkins se trouvent désormais à la bibliothèque Bancroft de l'université de la Californie, à Berkeley. J'ai pu trouver ces documents grâce à l'excellente biographie de Belinda publiée par Melanie J. Mayer et Robert N. DeArmond qui s'intitule : *Staking Her Claim : The Life of Belinda Mulrooney, Klondike and Alaska Entrepreneur* (Athens (Ohio), Ohio University Press, 2000). Belinda avait près d'une soixantaine d'années lorsqu'elle décrivit ses aventures à la journaliste, mais on reconnaît facilement son ton franc, impitoyable et teinté d'humour. Transcrire les histoires racontées avec tant d'exubérance par Belinda ne fut pas une mince affaire pour Mlle Hawkins. Les archives comptent deux boîtes complètes de notes scribouillées au hasard. (BANC MSS 77/81).

Au musée de Dawson, on trouve une vaste collection de coupures de journaux au sujet de Belinda. Bon nombre relatent, sur du papier journal jauni, des entrevues avec une Belinda désormais âgée qui raconte sa vie – version revue et corrigée, bien entendu. L'histoire de l'opposition à laquelle elle dut faire face pour construire son hôtel à Grand Forks est racontée dans *In the Klondike*, de Frederick Palmer (New York, Scribner's, 1899, p. 141 à 147) ainsi que dans *Klondike Lost : A Decade of Photographs by Kinsey & Kinsey*, de Norman Bolotin (Anchorage (Alaska), Northwest Publishing, 1980).

Le livre *Klondike Women : True Tales of the 1897–98 Gold Rush*, de Melinda Mayer (Athens (Ohio), Ohio University Press, 1989), m'a permis de mieux comprendre la vie des femmes qui ont pris part à la ruée vers l'or et la dynamique relative aux divers degrés de « respectabilité » de ces dernières.

Chapitre 8

Tappan Adney m'a servi de source pour la plupart des données contextuelles relatives à l'arrivée des premiers orpailleurs du Klondike en Californie. Il est question du rôle des publications dont Hearst était propriétaire dans *The Uncrowned King : The Sensational Rise of William Randolph Hearst*, de Ken Whyte (Toronto, Random House, 2008). J'ai aussi trouvé des renseignements utiles dans le rapport de Hal J. Guest mentionné précédemment : *Dawson City, San Francisco of the North or Boomtown in a Bog*.

Les renseignements de nature biographique au sujet de Jack London sont tirés de *A Pictorial Life of Jack London*, par Russ Kingman (New York, Crown Publishers, 1979) ; *Introduction to The Letters of Jack London*, vol. 1, 1896–1905, édité par Earle Labor, Robert C. Leitz III et I. Milo Shepard (Stanford (Californie), Stanford University Press, 1988) ; et *Jack London, A Life*, par Alex Kershaw (London, St. Martin's Press, 1977). Il est cependant à noter que ce dernier situe le Klondike en Alaska. Charmian London, la veuve de Jack, a également publié plusieurs biographies, notamment *The Book of Jack London* (New York, The Century Company, 1921), et *Jack London and His Times, An Unconventional Biography* (Seattle, University of Washington Press, 1939). Les livres *Jack London and the Klondike : The Genesis of an American Writer*, par Franklin Walker (San Marino (California), Huntington Library, 1966, 1994) et *Sailor on Snowshoes : Tracking Jack London's Northern Trail*, par Dick North (Madeira Park (C.-B.), Harbour Publishing, 2006) sont deux excellentes sources d'information au sujet de l'expérience de Jack au Klondike. Le journal personnel de Fred Thompson relatant son voyage au Klondike fut publié sous forme de brochure intitulée *To the Yukon with Jack London* par le Los Angeles Zamorano Club en 1980, édité par David Mike Hamilton.

Tous les livres et nouvelles dont proviennent les extraits cités sont encore disponibles en librairie[40].

Chapitre 9

Les détails de la dispute entre Belinda Mulrooney et Alex McDonald, y compris les dialogues rapportés mot pour mot proviennent de l'autobiographie inédite de Belinda. Les renseignements concernant les activités de Jack London sont tirés des livres publiés par sa veuve et de *A Pictorial Life of Jack London*, par Russ Kingman. Edward E. P. Morgan a pour sa part décrit les saloons de Dawson dans *God's Loaded Dice*.

Chapitre 10

Les surnoms attribués à divers mineurs sont tirés de l'autobiographie inédite de John Grieve Lind, un chercheur d'or de l'Ontario devenu millionnaire au Klondike. Les descriptions relatives à l'hôtel Grand Forks proviennent de *God's Loaded Dice*, par Edward E. P. Morgan et les détails concernant la literie sont extraits de *Three Years in the Klondike,* Jeremiah Lynch (1904), ouvrage republié en 1967 avec l'ajout d'une excellente introduction par Dale L. Morgan (Chicago, Lakeside Press, R. R. Donnelley and Sons, 1967). La situation des malades atteints du scorbut est décrite de façon très éloquente dans le livre *Big Pan-Out*, de Kathryn Winslow.

Les souvenirs de Jack London racontés par ses camarades de l'île Split-Up proviennent de sources secondaires, notamment les ouvrages de Franklin Walker et de Charmian London susmentionnés, ainsi que le manuscrit inédit d'Emil Jensen intitulé « Jack London at Stewart River » qui fait partie de la collection Jack London à la bibliothèque Henry E. Huntington de San Marino, en Californie.

40. N.D.L.T. : La plupart sont également disponibles en version française.

Chapitre 11

L'anecdote des bottes de caoutchouc impliquant Belinda et Big Alex est racontée dans l'autobiographie de Belinda et reprise dans *Staking Her Claim*, par Mayer et DeArmond ainsi que dans l'article intitulé « She Was the Richest Woman in the Klondike », par Stephen Franklin (*Weekend Magazine,* vol. 12, n° 27, 1962, p. 22-23, 28-29).

Tappan Adney, dans *The Klondike Stampede*, décrit la débacle du printemps 1898. L'information concernant les conditions sanitaires est tirée de l'article « Disease and the Growth of Dawson City: The Seamy Underside of a Legend", par M. K. Lux (*Northern Review*, été-hiver 1989, p. 96-117).

La guerre de clocher entre les Oblats et les Jésuites a été étudiée par George Edward Gartrell dans le cadre de sa thèse intitulée « The Work of the Churches in the Yukon during the Era of the Klondike Gold Rush » (Thèse de maîtrise, University of Western Ontario, 1970).

Chapitre 12

Freda Maloof est présente dans les nouvelles de Jack London « The Wife of a King[41] » (qui fait partie du recueil *The Son of the Wolf*, publié en 1900) et « The Scorn of Women[42] » (*Overland Monthly*, May 1901). Sa nouvelle « The One Thousand Dozen[43] », qui fait partie du recueil *The Faith of Men*[44] publié en 1904 traite de la pénurie d'œufs. Le journal de voyage de Jack racontant sa descente du fleuve Yukon a été reproduit au chapitre 16 de sa biographie rédigée par Charmian London, *The Book of Jack London*. Le récit de ce voyage, écrit par Jack, fut publié dans le journal *Buffalo Express,* sous le titre « From Dawson to the Sea », le 4 juin 1899.

L'anecdote relative aux pépites d'or dans le crachoir est racontée dans l'autobiographie inédite d'Ethel Anderson Becker, qui se trouve dans les archives du Musée de Dawson.

41. Titres français : « Bal masqué », « Madeline : la femme d'un roi » ou « La femme d'un roi ».
42. Titre français : « Mépris de femmes ».
43. Titre français : « Les mille douzaines d'œufs ».
44. Titre français : *Parole d'homme.*

Chapitre 13

L'histoire des journaux de Dawson et plus particulièrement celle du *Klondike Nugget*, de Eugene Allen, est racontée en détail dans le livre *The Klondike Nugget*, de Russell A. Bankson (Caldwell (Idaho), Caxton Printers, 1935). À partir du chapitre 13, les journaux de l'époque, soit le *Klondike Nugget* et le *Yukon Midnight Sun* (disponibles sur microfiche à Bibliothèque et Archives Canada) se sont avérées des sources inestimables d'information. Je me suis également appuyée sur les renseignements contenus dans le rapport « The Dawson Daily News : Journalism on Canada's Last Frontier », par Edward F. Bush (rapport manuscrit n° 48, Parcs Canada, 1971).

Jeremiah Lynch, le financier de San Francisco arrivé cet été-là, mentionne les taux d'intérêt déraisonnables qui avaient cours à Dawson dans son autobiographie intitulée *Three Years in the Klondike*. Les meilleures sources en ce qui concerne les activités bancaires de l'époque à Dawson sont les suivantes : *A History of the Canadian Bank of Commerce, vol. 2*, par Victor Ross (Toronto, Oxford University Press, 1922) ; *The Yukon Adventure*, par Percy C. Stevenson (New York, Yorktown Press, 1932) ; et *Canadian Monetary, Banking and Fiscal Development*, par Craig R. McIvor (Toronto, Macmillan of Canada, 1958). Deux rapports non publiés de Parcs Canada renferment quantité de renseignements utiles : « The Bank of British North America, Dawson, Yukon, 1898–1968 », de Richard Stuart (rapport manuscrit n° 324, Parcs Canada, 1979), et « Banking in the Klondike 1898–1968 », d'Edward F. Bush (rapport manuscrit n° 118, Parcs Canada, 1973). Le livre *Quick to the Frontier*, écrit par Duncan MacDowall (Toronto, McClelland and Stewart, 1993) traite des forces des banques à charte canadiennes (en l'occurrence, la Banque royale) à la fin du 19e siècle.

Chapitre 14

La hausse du nombre de navires à vapeur sur le fleuve Yukon en 1898 est notée dans « The Postal History of Yukon Territory », un manuscrit inédit par Rob G. Woodall faisant partie de la collection privée Lind. Mary E. Hitchcock a raconté son périple dans le Nord en compagnie d'Edith Van Buren dans le livre intitulé *Two Women in the Klondike* (New York, Putnam, 1899). L'épidémie de typhoïde est décrite dans l'article « Klondike Memories », de Neville A. D. Armstrong, publié dans la revue *The Beaver* (Juin 1951, p. 44-47).

La principale source d'information en ce qui a trait à l'histoire du voyage de Flora Shaw au Yukon (chapitres 14 à 16) est sa correspondance non publiée avec sa sœur Lulu ainsi qu'avec son rédacteur en chef Moberly Bell. Celle-ci fait partie du fonds d'archives Brackenbury de la bibliothèque bodléienne de l'université d'Oxford. Fait intéressant, elles sont conservées à la maison Rhodes, le siège social de la fondation Rhodes établie par le héros même de Flora Shaw, Cecil Rhodes. Il existe également une biographie publiée par E. Moberly Bell, intitulée tout simplement *Flora Shaw* (Londres, Constable, 1947). Parmi les autres sources, on trouve notamment un manuscrit inédit par Joshua Gagnon qui s'intitule : « Flora Shaw (Lady Lugard), Paving the Way for Women : From Struggling Writer to Powerful Journalist and Political Activist » ; l'article « A Lady in the Gold Fields », écrit par Stephen Usherwood et Elizabeth Usherwood et publié dans la revue *The Beaver* (octobre – novembre 1997, p. 27–32) ; et le *Dictionary of National Biography* (vol. 34, Oxford, New York et Toronto, Oxford University Press, 2004, p. 725-727).

Pour de l'information contextuelle concernant Flora Shaw et son époque, j'ai consulté *The History of The Times*, par S. Morison et coll. (vol. 3, Londres, Times, 1947) ; *Britannia's Daughters*, de Joanna Trollope (Londres, Hutchinson, 1983) ; *Pax Britannica*, de James Morris ; et *The Rise and Fall of the British Empire*, de Lawrence James (Londres, Little, Brown, 1994).

Martha Louise Black a décrit sa rencontre avec Flora au lac Bennett dans son autobiographie, *My Ninety Years*, révisée et mise à jour par Flo Whyhard (Anchorage, Alaska Northwest Publishing, 1976).

Chapitre 15

Les articles de Flora Shaw parus dans sa chronique intitulée « Letters from Canada » sont disponibles dans les archives sur microfilm du *Times*. J'ai pu les consulter par l'intermédiaire de Bibliothèque et Archives Canada.

Les renseignements concernant la vie sociale à Dawson sont tirés de *Three Years in the Klondike*, par Jeremiah Lynch et de *Two Women in the Klondike*, par Mary E. Hitchcock. Les renseignements concernant l'hôtel Grand Forks proviennent de *Klondike Lost*, par Norman Bolotin. L'anecdote au sujet du père Judge jouant aux échecs est tirée de *Sourdough Gold: The Log of a Yukon Adventure,* par Mary Lee Davis (Boston, Wilde, 1933). Lewis Green explique la réglementation minière canadienne dans *The Gold Hustlers: Dredging the Klondike 1898–1966* (Anchorage, Alaska Northwest Publishing, 1977).

Chapitre 16

Harold Innis traite du nombre de concessions minières au Yukon dans *Settlement and the Mining Frontier*, le neuvième volume de la série *Canadian Frontiers of Settlement* (Toronto, Macmillan Company of Canada, 1936). Les précisions concernant le chemin de fer de la White Pass and Yukon Railway sont tirées de *A Brief History of Close Brothers, de* Wendy Vaizey (Londres, publication privée, 1995). Le journal intime non publié de Benjamin Craig se trouve aux Archives du Yukon, à Whitehorse.

La bibliothèque de collections spéciales Bruce Peel de l'Université de l'Alberta a récemment fait l'acquisition des archives de Samuel Benfield Steele. Le fonds comprend une grande quantité de documents de toutes sortes, y compris des rapports officiels, de la correspondance, des journaux intimes, des registres, des photographies, des souvenirs militaires et des albums de coupures de journaux. Je m'en suis tenue exclusivement aux documents relatifs à ses dix-huit mois passés dans le Nord. J'ai d'ailleurs été l'une des premières personnes à lire les lettres de Steele, écrites à sa femme pendant qu'il était au Yukon, depuis que Marie elle-même les avait sorties de leur enveloppe. Toutes les citations de Steele aux chapitres 16, 17, 18 et 19 sont tirées de cette collection.

Pour plus de contexte au sujet de Sam Steele et de la Police à cheval du Nord-Ouest, j'ai consulté son autobiographie, *Forty Years in Canada: Reminiscences of the Great North-West, with Some Account of His Service in South Africa* (1915, réimpr. Toronto, Prospero, 2000) et *Robert Stewart's Sam Steele, Lion of the Frontier,* 2e éd. rév. (Regina, Centax Books/Publishing Solutions, PrintWest Group, 1999). Je me suis également appuyée sur *The NWMP and Law Enforcement 1873–1905* par R. C. Macleod (Toronto, University of Toronto Press, 1976) ainsi que sur l'essai de Macleod au sujet de Steele dans le Dictionnaire biographique du Canada accessible en ligne. J'ai également trouvé des renseignements utiles sur les forces de l'ordre à la frontière entre l'Alaska et le Yukon, le rapport de Richard J. Friesen intitulé « The Chilkoot Pass and the Great Gold Rush of 1898 » (rapport manuscrit n° 236, Parcs Canada, 1978).

Chapitre 17

Mary Lee Davis a raconté l'anecdote au sujet du steak d'orignal et la conversation entre le père Judge et Dr Jim dans *Sourdough Gold*. Les citations de Solomon Schuldenfrei sont tirées d'un manuscrit inédit se trouvant aux Archives du Yukon (Fonds Solomon et Rebecca Schuldenfrei, 84/47, MSS 166). Les renseignements de nature générale concernant Dawson proviennent du rapport de Hal J. Guest, « A History of the City of Dawson, Yukon Territory, 1896–1920 ». L'histoire de Nigger Jim est tirée de *A History of the Canadian Bank of Commerce*, par Victor Ross. La créativité culinaire des chefs du Fairview est décrite dans l'histoire non publiée de l'Ordre des pionniers du Yukon, que m'a montrée son auteur, John Gould, un historien de Dawson.

Les détails entourant le décès du père Judge sont relatés dans *An American Missionary*, écrit par son frère Charles, et dans les articles du *Klondike Nugget* de l'époque.

Chapitre 18

Outre l'autobiographie de Belinda Mulrooney, le fonds d'archives Steele et *The Klondike Nugget*, par Russell Banksons, les sources consultées pour la rédaction de ce chapitre comprennent les livres *Red Light Revelations : A Peek at Dawson's Risqué Ladies, Yukon Territory, 1898–1900*, par Jay Moynahan (Spokane [Washington], Chickadee Publishing, 2001), et *Three Years in the Klondike*, par Jeremiah Lynch. Le désarroi de David Doig, directeur de la Bank of British North America, est décrit dans le rapport intitulé « The Bank of British North America, Dawson, Yukon, 1898–1968 », de Richard Stuart. L'histoire de Faith Fenton est racontée dans *A Passionate Pen : The Life and Times of Faith Fenton*, par Jill Downie (Toronto, HarperCollins, 1996).

Chapitre 19

Outre les sources concernant Belinda Mulrooney et Sam Steele déjà citées plus haut, j'ai tiré bon nombre des renseignements de ce chapitre concernant la fin de la Ruée vers l'or des articles du *Klondike Nugget*. L'anecdote du banquier sans le sou est tirée de *The Yukon*

Adventure, par Percy C. Stevenson. L'information concernant les divers personnages politiques, y compris Clifford Sifton et sir Charles Tupper, provient du Dictionnaire biographique du Canada.

Chapitre 20

Dans *Jack London and the Klondike*, Franklin Walker note l'utilisation que Jack fait de son expérience au Yukon à travers son œuvre. Parmi les autres sources utiles consultées, on trouve « "The Kipling of the Klondike" : Naturalism in London's Early Fiction », par Earl J. Wilcox, publié dans *Jack London Newsletter* (vol. 6, n° 1, janvier–avril 1973, p. 1-12) et *Male Call: Becoming Jack London*, par Jonathan Auerbach (Durham (Caroline du Nord), Duke University Press, 1996). Les citations de E. L. Doctorow sont tirées de *Jack London, Hemingway and the Constitution : Selected Essays 1977–1992* (New York, Random House, 1993).

Les renseignements sur Robert Service proviennent de sa propre autobiographie, *Ploughman of the Moon : An Adventure into Memory* (New York, Dodd Mead, 1945) ainsi que du livre *Robert Service : Under the Spell of the Yukon*, 2e éd., par Enid Mallory (Victoria (C.-B.), Heritage House, 2008). Parmi les autres biographies utiles, notons celle par Carl F. Klinck, *Robert Service, A Biography* (Toronto, McGraw-Hill Ryerson, 1976) et *Prisoners of the North*, par Pierre Berton (New York, Carroll and Graf, Toronto, Doubleday Canada, 2004).

Outre ses propres écrits, la meilleure source d'information au sujet de Pierre Berton est sans contredit *Pierre Berton, A Biography*, de Brian McKillop (Toronto, McClelland and Stewart, 2008).

Épilogue

Le commentaire de Leonard Woolf au sujet de Lord Lugard est tiré de *Leonard Woolf, A Life,* par Victoria Glendinning (Londres, Simon and Schuster UK, 2006). L'information concernant Sam Steele en Afrique du Sud se trouve dans *Tapestry of War : A Private View of Canadians in the Great War*, Sandra Gwyn (Toronto, HarperCollins Canada, 1992).

Sources des photos

Toutes les cartes : Dawn Huck.

Couverture : Musée McCord MP 1979.111.212

4e de couverture : Archives du Yukon, Dawson City Museum and Historical Society, collection 6390

Autres photos :

p. ii	Musée McCord, MP 1979.111.212
p. viii	Musée McCord, MP 1979.111.18
p. 20	Bibliothèque et Archives Canada, C-028647
p. 25	Bibliothèque et Archives Canada, PA-149815
p. 34	Bibliothèque et Archives Canada, C-068898
p. 36	Bibliothèque et Archives Canada, C-059904
p. 39	Musée McCord, MP 0000.103.44
p. 42	Bibliothèque et Archives Canada, C-016459
p. 52	Musée McCord, MP 1979.111.121
p. 56	Bibliothèque et Archives Canada, PA-016277
p. 65	Musée McCord, MP 0000.111.27
p. 77	Bibliothèque et Archives Canada, PA-013397
p. 82	Bibliothèques de l'Université de Washington, collections spéciales, Hegg 794

p. 85	Bibliothèques de l'Université de Washington, collections spéciales, Hegg 709
p. 91	Bibliothèque et Archives Canada, C-007513
p. 104	Bibliothèque et Archives Canada, C-014478
p. 109	Yakima Valley Museum, 2002-800-003
p. 121	Bibliothèque Bancroft, Université de Californie, Berkeley, brk 00010293-24a
p. 124	Bibliothèques de l'Université de Washington, collections spéciales, UW 26986
p. 134	Bibliothèque et Archives Canada, C-022015
p. 137	Bibliothèque Bancroft, Université de Californie, Berkeley, Jack London 1876-1916, groupe 1
p. 142	Bibliothèques de l'Université de Washington, collections spéciales, A. Curtis 46104
p. 145	Bibliothèques de l'Université de Washington, collections spéciales, LaRoche 2033
p. 160	Bibliothèque et Archives Canada, PA-013402
p. 164	Musée McCord, MP 000.103.32
p. 168	Bibliothèque et Archives Canada, C-014259
p. 189	Bibliothèque et Archives Canada, PA-13284
p. 205	Bibliothèques de l'Université de Washington, collections spéciales, UW26618
p. 215	Bibliothèque et Archives Canada, PA-016544
p. 220	Bibliothèque et Archives Canada, C-000666
p. 223	Bibliothèque et Archives Canada, C-14477
p. 227	Bibliothèques de l'Université de Washington, collections spéciales, UW26724
p. 239	Collection de l'auteure
p. 243	Bibliothèque et Archives Canada, PA-013424
p. 251	Bibliothèque et Archives Canada, PA-013428
p. 252	Bibliothèque et Archives Canada, C-018637

p. 253	Bibliothèque et Archives Canada, C-005393
p. 256	Yakima Valley Museum 2003-800-022
p. 261	Bibliothèque de Vancouver, collections spéciales, VPL 32866A
p. 265	Bibliothèque et Archives Canada, e010772007
p. 281	Bibliothèque de Vancouver, collections spéciales, VPL 32648
p. 287	Archives du Yukon, collection Bill Roozeboom 6289
p. 291	Bibliothèque de Vancouver, collections spéciales, VPL 32975
p. 300	Archives du Yukon, fonds Robert McLennan, 6487
p. 309	Bibliothèque Bruce Peel (collections spéciales), Université de l'Alberta
p. 313	Bibliothèque et Archives Canada, C-022074
p. 323	Bibliothèque de Vancouver, collections spéciales, VPL 9803
p. 328	Bibliothèque Bruce Peel (collections spéciales), Université de l'Alberta
p. 342	Bibliothèque Bruce Peel (collections spéciales), Université de l'Alberta
p. 344	Bibliothèque Bruce Peel (collections spéciales), Université de l'Alberta
p. 351	Bibliothèque de Vancouver, collections spéciales, VPL 32655
p. 353	Bibliothèque Bruce Peel (collections spéciales), Université de l'Alberta
p. 357	Bibliothèque et Archives Canada, PA-01625
p. 368	Bibliothèque de Vancouver, collections spéciales, VPL 32789
p. 369	Bibliothèque et Archives Canada, C-014258
p. 371	Bibliothèque Bruce Peel (collections spéciales), Université de l'Alberta
p. 386	Bibliothèque et Archives Canada, PA-178389
p. 391	Bibliothèque et Archives Canada, PA-102415
p. 392-393	Bibliothèque de Vancouver, collections spéciales, VPL 32668

Bibliographie sommaire

ADNEY, Tappan. *The Klondike Stampede,* New York, Harper, 1900.

BACKHOUSE, Frances. *Women of the Klondike,* Vancouver, Whitecap Books, 1995.

BANKSON, Russell A. *The Klondike Nugget,* Caldwell (Idaho), Caxton Printers, 1935.

BELL, E. M. *Flora Shaw,* Londres, Constable, 1947.

BERTON, Pierre. *Klondike : The Life and Death of the Last Great Gold Rush,* Toronto, McClelland and Stewart, 1958.

BERTON, Pierre. *Klondike : The Last Great Gold Rush, 1896–1899,* éd. rév., Toronto, McClelland and Stewart, 1972.

BLACK, Martha Louise. *Klondike Days,* Whitehorse (Yukon), Acme Press, s.d.

BLACK, Martha Louise. *My Seventy Years, As Told to Elizabeth Bailey Price,* Londres, Thomas Nelson, 1938.

BOLOTIN, Norman. *Klondike Lost : A Decade of Photographs by Kinsey & Kinsey,* Anchorage (Alaska), Alaska Northwest Publishing, 1980.

BUSH, Edward F. « Banking in the Klondike 1898–1968 », rapport manuscrit n° 118, Parcs Canada, 1973.

BUSH, Edward F. « The *Dawson Daily News :* Journalism on Canada's Last Frontier », rapport manuscrit n° 48, Parcs Canada, 1971.

COATES, Ken S. et William R. MORRISON. *Land of the Midnight Sun : A History of the Yukon,* Montréal et Kingston, McGill-Queen's University Press, 2005.

CRUIKSHANK, Julie. *Reading Voices / Dan Dha Ts'ededdintth'se : Oral and Written Interpretations of the Yukon's Past,* Vancouver, Douglas and McIntyre, 1991.

DAWSON, George M. *Report on an Exploration in the Yukon District, N.W.T., and Adjacent Northern Portion of British Columbia, 188,* Ottawa, Geological Survey of Canada, 1898.

DOBROWOLSKY, Helene. *Hammerstones : A History of the Tr'ondëck Hwëch'in,* Dawson City, Tr'ondeck Hwech'in, 2003.

DOWNIE, Jill. *A Passionate Pen : The Life and Times of Faith Fenton,* Toronto, HarperCollins, 1996.

DUNCAN, Jennifer. *Frontier Spirit : The Brave Women of the Klondike,* Toronto, Doubleday Canada, 2000.

FETHERLING, Douglas. *The Gold Crusades : A Social History of Gold Rushes, 1849–1929,* Toronto, Macmillan of Canada, 1988.

FRIESEN, Richard J. « The Chilkoot Pass and the Great Gold Rush of 1898 », rapport manuscrit n° 236, Parcs Canada, 1978.

GOULD, John A. *Frozen Gold : A Treatise on Early Klondike Mining Technology, Methods and History,* Missoula (Montana), Pictorial Histories Publishing, 2001.

GREEN, Lewis. *The Gold Hustlers : Dredging the Klondike 1898–1966,* Anchorage (Alaska), Alaska Northwest Publishing, 1977.

GUEST, Hal J. « Dawson City, San Francisco of the North or Boomtown in a Bog : A Literature Review », rapport manuscrit n° 241, Parcs Canada, 1978.

GUEST, Hal J. « A History of the City of Dawson, Yukon Territory 1896–1920 », rapport sur microfiche n° 7, Parcs Canada, 1981.

GUEST, Hal J. « A Socioeconomic History of the Klondike Goldfields 1896–1966 », rapport sur microfiche n° 181, Parcs Canada, 1985.

HAMILTON, Walter R. *The Yukon Story : A Sourdough's Record of Goldrush Days and Yukon Progress from the Earliest Times to the Present Day,* Vancouver, Mitchell Press, 1964.

HASKELL, William. *Two Years in the Klondike and Alaskan Gold-Fields, 1896–1898 : A Thrilling Narrative of Life in the Gold Mines and Camps,* 1898, réimpr. Fairbanks, University of Alaska Press, 1998.

HITCHCOCK, Mary E. *Two Women in the Klondike,* New York, Putnam, 1899.

INNIS, Harold A. *Settlement and the Mining Frontier, volume 9* de *Canadian Frontiers of Settlement,* Toronto, Macmillan Company of Canada, 1936.

JUDGE, Rev. Charles J. *An American Missionary : A Record of the Work of Rev. William H. Judge,* 4e éd, Ossining (New York), Catholic Foreign Missionary Society, 1907.

KITCHENER, L. D. *Flag over the North,* Seattle, Superior, 1954.

LEONARD, John W. *The Gold Fields of the Klondike : Fortune Seekers' Guide to the Yukon Region of Alaska and British America : The Story as Told by Ladue, Berry, Phiscator and Other Gold Finders,* Londres, Unwin, 1897.

LYNCH, Jeremiah. *Three Years in the Klondike.* Édité/introduction historique par Dale L. MORGAN, Chicago, Lakeside Press, R. R. Donnelley & Sons, 1967 (Première publication : Arnold, 1904).

MACLEOD, R. C. *The NWMP and Law Enforcement 1873-1905,* Toronto, University of Toronto Press, 1976.

MARTIN, Stoddart. *California Writers : Jack London, John Steinbeck, the Tough Guys,* Londres, Macmillan, 1983.

MAYER, Melanie J. *Klondike Women : True Tales of the 1897-98 Gold Rush,* Athens (Ohio), Ohio University Press, 1989.

MAYER, Melanie J. et Robert N. DEARMOND. *Staking Her Claim : The Life of Belinda Mulrooney, Klondike and Alaska Entrepreneur,* Athens (Ohio), Ohio University Press, 2000.

MINER, Bruce. *Alaska : Its History and Resources, Gold Fields, Routes and Scenery,* 2e éd. rév., New York, Putnam, 1899.

MISCHLER, Craig et William E. SIMEONE. *Han, People of the River,* Fairbanks, University of Alaska Press, 2004.

MOESSNER, Victoria Joan et Joanne E. GATES (dir.). *The Alaska-Klondike Diary of Elizabeth Robins, 1900,* Fairbanks, University of Alaska Press, 1999.

MOORE, Carolyn. *Our Land, Too : Women of Canada and the Northwest, 1860-1914,* Whitehorse (Yukon), Ministère de l'Éducation, gouvernement du Yukon, 1992.

MORGAN, Edward E. P. *God's Loaded Dice, Alaska 1897-1930,* Caldwell (Idaho), Caxton Printers, 1948.

MORGAN, Lael. *Good Time Girls of the Alaska-Yukon Gold Rush,* Vancouver, Whitecap Books, 1998.

MORRISON, William R. *True North, The Yukon and Northwest Territories,* Illustrated History of Canada series, Toronto, Oxford University Press, 1998.

NEUFELD, David et Frank NORRIS. *Chilkoot Trail : Heritage Route to the Klondike,* Whitehorse (Yukon), Lost Moose, 1996.

OGILVIE, William. *Early Days on the Yukon & the Story of Its Gold Finds,* Ottawa, Thorburn and Abbott, 1913.

OGILVIE, William. « Lecture on the Yukon Gold Fields (Canada) », fait à Victoria (C.-B.) le 5 novembre 1897, *Daily Colonist,* Victoria, 6 novembre 1897.

PALMER, Frederick. *In the Klondike,* New York, Scribner's, 1899.

PALMER, Frederick. *With My Own Eyes,* New York, A.L. Burt, 1932.

PORSILD, Charlene. *Gamblers and Dreamers : Women, Men, and Community in the Klondike,* Vancouver et Toronto, UBC Press, 1998.

PRICE, Julius M. *From Euston to Klondike : The Narrative of a Journey through British Columbia and the North-West Territory in the Summer of 1898,* Londres, Sampson Low, 1898.

SHAW, Flora. « Klondike », *Journal of the Royal Colonial Institute,* 31 janvier 1899, p. 186–235.

SINCLAIR, James M. *Mission : Klondike,* Vancouver, Mitchell Press, 1978.

STEELE, Samuel B. *Forty Years in Canada : Reminiscences of the Great Northwest, with Some Account of His Service in South Africa,* 1915, réimpr. Toronto, Prospero, 2000.

STEFFENS, J. Lincoln. « Life in the Klondike Gold Fields », *McClure's Magazine,* septembre 1897.

STEVENSON, Percy C. *The Yukon Adventure,* New York, Yorktown Press, 1932.

STEWART, Robert. *Sam Steele, Lion of the Frontier,* 2e éd. rév., Regina, Centax Books/ Publishing Solutions, PrintWest Group, 1999.

STUART, Richard. « The Bank of British North America, Dawson, Yukon, 1898–1968 », rapport manuscrit n° 324, Parcs Canada, 1979.

THORNTON, Thomas F. *Klondike Gold Rush National Historic Park, Ethnographic Overview and Assessment,* rapport final, National Park Service, Alaska Regional Office, août 2004.

TYRRELL, Edith. *I Was There : A Book of Reminiscences,* Toronto, Ryerson Press, 1938.

WALDEN, Arthur T. *A Dog Puncher on the Yukon,* Boston, Houghton Mifflin, 1928.

WIEDEMANN, Thomas. *Cheechako into Sourdough,* Portland (Oregon), Binfords, 1942.

WINSLOW, Kathryn. *Big Pan-Out : The Klondike Story,* Londres, Travel Book Club, 1953.

Index

Québec, Canada

Imprimé sur du Rolland Enviro,
contenant 100% de fibres postconsommation,
fabriqué à partir d'énergie biogaz et certifié FSC®,
ÉCOLOGO, Procédé sans chlore et Garant des forêts intactes.